판례로 본
디지털 증거법

판례로 본 디지털 증거법

발행일	2020년 1월 1일		
지은이	이주호, 김호		
펴낸이	손형국		
펴낸곳	(주)북랩		
편집인	선일영	편집	오경진, 강대건, 최예은, 최승헌, 김경무
디자인	이현수, 김민하, 한수희, 김윤주, 허지혜	제작	박기성, 황동현, 구성우, 장홍석
마케팅	김회란, 박진관, 조하라, 장은별		
출판등록	2004. 12. 1(제2012-000051호)		
주소	서울특별시 금천구 가산디지털 1로 168, 우림라이온스밸리 B동 B113~114호, C동 B101호		
홈페이지	www.book.co.kr		
전화번호	(02)2026-5777	팩스	(02)2026-5747

ISBN   979-11-6299-985-1 13360 (종이책)   979-11-6299-986-8 15360 (전자책)

이 도서의 국립중앙도서관 출판예정도서목록(CIP)은 서지정보유통지원시스템 홈페이지(http://seoji.nl.go.kr)와
국가자료공동목록시스템(http://www.nl.go.kr/kolisnet)에서 이용하실 수 있습니다.
(CIP제어번호: CIP2019050326)

사이버 수사 실무자와 디지털 포렌식 자격증 수험생을 위한

판례로 본
디지털 증거법

이주호, 김 호 지음

북랩 book Lab

1940년대에 미국에서 컴퓨터가 처음 발명되고, 2007년 6월 '손 안의 컴퓨터'로 불리는 아이폰이 뉴욕에서 출시되면서 컴퓨터는 인류의 삶에 엄청난 변화와 혁신을 몰고 왔다.

복잡한 연산 처리와 문서 작성 역할에 그쳤던 컴퓨터는 초고속 네트워크와 결합된 스마트폰이 출시되면서 업무 처리, 취미 생활, 학습, 쇼핑, 금융 결제, 메일 등 시공간을 가리지 않고 어디서든 편리하게 이용할 수 있게 되었다. 사람들은 스마트폰을 통해서 사랑을 전하고 뉴스를 보며, 분노하기도 하고 슬퍼하기도 한다. 바야흐로 컴퓨터는 인간의 삶 그 자체라고 해도 과언이 아니다.

최근 언론 보도에 의하면, 구글에서 양자컴퓨터를 통해 그동안 슈퍼컴퓨터가 1만 년 동안 수행해야 하는 연산을 단 200초 만에 해결할 수 있다는 연구 결과를 발표하면서 또 한 번 큰 파장을 일으키고 있다. 여기에서 말하는 양자 역학은 원자와 전자 등 미시세계에서만 일어나는 현상으로 이를 컴퓨터에 적용하면 비트로 표현되는 0과 1만이 아니라 0과 1을 동시에 구현하는 큐비트(Qubit: Quantum bits)를 통해 기존 디지털 컴퓨터보다 훨씬 빠른 속도로 연산을 처리하고 전송할 수 있다고 한다.

컴퓨터가 끝없이 진화하면 필수적으로 거기에 비례하여 컴퓨터를 활용한 범죄 행위도 기하급수적으로 늘어난다. 아이러니컬하게도 범죄가 늘면 늘수록 그만큼 범죄 혐의에 대한 입증도 컴퓨터를 통해 좀 더 쉽고 명확하게 만들었다. 이른바 디지털 포렌식 기술이 발전하면서 2진수 형태로 저장되는 전자 정보는 개인의 동선이나 생활 패턴, 금융, 통신 내용 등을 컴퓨터(휴대전화) 또는 클라우드 어딘가에 저장하게 되고 이것은 디지털 포렌식을 통해 고스란히 복원된다. 이제 디지털 포렌식은 거의 모든 사건에서 필수가 되고 있다.

현재도 재판이 진행 중인 최순실 사건이나 세월호 사건, 이슈가 되고 있는 조국 전 법무장관 가족에 대한 수사에도 디지털 포렌식은 범죄 혐의의 입증에 결정적인 역할을 하고 있다.

하지만, 디지털 정보는 쉽게 복사가 가능하고 조작이 가능하며, 쉽게 삭제할 수도 있다. 따라서 디지털 정보의 수집, 이동, 보관 과정에는 특별한 기술적 조치가 필요하며, 그 과정에서 형사소송법이 규정하는 엄격한 법적 절차가 요구된다.

형사소송법 제313조 제2항은 "진술서의 작성자가 공판 준비나 공판기일에서 그 성립의 진정을 부인하는 경우에는, 과학적 분석 결과에 기초한 디지털 포렌식 자료, 감정 등 객관적 방법으로 성립의 진정함이 증명되는 때에는 증거로 할 수 있다"고 규정하고 있다. 2016년 개정된 이 규정은 디지털 증거의 중요한 근거 조문이 되고 있다.

이러한 근거를 바탕으로 수사기관 입장에서는 본능적으로 압수수색검증 영장을 통해서 많은 증거자료를 확보하려 들 것이다. 국민의 입장에서 보면 컴퓨터나 휴대전화에는 범죄 혐의와 관련된 자료만이 아니라 내밀한 개인 정보도 상당수 포함되어 있기 때문에 수사기관의 과도한 증거 수집 행위에 큰 불만을 갖게 마련이다. 이에 우리나라 법원은 개인정보보호법 및 헌법상의 정보자기결정권 등을 근거로 수사기관의 과도한 증거 수집 행위에 제동을 걸고 있으며, 이러한 판결은 수사 실무에서 중요한 가이드라인이 되고 있다.

아직 우리나라에는 전자증거법 또는 디지털 증거법이 독립된 법률로 제정되어 있지 않다. 형사소송법의 일부 조문에 포함이 되어 있는 것이 전부이기 때문에 디지털 증거가 법정에서 증거능력을 가지기 위해서는 복잡한 절차와 제반 조건을 갖춰야 하며 법원의 판결 내용이 중요한 지침이 되고 있다.

그동안 디지털 증거라 하면 용어 자체만으로도 부담감이 적지 않아 쉽사리 접근하지 못한 것이 사실이다. 또한 수사기관이나 변호인 등 법조계의 실무자들조차도 일부 전문가들을 제외하고는 별도로 정리된 자료가 부족하여 체계적인 학습에 어려움을 겪어 왔다.

다행히 이와 같은 어려움을 조금이라도 극복할 수 있도록 수사 실무자들에 의해 디지털 증거법을 쉽게 이해할 수 있도록 정리된 판례집이 출판되게 되었다. 이는 학문적으로도 중요한 가치가 있을뿐더러 일선 실무 현장에도 많은 도움이 될 것으로 기대가 된다.

특히 본서는 디지털 증거의 개념부터 수사 단계별로 순차적 방식으로 정리되었다는 점에서 단순한 판례 해설이나 판례 모음집 수준이 아니라 디지털 증거를 기본으로 한 법률 이론서의 역할도 충분히 해 낼 수 있을 것이라 확신한다.

아무쪼록 본서가 저자의 바람대로 실무 현장의 수사관들에게 많은 도움이 되고, 디지털 증거에 대한 올바른 이해를 위한 기본서로서 좋은 길라잡이가 되기를 희망한다.

2019년 만추
동국대학교 법과대학 교수
박 병 식

　인간의 삶 속에 컴퓨터가 자리하고 각종 업무나 의사소통 등이 전자로 처리되면서 디지털 기기는 인간과 공동운명체가 되었다. 그리고 이러한 디지털 기기가 사건과 관련된 범죄 혐의 입증에 결정적인 증거자료로 쓰이기 시작하면서 그 증거들을 법적으로 어떻게 평가할 것인가의 문제가 대두되어 왔다. 그런 점에서 2016년은 그동안 대법원 판례를 통해 유지해 오던 디지털 증거 관련 조항이 법률로 명문화되면서 대한민국 형사소송법 역사의 한 획을 긋는 디지털 증거법 시대가 열린 해라고 할 수 있다. 즉, 법전 속에 '과학적 기법', '포렌식' 등의 용어가 최초로 사용되기 시작한 것이다.

　이는 기존 대법원 판례를 통해서 다루어 오던 디지털 증거 관련 내용이 '디지털 증거의 진정 성립은 과학적 분석 결과에 기초한 디지털 포렌식 자료나 감정의 방법으로도 인정할 수 있도록' 하는 취지로 형사소송법이 개정된 것으로, 형사소송법 제313조는 정보저장매체에 저장된 진술 정보도 진술서의 범위에 포함하도록 함으로써 정보저장매체에 저장된 문자나 의견서 등 그 진술 내용이 전문증거인 경우에는 전문법칙의 적용을 받아야 한다는 것이 분명해졌다.

　물론 디지털 증거의 증거능력 관련, 전문법칙의 적용 범위에 정보저장매체에 저장된 진술서 등을 증거에 포함시킴으로써 진일보한 측면은 있으나 여전히 디지털 증거와 관련된 전문증거의 범위 문제, 디지털 증거의 수집을 위한 압수·수색·검증 과정 등에 대한 논란은 쉽게 해소되지 않고 있으며, 대법원 판례가 실무에 적용되고 있지만 이론과 실무 사이에 큰 괴리가 발생하고 있는 것 또한 현실이다. 그리고 스마트폰, 컴퓨터 등 디지털 매체는 이제 모든 국민들의 삶 속에 녹아들어 생활의 일부가 되고 있는데 아직도 우리의 형사소송법은 1961년의 종이서류 기반 증거법에 머물러 있다. 다행히 2016년에 디지털 증거 관련 내용이 추가되면서 디지털 증거법 시대가 개시되었으나 여전히 미흡한 실정이다.

특히 실무에서는 압수수색 현장에서 디지털 증거의 수집과 관련, 많은 혼선이 발생하고 있는데 최근 디지털 저장 장치가 대용량화되고 있는 것과 비례하여 국민 개개인의 정보자기결정권도 중요한 헌법적 가치로 인식되면서 사건 현장이나 압수수색 과정에서 이와 관련된 디지털 증거의 수집 절차가 점점 더 엄격해지고 있다. 이로 인해 수사기관의 범죄 혐의 입증은 점점 더 힘들어지고 디지털 증거를 다루는 절차나 방법 등이 점점 세분화되면서 약 60년 전에 만들어진 유체물에 기반한 형사소송법 절차로 대응하는 것은 점점 그 한계를 드러내고 있다. 이러한 한계는 대법원 판결을 통해 해석론적으로 다양한 가이드라인이나 기준이 만들어지고 있지만 아직은 혼란한 부분이 적지 않다.

이 책에서는 아직 별개의 디지털 증거법이 따로 마련되어 있지 않은 상황 속에서 형사소송법 일부와 많은 부분을 법원 판례에 의지할 수밖에 없는 현실을 감안하여 수사 실무에서 참고할 수 있도록 디지털 증거의 키워드 위주로 관련 판례를 정리해 보았다. 또한 복잡한 논쟁이나 주장 등은 피하고 디지털 증거의 수집에서 이송, 분석, 보관, 폐기에 이르기까지 프로세스별 과정과 관련된 판례를 정리하여 실무에서 참조하도록 하였다. 그리고 부록으로 대검과 경찰청, 국방부 등 주요 법집행기관에서 적용하고 있는 최신 규정과 미국 판례도 수록하여 디지털 증거와 관련된 규정과 판례 등은 이 한 권으로 정리할 수 있도록 하였다.

아무쪼록 이 책이 디지털 증거를 다루는 수사관이나 변호사 또는 이를 연구하는 학생들에게 조금이나마 도움이 되었으면 하는 바람이다.

2020년 1월 1일
삼각지에서 이주호, 김호

목차

일러두기
판례 중 디지털 증거에 관한 부분은 굵은 글씨와 밑줄로 구분했다. 필요한 부분만 찾아보는 데 활용하기 바란다.

제1장

디지털 증거와 영장주의 적용

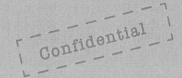

제1절 디지털 증거의 개념

IOCE[1]에서는 디지털 증거란 "법정에서 신뢰할 수 있는 저장되거나 전송되는 이진수 형태의 정보" 또는 "디지털 형태로 저장되거나 전송되는 증거가치 있는 정보"로 학자마다 다양하게 정의하고 있다.[2]

법령에서는 검찰청예규 제991호 「디지털 증거의 수집·분석 및 관리 규정」 제3조 제1호에서 "디지털 증거란 범죄와 관련하여 디지털 형태로 저장되거나 전송되는 증거로서의 가치가 있는 정보"라고 정의하고, 경찰청 훈령 제845호 「디지털 증거 수집 및 처리 등에 관한 규칙」 제2조 제3호에서 "디지털 증거란 「형사소송법」 제106조 및 제215조부터 제218조까지의 규정에 따라 압수한 디지털 데이터"라고 정의하고 있다.

미국의 디지털증거과학연구그룹(SWGDE, Scientific Working Group on Digital Evidence)은 "디지털 형태로 저장되거나 전송되는 증거가치가 있는 정보"라고 정의하고 있다.

물론, 아직까지 판례에서 디지털 증거에 대한 정의를 내렸다고 볼 만한 판단 사례는 없는 것으로 보인다. 다만 부산고등법원 1999.1.13. 선고 99노897, 부산고등법원 1999.5.17. 선고 99노122, 대법원 1999.9.3. 선고 99도2317[3] 판결 등에서 디스켓의 증거능력에 대해 판단한 것을 통해 디지털 증거에 대한 간접적 정의를 확인할 수 있다.

---

1 IOCE(International Organization on Computer Evidence)는 1995년 미국, 영국, 호주 등 여러 국가의 법집행 관계자들을 중심으로 창설된 '컴퓨터 증거에 관한 국제조직'을 말한다(ioce.org 참조).

2 권양섭, 「디지털증거수집에 관한 연구」, 군산대학교 대학원, 「국외훈련검사 연구논문집」, 2009, P.9, 2011.
최성필, 「디지털증거의 증거능력에 관한 비교법적 연구」, 「국외훈련검사 연구논문집」 제26집, 법무연수원, 2011.

3 컴퓨터 디스켓의 증거능력에 대해 대법원은 "다만, 컴퓨터 디스켓에 들어 있는 문건이 증거로 사용되는 경우 위 컴퓨터 디스켓은 그 기재의 매체가 다를 뿐 실질에 있어서는 피고인 또는 피고인 아닌 자의 진술을 기재한 서류와 크게 다를 바 없고, 압수 후의 보관 및 출력과정에 조작의 가능성이 있으며, 기본적으로 반대신문의 기회가 보장되지 않는 점 등에 비추어 그 기재 내용의 진실성에 관하여는 전문법칙이 적용된다고 할 것이고, 따라서 형사소송법 제313조 제1항에 의하여 그 작성자 또는 진술자의 진술에 의하여 그 성립의 진정함이 증명된 때에 한하여 이를 증거로 사용할 수 있다 할 것이다"라고 판시함.

제2절 위법 수집증거 배제 법칙의 적용 판례

위법수집 증거배제 법칙(違法蒐集證據排除法則)은 적법한 절차에 따르지 아니하고 수집한 증거는 증거로 할 수 없다는 형사소송법의 증거법상의 대원칙이라고 할 수 있다. 디지털 증거의 수집과 관련해서도 이 원칙은 당연히 적용되는 원리이다.

일례로, 「특정범죄가중처벌 등에 관한 법률」 위반(절도) 사건과 관련, 대법원 2013.3.28. 선고 2012도13607 판결에서 "수사기관이 법관의 영장도 없이 위와 같이 매출전표의 거래명의자에 관한 정보를 획득한 조치는 위법하다고 할 것이므로, 그러한 위법한 절차에 터 잡아 수집된 증거의 증거능력은 원칙적으로 부정되어야 할 것이고, 따라서 이와 같은 과정을 통해 수집된 증거들의 증거능력 인정 여부에 관하여 특별한 심리·판단도 없이 곧바로 위 증거들의 증거능력을 인정한 제1심의 판단을 그대로 유지한 원심의 조치는 적절하다고 할 수 없다"라고 함으로써 신용카드 매출전표의 거래명의자에 관한 정보도 금융거래정보 압수영장에 의해 취득해야 하고 그에 위반하여 취득된 거래명의자 정보는 위법수집증거라고 판시하였다.

또한 「마약류 관리에 관한 법률」 위반(향정) 사건 관련, 대법원 2010.10.14. 선고 2010도9016 판결에서 '수사기관이 갑(甲)으로부터 피고인의 「마약류 관리에 관한 법률」 위반(향정) 범행에 대한 진술을 듣고 추가적인 증거를 확보할 목적으로, 구속 수감되어 있던 갑(甲)에게 그의 압수된 휴대전화를 제공하여 피고인과 통화하고 위 범행에 관한 통화 내용을 녹음하게 한 행위는 불법감청에 해당하므로, 그 녹음 자체는 물론 이를 근거로 작성된 녹취록 첨부 수사보고는 피고인의 증거동의에 상관없이 그 증거능력이 없다'고 하는 등 위법 수집증거배제법칙이 적용되고 있다.

영장 없이 획득한 매출전표의 증거능력
(위법수집증거배제법칙 적용 판례)
[대법원, 2012도13607, 2013.3.28.]

【판시사항】

[1] 수사기관이 법관의 영장에 의하지 아니하고 금융회사 등으로부터 신용카드 매출전표의 거래명의자에 관한 정보를 획득한 경우, 그와 같이 수집된 증거의 증거능력 유무(원칙적 소극)

[2] 수사기관이 법관의 영장에 의하지 아니하고 매출전표의 거래명의자에 관한 정보를 획득한 경우, 이에 근거하여 수집한 피의자의 자백이나 범죄 피해에 대한 제3자의 진술 등 2차적 증거의 증거능력을 예외적으로 인정할 만한 정황

【판결요지】

[1] 수사기관이 범죄 수사를 목적으로 금융실명거래 및 비밀보장에 관한 법률(이하 '금융실명법'이라 한다) 제4조 제1항에 정한 '거래정보 등'을 획득하기 위해서는 법관의 영장이 필요하고, 신용카드에 의하여 물품을 거래할 때 '금융회사 등'이 발행하는 매출전표의 거래명의자에 관한 정보 또한 금융실명법에서 정하는 '거래정보 등'에 해당하므로, 수사기관이 금융회사 등에 그와 같은 정보를 요구하는 경우에도 법관이 발부한 영장에 의하여야 한다. 그럼에도 수사기관이 영장에 의하지 아니하고 매출전표의 거래명의자에 관한 정보를 획득하였다면, 그와 같이 수집된 증거는 원칙적으로 형사소송법 제308조의2에서 정하는 '적법한 절차에 따르지 아니하고 수집한 증거'에 해당하여 유죄의 증거로 삼을 수 없다.

[2] 수사기관이 법관의 영장에 의하지 아니하고 매출전표의 거래명의자에 관한 정보를 획득한 경우, 이에 터 잡아 수집한 2차적 증거들, 예컨대 피의자의 자백이나 범죄 피해에 대한 제3자의 진술 등이 유죄 인정의 증거로 사용될 수 있는지를 판단할 때, 수사기관이 의도적으로 영장주의의 정신을 회피하는 방법으로 증거를 확보한 것이 아니라고 볼 만한 사정, 위와 같은 정보에 기초하여 범인으로 특정되어 체포되었던 피의자가 석방된 후 상당한 시간이 경과하였음에도 다시 동일한 내용의 자백을 하였다거나 그 범행의 피해품을 수사기관에 임의로 제출하였다는 사정, 2차적 증거 수집이 체포 상태에서 이루어진 자백 등으로부터 독립된 제3자의 진술에 의하여 이루어진 사정 등은 통상 2차적 증거의 증거능력을 인정할 만한 정황에 속한다고 볼 수 있다.

【주문】

상고를 기각한다.

【판결이유】

상고이유를 판단한다.

1. 금융실명거래 및 비밀보장에 관한 법률(이하 '금융실명법'이라 한다) 제4조 제1항은 "금융회사 등에 종사하는 자는 명의인(신탁의 경우에는 위탁자 또는 수익자를 말한다)의 서면상의 요구나 동의를 받지 아니하고는 그 금융거래의 내용에 대한 정보 또는 자료(이하 '거래정보 등'이라 한다)를 타인에게 제공하거나 누설하여서는 아니 되며, 누구든지 금융회사 등에 종사하는 자에게 거래정보 등의 제공을 요구하여서는 아니 된다. 다만 다음 각 호의 어느 하나에 해당하는 경우로서 그 사용 목적에 필요한 최소한의 범위에서 거래정보 등을 제공하거나 그 제공을 요구하는 경우에는 그러하지 아니하다"고 규정하면서, "법원의 제출명령 또는 법관이 발부한 영장에 따른 거래정보 등의 제공"(제1호) 등을 열거하고 있고, 수사기관이 거래정보 등을 요구하는 경우 그 예외를 인정하고 있지 아니하다. 이에 의하면 수사기관이 범죄의 수사를 목적으로 '거래정보 등'을 획득하기 위해서는 법관의 영장이 필요하다고 할 것이고, 신용카드에 의하여 물품을 거래할 때 '금융회사 등'이 발행하는 매출전표의 거래명의자에 관한 정보 또한 금융실명법에서 정하는 '거래정보 등'에 해당한다고 할 것이므로, 수사기관이 금융회사 등에 그와 같은 정보를 요구하는 경우에도 법관이 발부한 영장에 의하여야 할 것이다. 그럼에도 수사기관이 영장에 의하지 아니하고 매출전표의 거래명의자에 관한 정보를 획득하였다면, 그와 같이 수집된 증거는 원칙적으로 형사소송법 제308조의2에서 정하는 '적법한 절차에 따르지 아니하고 수집한 증거'에 해당하여 유죄의 증거로 삼을 수 없다.

다만 법이 정한 절차에 따르지 아니하고 수집한 증거라고 할지라도 수사기관의 절차 위반 행위가 적법절차의 실질적인 내용을 침해하는 경우에 해당하지 아니하고, 오히려 그 증거의 증거능력을 배제하는 것이 적법절차의 원칙과 실체적 진실 규명의 조화를 도모하고 이를 통하여 형사 사법 정의를 실현하려 한 취지에 반하는 결과를 초래하는 것으로 평가되는 예외적인 경우라면, 법원은 그 증거를 유죄 인정의 증거로 사용할 수 있으므로(대법원 2007.11.15. 선고 2007도3061 전원합의체 판결 등 참조), 법원이 2차적 증거의 증거능력 인정 여부를 최종적으로 판단할 때에는 먼저 절차에 따르지 아니한 1차적 증거 수집과 관련된 모든 사정들, 즉 절차 조항의 취지와 그 위반의 내용 및 정도, 구체적인 위반 경위와 회피가능성, 절차 조항이 보호하고자 하는 권리 또는 법익의 성질과 침해 정도 및 피고인과의 관련성, 절차 위반행위와 증거수집 사이의 인과관계 등 관련성의 정도, 수사기관의 인식과 의도 등을 살피는 것은 물론, 나아가 1차적 증거를 기초로 하여 다시 2차적 증거를 수집하는 과정에서 추가로 발생한 모든 사정들까지 구체적인 사안에 따라 주로 인과관계 희석 또는 단절 여부를 중심으로 전체적·종합적으로 고려하여야 한다(대법원 2009.3.12. 선고 2008도11437 판결 등 참조).

그러므로 수사기관이 위와 같이 법관의 영장에 의하지 아니하고 매출전표의 거래명의자에 관한 정보를 획득한 경우 이에 터 잡아 수집한 2차적 증거들, 예컨대 피의자의 자백이나 범죄 피해에 대한 제3자의 진술 등이 유죄 인정의 증거로 사용될 수 있는지 역시 위와 같은 법리에 의하여 판단되어야 할 것인데, 수사기관이 의도적으로 영장주의의 정신을 회피하는 방법으로 증거를 확보한 것이 아니라고 볼 만한 사정, 위와 같은 정보에 기초하여 범인으로 특정되어 체포되었던 피의자가 석방된 후 상당한 시간이 경과하였음에도 다시 동일한 내용의 자백을 하였다거나 그 범행의 피해품을 수사기관에 임의로 제출하였다는 사정, 2차적 증거 수집이 체포 상태에서 이루어진 자백 등으로부터 독립된 제3자의 진술에 의하여 이루어진 사정 등은 통상 2차적 증거의 증거능력을 인정할 만한 정황에 속한다고 볼 수 있을 것이다.

2. 원심판결 이유에 의하면, 원심은 피고인의 제1심 법정에서의 진술과 제1, 2, 3 범행에 관한 피해자들의 진술서를 증거로 채택하여 이 사건 공소사실을 유죄로 인정한 제1심판결을 그대로 유지하였다.

그런데 원심이 유지한 제1심의 채택 증거들에 의하면, 2012.2.1.경 피해자 공소외 1로부터 절도 범행 신고를 받은 대구중부경찰서 소속 경찰관들이 범행 현장인 대구 중구 (주소 1 생략) 대구백화점 내 ○○○ 매장에서 범인이 벗어 놓고 간 점퍼와 그 안에 있는 공소외 2 주식회사(금융실명법 제4조에 정한 '금융회사 등'에 해당하는 신용카드회사로서, 이하 '이 사건 카드회사'라 한다) 발행의 매출전표를 발견한 사실, 위 경찰관들은 이 사건 카드회사에 공문을 발송하는 방법으로 이 사건 카드회사로부터 위 매출전표의 거래명의자가 누구인지 그 인적 사항을 알아내었고 이를 기초로 하여 피고인을 범행의 용의자로 특정한 사실, 경찰관들은 2012.3.2. 피고인의 주거에서 위와 같은 절도 혐의로 피고인을 긴급체포한 사실, 긴급체포 당시 피고인의 집 안에 있는 신발장 등에서 새것으로 보이는 구두 등이 발견되었는데, 그 이후 구금 상태에서 이루어진 2차례의 경찰 피의자신문에서 피고인은 위와 같은 절도 범행(이하 '제1범행'이라 한다) 이외에도 위 구두는 2012.1. 초 대구백화점 ○○○○ 매장에서 절취한 것(이하 '제2범행'이라 한다)이라는 취지로 자백한 사실, 수사기관은 피고인에 대하여 구속영장을 청구하였으나 2012.3.4. 대구지방법원이 피고인에 대한 구속영장을 기각하여 같은 날 피고인이 석방된 사실, 2012.3.9. 피고인은 위 경찰서에 다시 출석하여 제3회 피의자신문에서 2011.4.경 대구 중구 (주소 2 생략)에 있는 동아쇼핑 지하 1층 ○○○ 매장에서 구두 1켤레를 절취하였다(이하 '제3범행'이라 한다)고 자백하였고, 피해품인 위 구두를 경찰에 임의로 제출하였던 사실, 한편 위와 같은 자백 등을 기초로 제2, 3범행의 피해자가 확인된 후 2012.3.18.경 그 피해자들이 피해 사실에 관한 각 진술서를 제출한 사실, 그 후 2012.6.20. 열린 제1심 제2회 공판기일에서 피고인은 제1 내지 제3 범행에 대하여 전부 자백하였던 사실을 알 수 있다.

이를 앞서 본 법리에 비추어 살펴보면, 이 사건에서 수사기관이 법관의 영장도 없이 위와 같이 매출전표의 거래명의자에 관한 정보를 획득한 조치는 위법하다고 할 것이므로, 그러한 위법한 절차에 터 잡아 수집된 증거의 증거능력은 원칙적으로 부정되어야 할 것이고, 따라서 이와 같은 과정을 통해 수집된 증거들의 증거능력 인정 여부에 관하여 특별한 심리·판단도 없이 곧바로 위 증거들의 증거능력을 인정한 제1심의 판단을 그대로 유지한 원심의 조치는 적절하다고 할 수 없다.

그러나 피고인의 제1심 법정에서의 자백은 수사기관이 법관의 영장 없이 그 거래명의자에 관한 정보를 알아낸 후 그 정보에 기초하여 긴급체포함으로써 구금 상태에 있던 피고인의 최초 자백과 일부 동일한 내용이기는 하나, 피고인의 제1심 법정에서의 자백에 이르게 되기까지의 앞서 본 바와 같은 모든 사정들, 특히 피고인에 대한 구속영장이 기각됨으로써 석방된 이후에 진행된 제3회 경찰 피의자신문 당시에도 제3범행에 관하여 자백하였고, 이 사건 범행 전부에 대한 제1심 법정 자백은 최초 자백 이후 약 3개월이 지난 시점에 공개된 법정에서 적법한 절차를 통하여 임의로 이루어진 것이라는 점 등을 전체적·종합적으로 고려하여 볼 때 이는 유죄 인정의 증거로 사용할 수 있는 경우에 해당한다고 보아야 할 것이다.

나아가 제2, 3범행에 관한 각 진술서 또한 그 진술에 이르게 되기까지의 앞서 본 바와 같은 모든 사정들, 즉 수사기관이 매출전표의 거래명의자에 관한 정보를 획득하기 위하여 이 사건 카드회사에 공문까지 발송하였던 사정 등에 비추어 볼 때 의도적·기술적으로 금융실명법이 정하는 영장주의의 정신을 회피하려고 시도한 것은 아니라고 보이는 점, 제2, 3범행에 관한 피해자들 작성의 진술서는 제3자인 피해자들이 범행일로부터 약 3개월, 11개월 이상 지난 시점에서 기존의 수사절차로부터 독립하여 자발적으로 자신들의 피해 사실을 임의로 진술한 것으로 보이고, 특히 제3범행에 관한 진술서의 경우 앞서 본 바와 같이 피고인이 이미 석방되었음에도 불구하고 이 부분 범행 내용을 자백하면서 피해품을 수사기관에 임의로 제출한 이후에 비로소 수집된 증거인 점 등을 고려하여 볼 때, 위 증거들 역시 유죄 인정의 증거로 사용할 수 있는 경우에 해당한다고 봄이 타당하다.

그리고 위에서 본 바와 같이 그 증거능력이 인정되는 피고인의 제1심 법정 진술이나 제2, 3범행에 관한 각 진술서를 비롯하여 제1심이 적법하게 채택한 나머지 증거에 의하면 이 사건 공소사실은 모두 유죄로 인정하기에 충분하므로, 이 사건 공소사실을 유죄로 인정한 원심의 결론은 정당하다 할 것이고, 앞서 본 바와 같은 원심의 잘못은 판결 결과에 영향을 미치지 아니하였다.

3. 그러므로 상고를 기각하기로 하여 관여 대법관의 일치된 의견으로 주문과 같이 판결한다.

대법관 김용덕(재판장) 신영철(주심) 이상훈 김소영

불법감청으로 녹음된 통신내용의 증거능력
(위법수집증거배제법칙 적용 판례)
[대법원, 2010도9016, 2010.10.14.]

【판시사항】

[1] 제3자가 전화통화자 중 일방만의 동의를 얻어 통화 내용을 녹음하는 행위가 통신비밀 보호법상 '전기통신의 감청'에 해당하는지 여부(적극) 및 불법감청에 의하여 녹음된 전 화통화 내용의 증거능력 유무(소극)

[2] 수사기관이 甲으로부터 피고인의 마약류관리에 관한 법률 위반(향정) 범행에 대한 진 술을 듣고 추가적인 증거를 확보할 목적으로, 구속수감되어 있던 甲에게 그의 압수된 휴대전화를 제공하여 피고인과 통화하고 위 범행에 관한 통화 내용을 녹음하게 한 행 위는 불법감청에 해당하므로, 그 녹음 자체는 물론 이를 근거로 작성된 녹취록 첨부 수사보고는 피고인의 증거동의에 상관없이 그 증거능력이 없다고 한 사례

【원심판결】

수원지법 2010.6.29. 선고 2010노939 판결

【주문】

상고를 기각한다.

【판결이유】

상고이유(상고이유서 제출기간 경과 후에 제출된 상고이유보충서는 상고이유를 보충하는 범위 내에서) 를 판단한다.

1. 상고이유 제1점에 대하여

가. 이 사건 공소사실의 요지는 피고인이 공소외인에게 2008.1.경 필로폰 0.7g을 100만 원에 매도하고, 같은 해 3월경 필로폰 0.7g을 50만 원에 매도하였다는 것이다. 이에 대하여 원심은 공소외인의 검찰 진술과 아울러 이 사건 수사보고(피고인 녹취 첨부 보 고) 등을 증거로 하여 위 공소사실을 유죄로 인정한 제1심의 판단을 유지하였다.

나. 통신비밀보호법(이하 '법'이라고만 한다) 제2조 제7호는 '감청'이라 함은 전기통신에 대 하여 당사자의 동의 없이 전자장치·기계장치 등을 사용하여 통신의 음향·문언·부 호·영상을 청취·공독하여 그 내용을 지득 또는 채록하거나 전기통신의 송·수신을 방해하는 것을 말한다고 규정하고, 제3조 제1항은 누구든지 이 법과 형사소송법 또 는 군사법원법의 규정에 의하지 아니하고는 전기통신의 감청을 하지 못한다고 규정 하며, 나아가 제4조는 제3조의 규정에 위반하여, 불법감청에 의하여 지득 또는 채록

된 전기통신의 내용은 재판 또는 징계절차에서 증거로 사용할 수 없다고 규정하고 있다. 이에 따르면 전기통신의 감청은 제3자가 전기통신의 당사자인 송신인과 수신인의 동의를 받지 아니하고 전기통신 내용을 녹음하는 등의 행위를 하는 것만을 말한다고 풀이함이 상당하다고 할 것이므로, 전기통신에 해당하는 전화통화 당사자의 일방이 상대방 모르게 통화 내용을 녹음하는 것은 여기의 감청에 해당하지 아니하지만, 제3자의 경우는 설령 전화통화 당사자 일방의 동의를 받고 그 통화 내용을 녹음하였다 하더라도 그 상대방의 동의가 없었던 이상, 이는 여기의 감청에 해당하여 법 제3조 제1항 위반이 되고(대법원 2002.10.8. 선고 2002도123 판결 참조), 이와 같이 법 제3조 제1항에 위반한 불법감청에 의하여 녹음된 전화통화의 내용은 법 제4조에 의하여 증거능력이 없다(대법원 2001.10.9. 선고 2001도3106 판결 등 참조). 그리고 사생활 및 통신의 불가침을 국민의 기본권의 하나로 선언하고 있는 헌법규정과 통신비밀의 보호와 통신의 자유 신장을 목적으로 제정된 통신비밀보호법의 취지에 비추어 볼 때 피고인이나 변호인이 이를 증거로 함에 동의하였다고 하더라도 달리 볼 것은 아니다(대법원 2009.12.24. 선고 2009도11401 판결 참조).

기록에 의하면, 공소외인은 2009.9.21.경 검찰에서 피고인의 이 사건 공소사실 범행을 진술하는 등 다른 마약사범에 대한 수사에 협조해 오던 중, 같은 달 29일경 필로폰을 투약한 혐의 등으로 구속되었는데, 구치소에 수감되어 있던 같은 해 11.3.경 피고인의 이 사건 공소사실에 관한 증거를 확보할 목적으로 검찰로부터 자신의 압수된 휴대전화를 제공받아 구속수감 상황 등을 숨긴 채 피고인과 통화하고 그 내용을 녹음한 다음 그 휴대전화를 검찰에 제출한 사실, 이에 따라 작성된 이 사건 수사보고는 '공소외인이 2009.11.3. 오전 10:00경 피고인으로부터 걸려오는 전화를 자신이 직접 녹음한 후 이를 수사기관에 임의제출하였고, 이에 필로폰 관련 대화 내용을 붙임과 같이 녹취하였으며, 휴대전화에 내장된 녹음파일을 mp3 파일로 변환시켜 붙임과 같이 첨부하였음을 보고한다'는 내용으로, 첨부된 녹취록에는 피고인이 이전에 공소외인에게 준 필로폰의 품질에는 아무런 문제가 없다는 피고인의 통화 내용이 포함되어 있는 사실을 알 수 있다.

위 인정 사실을 앞서 본 법리에 비추어 보면, 위와 같은 녹음행위는 수사기관이 공소외인으로부터 피고인의 이 사건 공소사실 범행에 대한 진술을 들은 다음 추가적인 증거를 확보할 목적으로 구속수감되어 있던 공소외인에게 그의 압수된 휴대전화를 제공하여 그로 하여금 피고인과 통화하고 피고인의 이 사건 공소사실 범행에 관한 통화 내용을 녹음하게 한 것이라 할 것이고, 이와 같이 수사기관이 구속수감된 자로 하여금 피고인의 범행에 관한 통화 내용을 녹음하게 한 행위는 수사기관 스스로가 주체가 되어 구속수감된 자의 동의만을 받고 상대방인 피고인의 동의가 없는 상태에서 그들의 통화 내용을 녹음한 것으로서 범죄수사를 위한 통신제한조치의 허가 등을 받지 아니한 불법감청에 해당한다고 보아야 할 것이므로, 그 녹음 자체는 물론이고 이를 근거로 작성된 이 사건 수사보고의 기재 내용과 첨부 녹취록 및 첨부 mp3 파일도 모두 피고인과 변호인의 증거동의에 상관없이 증거능력이 없다고 할 것이다.

그럼에도 불구하고 피고인과 변호인이 이 사건 수사보고를 증거로 함에 동의하였다는 이유만으로 이를 증거능력이 있는 것으로 인정하여 이 사건 공소사실에 대한 유죄의 증거로 삼은 원심의 조치는 잘못이라 할 것이다. 이 점을 지적하는 취지의 상고이유 주장은 이유가 있다.

다. 그러나 이 사건 수사보고를 제외하고 제1심이 적법하게 채택하여 조사한 나머지 증거들만에 의하더라도 이 사건 공소사실을 유죄로 인정하기에 넉넉하므로, 위와 같은 원심의 잘못은 판결 결과에 영향이 없고, 나아가 원심의 위와 같은 판단에는 상고이유의 주장과 같이 채택된 증거의 증명력에 관하여 논리와 경험의 법칙을 위반하거나 자유심증주의의 한계를 벗어난 위법이 있다고 볼 수 없다.

2. 상고이유 제2점에 대하여

형사소송법 제383조 제4호에 의하면 사형, 무기 또는 10년 이상의 징역이나 금고가 선고된 사건에서만 양형부당을 사유로 한 상고가 허용되는 것이므로, 피고인에게 그보다 가벼운 형이 선고된 이 사건에서는 형의 양정이 부당하다는 취지의 주장은 적법한 상고이유가 되지 못한다.

3. 결론

그러므로 상고를 기각하기로 하여 관여 대법관의 일치된 의견으로 주문과 같이 판결한다.

대법관 박시환(재판장) 안대희 차한성(주심) 신영철

제3절 디지털 증거와 전문법칙

'전문증거(傳聞證據, Hearsay)'는 원진술자가 공판기일 또는 심문기일에 행한 진술 이외의 진술로서 그 주장사실이 진실임을 입증하기 위하여 제출된 것이다(미국연방증거법 제8장 제801조).

'전문법칙(hearsay rule)'이란 '전문증거는 증거로 되지 않는다'는 법원칙을 말한다. 전문법칙은 배심재판을 기본으로 하고 있는 영미법에 있어서 자백배제법칙과 함께 배심원의 합리적 심증형성을 위하여 발달한 증거법칙이다. 전문법칙의 이론적 근거로서 선서의 결여, 원진술자의 공판정 불출석, 반대신문의 결여를 들 수 있다. 원래 영미법에서 반대신문의 결여가 전문법칙의 근거를 이루는 것은 영미식 형사절차의 특수성과 밀접한 관계가 있다.[4]

그렇다면 디지털 증거와 관련된 컴퓨터, 휴대폰 등 각종 디지털 매체에서 범죄혐의와 관련된 파일들이 나왔을 때 이를 어떻게 다룰 것인가가 문제 된다. 우선 범죄에 사용된 파일 그 자체, 즉 악성코드가 포함된 실행 파일이나 몸캠 피싱 등과 같은 직접적으로 범죄를 실행하는 데 필요한 수단으로 볼 수 있는 파일들과 각종 의견서나 진술서, 메모 등과 같은 간접적 정황을 포함한 내용의 파일로 나누어 볼 수 있다.

실제로 최근 디지털 기기를 이용한 의사소통이나 데이터의 저장 등이 국민의 삶 속에 생활화됨에 따라 형사사건 관련, 디지털 증거나 디지털화된 증거가 문서로 출력한 형태로 제출되는 경우가 많아지고 있으며. 이러한 수사환경 변화에 따라 디지털 증거가 법정에서 어떻게 인정될 것인가 여부와 그 범위에 관한 논란이 끊이지 않고 있다. 특히, 컴퓨터로 작성된 문서 파일을 본인이 작성했더라도, 법정에서 부인해 버리면 증거로 그 가치를 인정받기 어려운 것이 사실이었다.

---

4 위키백과(ko.wikipedia.org/wiki/%EC%A0%84%EB%AC%B8%EC%A6%9D%EA%B1%B0).

이러한 논란은 2016년 5월, 국회에서 법무부와 대법원의 의견을 수렴하여, "디지털 증거의 진정 성립은 과학적 분석 결과에 기초한 디지털 포렌식 자료나 감정의 방법으로도 인정할 수 있도록" 하는 취지로 형사소송법을 개정하면서 어느 정도 해소되었다. 이 법률개정의 근거가 된 대법원 판례를 보면 USB 메모리, 테이프 등의 정보저장매체를 사실상 제313조의 진술서에 준한다고 보고 그에 대한 증거능력의 요건들을 제시한 점에서 의의가 있다. 즉, 2016년 5월 29일 형사소송법 제313조에 대한 개정은 진술서라는 서면증거의 범위를 정보저장매체 등에까지 확대함으로써 디지털 증거에 대한 증거능력의 요건을 명문으로 규정하였다는 점에서 큰 의의를 찾을 수 있으며 이것은 대한민국 형사소송법 역사에 마침내 디지털 증거법 시대가 개시되었음을 알리는 출발점이었다는 점에서 높이 평가할 만하다. 물론 개정된 조문이 정보저장매체의 범위, 진정성 진술의 주체 등의 문제에 있어서 여전히 해석상 논란의 여지를 남기고 있다는 점에서 아쉬운 감이 없지 않지만 이런 부분은 향후 계속적인 검토와 연구를 통해 보완해 나가야 할 것이다.

개정된 형사소송법 제313조 제1항이 진술서에 "문자·사진·영상 등의 정보로서 컴퓨터용 디스크, 그 밖에 이와 비슷한 정보저장매체에 저장된 것"을 포함한 것으로 규정하고 있지만, 현재 형사소송법상 전문증거의 범위를 규정하고 있다고 할 수 있는 제310조의 2는 여전히 서류와 진술의 두 가지 형태의 전문증거만을 규정하고 있기 때문이다. 그러나 전문증거와 전문법칙의 일관된 적용을 위해서는 제310조의 2를 "제311조 내지 제316조에 규정한 것 이외에는 공판준비 또는 공판기일에서의 진술에 대신하여 진술을 기재한 서류 또는 진술·사진·영상·음성을 담은 정보저장매체나 공판준비 또는 공판기일 외에서의 타인의 진술을 내용으로 하는 진술은 이를 증거로 할 수 없다"라는 것으로 개정하여 전문증거의 범위에 정보저장매체를 포함하는 것으로 규정할 필요성이 있다. 그렇게 된다면 지금까지 정보저장매체의 내용에 대한 증거능력을 판단을 위한 복잡한 절차 또는 이론적 대립이 해소될 수 있기 때문이다.[5]

우리 대법원은 전문증거 관련, 그 진술의 내용이 진실성과 관계없는 간접사실에 대한 정황증거로 사용할 때에는 전문증거를 부정하고 있다. 이와 관련, 폭처법(협박교사) 사건,

---

5 권오걸, 「형사소송법 제313조에서의 정보저장매체의 범위와 증거능력」, 경북대학교 법학연구원, 《법학논고》 제62집, 2018.07., P.180.

대법원 2000.2.25. 선고 99도1252 판결은 "어떤 진술을 범죄사실에 대한 직접증거로 사용할 때에는 그 진술이 전문증거가 된다고 하더라도 그와 같은 진술을 하였다는 것 자체 또는 그 진술의 진실성과 관계없는 간접사실에 대한 정황증거로 사용할 때에는 반드시 전문증거가 되는 것은 아니다"라고 판결하였다.

또한 국가보안법 위반(반국가단체의구성등) 사건 관련, 대법원 2001.3.23. 선고 2000도486 판결에서 "컴퓨터 디스켓에 담긴 문건이 증거로 사용되는 경우 그 기재 내용의 진실성에 관하여는 전문법칙이 적용된다 할 것이고, 따라서 피고인 또는 피고인 아닌 자가 작성하거나 또는 그 진술을 기재한 문건의 경우 원칙적으로 형사소송법 제313조 제1항 본문에 의하여 그 작성자 또는 진술자의 진술에 의하여 그 성립의 진정함이 인정된 때에 이를 증거로 사용할 수 있다"라고 판결하기도 하였다.

특히 법률의견서 사건 관련, 대법원 2012.5.17. 선고 2009도6788 판결은 "이 사건 법률의견서는 압수된 디지털 저장매체로부터 출력한 문건으로서 그 실질에 있어서 형사소송법 제313조 제1항에 규정된 "피고인 아닌 자가 작성한 진술서나 그 진술을 기재한 서류"에 해당한다고 할 것인데, 공판준비 또는 공판기일에서 그 작성자 또는 진술자인 위 변호사의 진술에 의하여 그 성립의 진정함이 증명되지 아니하였으므로 위 규정에 의하여 이 사건 법률의견서의 증거능력을 인정할 수는 없다.

나아가 원심 공판기일에 출석한 위 변호사가 이 사건 법률의견서의 진정성립 등에 관하여 진술하지 아니한 것은 형사소송법 제149조에서 정한 바에 따라 정당하게 증언거부권을 행사한 경우에 해당하므로, 앞서 본 법리에 따라 형사소송법 제314조에 의하여 "이 사건 법률의견서의 증거능력을 인정할 수도 없다"고 판결하였다.

컴퓨터 디스켓에 담긴 문건의 진실성에 관한 전문법칙의 적용

(폭처법 위반 협박사건)

[대법원, 2000도486, 2001.3.23.]

【판시사항】

[1] 형법 제37조 후단의 경합범 관계에 있는 각 공소사실에 대하여 원심이 모두 유죄판결을 하였으나 상고심에서 그중 일부가 파기환송된 경우, 환송 후 원심의 심판범위(=파기부분) 및 그 경우 환송 후 원심이 파기환송된 부분에 대한 공소사실에 대하여 무죄를 선고하면서 종전에 그 부분에 대한 형에 산입하였던 미결구금일수 중 일부를 분리 확정된 다른 죄에 대한 형에 산입할 수 있는지 여부(소극)

[2] <u>컴퓨터 디스켓에 담긴 문건의 증거능력</u>

【판결요지】

[1] 형법 제37조 후단의 경합범의 경우 확정판결 전후의 각 죄는 각 별개로 심리·판단되고, 분리하여 확정되는 관계에 있으므로, 위 각 죄에 대하여 원심이 각 별개의 유죄판결을 선고하고 이에 대하여 피고인이 상고를 하였는데, 대법원이 그중 일부에 대한 상고만을 이유 있는 것으로 받아들여 이를 파기환송하고, 나머지 부분에 대한 상고를 기각한 경우에는 위 상고가 기각된 유죄 부분은 분리·확정되고, 환송을 받은 원심의 심판범위는 위 파기된 부분에 한정된다. 그 경우 당초 환송 전 원심이 1심판결 선고 전의 미결구금일수 중 일부를 파기된 유죄부분에 대한 형에 산입하였으나, 환송 후의 절차에서 그 부분에 대하여 무죄를 선고함으로써 위 미결구금일수를 산입할 본형이 남아 있지 않게 되더라도 형사소송법 제321조 제2항이 판결 선고 전 구금일수의 산입은 형의 선고와 동시에 판결로써 선고하도록 규정하고 있는 이상 이를 이미 분리되어 확정된 위 유죄 부분에 대한 형에 산입할 수 있는 것도 아니다.

[2] <u>컴퓨터 디스켓에 담긴 문건이 증거로 사용되는 경우 그 기재 내용의 진실성에 관하여는 전문법칙이 적용된다 할 것이고, 따라서 피고인 또는 피고인 아닌 자가 작성하거나 또는 그 진술을 기재한 문건의 경우 원칙적으로 형사소송법 제313조 제1항 본문에 의하여 그 작성자 또는 진술자의 진술에 의하여 그 성립의 진정함이 인정된 때에 이를 증거로 사용할 수 있다.</u>

【전문】

【환송판결】

대법원 1999.9.3. 선고 99도2318 판결

【주문】

상고를 모두 기각한다.

【판결이유】

상고이유를 본다.

1. 피고인 2의 상고이유에 관하여 판단한다.

형법 제37조 후단의 경합범의 경우 확정판결 전후의 각 죄는 각 별개로 심리·판단되고, 분리하여 확정되는 관계에 있으므로, 위 각 죄에 대하여 원심이 각 별개의 유죄판결을 선고하고 이에 대하여 피고인이 상고를 하였는데, 대법원이 그중 일부에 대한 상고만을 이유 있는 것으로 받아들여 이를 파기환송하고, 나머지 부분에 대한 상고를 기각한 경우에는 위 상고가 기각된 유죄 부분은 분리·확정되고, 환송을 받은 원심의 심판범위는 위 파기된 부분에 한정된다.

그 경우 당초 환송 전 원심이 1심판결 선고 전의 미결구금일수 중 일부를 파기된 유죄부분에 대한 형에 산입하였으나, 환송 후의 절차에서 그 부분에 대하여 무죄를 선고함으로써 위 미결구금일수를 산입할 본형이 남아 있지 않게 되더라도 형사소송법 제321조 제2항이 판결 선고 전 구금일수의 산입은 형의 선고와 동시에 판결로써 선고하도록 규정하고 있는 이상 이를 이미 분리되어 확정된 위 유죄부분에 대한 형에 산입할 수 있는 것도 아니다.

같은 취지에서 환송 후의 심판범위를 피고인 2에 대한 주위적 공소사실인 반국가단체가입죄 부분 및 예비적 공소사실인 이적단체가입죄 부분에 한정된다고 보고, 위 공소사실에 대하여 무죄의 선고를 하면서 별도로 1심판결 선고 전의 미결구금일수를 분리되어 확정된 종전의 형에 산입하지 아니한 원심의 조치는 정당하고, 거기에 상고이유에 주장하는 바와 같이 환송 후 항소심의 심판의 범위 및 미결구금일수 산입에 관한 법리를 오해하거나 판단을 유탈한 위법이 없다.

상고이유의 주장은 받아들이지 않는다.

2. 검사의 상고이유에 관하여 판단한다.

가. 컴퓨터 디스켓에 담긴 문건의 증거능력에 대하여

컴퓨터 디스켓에 담긴 문건이 증거로 사용되는 경우 그 기재 내용의 진실성에 관하여는 전문법칙이 적용된다 할 것이고, 따라서 피고인 또는 피고인 아닌 자가 작성하거나 또는 그 진술을 기재한 문건의 경우 원칙적으로 형사소송법 제313조 제1항 본문에 의하여 그 작성자 또는 진술자의 진술에 의하여 그 성립의 진정함이 인정된 때에 이를 증거로 사용할 수 있다고 할 것이다.

원심의 판단은 대법원 환송판결의 취지에 따른 것으로 정당하고, 거기에 압수된 컴퓨터 디스켓의 증거능력에 관한 법리를 오해하거나 증거능력에 관한 판단을 유탈한 잘못이 없다.

논지는 이 사건 컴퓨터 디스켓에 담긴 문건의 경우 형사소송법 제313조 제1항 단서 또는 제314조, 제315조에 의하여 증거능력이 있다는 것이나, 위 문건들은 그 작성자조차가 명료하지 않은 것들로서 위 각 형사소송법의 규정에 따라 증거능력이 부여될 수 있는 것이 아니다.

상고이유의 주장은 받아들이지 않는다.

나. 나머지 상고이유에 대하여

원심은 그 밖에 공소사실에 부합하는 증거들 중 일부에 대하여 증거능력을 부정하고, 나머지 증거들만으로는 공소사실을 인정하기에 부족하다는 이유로 피고인들에 대하여 각 무죄를 선고하였는바, 원심판결 이유를 기록 및 대법원 환송판결의 취지에 비추어 살펴보면, 원심의 위와 같은 판단 및 조치는 정당하고 거기에 증거능력에 관한 법리를 오해하여 채증법칙을 위반하거나 증거가치에 관한 판단을 그르친 잘못이 없다.

이 부분에 관한 상고이유의 주장도 받아들이지 않는다.

3. 그러므로 상고를 모두 기각하기로 하여 관여 법관의 일치된 의견으로 주문과 같이 판결한다.

대법관 송진훈(재판장) 윤재식 이규홍(주심) 손지열

압수된 디지털 저장매체로부터 출력한 법률의견서 문건의
전문법칙 적용과 증거능력
(법률의견서 사건)

[대법원, 2009도6788, 2012.5.17.]

【판시사항】

[1] 증인이 형사소송법에서 정한 바에 따라 정당하게 증언거부권을 행사하여 증언을 거부한 경우가 형사소송법 제314조의 '그 밖에 이에 준하는 사유로 인하여 진술할 수 없는 때'에 해당하는지 여부(소극)

[2] 甲 주식회사 및 그 직원인 피고인들이 정비사업전문관리업자의 임원에게 甲 회사가 주택재개발사업 시공사로 선정되게 해 달라는 청탁을 하면서 금원을 제공하였다고 하여 구 건설산업기본법 위반으로 기소되었는데, 변호사가 작성하여 甲 회사 측에 전송한 전자문서를 출력한 '법률의견서'에 대하여 피고인들이 증거로 함에 동의하지 아니하고, 변호사가 그에 관한 증언을 거부한 사안에서, 위 의견서의 증거능력을 부정하고 무죄를 인정한 원심의 결론을 정당하다고 한 사례

【판결요지】

[1] [다수의견] 형사소송법 제314조는 "제312조 또는 제313조의 경우에 공판준비 또는 공판기일에 진술을 요하는 자가 사망·질병·외국거주·소재불명, 그 밖에 이에 준하는 사유로 인하여 진술할 수 없는 때에는 그 조서 및 그 밖의 서류를 증거로 할 수 있다. 다만, 그 진술 또는 작성이 특히 신빙할 수 있는 상태하에서 행하여졌음이 증명된 때에 한한다."라고 정함으로써, 원진술자 등의 진술에 의하여 진정성립이 증명되지 아니하는 전문증거에 대하여 예외적으로 증거능력이 인정될 수 있는 사유로 '사망·질병·외국거주·소재불명, 그 밖에 이에 준하는 사유로 인하여 진술할 수 없는 때'를 들고 있다. 위 증거능력에 대한 예외사유로 1995.12.29. 법률 제5054호로 개정되기 전의 구 형사소송법 제314조가 '사망, 질병 기타 사유로 인하여 진술할 수 없는 때', 2007.6.1. 법률 제8496호로 개정되기 전의 구 형사소송법 제314조가 '사망, 질병, 외국거주 기타 사유로 인하여 진술할 수 없는 때'라고 각 규정한 것에 비하여 현행 형사소송법은 그 예외사유의 범위를 더욱 엄격하게 제한하고 있는데, 이는 직접심리주의와 공판중심주의의 요소를 강화하려는 취지가 반영된 것이다. 한편 형사소송법은 누구든지 자기 또는 친족 등이 형사소추 또는 공소제기를 당하거나 유죄판결을 받을 사실이 발로될 염려가 있는 증언을 거부할 수 있도록 하고(제148조), 또한 변호사, 변리사, 공증인, 공인회계사, 세무사, 대서업자, 의사, 한의사, 치과의사, 약사, 약종상, 조산사, 간호사, 종교의 직에 있는

자 또는 이러한 직에 있던 사람은 그 업무상 위탁을 받은 관계로 알게 된 사실로서 타인의 비밀에 관한 것은 증언을 거부할 수 있도록 규정하여(제149조 본문), 증인에게 일정한 사유가 있는 경우 증언을 거부할 수 있는 권리를 보장하고 있다. 위와 같은 현행 형사소송법 제314조의 문언과 개정 취지, 증언거부권 관련 규정의 내용 등에 비추어 보면, 법정에 출석한 증인이 형사소송법 제148조, 제149조 등에서 정한 바에 따라 정당하게 증언거부권을 행사하여 증언을 거부한 경우는 형사소송법 제314조의 '그 밖에 이에 준하는 사유로 인하여 진술할 수 없는 때'에 해당하지 아니한다.

[대법관 안대희의 반대의견] 형사소송법 제314조는 작성자 또는 원진술자의 법정진술에 의하여 진정성립이 증명되지 아니한 서류라도 일정한 경우 증거로 할 수 있도록 허용한 규정으로서, 전문증거의 증거능력을 지나치게 엄격하게 제한함으로써 형사소송의 지도이념인 실체적 진실발견을 방해하여서는 아니 된다는 데 그 목적과 취지가 있다. 따라서 위 규정의 '진술을 요하는 자가 사망·질병·외국거주·소재불명, 그 밖에 이에 준하는 사유로 인하여 진술할 수 없는 때'라 함은 서류의 작성자 또는 원진술자가 공판준비 또는 공판기일에 출석할 수 없는 경우는 물론이고 법정에 출석하더라도 그로부터 해당 서류의 진정성립에 관한 진술을 들을 수 없는 경우도 널리 포함한다고 해석하여야 한다. 증인이 사망·질병·외국거주·소재불명 등인 때와 법정에 출석한 증인이 증언거부권을 행사한 때는 모두 증거신청자인 검사의 책임 없이 해당 서류의 진정성립을 증명할 수 없게 된 경우로서 실체적 진실발견을 위하여 전문법칙의 예외를 인정할 필요성의 정도에서 차이가 없다.

[2] 甲 주식회사 및 그 직원인 피고인들이 정비사업전문관리업자의 임원에게 甲 회사가 주택재개발사업 시공사로 선정되게 해 달라는 청탁을 하면서 금원을 제공하였다고 하여 구 건설산업기본법(2011.5.24. 법률 제10719호로 개정되기 전의 것) 위반으로 기소되었는데, 변호사가 법률자문 과정에 작성하여 甲 회사 측에 전송한 전자문서를 출력한 '법률의견서'에 대하여 피고인들이 증거로 함에 동의하지 아니하고, 변호사가 원심 공판기일에 증인으로 출석하였으나 증언할 내용이 甲 회사로부터 업무상 위탁을 받은 관계로 알게 된 타인의 비밀에 관한 것임을 소명한 후 증언을 거부한 사안에서, 위 법률의견서는 압수된 디지털 저장매체로부터 출력한 문건으로서 실질에 있어서 형사소송법 제313조 제1항에 규정된 '피고인 아닌 자가 작성한 진술서나 그 진술을 기재한 서류'에 해당하는데, 공판준비 또는 공판기일에서 작성자 또는 진술자인 변호사의 진술에 의하여 성립의 진정함이 증명되지 아니하였으므로 위 규정에 의하여 증거능력을 인정할 수 없고, 나아가 원심 공판기일에 출석한 변호사가 그 진정성립 등에 관하여 진술하지 아니한 것은 형사소송법 제149조에서 정한 바에 따라 정당하게 증언거부권을 행사한 경우에 해당하므로 형사소송법 제314조에 의하여 증거능력을 인정할 수도 없다는 이유로, 원심이 이른바 변호인·의뢰인 특권에 근거하여 위 의견서의 증거능력을 부정한 것은

적절하다고 할 수 없으나, 위 의견서의 증거능력을 부정하고 나머지 증거들만으로 유죄를 인정하기 어렵다고 본 결론은 정당하다고 한 사례.

【전문】

【원심판결】

서울고법 2009.6.26. 선고 2008노2778 판결

【주문】

상고를 모두 기각한다.

【판결이유】

상고이유를 판단한다.

1. 건설산업기본법 위반의 점에 관한 검사의 상고이유에 대하여

　가. 이 사건 법률의견서의 증거능력에 관한 법리오해의 점

　　　(1) 형사소송법 제314조는 "제312조 또는 제313조의 경우에 공판준비 또는 공판기일에 진술을 요하는 자가 사망·질병·외국거주·소재불명, 그 밖에 이에 준하는 사유로 인하여 진술할 수 없는 때에는 그 조서 및 그 밖의 서류를 증거로 할 수 있다. 다만, 그 진술 또는 작성이 특히 신빙할 수 있는 상태하에서 행하여졌음이 증명된 때에 한한다"라고 정함으로써, 원진술자 등의 진술에 의하여 진정성립이 증명되지 아니하는 전문증거에 대하여 예외적으로 증거능력이 인정될 수 있는 사유로 '사망·질병·외국거주·소재불명, 그 밖에 이에 준하는 사유로 인하여 진술할 수 없는 때'를 들고 있다. 위 증거능력에 대한 예외사유로 1995.12.29. 법률 제5054호로 개정되기 전의 구 형사소송법 제314조가 '사망, 질병 기타 사유로 인하여 진술할 수 없는 때', 2007.6.1. 법률 제8496호로 개정되기 전의 구 형사소송법 제314조가 '사망, 질병, 외국거주 기타 사유로 인하여 진술할 수 없는 때'라고 각 규정한 것에 비하여 현행 형사소송법은 그 예외사유의 범위를 더욱 엄격하게 제한하고 있는데, 이는 직접심리주의와 공판중심주의의 요소를 강화하려는 취지가 반영된 것이다.

　　　한편 형사소송법은 누구든지 자기 또는 친족 등이 형사소추 또는 공소제기를 당하거나 유죄판결을 받을 사실이 발로될 염려가 있는 증언을 거부할 수 있도록 하고(제148조), 또한 변호사, 변리사, 공증인, 공인회계사, 세무사, 대서업자, 의사, 한의사, 치과의사, 약사, 약종상, 조산사, 간호사, 종교의 직에 있는 자 또는 이러한 직에 있던 사람은 그 업무상 위탁을 받은 관계로 알게 된 사실로서 타인의 비밀에 관한 것은 증언을 거부할 수 있도록 규정하여(제149조 본문), 증인에게 일정한 사유가 있는 경우 증언을 거부할 수 있는 권리를 보장하고 있다.

위와 같은 현행 형사소송법 제314조의 문언과 개정 취지, 증언거부권 관련 규정의 내용 등에 비추어 보면, 법정에 출석한 증인이 형사소송법 제148조, 제149조 등에서 정한 바에 따라 정당하게 증언거부권을 행사하여 증언을 거부한 경우는 형사소송법 제314조의 '그 밖에 이에 준하는 사유로 인하여 진술할 수 없는 때'에 해당하지 아니한다고 할 것이다 .

(2) 원심은, 피고인 5 주식회사(이하 '피고인 5 회사'라고 한다)가 판시 법무법인 소속 변호사로부터 법률자문을 받은 내용이 기재된 이 사건 법률의견서의 증거능력을 부정한 제1심의 판단을 그대로 유지하면서, 비록 현행법상 명문의 규정은 없으나 헌법 제12조 제4항에 의하여 인정되는 변호인의 조력을 받을 권리 중 하나로서 변호인과 의뢰인 사이에서 법률자문을 목적으로 비밀리에 이루어진 의사교환에 대하여 의뢰인은 그 공개를 거부할 수 있는 특권을 가진다고 전제하였다. 이에 따라 원심은, 이 사건 법률의견서는 법정에서 작성자인 변호사에 의하여 그 성립의 진정이 인정되지 아니한 이상 증거능력이 없을 뿐만 아니라, 그 성립의 진정이 인정된다고 하더라도 위 법리에 따라 압수절차의 위법 여부와 관계없이 변호인-의뢰인 특권에 의하여 의뢰인인 피고인 5 회사 및 피고인 1, 2에 대한 범죄사실을 인정할 증거로 사용할 수 없다고 판단하였다.

(3) 헌법 제12조 제4항 본문은 "누구든지 체포 또는 구속을 당한 때에는 즉시 변호인의 조력을 받을 권리를 가진다"라고 규정하고 있고, 이와 관련하여 형사소송법 제34조는 변호인 또는 변호인이 되려는 사람에 대하여 신체구속을 당한 피고인 또는 피의자와 제한 없이 접견하고 서류 또는 물건을 수수할 수 있도록 허용하고 있다. 한편 형사소송법은 변호사 등이 그 업무상 위탁을 받아 소지 또는 보관하는 물건으로 타인의 비밀에 관한 것은 압수를 거부할 수 있고(제112조 본문, 제219조), 그 업무상 위탁을 받은 관계로 알게 된 사실로서 타인의 비밀에 관한 것은 증언을 거부할 수 있도록 규정하여(제149조 본문), 변호사와 의뢰인 사이의 법률자문 또는 법률상담의 비밀을 일정한 범위에서 보호하고 있다.

위와 같은 변호인의 조력을 받을 권리, 변호사와 의뢰인 사이의 비밀보호 범위 등에 관한 헌법과 형사소송법 규정의 내용과 취지 등에 비추어 볼 때, 아직 수사나 공판 등 형사절차가 개시되지 아니하여 피의자 또는 피고인에 해당한다고 볼 수 없는 사람이 일상적 생활관계에서 변호사와 상담한 법률자문에 대하여도 변호인의 조력을 받을 권리의 내용으로서 그 비밀의 공개를 거부할 수 있는 의뢰인의 특권을 도출할 수 있다거나, 위 특권에 의하여 의뢰인의 동의가 없는 관련 압수물은 압수절차의 위법 여부와 관계없이 형사재판의 증거로 사용할 수 없다는 견해는 받아들일 수 없다고 하겠다. 원심이 이 사건 법률의견서의 증거능력을 부정하는 이유를 설시함에 있어 위와 같은 이른바 변호인-의뢰인 특권을 근거로 내세운 것은 적절하다고 할 수 없다.

(4) 그러나 원심이 이 사건 법률의견서의 증거능력을 부정하고 이를 증거로 채택하지 아니한 결론은 다음과 같은 이유에서 정당하다고 할 것이다.

압수된 디지털 저장매체로부터 출력한 문건을 진술증거로 사용하는 경우 그 기재 내용의 진실성에 관하여는 전문법칙이 적용되므로 형사소송법에 따라 그 작성자 또는 진술자의 진술에 의하여 그 성립의 진정함이 증명된 때에 한하여 이를 증거로 사용할 수 있다(대법원 1999.9.3. 선고 99도2317 판결, 대법원 2007.12.13. 선고 2007도7257 판결 등 참조).

원심판결 이유 및 기록에 의하면, 이 사건 법률의견서는 판시 법무법인 소속 변호사가 작성한 후 전자우편으로 피고인 5 회사 측에 전송한 전자문서를 검사가 컴퓨터 등 디지털 저장매체의 압수를 통하여 취득한 다음 이를 출력하여 증거로 신청한 서류로서, 피고인 1, 2, 피고인 5 회사가 이를 증거로 함에 동의하지 아니한 사실, 위 변호사는 원심 제6회 공판기일에 증인으로 출석하였으나 증언하여야 할 내용이 피고인 5 회사로부터 업무상 위탁을 받은 관계로 알게 된 타인의 비밀에 관한 것임을 소명한 후 재판장으로부터 증언을 거부할 수 있다는 설명을 듣고 증언을 거부한 사실을 알 수 있다.

위 사실관계를 앞서 본 법리에 비추어 살펴보면, 이 사건 법률의견서는 압수된 디지털 저장매체로부터 출력한 문건으로서 그 실질에 있어서 형사소송법 제313조 제1항에 규정된 '피고인 아닌 자가 작성한 진술서나 그 진술을 기재한 서류'에 해당한다고 할 것인데, 공판준비 또는 공판기일에서 그 작성자 또는 진술자인 위 변호사의 진술에 의하여 그 성립의 진정함이 증명되지 아니하였으므로 위 규정에 의하여 이 사건 법률의견서의 증거능력을 인정할 수는 없다. 나아가 원심 공판기일에 출석한 위 변호사가 이 사건 법률의견서의 진정성립 등에 관하여 진술하지 아니한 것은 형사소송법 제149조에서 정한 바에 따라 정당하게 증언거부권을 행사한 경우에 해당하므로, 앞서 본 법리에 따라 형사소송법 제314조에 의하여 이 사건 법률의견서의 증거능력을 인정할 수도 없다.

따라서 원심의 이유설시에 앞서 본 것과 같은 잘못이 있기는 하나 이 사건 법률의견서의 증거능력을 배척한 원심의 결론이 정당한 이상, 이로 인하여 판결 결과에 영향을 미쳤다고 할 수 없다. 이 부분 상고이유의 주장은 받아들일 수 없다.

나. 증거채택에 관한 법령위반 및 채증법칙위반의 점

(1) 압수물인 디지털 저장매체로부터 출력한 문건을 증거로 사용하려면 디지털 저장매체 원본에 저장된 내용과 출력한 문건의 동일성이 인정되어야 하고, 이를 위하여는 디지털 저장매체 원본이 압수된 이후 문건 출력에 이르기까지 변경되지

아니하였음이 담보되어야 한다(대법원 2007.12.13. 선고 2007도7257 판결 등 참조).

기록에 의하면 원심은, 검사가 증거로 신청한 회계자료, 품의서목록 등은 디지털 저장매체를 원본으로 하여 출력한 문건으로서 그 기재된 내용이 증거자료가 되는 증거서류, 즉 진술증거에 해당하는데, 디지털 저장매체 원본에 저장된 원래 내용과의 동일성이 인정되지 아니할 뿐만 아니라 형사소송법의 규정에 따라 그 성립의 진정함이 증명되지도 아니하였다는 등의 이유로 이를 증거로 채택하지 아니하였음을 알 수 있다.

앞서 본 법리에 비추어 보면 원심의 위와 같은 조치는 정당하고, 거기에 상고이유의 주장과 같은 증거채택에 관한 법령위반의 잘못이 없다.

(2) 원심판결 이유에 의하면, 원심은 그 판시와 같은 이유를 들어 검사가 제출한 증거만으로는 피고인 1, 2가 공소사실과 같은 건설산업기본법 위반의 범행에 가담하거나 공모하였음을 인정하기 어렵다고 판단하여 위 피고인들과 피고인 5 회사에 대한 이 부분 공소사실에 관하여 무죄를 선고한 제1심판결을 그대로 유지하였다.

원심판결 이유를 기록에 비추어 살펴보면, 원심의 위와 같은 판단은 정당한 것으로 수긍할 수 있고, 거기에 상고이유의 주장과 같이 논리와 경험의 법칙에 위배하여 자유심증주의의 한계를 벗어난 위법이 없다.

2. 장위1구역 재개발 관련 뇌물공여 및 '특정범죄 가중처벌 등에 관한 법률' 위반(뇌물)의 점에 관한 검사의 상고이유에 대하여

가. 기록에 의하면, 원심은, 검사가 이 부분 공소사실에 관하여 증거로 신청한 신규시공권확보추진 현황, 집행품의 현황 등 디지털 저장매체로부터 출력한 문건에 대하여, 위 증거들은 진술증거로서 디지털 저장매체 원본에 저장된 원래 내용과의 동일성이 인정되지 아니하고 형사소송법의 규정에 따라 그 성립의 진정함이 증명되지도 아니하였다는 등의 이유에서 이를 증거로 채택하지 아니하였음을 알 수 있다.

앞서 본 법리에 비추어 보면 원심의 위와 같은 조치는 정당하고, 거기에 상고이유의 주장과 같은 증거채택에 관한 법령위반의 잘못이 없다.

나. 원심판결 이유에 의하면, 원심은 그 판시와 같은 이유를 들어 검사가 제출한 증거만으로는 피고인 1, 2, 3이 공소사실과 같이 시공사 선정에 관한 청탁 명목으로 금원을 교부 또는 수수하였음을 인정하기 부족하다고 판단하여, 위 피고인들의 이 부분 공소사실에 대하여 무죄를 선고한 제1심판결을 유지하였다.

원심판결 이유를 기록에 비추어 살펴보면, 원심의 위와 같은 판단은 정당한 것으로 수긍할 수 있고, 거기에 상고이유의 주장과 같이 논리와 경험의 법칙에 위배하여 자유심증주의의 한계를 벗어난 위법이 없다.

3. 장위3구역 재개발 관련 뇌물공여 및 '특정범죄 가중처벌 등에 관한 법률' 위반(뇌물)의 점에 관한 피고인 2, 4와 검사의 각 상고이유에 대하여

가. 공무원이 얻는 어떤 이익이 직무와 대가관계가 있는 부당한 이익으로서 뇌물에 해당하는지 여부는 당해 공무원의 직무의 내용, 직무와 이익제공자와의 관계, 쌍방 간에 특수한 사적인 친분관계가 존재하는지의 여부, 이익의 다과, 이익을 수수한 경위와 시기 등의 제반 사정을 참작하여 결정하여야 한다. 이는 '도시 및 주거환경정비법'에 의하여 공무원으로 의제되는 정비사업전문관리업자의 임직원의 경우도 마찬가지이고, 이때 정비사업전문관리업자가 반드시 정비조합이나 조합설립추진위원회와 특정 재건축 또는 재개발 정비사업에 관하여 구체적인 업무위탁계약을 체결하고 그 직무에 관하여 이익을 취득하여야만 그 임직원이 얻는 어떤 이익이 직무와 대가관계가 있는 부당한 이익으로서 뇌물에 해당하는 것은 아니다(대법원 2008.9.25. 선고 2008도2590 판결 등 참조).

한편 형법 제129조 제1항의 뇌물수수죄는 공무원이 그 직무에 관하여 뇌물을 수수한 때에 적용되는 것으로서, 공무원이 직접 뇌물을 받지 아니하고 증뢰자로 하여금 다른 사람에게 뇌물을 공여하도록 한 경우라 하더라도 그 다른 사람이 공무원의 사자 또는 대리인으로서 뇌물을 받은 경우 등과 같이 사회통념상 그 다른 사람이 뇌물을 받은 것을 공무원이 직접 받은 것과 같이 평가할 수 있는 관계가 있는 경우에는 형법 제129조 제1항의 뇌물수수죄가 성립하고, 이러한 법리는 공무원으로 의제되는 정비사업전문관리업자의 임직원이 직무에 관하여 자신이 아닌 정비사업전문관리업자 등에게 뇌물을 공여하게 하는 경우에도 마찬가지라고 할 것이다(대법원 2011.11.24. 선고 2011도9585 판결 등 참조).

원심판결 이유에 의하면, 원심은, 그 채택증거에 의하여 피고인 2가 정비사업전문관리업자인 공소외 1 주식회사의 대표이사로서 공무원으로 의제되는 피고인 4에게 재개발공사 시공자 선정과 관련한 청탁을 하면서 그 대가로 3억 3천만 원의 자금을 위 회사에 1년간 무상으로 대여하여 그로 말미암은 금융이익 상당액을 제공한 사실을 인정하였다. 이어서 원심은, 그 판시와 같은 사정을 종합하여 위 회사에 위와 같은 재산상 이익을 제공한 것은 사회통념상 피고인 4에게 직접 이를 공여한 것과 같이 평가할 수 있다고 판단하여, 피고인 2, 4에 대하여 위 금융이익 상당액에 관한 뇌물공여 및 뇌물수수의 범죄사실을 유죄로 인정하였다.

원심판결 이유를 앞서 본 법리와 원심이 적법하게 채택한 증거들에 비추어 살펴보면 원심의 위와 같은 판단은 정당하고, 거기에 피고인 2, 4의 주장과 같이 논리와 경험의 법칙에 위배하여 자유심증주의의 한계를 벗어나거나 뇌물수수죄의 주체 또는 직무관련성에 관한 법리를 오해한 위법이 없다.

나. 원심판결 이유에 의하면, 원심은, 피고인 1, 2, 4가 위와 같은 청탁의 대가로 3억 3천

만 원 전액을 뇌물로 공여하고 수수하였다는 이 부분 공소사실과 관련하여, 그 판시와 같은 사정을 들어 제1심판결이 피고인 1에 대하여는 검사가 제출한 증거만으로 위 범행의 공모 또는 가담사실을 인정하기 어렵다는 이유로 공소사실 전부에 대하여, 피고인 2, 4에 대하여는 반환의사 없이 위 금액을 주고받았음을 인정하기 어렵다는 이유로 위 금융이익 상당액의 뇌물을 초과하는 범위의 공소사실에 대하여 각 무죄라고 판단한 조치를 그대로 유지하였다.

원심판결 이유를 기록에 비추어 살펴보면 원심의 위와 같은 판단은 정당하고, 거기에 검사의 상고이유 주장과 같이 논리와 경험의 법칙에 위배하여 자유심증주의의 한계를 벗어난 위법이 없다.

4. 결론

그러므로 상고를 모두 기각하기로 하여 주문과 같이 판결한다. 이 판결에는 건설산업기본법 위반 부분 등에 대한 대법관 안대희의 반대의견이 있는 외에는 관여 법관의 의견이 일치되었다.

5. 대법관 안대희의 반대의견은 다음과 같다.

　가. 다수의견은, 이 사건 법률의견서는 그 실질에 있어 형사소송법 제313조 제1항의 전문증거로서 위 규정 또는 같은 법 제314조에 의하여 그 증거능력이 인정되지 아니하므로, 이 사건 법률의견서의 증거능력을 인정하지 아니한 원심의 결론이 정당하다고 한다. 그러나 다음에서 보는 바와 같이 이 사건 법률의견서의 증거능력을 배척한 원심의 판단은 위법하다고 할 것이므로, 다수의견에 동의할 수 없다.

　　(1) 먼저 다수의견이 이른바 변호인-의뢰인 특권을 내세워 이 사건 법률의견서의 증거능력을 배척한 원심의 설시내용이 적절하지 아니하다고 지적한 것은 타당하다. 형사소송절차에서의 증거사용의 범위와 제한의 문제는 원칙적으로 입법의 재량 또는 선택의 영역에 속하는 것으로서 이를 존중하여야 하는바, 법률의 규정에 의하지 않고 헌법으로부터 직접 증거사용을 제한하려는 시도는 가능한 지양하여야 할 것이다. 그리고 형사소송법 제112조, 제219조 등에 의하면, 변호사가 의뢰인과의 법률자문에 관하여 작성한 법률의견서 등을 의뢰인이 소지 또는 보관하는 경우 그에 대한 압수 또는 증거사용이 특별히 제한되지 아니함이 분명하다고 할 것이다.

　　(2) 그러나 다수의견이 이 사건 법률의견서를 형사소송법 제313조 제1항의 전문증거로 보고 그 증거능력이 인정되지 아니한다고 판단한 데 대해서는 다음과 같은 이유로 동의할 수 없다.

　　　(가) 우선 이 사건 법률의견서가 형사소송법 제313조 제1항의 전문증거에 해당한다는 다수의견의 전제에 찬성할 수 없다는 뜻을 밝히고자 한다.

전문증거는 공판준비 또는 공판기일에서의 진술에 대신하여 진술을 기재한 서류나 공판준비 또는 공판기일 외에서의 타인의 진술을 내용으로 하는 진술로서(형사소송법 제310조의2), 원진술의 내용이 된 사실 자체의 존부가 요증사실을 이루는 증거를 의미한다. 그러므로 형사소송법 제313조 제1항의 전문증거로서 '피고인이 아닌 자가 작성한 진술서'는 요증사실을 직접 체험한 사람이 그 내용을 기재한 서류를 말하고, 요증사실을 체험한 내용과 관계없이 단지 자기의 의견을 표명하는 것에 불과한 서면은 위 규정의 전문증거라고 볼 수 없어 전문증거법칙에 의하여 그 증거능력을 제한할 수 없다고 할 것이다.

원심판결 이유 및 기록에 의하면, 이 사건 법률의견서는 피고인 5 회사 측의 자문의뢰에 따라 판시 법무법인 소속 변호사가 밝힌 법적 의견을 그 내용으로 하는 서면으로서, 작성자인 위 변호사가 요증사실을 직접 체험하여 그 내용을 기재한 서류가 아님을 알 수 있다. 그러므로 이 사건 법률의견서를 형사소송법 제313조 제1항 등의 전문증거로 보고 그 증거능력을 제한하는 것은 타당하다고 할 수 없다.

(나) 설령 이 사건 법률의견서가 형사소송법 제313조 제1항의 전문증거에 해당한다고 보더라도, 다수의견의 해석론과 달리 같은 법 제314조의 '그 밖에 이에 준하는 사유로 인하여 진술할 수 없는 때'에는 그 서류의 작성자 또는 원진술자가 법정에 출석하여 증언거부권을 행사한 경우도 포함된다고 할 것이므로, 이 사건 법률의견서는 여전히 증거능력이 인정될 수 있다.

첫째, 형사소송법 제314조는 작성자 또는 원진술자의 법정진술에 의하여 진정성립이 증명되지 아니한 서류라도 일정한 경우 증거로 할 수 있도록 허용한 규정으로서, 전문증거의 증거능력을 지나치게 엄격하게 제한함으로써 형사소송의 지도이념인 실체적 진실발견을 방해하여서는 아니 된다는 데 그 목적과 취지가 있다. 따라서 위 규정의 '진술을 요하는 자가 사망·질병·외국거주·소재불명, 그 밖에 이에 준하는 사유로 인하여 진술할 수 없는 때'라 함은 서류의 작성자 또는 원진술자가 공판준비 또는 공판기일에 출석할 수 없는 경우는 물론이고 법정에 출석하더라도 그로부터 해당 서류의 진정성립에 관한 진술을 들을 수 없는 경우도 널리 포함한다고 해석하여야 한다. 증인이 사망·질병·외국거주·소재불명 등인 때와 법정에 출석한 증인이 증언거부권을 행사한 때는 모두 증거신청자인 검사의 책임 없이 해당 서류의 진정성립을 증명할 수 없게 된 경우로서 실체적 진실발견을 위하여 전문법칙의 예외를 인정할 필요성의 정도에서 차이가 없다 .

그동안 대법원은 법정에 출석한 증인이 증언거부권을 행사하여 증언을 거절한 경우는 형사소송법 제314조의 예외사유에 해당한다고 일관하여 왔는바(대법원 1992.8.14. 선고 92도1211 판결, 대법원 1992.8.18. 선고 92도1244 판결, 대법원 2006.5.25. 선고 2004도3619 판결 등), 이는 위 규정의 목적과 취지를 통찰한 해석론으로서 전적으로 타당하다. 다수의견은 구 형사소송법(2007.6.1. 법률 제8496호 등으로 개정되기 전의 것)의 '기타 사유로 인하여 진술할 수 없는 때'라는 문언과 달리 현행 형사소송법 제314조는 '그 밖에 이에 준하는 사유로 인하여 진술할 수 없는 때'라고 규정함으로써 전문법칙의 예외사유를 더욱 엄격하게 제한하였다고 해석하나, 이는 법문의 정비 과정에서 나타난 일부 표현상의 차이에 불과할 뿐 실질적인 의미가 변경된 것으로 볼 수는 없다. 따라서 개정 전후의 사소한 표현상 차이를 이유로 종전의 판례와 전혀 다른 해석론을 펼치는 다수의견에는 찬성할 수 없다.

둘째, 변호사 등의 증언거부권을 규정한 형사소송법 제149조는 변호사 등의 비밀유지의무를 보장하기 위한 것으로서, 위 규정에 따라 변호사 등에게 업무를 위탁한 의뢰인의 비밀이 보호되는 측면이 있다고 하더라도 이는 변호사 등의 증언거부권 행사에 따른 간접적·부수적 효과임을 유의할 필요가 있다. 이 점은 변호사 등에게는 증언거부의 권리가 있을 뿐 그 의무가 있다고 할 수는 없어, 증언거부권을 행사하지 않고 증언한 경우 그 진술의 증거능력에 아무런 문제가 없다는 데서도 알 수 있다. 따라서 다수의견이 형사소송법 제149조의 증언거부권 행사로써 변호사 등이 작성하거나 그 진술을 기재한 서류의 증거능력이 부정된다고 단정하는 것은 위 규정의 목적 또는 취지에 맞는 해석이라고 할 수 없다.

원심판결 이유에 의하면, 이 사건 법률의견서의 작성자인 변호사가 원심 공판기일에 증인으로 출석하였으나 그 진정성립 등에 관한 증언을 거부한 사실을 알 수 있는바, 원심으로서는 설령 이 사건 법률의견서가 형사소송법 제313조 제1항의 전문증거에 해당하고 위 규정에 의하여 그 진정성립이 증명되지 아니한다고 하더라도 그 작성이 특히 신빙할 수 있는 상태하에서 행하여졌는지를 살펴 같은 법 제314조에 의하여 이를 증거로 할 수 있는지를 더 심리·판단하였어야 할 것이다.

나. 그러므로 원심으로서는 이 사건 법률의견서를 증거로 할 수 있는지 더 심리하여 증거능력이 인정되는 경우 이를 증거로 채택한 후 그 증거조사결과도 종합하여 이 부분 공소사실의 인정 여부를 판단하였어야 한다. 그럼에도 원심은 이러한 심리·판단에 이르지 아니한 채 이 사건 법률의견서의 증거능력을 배척하고 나머지 증거들만으로 이 부분 공소사실을 인정하기 어렵다는 이유로 이에 대하여 무죄를 선고한 제1심을 유지하였으니, 위와 같은 원심의 판단에는 이 사건 법률의견서의 증거능력에 관

한 법리를 오해하여 판결에 영향을 미친 위법이 있고, 이를 지적하는 검사의 상고이유 주장은 이유 있다.

따라서 원심판결 중 건설산업기본법 위반 부분은 이에 대한 검사의 나머지 상고이유를 더 살필 필요 없이 파기되어야 하고, 또한 피고인 2의 피고인 4에 대한 뇌물공여 부분은 위 피고인의 건설산업기본법 위반 부분과 형법 제37조 전단의 경합범 관계에 있으므로 함께 파기되어야 할 것이다.

다. 한편 상고이유로 주장된 것은 아니지만, 공소외 2, 3에 대한 각 검찰 진술조서의 증거능력에 관한 원심의 판단에 대해서도 아래와 같이 의견을 밝히고자 한다.

원심은, 위 각 진술조서는 수사기관이 이 사건 법률의견서의 내용을 확인한 후 그 작성 경위와 기재 내용에 관하여 신문한 것으로서 변호인-의뢰인 특권을 인정하는 취지에 비추어 이 역시 증거로 할 수 없다고 판단하였다.

그러나 앞서 본 바와 같이 이 사건 법률의견서의 증거능력을 부정하는 것은 타당하지 아니하고, 설령 다수의견과 같이 전문증거법칙에 의하여 그 증거능력이 제한된다고 하더라도 이는 판사가 발부한 압수수색영장에 의하여 수사기관이 적법한 절차에 따라 그 내용을 취득한 것으로서 위법하게 수집한 증거에 해당한다고 볼 여지는 없다고 할 것이다. 그럼에도 원심은 위 각 진술조서가 이 사건 법률의견서의 작성 경위 등을 내용으로 한다는 이유만으로 곧바로 그 증거능력을 부정하였는바, 이러한 원심의 조치는 적법하게 압수한 물건에 대한 수사기관의 정당한 신문까지 근거 없이 제한하는 결과가 되어 타당하다고 할 수 없다.

그러므로 사건이 파기환송될 경우 원심으로서는 위 각 진술조서의 증거능력에 대해서도 다시 심리·판단하여야 한다는 점을 지적하고자 한다.

이상과 같이 다수의견에 대하여 반대하는 취지를 밝힌다.

대법원장 양승태(재판장) 박일환 김능환 전수안 안대희
양창수(주심) 신영철 민일영 이인복 이상훈 박병대 김용덕 박보영

제4절 디지털 증거의 증거능력 요건

1. 디지털 증거의 원본성 문제

디지털 증거의 원본성과 관련, 최량증거원칙(The Best Evidence Rule)이란 개념이 있다. 미국에서 확립된 이 원칙은 문서나 녹음, 사진 등의 내용을 증명하기 위해서는 가능하면 최량의 증거 원본을 제출함으로써 입증되어야 하며, 구두진술은 원본이 더 이상 존재하지 않을 때 채택한다는 원칙으로 원본문서원칙(original document rule)으로도 불린다.[6]

디지털 증거는 주로 파일 형태로 되어 있어 눈에 보이지 않고(비가시적) 바로 읽을 수 없는 비가독성의 특성을 띠고 있는 데다 대용량성의 특성도 가지고 있다. 이렇다 보니 이것의 원본성을 증명하기 위해서 법정에 가독성이 있는 형태로 변환시켜 제출되어야 할 것인데 이렇게 될 때 증거의 원본성을 충족할 수 있을 것인가가 문제가 된다.

현행 형사소송규칙은 제134조의7(컴퓨터 디스크 등에 기억된 문자정보 등에 대한 증거조사)[7]에서 디지털 증거의 제출방법에 대하여 읽을 수 있도록 출력하여 제출하도록 하는 등 원본성의 문제를 입법적으로 해결하고 있다.

이러한 원본성과 관련, 대법원 2002.8.23. 선고 2000다66133 판결은 "원본의 존재 및 원본의 성립의 진정에 관하여 다툼이 있고 사본을 원본의 대용으로 하는 데 대하여 상대방으로부터 이의가 있는 경우에는 사본으로써 원본을 대신할 수 없으며, 반면에 사본

---

6   최량증거원칙(출처: 위키백과).

7   형사소송규칙[시행 2016.12.1.] 제134조의7(컴퓨터용 디스크 등에 기억된 문자정보 등에 대한 증거조사) ① 컴퓨터용 디스크 그 밖에 이와 비슷한 정보저장매체(다음부터 이 조문 안에서 이 모두를 "컴퓨터 디스크 등"이라 한다)에 기억된 문자정보를 증거자료로 하는 경우에는 읽을 수 있도록 출력하여 인증한 등본을 낼 수 있다. ② 컴퓨터 디스크 등에 기억된 문자정보를 증거로 하는 경우에 증거조사를 신청한 당사자는 법원이 명하거나 상대방이 요구한 때에는 컴퓨터 디스크 등에 입력한 사람과 입력한 일시, 출력한 사람과 출력한 일시를 밝혀야 한다. ③ 컴퓨터 디스크 등에 기억된 정보가 도면·사진 등에 관한 것인 때에는 제1항과 제2항의 규정을 준용한다.

을 원본으로서 제출하는 경우에는 그 사본이 독립한 서증이 되는 것이나 그 대신 이에 의하여 원본이 제출된 것으로 되지는 아니하고, 이때에는 증거에 의하여 사본과 같은 원본이 존재하고 또 그 원본이 진정하게 성립하였음이 인정되지 않는 한 그와 같은 내용의 사본이 존재한다는 것 이상의 증거가치는 없다"라고 판시했다.

원본의 존재 및 원본 성립의 진정에 관하여 다툼이 있는 경우
서증으로서 사본 제출의 효과
(신용장 사건)
[대법원, 2000다66133, 2002.8.23.]

【판시사항】

[1] 서증에 있어서 형식적 증거력과 실질적 증명력의 판단 순서

[2] 사본만에 의한 서증의 제출과 책문권의 상실

[3] <u>원본의 존재 및 원본의 성립의 진정에 관하여 다툼이 있는 경우 서증으로서 사본 제출의 효과</u>

[4] 서증 제출에 있어 원본제출이 요구되지 않는 경우와 그 주장·입증책임의 소재

[5] 민사소송상의 변론주의의 적용 범위

[6] 매입은행이 수익자에게 마스터신용장에 터잡아 백투백신용장을 개설해 주고 그 백투백신용장의 대금결제를 위한 자금을 대출하면서 그 대출금의 담보를 위하여 마스터신용장 관련 서류를 교부받은 경우, 신용장통일규칙상 마스터신용장의 매입이 이루어졌다고 볼 수 없다고 한 사례

【판결요지】

[1] 서증은 문서에 표현된 작성자의 의사를 증거자료로 하여 요증사실을 증명하려는 증거방법이므로 우선 그 문서가 증거신청당사자에 의하여 작성자로 주장되는 자의 의사에 기하여 작성된 것임이 밝혀져야 하고, 이러한 형식적 증거력이 인정된 다음 비로소 작성자의 의사가 요증사실의 증거로서 얼마나 유용하느냐에 관한 실질적 증명력을 판단하여야 한다.

[2] 문서의 제출 또는 송부는 원본, 정본 또는 인증등본으로 하여야 하는 것이므로, 원본, 정본 또는 인증등본이 아니고 단순한 사본만에 의한 증거의 제출은 정확성의 보증이 없어 원칙적으로 부적법하며, 다만 이러한 사본의 경우에도 동일한 내용인 원본의 존재와 원본의 성립의 진정에 관하여 다툼이 없고 그 정확성에 문제가 없기 때문에 사본을 원본의 대용으로 하는 데 관하여 상대방으로부터 이의가 없는 경우에는, 구 민사소송법(2002.1.26. 법률 제6626호로 전문 개정되기 전의 것) 제326조 제1항 위반사유에 관한 책문권이 포기 혹은 상실되어 사본만의 제출에 의한 증거의 신청도 허용된다.

[3] <u>원본의 존재 및 원본의 성립의 진정에 관하여 다툼이 있고 사본을 원본의 대용으로 하는데 대하여 상대방으로부터 이의가 있는 경우에는 사본으로써 원본을 대신할 수 없</u>

으며, 반면에 사본을 원본으로서 제출하는 경우에는 그 사본이 독립한 서증이 되는 것이나 그 대신 이에 의하여 원본이 제출된 것으로 되지는 아니하고, 이때에는 증거에 의하여 사본과 같은 원본이 존재하고 또 그 원본이 진정하게 성립하였음이 인정되지 않는 한 그와 같은 내용의 사본이 존재한다는 것 이상의 증거가치는 없다.

[4] 서증사본의 신청당사자가 문서 원본을 분실하였다든가, 선의로 이를 훼손한 경우, 또는 문서제출명령에 응할 의무가 없는 제3자가 해당 문서의 원본을 소지하고 있는 경우, 원본이 방대한 양의 문서인 경우 등 원본 문서의 제출이 불가능하거나 비실제적인 상황에서는 원본의 제출이 요구되지 아니한다고 할 것이지만, 그와 같은 경우라면 해당 서증의 신청당사자가 원본 부제출에 대한 정당성이 되는 구체적 사유를 주장·입증하여야 할 것이다.

[5] 민사소송상 변론주의는 권리의 발생, 소멸이라는 법률효과 판단의 요건이 되는 주요사실에 대한 주장·입증에 관한 것으로서 그 주요사실의 존부를 확인하는 데 있어 도움이 됨에 그치는 간접사실이나 그의 증빙자료에 대하여는 적용되지 아니한다.

[6] 일람출급 신용장인 마스터신용장(Master Letter of Credit)의 매입은행이 중계무역업자인 수익자의 요청에 따라 마스터신용장에 터 잡아 백투백신용장(Back-to-Back Letter of Credit)을 개설해 준 후 그 수익자에게 백투백신용장 대금결제를 위한 자금을 대출하고 그 대출금의 담보를 위하여 마스터신용장 서류를 교부받은 경우, 매입은행의 백투백신용장의 개설이나 그 대금결제를 위한 대출행위는 그 매입은행이 대출금에 대한 이자 등 수익을 얻기 위하여 자신의 책임과 위험부담 아래 행하는 별개의 거래로서 제4차 신용장통일규칙 제3조의 신용장 독립의 원칙상 마스터신용장의 법률관계는 그 백투백신용장 거래와 무관하여 구속받지 않는 것으로서, 매입은행이 수익자에게 마스터신용장에 터 잡아 백투백신용장을 개설해주고 그 백투백신용장의 대금결제를 위한 자금을 대출하면서 그 대출금의 담보를 위하여 마스터신용장 관련 서류를 교부받았다 하더라도 그 사정만으로써는 그 교부 당시 매입은행에 의한 마스터신용장의 매입이 이루어졌다고 볼 수 없다고 한 사례.

【전문】

【원심판결】

서울고법 2000.10.24. 선고 99나5196 판결

【주문】

상고를 기각한다. 상고비용을 원고의 부담으로 한다.

【판결이유】

1. 원심 판단의 요지

원고가 청구원인으로서, 피고 은행이 소외 신한인터내셔날 주식회사(다음부터 '신한'이라 쓴다)의 의뢰에 따라 1991.12.6. 소외 뉴루츠 엘티디(Newroots Ltd, 다음부터 '뉴루츠'라 쓴다)를 수익자로 하는 마스터신용장(Master Letter of Credit)을 개설하였고, 피고 은행이 같은 날 원고 은행 서울지점(다음부터 '서울지점'이라 쓴다)과의 사이에서 이 사건 확인약정을 체결하였으며, 서울지점은 1992.1.9. 원고 은행 홍콩지점(다음부터 '홍콩지점'이라 쓴다)으로부터 그 마스터신용장의 조건에 부합하는 선적서류가 첨부된 각 환어음에 기한 상환청구를 받고 이를 피고 은행에게 송부하였으나 피고 은행이 그 대금의 지급을 거절하여, 같은 달 17일 홍콩지점에게 미국 소재 필라델피아은행을 통하여 그 마스터신용장의 매입대금으로 미화 3,871,315.79달러를 상환하였으므로 마스터신용장의 개설은행인 피고 은행은 매입은행인 홍콩지점에 대하여 그 대금을 상환한 확인은행인 서울지점에게 그 대금을 지급할 의무가 있다고 주장하였음에 대하여 원심은, 신용장 매입은행인 홍콩지점에 의한 매입 사실은 원고의 청구원인인 요건사실이어서 홍콩지점이 서울지점에 대하여 상환을 청구한 1992.1.9. 이전에는 이 사건 마스터신용장을 매입한 사실이 인정되어야 할 것인데, 원고가 그 매입일로서 주장하는 1991.12.27에 홍콩지점이 이 사건 마스터신용장의 필요서류를 교부받고 뉴루츠에게 그 대금상당 금원을 지급한 것은 이 사건 백투백신용장(Back-to-Back Letter of Credit) 대금의 지급처리를 위하여 뉴루츠에게 대출한 금액이고 홍콩지점이 이에 대하여 이자도 지급받아 온 이상 이는 이 사건 마스터신용장대금의 선급이나 그 대가에 해당한다고 볼 수는 없다는 이유로 그 주장을 받아들이지 않았다.

그리고 원고가 예비적으로 홍콩지점이 1992.1.7. 마스터신용장대금을 뉴루츠의 계좌에 입금함으로써 마스터신용장을 매입하였다고 주장한 것에 대하여 원심은 그 주장사실에 부합하는 증거로 원고가 제출한 갑 제23, 24호증의 각 1, 2, 갑 제25호증, 갑 제34호증의 1, 2, 갑 제36 내지 38호증, 갑 제40호증의 6, 7, 12 내지 14, 갑 제41호증의 3, 4, 갑 제42호증의 3 내지 13, 갑 제44, 45호증의 각 1, 2, 3, 4, 갑 제46호증의 1, 2, 갑 제47호증의 2 내지 5, 갑 제48호증의 1 내지 4, 갑 제49호증의 1, 2, 갑 제50호증의 2, 갑 제57호증의 2 내지 11, 갑 제58호증의 3, 갑 제59호증의 2 내지 13, 갑 제63호증의 2 등의 각 서증은 모두 사본인데 피고가 각 그 원본의 존재와 진정성립을 부인하고 있으며, 갑 제28, 29, 40, 41, 42, 47, 50, 57, 58, 59, 63호증의 각 1 및 갑 제76호증의 각 기재만으로는 위의 각 서증의 원본이 존재하고 각 그 원본이 진정하게 성립하였다고 인정하기에는 부족하고 달리 그 점을 인정할 아무런 증거가 없으므로, 결국 그 각 서증은 원고의 주장사실을 인정하는 증거로 쓸 수가 없다고 판단하였고, 원고가 제출한 갑 제28, 29, 40, 41, 42, 47, 50, 57, 58, 59, 63호증의 각 1 및 갑 제74 내지 76호증의 각 일부 기재들은 고객티알대장,

대출기장표 등의 반대증거에 비추어 믿기 어렵거나 그 증거들만으로는 원고주장사실을 인정하기에 부족하다고 판단하였으며, 아울러 그 반대증거들에 의하여 홍콩지점이 신한의 지급정지 바로 전날 한꺼번에 1,800만 달러나 되는 고액의 신용장 등의 매입을 하였으면서도 그 매입시간이 불명확한 사실, 그 매입거래는 홍콩지점으로서는 불이익한 것이며 또 그 지점의 여신한도를 초과하는데도 홍콩지점은 매입하였다는 날로부터 하루가 지난 뒤에 상환청구를 하고 이틀이 지난 뒤에 서울지점에 선적서류를 송부하였던 사실들이 인정된다는 취지로 판시하였다.

2. 상고이유주장의 요지

원고는 원심판결이 서증의 형식적 증거력에 관한 법리를 오해하고 변론주의의 원칙 및 채증법칙에 위배하여 요건사실을 잘못되게 인정함으로써 신용장매입 및 무역금융거래에 관한 법리를 오해한 나머지 대법원이 동일한 사실관계에 관하여 내린 판단에 위반하였다는 요지의 주장을 한다.

3. 이 법원의 판단

가. 증거력 법리오해, 증거법칙 위반 주장에 관하여

(1) 증거력 법리오해 주장 부분

(가) 서증은 문서에 표현된 작성자의 의사를 증거자료로 하여 요증사실을 증명하려는 증거방법이므로 우선 그 문서가 증거신청당사자에 의하여 작성자로 주장되는 자의 의사에 기하여 작성된 것임이 밝혀져야 하고, 이러한 형식적 증거력이 인정된 다음 비로소 작성자의 의사가 요증사실의 증거로서 얼마나 유용하느냐에 관한 실질적 증명력을 판단하여야 하는 것이고(대법원 1997.4.11. 선고 96다50520 판결 참조), 문서의 제출 또는 송부는 원본, 정본 또는 인증등본으로 하여야 하는 것이므로, 원본, 정본 또는 인증등본이 아니고 단순한 사본만에 의한 증거의 제출은 정확성의 보증이 없어 원칙적으로 부적법하며, 다만 이러한 사본의 경우에도 동일한 내용인 원본의 존재와 원본의 성립의 진정에 관하여 다툼이 없고 그 정확성에 문제가 없기 때문에 사본을 원본의 대용으로 하는 데 관하여 상대방으로부터 이의가 없는 경우에는, 구 민사소송법(법률 제5809호로 개정된 것, 아래에서도 같다) 제326조 제1항 위반사유에 관한 책문권이 포기 혹은 상실되어 사본만의 제출에 의한 증거의 신청도 허용된다고 할 것이나, 원본의 존재 및 원본의 성립의 진정에 관하여 다툼이 있고 사본을 원본의 대용으로 하는 데 대하여 상대방으로부터 이의가 있는 경우에는 사본으로써 원본을 대신할 수 없으며(대법원 1996.3.8. 선고 95다48667 판결 참조), 반면에 사본을 원본으로서 제출하는 경우에는 그 사본이 독립한 서증이 되는 것이나 그 대신 이에 의하여 원본이 제출된 것으로 되지는 아니하고, 이때에는 증거에 의하여 사본과 같은 원본이 존재하고 또

다만, 서증사본의 신청당사자가 문서 원본을 분실하였다든가, 선의로 이를 훼손한 경우, 또는 문서제출명령에 응할 의무가 없는 제3자가 해당 문서의 원본을 소지하고 있는 경우, 원본이 방대한 양의 문서인 경우 등 원본 문서의 제출이 불가능하거나 비실제적인 상황에서는 원본의 제출이 요구되지 아니한다고 할 것이지만, 그와 같은 경우라면 해당 서증의 신청당사자가 원본 부제출에 대한 정당성이 되는 구체적 사유를 주장·입증하여야 할 것이다.

(나) 이 사건 기록에 따르니, 1심 이래 원심변론종결에 이르기까지 피고는 원고가 제출한 위의 각 서증 사본에 대하여 그의 원본의 존재를 부인하고, 사후 조작가능성을 제기하면서 그 원본의 제출을 요구하였는데, 원고는 그 각 자료는 원고의 청구원인사실과 무관하다거나 이미 다른 서증에 의하여 매입사실은 모두 증명되었다고 주장하면서 피고의 그와 같은 문서제출요구는 위법하고, 원고에게는 해당 문서원본의 제출의무도 없으며, 서울지점의 경우 피고가 요구하는 해당 문서를 소지하고 있지 않을 뿐 아니라 홍콩지점이 소지하는 문서의 제출을 요구하는 것은 홍콩의 사법주권침해라는 등의 이유를 들어 거부하면서 원심법원의 매입자료의 추가적인 제출에 대한 석명준비명령에 대하여도 추가 제출자료가 없다고 답하였고, 나아가 원고는 원고 제출의 각 서증 사본은 홍콩 공증인의 인증과 주홍콩총영사관 영사의 인증, 국제민사사법공조에 의한 홍콩법원에 대한 서증조사촉탁 등에 의하여 그 형식적 증거력이 인정된다고 주장하였음을 알 수 있다.

(다) 원고가 그 원본을 제출하지 못하는 정당한 사유라고 하는 위의 주장들은 사본을 서증으로서 제출한 당사자로서 원본을 제출하지 못하는 데에 대한 정당한 사유에 해당한다고 볼 수 없으며, 그 밖에 원고에게 원본을 제출하지 못하는 정당한 사유가 있음을 인정할 자료가 기록상 드러나지 않는다.

한편, 앞서 본 사본인 서증들에 첨부된 홍콩주재 한국영사관 영사의 인증부분은 공문서로서 그의 진정성립이 추정되며 그 인증에 의하여 홍콩공증인의 인증부분이 그 공증인에 의하여 진정하게 작성된 사실은 추정된다고 할 것이지만 그러한 사정으로써 그 공증인의 인증내용인 그 사본과 동일한 원본이 존재하며 그 원본이 그 사본의 기재일시에 그의 내용대로 진정하게 성립한 것이라는 사실까지 추정 또는 인정되는 것이라고 할 수는 없다.

원고가 내세우는 대법원 1992.7.28. 선고 91다35816 판결에서 공증인이 인증한 사서증서의 진정성립이 추정된다고 하는 취지는 우리나라 공증인이 작성한 문서는 공문서로서 구 민사소송법 제327조 제1항에 의하여 그의 진정성립이 추정될 뿐만 아니라 사서증서에 대한 공증인의 인증제도는 우리나라 공증인법의 규정(제3조, 제12조, 제13조, 제57조 내지 제61조)에 따라 자격을 갖춰 임명된 공증인이 그의 면전에서 사서증서 원본에 서명날인토록 시키거나 이미 서명날인된 사서증서의 경우에는 서명날인한 촉탁인의 확인이나 대리촉탁인의 확인 및 그의 대리권의 증명 등의 소정절차를 거쳐서 이루어지는 엄격성에 기하여 원본인 사서증서의 진정성립이 추정되게 하는 것이어서, 홍콩공증인이 인증한 서증사본의 인증에 의한 원본의 성립인부에 위의 법리가 적용될 수 있다는 근거에 관하여 아무런 주장입증이 없는 이 사건에서 우리나라 공증인의 사문서 인증에서의 증거력 법리를 마찬가지로 적용시킬 수는 없을 뿐만 아니라, 가령 그 법리에 의한다 하더라도 공증인이 인증한 서증사본 자체의 진정성립 추정은 별론으로 하더라도 그 사본 원본의 존재와 그의 진정성립까지 추정될 수는 없다고 할 것이다.

원고는 또한, 홍콩법원에 의한 서증조사가 이루어졌으므로 위의 서증사본이 형식적 증거력을 갖추었다고도 주장하는바, 기록 중의 증거에 따르니, 그 서증조사 절차에 의하여 조사된 문서는 쟁점이 되는 이 사건 매입사실에 관한 전체문서가 아닐 뿐더러 홍콩지점 소속직원이 조사될 일부 문서의 사본을 법원에 가져와 그것이 원본과 같다는 요지로 선서하는 방식으로 이루어졌을 따름이며 그 법원에 의하여 직접 그 원본 전체가 확인된 것이 아니었음을 알 수 있으므로 그 절차에 의하여 이 사건 서증사본에 대한 원본의 존재와 진정성립이 입증되었다고 볼 수도 없다.

㈔ 그 밖에 이 사건 기록상 그 사본서증의 원본의 존재와 그 원본이 그의 작성일자로 기재된 시기에 사본과 같은 내용으로 진정하게 성립된 것이라는 사실을 인정할 만한 증거가 달리 없으니, 그 사본서증의 형식적 증거력과 실질적 증명력을 부정한다는 취지가 포함된 원심의 인정·판단의 결론은 옳고 거기에 증거력 관련 법리를 오해한 위법사유는 없다.

(2) 증거법칙 위반 주장 부분

기록 중의 증거들과 대조하여 본즉, 증거로 채용되지 않았던 위의 사본서증과 믿지 아니한 증거 외에는 홍콩지점에 의한 1992.1.7.의 신용장서류 매입사실을 인정할 만한 증거가 부족하며, 오히려 고객티알대장, 대출기장표 등의 관련 증거들에 의하여 앞서 본 반대정황이 인정된다고 본 원심의 증거판단은 정당한 것으로 수긍되고, 거기에는 필요한 심리를 다하지 아니하였다거나 증거법칙을 위반하였다는 등으로 사실을 오인한 위법사유가 없다.

나. 변론주의 원칙 위배주장에 관하여

민사소송상 변론주의는 권리의 발생, 소멸이라는 법률효과 판단의 요건이 되는 주요사실에 대한 주장·입증에 관한 것으로서 그 주요사실의 존부를 확인하는 데 있어 도움이 됨에 그치는 간접사실이나 그의 증빙자료에 대하여는 적용되지 아니하는 것인바(대법원 1987.2.24. 선고 86다카1625 판결, 1994.10.11. 선고 94다24626 판결 등 참조), 기록과 대조하여 본즉, 같은 전제에서 나온 원심의 이 사건 요건사실에 관한 인정·판단은 옳고 거기에서 변론주의 원칙에 위반된 증거취사의 위법사유를 찾아 볼 수 없다.

다. 법리오해 주장에 관하여

일람출급 신용장인 마스터신용장의 매입은행이 중계무역업자인 수익자의 요청에 따라 마스터신용장에 터 잡아 백투백신용장을 개설해 준 후 그 수익자에게 백투백신용장 대금결제를 위한 자금을 대출하고 그 대출금의 담보를 위하여 마스터신용장 서류를 교부받은 경우, 매입은행의 백투백신용장의 개설이나 그 대금결제를 위한 대출행위는 그 매입은행이 대출금에 대한 이자 등 수익을 얻기 위하여 자신의 책임과 위험부담 아래 행하는 별개의 거래로서 제4차 신용장통일규칙 제3조의 신용장 독립의 원칙상 마스터신용장의 법률관계는 그 백투백신용장 거래와 무관하여 구속받지 않는 것이다(대법원 1997.8.29. 선고 96다43713 판결 참조).

이 사건에서 볼 때, 매입은행인 홍콩지점이 수익자인 뉴루츠에게 마스터신용장에 터 잡아 백투백신용장을 개설해주고 그 백투백신용장의 대금결제를 위한 자금을 대출하면서 그 대출금의 담보를 위하여 마스터신용장 관련 서류를 교부받았다 하더라도 그 사정만으로써는 그 교부 당시 홍콩지점에 의한 마스터신용장의 매입이 이루어졌다고 볼 수 없다 할 것이다.

따라서 앞서 본 이 사건 사실관계에 터 잡아 같은 법리를 전제로 하여 나온 원심의 판단은 정당하고 그 판단에는 신용장매입과 국제무역금융거래에 관한 법리를 오해한 위법사유가 없다.

라. 대법원 선례에 위반되었다는 주장에 관하여

대법원 1997.8.29. 선고 96다37897 판결은 이 사건에서와 같은 원고에 의하여 제기되고 이 사건과 유사한 내용의 사안에 관한 것이기는 하지만 양 당사자의 입증내용에서 이 사건과는 차이가 있는 사건에 관한 것이어서 이 사건에 원용하기에 적절하지 않기에 그 사건의 증거판단이나 사실인정 또는 그에 따른 법률판단은 이 사건 사실심법원을 기속할 수는 없는 것이다.

같은 취지가 전제된 것으로 보이는 원심 판단의 결론은 옳고 거기에는 유사 사건에 관한 대법원판례의 취지를 위반한 잘못이 없다.

4. 결론

상고이유의 주장들을 모두 받아들이지 아니한다.

그러므로 원고의 상고를 기각하고, 상고비용을 원고의 부담으로 하기로 관여 대법관들의 의견이 일치되어 주문에 쓴 바와 같이 판결한다.

대법관 강신욱(재판장) 조무제(주심) 유지담 손지열

2. 디지털 증거의 무결성, 동일성 입증방법

2007년 대법원은 국가보안법위반(간첩·잠입·탈출) 등(이하 '일심회' 사건)사건에서 디지털 증거와 관련된 획기적인 판결을 하였다. 그동안 디지털 증거 관련 판결은 주로 전문증거와 관련된 내용이었으나 2007년 일심회 판결을 계기로 '하드카피', '이미징' 등의 용어가 판례에 등장하는 등 디지털 증거의 무결성, 동일성 등에 대한 요건을 다루면서 본격적으로 디지털 증거와 관련된 판례들이 나오기 시작했다.

대법원은 디지털 증거의 원본성과 동일성의 인정 요건에 대해 판시하면서 동일성을 입증하는 방법으로 첫째, 컴퓨터의 기계적 정확성, 둘째, 프로그램의 신뢰성, 셋째, 입력·처리·출력의 각 단계에서 조작자의 전문적인 기술 능력과 정확성 담보라는 3가지 원칙을 제시하였다.

이와 관련, 소위 일심회 판결에서 대법원 2007.12.13. 선고 2007도7257 판결은 "압수물인 디지털 저장매체로부터 출력된 문건이 증거로 사용되기 위해서는 디지털 저장매체 원본에 저장된 내용과 출력된 문건의 동일성이 인정되어야 할 것인데, 그 동일성을 인정하기 위해서는 디지털 저장매체 원본이 압수된 이후 문건 출력에 이르기까지 변경되지 않았음이 담보되어야 하고 특히 디지털 저장매체 원본에 변화가 일어나는 것을 방지하기 위해 디지털 저장매체 원본을 대신하여 디지털 저장매체에 저장된 자료를 '하드카피'·'이미징'한 매체로부터 문건이 출력된 경우에는 디지털 저장매체 원본과 '하드카피'·'이미징'한 매체 사이에 자료의 동일성도 인정되어야 한다. 나아가 법원 감정을 통해 디지털 저장매체 원본 혹은 '하드카피'·'이미징'한 매체에 저장된 내용과 출력된 문건의 동일성을 확인하는 과정에서 이용된 컴퓨터의 기계적 정확성, 프로그램의 신뢰성, 입력·처리·출력의 각 단계에서 조작자의 전문적인 기술능력과 정확성이 담보되어야 한다. 그리고 압수된 디지털 저장매체로부터 출력된 문건이 진술증거로 사용되는 경우에는 그 기재 내용의 진실성에 관하여 전문법칙이 적용되므로, 형사소송법 제313조 제1항에 의하여 그 작성자 또는 진술자의 진술에 의하여 그 성립의 진정함이 증명된 때에 한하여 이를 증거로 사용"할 수 있다고 판결했다.

특히 대법원은 2013년 국가보안법 위반(반국가단체의 구성 등) 등 사건(이하 '왕재산' 사건)에서 압수된 정보저장매체에서 출력된 문건 등의 무결성·동일성 입증 방법에 대해 판결하였다. 대법원 2013.7.26. 선고 2013도2511 판결은 "출력 문건과 정보저장매체에 저장된 자료가 동일하고 정보저장매체 원본이 문건 출력 시까지 변경되지 않았다는 점은, 피압수·수색 당사자가 정보저장매체 원본과 '하드카피' 또는 '이미징'한 매체의 해시(Hash) 값이 동일하다는 취지로 서명한 확인서면을 교부받아 법원에 제출하는 방법에 의하여 증명하는 것이 원칙이나, 그와 같은 방법에 의한 증명이 불가능하거나 현저히 곤란한 경우에는, 정보저장매체 원본에 대한 압수, 봉인, 봉인해제, '하드카피' 또는 '이미징' 등 일련의 절차에 참여한 수사관이나 전문가 등의 증언에 의해 정보저장매체 원본과 '하드카피' 또는 '이미징'한 매체 사이의 해시 값이 동일하다거나 정보저장매체 원본이 최초 압수 시부터 밀봉되어 증거 제출 시까지 전혀 변경되지 않았다는 등의 사정을 증명하는 방법 또는 법원이 그 원본에 저장된 자료와 증거로 제출된 출력 문건을 대조하는 방법 등으로도 그와 같은 무결성·동일성을 인정할 수 있으며, 반드시 압수·수색 과정을 촬영한 영상녹화물 재생 등의 방법으로만 증명하여야 한다고 볼 것은 아니다"라고 판시했다.

압수물인 디지털 저장매체로부터 출력된 문건의 증거능력 및
디지털 저장매체 원본에 저장된 내용과 출력된 문건의 동일성 인정 요건 판결
(일심회 사건)
[대법원, 2007도7257, 2007.12.13.]

【판시사항】

[1] 디지털 저장매체로부터 출력한 문건의 증거능력

[2] 대한민국 주중국 대사관 영사가 작성한 사실확인서 중 공인 부분을 제외한 나머지 부분이 공적인 증명보다는 상급자 등에 대한 보고를 목적으로 작성된 것인 경우, 형사소송법 제315조 제1호 또는 제3호의 문서에 해당하지 아니하여 증거능력이 없다고 한 사례

[3] 소위 '일심회'는 이적성은 인정되나 국가보안법 제7조 제3항이 요구하는 정도의 조직적 결합체에는 이르지 못하였으므로, 국가보안법상 이적단체에 해당하지 않는다고 한 사례

【판결요지】

[1] 압수물인 디지털 저장매체로부터 출력한 문건을 증거로 사용하기 위해서는 디지털 저장매체 원본에 저장된 내용과 출력한 문건의 동일성이 인정되어야 하고, 이를 위해서는 디지털 저장매체 원본이 압수 시부터 문건 출력 시까지 변경되지 않았음이 담보되어야 한다. 특히 디지털 저장매체 원본을 대신하여 저장매체에 저장된 자료를 '하드카피' 또는 '이미징'한 매체로부터 출력한 문건의 경우에는 디지털 저장매체 원본과 '하드카피' 또는 '이미징'한 매체 사이에 자료의 동일성도 인정되어야 할 뿐만 아니라, 이를 확인하는 과정에서 이용한 컴퓨터의 기계적 정확성, 프로그램의 신뢰성, 입력·처리·출력의 각 단계에서 조작자의 전문적인 기술능력과 정확성이 담보되어야 한다. 그리고 압수된 디지털 저장매체로부터 출력한 문건을 진술증거로 사용하는 경우, 그 기재 내용의 진실성에 관하여는 전문법칙이 적용되므로 형사소송법 제313조 제1항에 따라 그 작성자 또는 진술자의 진술에 의하여 그 성립의 진정함이 증명된 때에 한하여 이를 증거로 사용할 수 있다.

[2] 대한민국 주중국 대사관 영사가 작성한 사실확인서 중 공인 부분을 제외한 나머지 부분이 비록 영사의 공무수행 과정 중 작성되었지만 공적인 증명보다는 상급자 등에 대한 보고를 목적으로 하는 것인 경우, 형사소송법 제315조 제1호의 '공무원의 직무상 증명할 수 있는 사항에 관하여 작성한 문서' 또는 제3호의 '기타 특히 신뢰할 만한 정황에

의하여 작성된 문서'라고 볼 수 없으므로 증거능력이 없다고 한 사례.

[3] 소위 '일심회'에 대하여, 반국가단체인 북한의 활동을 찬양·고무·선전하거나 동조하는 행위를 목적으로 하는 결합체로서 이적성이 인정되나, 그 구성원의 수, 조직결성의 태양, 활동방식과 활동내역에 비추어 단체의 내부질서를 유지하고 단체를 주도하기 위한 체계를 갖추는 등 조직적 결합체에는 이르지 못하였다고 보아, 국가보안법상 이적단체에 해당하지 않는다고 한 사례.

【전문】

【원심판결】

서울고법 2007.8.16. 선고 2007노929 판결

【주문】

각 상고를 모두 기각한다.

【판결이유】

상고이유를 판단한다.

1. 피고인들의 상고이유에 대한 판단

가. '북한'이 국가보안법상 반국가단체인지에 대하여

비록 남북 사이에 정상회담이 개최되고 그 결과로서 공동선언이 발표되는 등 평화와 화해를 위한 획기적인 전기가 마련되고 있다 하더라도, 그에 따라 남북관계가 더욱 진전되어 남북 사이에 화해와 평화적 공존의 구도가 정착됨으로써 앞으로 북한의 반국가단체성이 소멸되는 것은 별론으로 하고, 지금의 현실로는 북한이 여전히 우리나라와 대치하면서 우리나라의 자유민주주의 체제를 전복하고자 하는 적화통일노선을 완전히 포기하였다는 명백한 징후를 보이지 않고 있고, 그들 내부에 뚜렷한 민주적 변화도 보이지 않고 있는 이상, 북한은 조국의 평화적 통일을 위한 대화와 협력의 동반자임과 동시에 적화통일노선을 고수하면서 우리의 자유민주주의 체제를 전복하고자 획책하는 반국가단체라는 성격도 아울러 가지고 있다고 보아야 하고, 남북 사이에 정상회담이 개최되고 남·북한 사이의 교류와 협력이 이루어지고 있다고 하여 바로 북한의 반국가단체성이 소멸하였다거나 대한민국의 안전을 위태롭게 하는 반국가활동을 규제함으로써 국가의 안전과 국민의 생존 및 자유를 확보함을 목적으로 하는 국가보안법의 규범력이 상실되었다고 볼 수 없다는 것이 대법원의 확립된 견해이다(대법원 2003.9.23. 선고 2001도4328 판결, 대법원 2004.8.30. 선고 2004도3212 판결 등 참조).

원심이 같은 취지에서 북한이 국가보안법상의 반국가단체에 해당한다고 한 조치는

정당하고, 그 판단에 상고이유에서 주장하는 바와 같은 국가보안법상 반국가단체에 관한 법리오해의 위법이 없다.

나. 국가보안법이 위헌적인 법률인지에 대하여

우리 헌법이 전문과 제4조, 제5조에서 천명한 국제평화주의와 평화통일의 원칙은 자유민주주의적 기본질서라는 우리 헌법의 대전제를 해치지 않는 것을 전제로 하는 것이므로, 아직도 북한이 막강한 군사력으로 우리와 대치하면서 우리 사회의 자유민주적 기본질서를 전복할 것을 포기하였다는 명백한 징후가 보이지 아니하고 있어 우리의 자유민주적 기본질서에 위협이 되고 있음이 분명한 상황에서, 국가의 안전을 위태롭게 하는 반국가활동을 규제함으로써 국가의 안전과 국민의 생존 및 자유를 확보함을 목적으로 하는 국가보안법이 헌법에 위배되는 법률이라고 할 수 없고, 국가보안법의 규정을 그 법률의 목적에 비추어 합리적으로 해석하는 한 국가보안법이 정하는 각 범죄의 구성요건의 개념이 애매모호하고 광범위하여 죄형법정주의의 본질적 내용을 침해하는 것이라고 볼 수 없으며, 양심의 자유, 언론·출판의 자유 등은 우리 헌법이 보장하는 기본적인 권리이기는 하지만 아무런 제한이 없는 것은 아니고, 헌법 제37조 제2항에 의하여 국가의 안전보장, 질서유지 또는 공공복리를 위하여 필요한 경우에는 그 자유와 권리의 본질적인 내용을 침해하지 아니하는 범위 내에서 제한할 수 있는 것이므로, 국가보안법의 입법목적과 적용한계를 위와 같이 자유와 권리의 본질적인 내용을 침해하지 아니하는 한도 내에서 이를 제한하는 데에 있는 것으로 해석하는 한 위헌이라고 볼 수 없다(대법원 1997.7.16. 선고 97도985 전원합의체 판결, 대법원 1999.12.28. 선고 99도4027 판결 등 참조).

원심이 같은 취지에서 국가보안법이 위헌임을 전제로 한 피고인들의 주장을 받아들이지 아니한 것은 정당하고, 그 판단에 국가보안법의 위헌성에 관한 법리를 오해한 잘못이 없다.

다. 압수물인 디지털 저장매체로부터 출력된 문건의 증거능력에 대하여(이 점에 대한 검사의 상고이유를 함께 판단한다)

(1) 압수물인 디지털 저장매체로부터 출력된 문건이 증거로 사용되기 위해서는 디지털 저장매체 원본에 저장된 내용과 출력된 문건의 동일성이 인정되어야 할 것인데, 그 동일성을 인정하기 위해서는 디지털 저장매체 원본이 압수된 이후 문건출력에 이르기까지 변경되지 않았음이 담보되어야 하고 특히 디지털 저장매체원본에 변화가 일어나는 것을 방지하기 위해 디지털 저장매체 원본을 대신하여 디지털 저장매체에 저장된 자료를 '하드카피'·'이미징'한 매체로부터 문건이 출력된 경우에는 디지털 저장매체 원본과 '하드카피'·'이미징'한 매체 사이에 자료의 동일성도 인정되어야 한다. 나아가 법원 감정을 통해 디지털 저장매체 원본 혹은 '하드카피'·'이미징'한 매체에 저장된 내용과 출력된 문건의 동일성을 확인하는

과정에서 이용된 컴퓨터의 기계적 정확성, 프로그램의 신뢰성, 입력·처리·출력의 각 단계에서 조작자의 전문적인 기술능력과 정확성이 담보되어야 한다.

그리고 압수된 디지털 저장매체로부터 출력된 문건이 진술증거로 사용되는 경우에는 그 기재 내용의 진실성에 관하여 전문법칙이 적용되므로, 형사소송법 제313조 제1항에 의하여 그 작성자 또는 진술자의 진술에 의하여 그 성립의 진정함이 증명된 때에 한하여 이를 증거로 사용할 수 있다(대법원 1999.9.3. 선고 99도2317 판결 참조).

(2) 기록에 의하여 살펴보면, 국가정보원에서 피고인들 혹은 가족, 직원이 입회한 상태에서 원심 판시 각 디지털 저장매체를 압수한 다음 입회자의 서명을 받아 봉인하였고, 국가정보원에서 각 디지털 저장매체에 저장된 자료를 조사할 때 피고인들 입회하에 피고인들의 서명무인을 받아 봉인 상태 확인, 봉인 해제, 재봉인하였으며, 이러한 전 과정을 모두 녹화한 사실, 각 디지털 저장매체가 봉인된 상태에서 서울중앙지방검찰청에 송치된 후 피고인들이 입회한 상태에서 봉인을 풀고 세계적으로 인정받는 프로그램을 이용하여 이미징 작업을 하였는데, 디지털 저장매체 원본의 해시(Hash) 값과 이미징 작업을 통해 생성된 파일의 해시 값이 동일한 사실, 제1심법원은 피고인들 및 검사, 변호인이 모두 참여한 가운데 검증을 실시하여 이미징 작업을 통해 생성된 파일의 내용과 출력된 문건에 기재된 내용이 동일함을 확인한 사실을 알 수 있는바, 그렇다면 출력된 문건은 압수된 디지털 저장매체 원본에 저장되었던 내용과 동일한 것으로 인정할 수 있어 증거로 사용할 수 있고, 같은 취지의 원심의 판단은 정당하다.

그리고 원심은, 판시와 같은 이유로 국가정보원에서 피고인들에게 진술거부권을 고지하지 않은 상태에서 강압적인 방법을 사용하여 디지털 저장매체의 암호를 획득하였다는 피고인들의 주장을 배척하였는바, 기록에 의하여 살펴보면 원심의 이러한 판단은 정당하다.

(3) 원심은 나아가, 검사가 디지털 저장매체에서 출력하여 증거로 제출한 문건 중에서 판시 53개의 문건은 그 작성자가 제1심에서 그 성립의 진정함을 인정하였으므로 이를 증거로 할 수 있으나, 그 밖의 문건은 그 작성자에 의하여 성립의 진정함이 증명되지 않았거나 작성자가 불분명하다는 이유로 그 문건의 내용을 증거로 사용할 수 없다고 판단하였는바, 위 법리와 기록에 비추어 보면 원심의 이러한 판단은 정당하고, 그 판단에 피고인들과 검사가 상고이유로 주장하는 증거법칙 위배나 판단유탈 등의 위법이 없다.

그리고 이 사건 디지털 저장매체로부터 출력된 문건의 경우 논지와 같은 정황자료만으로 진정 성립을 인정할 수 있다거나 형사소송법 제314조, 제315조에 의하여 증거능력이 부여되어야 한다는 검사의 상고이유 주장은, 위에서 본 법리에 배치되거나 형사소송법 제314조, 제315조의 요건을 오해한 주장으로 받아들일 수 없다.

라. 검사 작성의 피고인들에 대한 피의자신문조서의 증거능력 및 증명력에 대하여(이 점에 대한 검사의 상고이유를 함께 판단한다)

(1) 헌법 제12조 제4항은 신체자유에 관한 기본권의 하나로 누구든지 체포 또는 구속을 당한 때에는 변호인의 조력을 받을 권리가 있음을 명시하고 있고, 이에 따라 형사소송법 제30조 및 제34조는 피고인 또는 피의자는 변호인을 선임할 수 있는 권리와 신체구속을 당한 경우에 변호인 또는 변호인이 되려는 자와 접견교통할 수 있는 권리가 있음을 규정하고 있다. 이와 같은 변호인과의 접견교통권은 헌법상 보장된 변호인의 조력을 받을 권리의 중핵을 이루는 것으로서 변호인과의 접견교통이 위법하게 제한된 상태에서는 실질적인 변호인의 조력을 기대할 수 없으므로 위와 같은 변호인의 접견교통권 제한은 헌법이 보장한 기본권을 침해하는 것으로서 그러한 위법한 상태에서 얻어진 피의자의 자백은 그 증거능력을 부인하여 유죄의 증거에서 배제하여야 하며, 이러한 위법증거의 배제는 실질적이고 완전하게 증거에서 제외함을 뜻하는 것이다(대법원 1990.9.25. 선고 90도1586 판결 등 참조).

원심은 이 사건 각 접견불허처분 이후 피고인들이 다른 변호인들과 접견교통을 하기 이전에 작성된 피고인 2에 대한 제8회 피의자신문조서와 피고인 3에 대한 제10회 피의자신문조서, 피고인 5에 대한 제8회 피의자신문조서는 변호인과의 접견교통이 위법하게 제한된 상태에서 피의자신문이 이루어졌다는 이유로 증거능력을 부인하고, 그 후 작성된 피의자신문조서는 다른 변호인들과의 접견교통을 실시함으로써 실질적인 변호인의 조력을 받았다고 봄이 상당하다는 이유로 그 증거능력을 부인할 수 없다고 판단하였는바, 기록에 비추어 살펴보면, 원심의 위와 같은 사실인정과 판단은 위 법리에 따른 것으로 정당하고, 그 판단에 변호인의 접견교통권이나 그 접견교통권이 제한 또는 금지된 상태에서 작성된 검사 작성의 피의자신문조서의 증거능력에 관한 법리를 오해하는 등의 위법이 없다. 이 부분 피고인들과 검사의 상고이유 주장은 모두 이유 없다.

(2) 피고인이 피의자신문조서에 기재된 피고인 진술의 임의성을 다투면서 그것이 허위진술이라고 다투는 경우, 법원은 구체적인 사건에 따라 피고인의 학력, 경력, 직업, 사회적 지위, 지능정도, 진술의 내용, 피의자신문조서의 경우 그 조서의 형식 등 제반 사정을 참작하여 자유로운 심증으로 위 진술이 임의로 된 것인지의 여부를 판단하면 된다(대법원 2003.5.30. 선고 2003도705 판결 등 참조).

원심은 피고인들의 각 법정 진술, 학력, 경력, 직업, 사회적 지위를 비롯하여 피고인들의 검찰에서의 각 진술 내용 등에 비추어 보면 검사 앞에서의 피고인들의 진술은 임의성이 인정된다고 판단하였는바, 앞서 본 법리에 따라 기록을 살펴보면, 원심의 위와 같은 판단은 정당하고, 그 판단에 검사 작성의 피의자신문조서의 임의성에 관한 법리를 오해한 위법이 없다.

그리고 검사 앞에서의 피고인들의 진술의 신빙성을 다투는 상고이유의 주장은 결국, 증거의 취사선택과 사실인정을 다투는 취지라고 보아야 할 것인데, 이는 사실심의 전권사항으로 적법한 상고이유가 되지 못한다.

따라서 이 부분 피고인들의 상고이유 주장은 이유 없다.

마. 이적표현물 제작·소지·반포의 점에 대하여

국가보안법 제7조 제5항 표현물은 그 내용이 국가보안법의 보호법익인 대한민국의 존립·안전과 자유민주주의 체제를 위협하는 적극적이고 공격적인 것으로서 표현의 자유의 한계를 벗어난 것을 말한다. 표현물이 이에 해당하는지 여부는 표현물의 전체적인 내용뿐만 아니라 그 작성의 동기는 물론 표현행위 자체의 태양 및 외부와의 관련사항, 표현행위 당시의 정황 등 모든 사정을 종합하여 결정하여야 하고, 표현물의 내용이 일반인에게 공개된 서적이나 인터넷사이트 등에서 수집·인용되었다는 이유만으로 그에 대한 평가가 달라져야 하는 것은 아니다(대법원 1993.9.28. 선고 93도1730 판결, 대법원 2006.6.16. 선고 2004도851 판결 등 참조).

원심이 유지한 제1심이 적법하게 채택한 증거들에 의하면, 피고인 2, 4, 5가 소지하고, 피고인 4가 제작·반포한 판시 문건들은 모두 주체사상·선군사상을 찬양하거나 우리나라를 미국의 식민지로 규정하고 민족자주정권을 수립한 후 연방제 방식의 통일을 주장하는 북한의 선전내용을 담고 있음을 알 수 있는바, 앞서 본 법리에 의하면, 위 피고인들이 국가보안법 제7조 제5항이 정한 목적으로 판시 문건을 소지·제작·반포한 사실을 인정할 수 있으므로, 위 피고인들에 대하여 국가보안법 제7조 제5항의 죄책을 인정한 원심판결은 정당하고, 그 판단에 상고이유에서 주장하는 바와 같은 채증법칙 위반이나 국가보안법 제7조 제5항에 대한 법리오해 등의 위법이 없다.

자유민주주의하에서 표현의 자유, 사상과 양심의 자유는 기본적 권리이기는 하나 무제한의 것이 아니라 국가의 안전보장, 질서유지 또는 공공복리를 위하여 필요한 경우에는 그 자유의 본질적인 내용을 침해하지 않는 한도 내에서 제한할 수 있는바, 피고인 4가 판시 "대망의 새 세기 주체 91년을 맞아 21세기의 태양이신 위대한 영도자 김정일 장군께 열렬한 경모의 마음을 담아 충성의 새해인사를 드립니다"라고 시작하는 문건과 "민족의 운명을 가늠하는 미사일 정국의 본질"이라는 제목의 문건에서 주장하는 내용은 모두 반국가단체인 북한의 활동에 동조하는 것으로서 헌법이 보장하는 자유의 한계를 벗어난 것이라고 보아야 한다. 같은 취지의 원심판단은 옳고 주장과 같은 위법이 없다.

바. 피고인들 상호간의 회합의 점, 잠입·탈출·회합 및 각 교사의 점에 대하여

이 부분 상고이유 주장은 사실심인 원심의 전권에 속하는 증거의 취사선택과 사실인 정을 탓하는 취지의 것으로서 적법한 상고이유가 될 수 없을 뿐 아니라, 기록에 의하면, 피고인 4, 3, 5의 판시 각 회합의 점, 피고인 4, 5의 잠입·탈출·회합의 점, 피고인 3의 잠입·탈출·회합·교사의 점에 대한 공소사실을 모두 유죄로 인정한 원심의 판단은 타당하다.

사. 국가기밀 탐지·수집·전달의 점에 대하여(이 점에 대한 검사의 상고이유를 함께 판단한다)

(1) 국가보안법 제4조 제1항 제2호 (나)목에 정한 기밀을 해석함에 있어서 그 기밀은 정치, 경제, 사회, 문화 등 각 방면에 관하여 반국가단체에 대하여 비밀로 하거나 확인되지 아니함이 대한민국의 이익이 되는 모든 사실, 물건 또는 지식으로서, 그것들이 국내에서의 적법한 절차 등을 거쳐 이미 일반인에게 널리 알려진 공지의 사실, 물건 또는 지식에 속하지 아니한 것이어야 하고, 또 그 내용이 누설되는 경우 국가의 안전에 위험을 초래할 우려가 있어 기밀로 보호할 실질가치를 갖춘 것이어야 한다.

다만, 국가보안법 제4조(목적수행)가 반국가단체의 구성원 또는 그 지령을 받은 자의 목적수행행위를 처벌하는 규정이므로 그것들이 공지된 것인지 여부는 신문, 방송 등 대중매체나 통신수단 등의 발달 정도, 독자 및 청취의 범위, 공표의 주체 등 여러 사정에 비추어 보아 반국가단체 또는 그 지령을 받은 자가 더 이상 탐지·수집이나 확인·확증의 필요가 없는 것이라고 판단되는 경우인지에 따라 판단하여야 하고, 누설할 경우 실질적 위험성이 있는지 여부는 그 기밀을 수집할 당시의 대한민국과 북한 또는 기타 반국가단체와의 대치현황과 안보사항 등이 고려되는 건전한 상식과 사회통념에 따라 판단하여야 하며, 그 기밀이 사소한 것이라 하더라도 누설될 경우 반국가단체에는 이익이 되고 대한민국에는 불이익을 초래할 위험성이 명백하다면 이에 해당한다(대법원 1997.7.16. 선고 97도985 전원합의체 판결 등 참조).

원심이 이러한 법리에 따라 피고인 3이 피고인 5로부터 건네받은 판시 각 문건의 내용 혹은 이를 토대로 피고인 3이 작성한 판시 문건의 내용을 국가보안법 제4조 제1항 제2호 (나)목에 정한 국가기밀에 해당한다고 판단하는 한편, 나머지 문건들에 대하여는 그 작성자에 의하여 성립의 진정함이 증명되지 않아 그 기재 내용을 증거로 할 수 없고, 또 그 내용이 피고인들의 주관적인 평가, 계획 등에 불과하여 기밀로서 보호할 실질가치를 갖추었다고 보기 어렵거나 이미 언론 보도를 통하여 대외적으로 공포된 이른바 공지의 사실 또는 지식이라는 등의 이유로 국가기밀에 해당하지 않는다고 판단한 것은 옳고, 그 판단에 피고인 3과 검사가 상고이유에서 주장하는 채증법칙 위배로 인한 사실오인, 심리미진 내지 법리오

해, 대법원판례 위반 등의 위법이 없다.

(2) 기록에 의하면, 검사는 피고인 3에 대한 공소사실 16. 나. 항에서, 피고인 3이 2005.5.경 피고인 5로부터 '6.15. 공동행사에 대한 민주노동당 실무팀의 판단'이라는 제목의 문건을 전달받아 국가의 존립·안전이나 자유민주적 기본질서를 위태롭게 한다는 정을 알면서 반국가단체 구성원으로부터 지령을 받은 자와 회합하였다고 기소한 사실, 제1심은 이 부분 공소사실에 대하여, 피고인 5가 2005.5.경 반국가단체로부터 지령을 받았다고 인정할 증거가 없고, 피고인 3이 피고인 5로부터 위 문건을 전달받았다고 하더라도 피고인 3과 피고인 5와의 회합을 국가보안법 위반(회합·통신)죄로 의율할 수는 없다고 판단하여 무죄 선고한 사실, 한편 검사는, 피고인 장〇〇이 피고인 3으로부터 위 문건을 건네받아 대북보고한 행위에 대하여 국가기밀을 탐지·수집·전달하였다고 기소하였고, 제1심은 이를 모두 유죄로 인정하였으며, 원심도 이 부분 제1심의 판단을 유지한 사실을 알 수 있는바, 피고인 3이 상고이유에서 위 문건과 관련하여 기소되지 않은 국가기밀 탐지·수집의 범죄사실을 유죄로 인정하였다고 주장하는 것은 피고인 장〇〇에 대한 범죄사실과 혼동한데서 비롯된 주장임이 명백하다.

아. 양형부당 주장에 대하여(검사의 상고이유를 함께 판단한다)

피고인 2, 3, 4 및 검사는 원심의 양형이 부당하다는 취지로 주장하나 10년 미만의 징역형 및 자격정지가 선고된 이 사건에서 양형부당은 적법한 상고이유가 되지 못한다.

2. 검사의 상고이유에 대한 판단

가. 영사증명서의 증거능력에 대하여

기록에 의하면, 대한민국 주중국 대사관 영사 공소외 1 작성의 사실확인서 중 공인 부분을 제외한 나머지 부분은 북한 조선상명무역공사 북경대표처 지사장 공소외 2가 사용 중인 승용차의 소유주가 공소외 3이라는 것과 공소외 3의 신원 및 공소외 3이 대표로 있는 (상호 생략)무역공사의 실체에 관한 내용, 위 공소외 2가 거주 중인 북경시 조양구 소재 주택이 북한 대남공작조직의 공작아지트로 활용되고 있다는 내용, 피고인 3이 2006.6.24.경 북경에서 만난 공소외 4가 북한공작원이라는 취지의 내용으로, 비록 영사 공소외 1이 공무를 수행하는 과정에서 작성된 것이지만 그 목적이 공적인 증명에 있다기보다는 상급자 등에 대한 보고에 있는 것으로서 엄격한 증빙서류를 바탕으로 하여 작성된 것이라고 할 수 없으므로, 위와 같은 내용의 각 사실 확인 부분은 형사소송법 제315조 제1호에서 규정한 호적의 등본 또는 초본, 공정증서 등본 기타 공무원 또는 외국공무원의 직무상 증명할 수 있는 사항에 관하여 작성한 문서라고 볼 수 없고, 또한 같은 조 제3호에서 규정한 기타 특히 신용할 만한 정황에 의하여 작성된 문서에 해당하여 당연히 증거능력이 있는 서류라고 할 수 없다.

한편, 형사소송법 제314조에 의하여 형사소송법 제313조의 진술서 등을 증거로 하기 위해서는 진술을 요할 자가 사망, 질병, 외국 거주 기타 사유로 인하여 공판정에 출석하여 진술을 할 수 없는 경우이어야 하고, 그 진술 또는 서류의 작성이 특히 신빙할 수 있는 상태하에서 행해진 것이라야 한다는 두 가지 요건이 갖추어져야 하는바, 첫째 요건과 관련하여 '외국 거주'란 진술을 요할 자가 외국에 있다는 것만으로는 부족하고, 가능하고 상당한 수단을 다하더라도 그 진술을 요할 자를 법정에 출석하게 할 수 없는 사정이 있어야 예외적으로 그 적용이 있을 것인데(대법원 2002.3.26. 선고 2001도5666 판결 참조), 이 사건에서 가능하고 상당한 수단을 다하더라도 공소외 1을 법정에 출석하게 할 수 없는 사정이 있다고 볼 자료가 없고, 위 사실확인서의 작성이 특히 신빙할 수 있는 상태하에서 행하여진 것이라고 볼 자료도 없다.

원심이 같은 취지에서 위 사실확인서의 증거능력을 배척한 것은 옳고, 그 판단에 영사증명서의 증거능력에 관한 법리를 오해하는 등의 위법이 없다.

나. 이적단체 구성 및 가입의 점에 대하여

국가보안법 제7조 제3항에 규정된 이른바 '이적단체'란 국가보안법 제2조 소정의 반국가단체 등의 활동을 찬양·고무·선전 또는 이에 동조하거나 국가의 변란을 선전·선동하는 행위를 하는 것을 그 목적으로 하여 특정 다수인에 의하여 결성된 계속적이고 독자적인 결합체를 가리키는데, 이러한 이적단체를 인정할 때에는 국가보안법 제1조에서 규정하고 있는 위 법의 목적과 유추해석이나 확대해석을 금지하는 죄형법정주의의 기본정신에 비추어서 그 구성요건을 엄격히 제한하여 해석하여야 한다(대법원 1999.10.8. 선고 99도2437 판결, 대법원 2003.12.12. 선고 2001도1099 판결, 대법원 2004.7.9. 선고 2000도987 판결, 대법원 2004.7.22. 선고 2002도539 판결 등 참조).

제1심은 그 채용 증거들을 종합하여 판시와 같은 사실을 인정한 다음, 피고인 장○○이 결성한 사회적 결합체는 반국가단체인 북한의 활동을 찬양·고무·선전하거나 적어도 이에 동조하는 행위를 목적으로 하였으므로 그 '이적성'은 충분히 인정된다고 판단하고, 이어서 소위 '일심회'는 그 구성원이 피고인 장○○, 피고인 2, 3, 4 등 4명 정도에 불과한 점, 피고인들은 조직 목표, 이념, 강령, 조직체계, 조직운영방식 등을 확정하는 조직 결성식 등을 거치지 아니한 채 개별적으로 활동해 온 것으로 보이고, 피고인 장○○의 진술에 의하더라도 피고인들은 개별적으로 한민전 강령을 일심회의 강령으로 원용하기로 한 다음 각자 인터넷을 통해 이를 읽어보기로 하였을 뿐 자체 강령, 규율 등을 별도로 규정하지는 않았던 것으로 보이는 점, 특히 피고인 장○○을 제외한 나머지 피고인들은 조직의 명칭과 서로의 활동 내용뿐만 아니라 서로가 같은 조직의 구성원이라는 사실 자체도 몰랐던 점, 피고인들이 2002.1.경 '일심회'라는 이적단체를 구성하였다고 볼 만한 외부적 징표나 특별한 행위태양을 발견할 수 없고, 게다가 2002.1.경을 전후하여 피고인들의 상호관계에 별다른 변동이 있었다고 볼 만한 아무런 자료도 없는 점, 또한 피고인들이 조직의 구성이나 가입에 관한 특별한 절차를 거치지 않아 이적단체의 구성에 관한 의사합치에까지 이르렀다고 보기도 어려운 점 등에 비추어 보면, '일심회'의 경우 단체의 내부질서를 유지하고 그 단체를 주도하기 위하여 일정한 위계 및 분담 등의 체계를 갖추는 등 조직적 결합체에까지 이르렀다고 보기는 어렵다고 판단하였고, 원심도 제1심의 판단을 유지하였다.

국가보안법상 이적단체의 인정에 있어서 그 구성요건을 엄격히 제한하여 해석하여야 한다는 법리를 토대로 기록을 살펴보면, 위와 같은 제1심의 판단과 이를 유지한 원심의 판단은 정당하고, 그 판단에 검사가 상고이유로 주장하는 국가보안법상 이적단체에 관한 법리를 오해하는 등의 위법이 없다.

다. 그 밖에 채증법칙 위반 주장에 대하여

원심판결 이유를 기록에 비추어 살펴보면, 원심이 피고인들 상호간의 판시 회합의 점, 피고인 장○○의 판시 대북 통신의 점, 피고인 4의 금품 수수의 점에 대하여 이를 인정할 증거가 없다는 이유로 무죄라고 판단한 것은 옳고, 그 판단에 채증법칙을 위배하여 사실을 오인하는 등의 위법이 없다.

3. 결론

그러므로 각 상고를 모두 기각하기로 관여 대법관의 의견이 일치되어 주문과 같이 판결한다.

대법관 이홍훈(재판장) 김영란(주심) 김황식 안대희

압수된 정보저장매체에서 출력된 문건 등의 무결성·동일성 입증 방법

(왕재산 사건)

[대법원, 2013도2511, 2013.7.26.]

【판시사항】

[1] 공개금지사유가 없음에도 공개금지결정에 따라 비공개로 진행된 증인신문절차에 의하여 이루어진 증언의 증거능력 유무(소극) 및 공개금지결정의 선고가 없는 등으로 공개금지결정의 사유를 알 수 없는 경우에도 같은 법리가 적용되는지 여부(적극)

[2] 정보저장매체에 기억된 문자정보 또는 그 출력물을 증거로 사용하기 위한 요건 및 정보저장매체 원본을 대신하여 저장매체에 저장된 자료를 '하드카피' 또는 '이미징'한 매체로부터 출력한 문건의 경우, 그 출력 문건과 정보저장매체에 저장된 자료가 동일하고 정보저장매체 원본이 문건 출력 시까지 변경되지 않았다는 점에 대한 증명 방법

[3] '증거물인 서면'의 증거조사 방식

[4] 국가보안법 제4조 제1항 제2호 (나)목에서 정한 '국가기밀'의 의미 및 위 규정이 명확성의 원칙, 책임주의 원칙, 평등원칙 등에 위배되는지 여부(소극)

【판결요지】

[1] 헌법 제27조 제3항 후문, 제109조와 법원조직법 제57조 제1항, 제2항의 취지에 비추어 보면, 헌법 제109조, 법원조직법 제57조 제1항에서 정한 공개금지사유가 없음에도 불구하고 재판의 심리에 관한 공개를 금지하기로 결정하였다면 그러한 공개금지결정은 피고인의 공개재판을 받을 권리를 침해한 것으로서 그 절차에 의하여 이루어진 증인의 증언은 증거능력이 없고, 변호인의 반대신문권이 보장되었더라도 달리 볼 수 없으며, 이러한 법리는 공개금지결정의 선고가 없는 등으로 공개금지결정의 사유를 알 수 없는 경우에도 마찬가지이다.

[2] 압수물인 컴퓨터용 디스크, 그 밖에 이와 비슷한 정보저장매체(이하 '정보저장매체'라고만 한다)에 입력하여 기억된 문자정보 또는 그 출력물(이하 '출력 문건'이라 한다)을 증거로 사용하기 위해서는 정보저장매체 원본에 저장된 내용과 출력 문건의 동일성이 인정되어야 하고, 이를 위해서는 정보저장매체 원본이 압수 시부터 문건 출력 시까지 변경되지 않았다는 사정, 즉 무결성이 담보되어야 한다. 특히 정보저장매체 원본을 대신하여 저장매체에 저장된 자료를 '하드카피' 또는 '이미징'한 매체로부터 출력한 문건의 경우에는 정보저장매체 원본과 '하드카피' 또는 '이미징'한 매체 사이에 자료의 동일성도 인정되어야 할 뿐만 아니라, 이를 확인하는 과정에서 이용한 컴퓨터의 기계적 정확성, 프로

그램의 신뢰성, 입력·처리·출력의 각 단계에서 조작자의 전문적인 기술능력과 정확성이 담보되어야 한다. 이 경우 출력 문건과 정보저장매체에 저장된 자료가 동일하고 정보저장매체 원본이 문건 출력 시까지 변경되지 않았다는 점은, 피압수·수색 당사자가 정보저장매체 원본과 '하드카피' 또는 '이미징'한 매체의 해시(Hash) 값이 동일하다는 취지로 서명한 확인서면을 교부받아 법원에 제출하는 방법에 의하여 증명하는 것이 원칙이나, 그와 같은 방법에 의한 증명이 불가능하거나 현저히 곤란한 경우에는, 정보저장매체 원본에 대한 압수, 봉인, 봉인해제, '하드카피' 또는 '이미징' 등 일련의 절차에 참여한 수사관이나 전문가 등의 증언에 의해 정보저장매체 원본과 '하드카피' 또는 '이미징'한 매체 사이의 해시 값이 동일하다거나 정보저장매체 원본이 최초 압수 시부터 밀봉되어 증거 제출 시까지 전혀 변경되지 않았다는 등의 사정을 증명하는 방법 또는 법원이 그 원본에 저장된 자료와 증거로 제출된 출력 문건을 대조하는 방법 등으로도 그와 같은 무결성·동일성을 인정할 수 있으며, 반드시 압수·수색 과정을 촬영한 영상녹화물 재생 등의 방법으로만 증명하여야 한다고 볼 것은 아니다.

[3] 형사소송법 제292조, 제292조의2 제1항, 형사소송규칙 제134조의6의 취지에 비추어 보면, 본래 증거물이지만 증거서류의 성질도 가지고 있는 이른바 '증거물인 서면'을 조사하기 위해서는 증거서류의 조사방식인 낭독·내용고지 또는 열람의 절차와 증거물의 조사방식인 제시의 절차가 함께 이루어져야 하므로, 원칙적으로 증거신청인으로 하여금 그 서면을 제시하면서 낭독하게 하거나 이에 갈음하여 그 내용을 고지 또는 열람하도록 하여야 한다.

[4] 국가보안법 제4조 제1항 제2호 (나)목에 규정된 '국가기밀'은 '그 기밀이 정치, 경제, 사회, 문화 등 각 방면에서 반국가단체에 대하여 비밀로 하거나 확인되지 아니함이 대한민국의 이익이 되는 모든 사실, 물건 또는 지식으로서, 그것들이 국내에서 적법한 절차 등을 거쳐 이미 일반인에게 널리 알려진 공지의 사실, 물건 또는 지식에 속하지 아니한 것이어야 하고, 또 그 내용이 누설되는 경우 국가의 안전에 위험을 초래할 우려가 있어 기밀로 보호할 실질가치를 갖춘 것'일 경우에 한정된다고 보는 것이 대법원 1997.9.16. 선고 97도985 전원합의체 판결 이래 대법원의 확립된 견해이다. '국가기밀'의 일반적 의미를 위와 같이 제한적으로 해석하는 한편, 위 규정이 그 행위주체를 '반국가단체의 구성원 또는 그 지령을 받은 자'로 한정하고 있을 뿐만 아니라 그 행위가 '반국가단체의 목적수행을 위한 행위'일 것을 그 구성요건으로 하고 있어 행위주체와 행위태양의 면에서 제한을 하고 있는 점 등에 비추어 보면, 위 규정이 헌법에 위배된다고 할 정도로 죄형법정주의가 요구하는 명확성의 원칙에 반한다고 할 수 없다. 한편 군사기밀 보호법 제11조가 군사기밀 탐지·수집행위의 법정형을 10년 이하의 징역으로 규정하고 있는 것과 달리 국가보안법 제4조 제1항 제2호 (나)목의 법정형이 사형·무기 또는 7년 이상의 징역으로 규정되어 있다는 등의 사정만으로 위 조항이 지나치게 무거운 형벌을 규정

하여 책임주의 원칙에 반한다거나 법정형이 형벌체계상 균형을 상실하여 평등원칙에 위배되는 조항이라고 할 수 없으며, 법관의 양형 판단 및 결정권을 중대하게 침해하는 것이라고 볼 수도 없다.

【원심판결】

서울고법 2013.2.8. 선고 2012노805 판결

【주문】

상고를 모두 기각한다.

【판결이유】

상고이유(상고이유서 제출기간이 경과한 후에 제출된 피고인들의 각 상고이유보충서 기재는 상고이유를 보충하는 범위 내에서)에 대하여 판단한다.

1. 피고인들의 상고이유 및 이와 관련된 검사의 상고이유에 대한 판단

　가. 공소장일본주의 관련 주장에 대하여

　　검사가 공소를 제기할 때에는 공소장에 사건에 관하여 법원에 예단을 생기게 할 수 있는 서류 기타 물건을 첨부하거나 그 내용을 인용하여서는 아니 됨이 원칙이다(형사소송규칙 제118조 제2항). 다만 이러한 공소장일본주의의 위배 여부는 공소사실로 기재된 범죄의 유형과 내용 등에 비추어 볼 때 공소장에 첨부 또는 인용된 서류 기타 물건의 내용, 그리고 법령이 요구하는 사항 이외에 공소장에 기재된 사실이 법관에게 예단을 생기게 하여 법관이 범죄사실의 실체를 파악하는 데 장애가 될 수 있는지 여부를 기준으로 당해 사건에서 구체적으로 판단하여야 한다(대법원 2009.10.22. 선고 2009도7436 전원합의체 판결 참조).

　　원심은, 이 사건 공소장에 증거로 제출될 서면이나 사진 등이 인용되어 있으나, 이는 이 사건 각 국가보안법 위반죄의 공소사실을 특정하거나 객관적·주관적 구성요건 요소의 일부 내용에 관한 것으로서, 그 인용된 부분으로 인하여 피고인들의 방어권 행사에 장애를 가져온다거나 법관에게 예단을 생기게 하여 법관이 범죄사실의 실체를 파악하는 데 장애가 되는 것이 아니어서 공소장일본주의에 위반되는 것으로 볼 수 없다고 판단하였다.

　　원심판결 이유를 위 법리와 기록에 비추어 살펴보면, 원심의 위와 같은 판단은 정당하고 거기에 상고이유 주장과 같이 공소장일본주의에 관한 법리를 오해한 위법이 없다.

　나. 압수·수색 집행절차의 위법성과 이에 따른 증거능력 관련 주장에 대하여

　　(1) 원심은, 그 판시와 같은 사정들을 종합하여 국가정보원 수사관의 공소외 1 주식

회사(이하 '공소외 1 회사'이라 한다) 사무실에 대한 압수·수색영장 집행 당시 피고인들이 사실상 구금된 상태에 있었다고 볼 수 없다고 판단하였다. 원심판결 이유를 기록에 비추어 살펴보면, 원심의 위와 같은 사실인정과 판단은 정당하고, 거기에 상고이유 주장과 같이 필요한 사항에 대한 판단을 누락하거나 압수·수색영장 집행에 대한 참여권 보장 또는 그 집행의 적법성 등에 관한 법리를 오해한 위법이 없다.

(2) 또한 원심은, 이 사건 압수·수색·검증영장의 '압수·수색·검증할 장소 및 신체'란에 피고인 1의 주거지와 피고인 1의 신체 등이 기재되어 있으므로, 비록 위 영장이 제시되어 피고인 1의 신체에 대한 압수·수색이 종료되었다고 하더라도 피고인 1의 주거지에 대한 압수·수색은 아직 집행에 착수하였다고 볼 수 없다는 등 그 판시와 같은 이유로, 국가정보원 수사관들이 위 영장에 의하여 피고인 1의 주거지에 대한 압수·수색을 집행한 조치는 위법한 것이 아니라고 판단하였다. 기록에 비추어 살펴보면 위와 같은 원심의 판단은 정당한 것으로 수긍할 수 있고, 거기에 상고이유 주장과 같이 영장주의 등에 관한 법리를 오해한 위법이 없다.

(3) 그리고 원심은, 피고인 3의 주거지에 대한 압수·수색 당시 담당 수사관이 피고인 3의 아내이자 그 압수·수색영장에 공동피의자로 기재되어 있었던 공소외 2에게 영장 집행사실을 통지한 후 영장을 제시하였고, 그 집행 당시 피고인 3이 공동으로 운영하는 공소외 1 회사 사무실에 대한 압수·수색이 동시에 이루어져서 피고인 3이 그 사무실의 압수·수색에 참여하였던 사정 등을 종합하여, 그 주거지의 압수·수색에 대한 피고인 3의 참여권 등이 실질적으로 침해된 것으로 볼 수 없다고 판단하였다. 기록에 비추어 살펴보면, 위와 같은 원심의 판단은 정당한 것으로 수긍할 수 있고, 거기에 상고이유 주장과 같이 영장주의 등에 관한 법리를 오해한 위법이 없다.

(4) 나아가 원심은, 제1심법원이 검증한 '이메일에 대한 통신제한조치 집행결과'는 법원의 통신제한조치허가서에 의하여 피고인 1이 송·수신하는 전자우편을 실시간으로 지득·채록한 내용을 그 대상으로 한 것으로서, 그 허가서의 집행절차에 영장의 집행과 책임자의 참여에 관한 형사소송법 제219조, 제123조가 적용될 것은 아니고, 제1심법원이 그 검증절차에서 전자우편 원본에 대하여 직접 그 출력물과의 동일성 여부를 검증하였다는 등의 이유로 그 검증결과의 증거능력이 인정된다고 판단하였다. 관련 법리와 기록에 비추어 살펴보면, 위와 같은 원심의 판단은 정당한 것으로 수긍할 수 있고, 거기에 상고이유 주장과 같이 전자우편에 대한 통신제한조치의 법적 성격이나 전자증거의 동일성 등에 관한 법리를 오해한 위법이 없다.

다. 공개재판권 침해 관련 주장 및 이와 관련된 검사의 상고이유 주장에 대하여

(1) 헌법 제27조 제3항 후문은 "형사피고인은 상당한 이유가 없는 한 지체 없이 공개재판을 받을 권리를 가진다"고 규정하여 형사피고인에게 공개재판을 받을 권리가 기본권으로 보장됨을 선언하고 있고, 헌법 제109조와 법원조직법 제57조 제1항은 재판의 심리와 판결은 공개하되, 다만 심리는 국가의 안전보장·안녕질서 또는 선량한 풍속을 해할 우려가 있는 때에는 결정으로 이를 공개하지 아니할 수 있다고 규정하고 있으며, 법원조직법 제57조 제2항은 재판의 심리에 관한 공개금지결정은 이유를 개시(開示)하여 선고한다고 규정하고 있다. 위 규정들의 취지에 비추어 보면, 헌법 제109조, 법원조직법 제57조 제1항이 정한 공개금지사유가 없음에도 불구하고 재판의 심리에 관한 공개를 금지하기로 결정하였다면 그러한 공개금지결정은 피고인의 공개재판을 받을 권리를 침해한 것으로서 그 절차에 의하여 이루어진 증인의 증언은 증거능력이 없다고 할 것이고, 변호인의 반대신문권이 보장되었더라도 달리 볼 수 없으며(대법원 2005.10.28. 선고 2005도5854 판결 참조), 이러한 법리는 공개금지결정의 선고가 없는 등으로 공개금지결정의 사유를 알 수 없는 경우에도 마찬가지라 할 것이다.

기록에 의하면, 제1심 제4회 공판기일에 제1심법원이 공개금지결정을 선고하지 않은 채 공소외 3에 대한 증인신문절차를 진행하였고, 그 신문절차는 공개되지 않은 상태에서 진행된 사실을 알 수 있다. 이를 앞서 본 법리에 비추어 보면, 공소외 3에 대한 증인신문절차에는 피고인들의 공개재판을 받을 권리를 침해한 절차적 위법이 있다고 할 것이므로, 그 절차에서 수집된 증거인 공소외 3에 대한 증인신문조서는 피고인들에 대한 유죄의 증거로 쓸 수 없다고 할 것이다.

따라서 이와 달리 공소외 3에 대한 증인신문조서를 유죄의 증거로 든 제1심판결을 그대로 유지한 원심의 조치에는 공개재판주의와 증거능력에 관한 법리를 오해한 잘못이 있다고 할 것이다. 그러나 관련 증거를 기록에 비추어 살펴보면, 증거능력이 없는 공소외 3에 대한 증인신문조서를 제외하더라도 원심이 채용한 나머지 증거들, 즉 '조직현황보고'를 비롯한 각종 문건, 증인 공소외 4, 공소외 5 및 국가정보원 수사관들의 각 법정진술, 각 현장 촬영사진의 영상, 피고인 1, 피고인 2, 피고인 5의 각 출입국내역 등만으로도 이 사건 공소사실 중 원심이 유죄로 인정한 목적수행 간첩, 특수잠입·탈출 등의 점을 넉넉히 인정할 수 있으므로, 이 부분 공소사실을 유죄로 인정한 원심의 결론은 정당하고, 결국 위와 같은 원심의 잘못은 판결에 영향을 미쳤다고 볼 수 없다.

(2) 한편 형사소송법 제56조는 "공판기일의 소송절차로서 공판조서에 기재된 것은 그 조서만으로써 증명한다"고 규정하고 있으므로, 제1심 제26회 공판조서에 제1심법원이 공개금지결정을 선고한 후 위 수사관들에 대하여 비공개 상태에서 증

인신문절차를 진행한 것으로 기재된 이상 그 공개금지결정 선고 여부에 대하여 공판조서 이외의 다른 방법에 의한 증명이나 반증은 허용되지 않는다고 할 것이다. 같은 취지에서 원심이 위 증인들의 각 법정진술에 증거능력이 있다는 취지로 판단한 조치는 정당하고, 거기에 상고이유 주장과 같이 공개재판주의에 관한 법리를 오해한 위법이 있다고 할 수 없다.

(3) 나아가 원심은, 공판조서에 의하여 제1심 제4회 공판기일에서의 공소외 6에 대한 증인신문절차, 제5회 공판기일에서의 공소외 7에 대한 일부 증인신문절차 및 공소외 8에 대한 증인신문절차에서 공개금지결정을 선고하지 않은 채 그 증인신문을 비공개로 진행한 사실을 인정하고 그와 같은 증인들의 법정진술은 증거능력이 없다고 판단하였다. 이 부분 원심의 판단은 앞서 본 법리에 따른 것으로서 정당하고, 거기에 검사의 상고이유 주장과 같이 필요한 심리를 다하지 않은 위법 등이 있다고 할 수 없다.

라. 압수된 정보저장매체에서 출력된 문건 등의 무결성·동일성 관련 주장 및 이와 관련된 검사의 상고이유 주장에 대하여

(1) **압수물인 컴퓨터용 디스크 그 밖에 이와 비슷한 정보저장매체**(이하 '정보저장매체'라고만 한다)에 입력하여 기억된 문자정보 또는 그 출력물(이하 '출력 문건'이라 한다)을 증거로 사용하기 위해서는 정보저장매체 원본에 저장된 내용과 출력 문건의 동일성이 인정되어야 하고, 이를 위해서는 정보저장매체 원본이 압수 시부터 문건 출력 시까지 변경되지 않았다는 사정, 즉 무결성이 담보되어야 한다. 특히 정보저장매체 원본을 대신하여 저장매체에 저장된 자료를 '하드카피' 또는 '이미징'한 매체로부터 출력한 문건의 경우에는 정보저장매체 원본과 '하드카피' 또는 '이미징'한 매체 사이에 자료의 동일성도 인정되어야 할 뿐만 아니라, 이를 확인하는 과정에서 이용한 컴퓨터의 기계적 정확성, 프로그램의 신뢰성, 입력·처리·출력의 각 단계에서 조작자의 전문적인 기술능력과 정확성이 담보되어야 한다(대법원 2007.12.13. 선고 2007도7257 판결 등 참조). 이 경우 출력 문건과 정보저장매체에 저장된 자료가 동일하고 정보저장매체 원본이 문건 출력 시까지 변경되지 않았다는 점은, 피압수·수색 당사자가 정보저장매체 원본과 '하드카피' 또는 '이미징'한 매체의 해시(Hash) 값이 동일하다는 취지로 서명한 확인서면을 교부받아 법원에 제출하는 방법에 의하여 증명하는 것이 원칙이나, 그와 같은 방법에 의한 증명이 불가능하거나 현저히 곤란한 경우에는, 정보저장매체 원본에 대한 압수, 봉인, 봉인해제, '하드카피' 또는 '이미징' 등 일련의 절차에 참여한 수사관이나 전문가 등의 증언에 의해 정보저장매체 원본과 '하드카피' 또는 '이미징'한 매체 사이의 해시 값이 동일하다거나 정보저장매체 원본이 최초 압수 시부터 밀봉되어 증거 제출 시까지 전혀 변경되지 않았다는 등의 사정을 증명하는 방

법 또는 법원이 그 원본에 저장된 자료와 증거로 제출된 출력 문건을 대조하는 방법 등으로도 그와 같은 무결성·동일성을 인정할 수 있다고 할 것이며, 반드시 압수·수색 과정을 촬영한 영상녹화물 재생 등의 방법으로만 증명하여야 한다고 볼 것은 아니다.

(2) 원심판결 이유에 의하면, 원심은 공소외 1 회사 사무실 또는 피고인들의 주거지에 대한 압수·수색을 집행하였던 국가정보원 수사관들, 국가정보원 사무실에서의 '이미징' 절차에 참여하였던 전문가들의 각 증언 등에 의하여 인정되는 다음과 같은 사정들, 즉 국가정보원 수사관들은 피고인들 혹은 가족, 직원이 참여한 상태에서 원심 판시 각 정보저장매체를 압수한 다음 참여자의 서명을 받아 봉인하였고, 국가정보원에서 일부 정보저장매체에 저장된 자료를 '이미징' 방식으로 복제할 때 피고인들 또는 위 전문가들로부터 서명을 받아 봉인상태 확인, 봉인해제, 재봉인하였으며, 이들은 정보저장매체 원본의 해시 값과 '이미징' 작업을 통해 생성된 파일의 해시 값이 동일하다는 취지로 서명하였던 사정들과 함께, 제1심법원이 피고인들 및 검사, 변호인이 모두 참여한 가운데 검증을 실시하여 그 검증과정에서 산출한 해시 값과 압수·수색 당시 쓰기방지장치를 부착하여 '이미징' 작업을 하면서 산출한 해시 값을 대조하여 그 해시 값이 동일함을 확인하거나, '이미징' 작업을 통해 생성된 파일의 문자정보와 그 출력 문건이 동일함을 확인하였던 사정, 일부 정보저장매체의 경우 원심에서 시행한 검증결과 부분의 봉인봉투 안에 전자정보에 관한 전문가로서 '이미징' 과정에 참여하였던 전문가가 서명한 것으로 보이는 이전의 봉인해제 봉투가 존재하는 사실을 확인한 사정 등을 종합하면, 원심 판시와 같이 증거로 제출된 출력 문건들은 압수된 정보저장매체 원본에 저장되었던 내용과 동일한 것일 뿐만 아니라, 정보저장매체 원본이 문건 출력 시까지 변경되지 않았다고 인정할 수 있으므로 그 출력 문건들을 증거로 사용할 수 있다고 판단하였다.

원심판결 이유를 위 법리와 기록에 비추어 살펴보면, 원심의 이러한 판단은 정당한 것으로 수긍할 수 있고, 거기에 전자증거의 무결성·동일성 그리고 신뢰성에 대한 입증 방법이나 그 입증의 정도 등에 관한 법리를 오해한 위법이 없으며, 나아가 위와 같은 정보저장매체 등이 수사기관에 의하여 조작되었다거나 피고인들이 그 정보저장매체를 소유 내지 소지한 것이 아니라는 취지의 주장을 배척한 원심의 조치에도 상고이유에서 주장하는 바와 같은 위법이 있다고 할 수 없다.

(3) 한편 원심은 피고인 2의 이적표현물 소지로 인한 찬양·고무의 점에 관한 증거로 제출된 MP3 파일의 경우, 제1심법원 검증결과에 의할 때 압수·수색이 개시된 이후 시점에 위 MP3 파일이 저장된 하드디스크에 접속한 흔적이 나타나 있고, 당시 압수·수색을 담당한 국가정보원 수사관의 증언 등에 의하더라도 그 접속

경위에 관하여 납득할 만한 사정이 밝혀지지 않았다는 등의 이유를 들어, 정보저장매체 원본이 문건 출력 시까지 변경되지 않은 것으로 단정할 수 없다고 하여 위 파일을 증거로 사용할 수 없다고 판단하고 이 부분 공소사실에 대하여 무죄를 선고하였다.

원심판결 이유를 기록에 비추어 살펴보면, 이러한 원심의 판단은 정당한 것으로 수긍할 수 있고, 거기에 검사의 상고이유 주장과 같이 증거능력에 관한 법리를 오해하거나 자유심증주의의 한계를 벗어난 위법이 있다고 할 수 없다.

마. 전문법칙의 적용에 대하여

(1) 피고인 또는 피고인 아닌 사람이 정보저장매체에 입력하여 기억된 문자정보 또는 그 출력물을 증거로 사용하는 경우, 이는 실질에 있어서 피고인 또는 피고인 아닌 사람이 작성한 진술서나 그 진술을 기재한 서류와 크게 다를 바 없고, 압수 후의 보관 및 출력과정에 조작의 가능성이 있으며, 기본적으로 반대신문의 기회가 보장되지 않는 점 등에 비추어 그 내용의 진실성에 관하여는 전문법칙이 적용되고, 따라서 원칙적으로 형사소송법 제313조 제1항에 의하여 그 작성자 또는 진술자의 진술에 의하여 성립의 진정함이 증명된 때에 한하여 이를 증거로 사용할 수 있다. 다만 정보저장매체에 기억된 문자정보의 내용의 진실성이 아닌 그와 같은 내용의 문자정보가 존재하는 것 자체가 증거로 되는 경우에는 전문법칙이 적용되지 아니한다(대법원 1999.9.3. 선고 99도2317 판결, 대법원 2013.2.15. 선고 2010도3504 판결 등 참조). 나아가 어떤 진술을 범죄사실에 대한 직접증거로 사용할 때에는 그 진술이 전문증거가 된다고 하더라도 그와 같은 진술을 하였다는 것 자체 또는 그 진술의 진실성과 관계없는 간접사실에 대한 정황증거로 사용할 때에는 반드시 전문증거가 되는 것은 아니다(대법원 2000.2.25. 선고 99도1252 판결 등 참조).

(2) 원심판결 이유에 의하면, 원심은 반국가단체의 구성원과 문건을 주고받는 방법으로 통신을 한 경우, 반국가단체로부터 지령을 받고 국가기밀을 탐지·수집하였다는 공소사실과 관련하여 수령한 지령 및 탐지·수집하여 취득한 국가기밀이 문건의 형태로 존재하는 경우나 편의제공의 목적물이 문건인 경우 등에는, 문건 내용의 진실성이 문제 되는 것이 아니라 그러한 내용의 문건이 존재하는 것 자체가 증거가 되는 것으로서, 위와 같은 공소사실에 대하여는 전문법칙이 적용되지 않는다고 보아 해당 부분의 공소사실에 관한 증거로 제출된 출력 문건들의 증거능력이 인정된다고 판단하였다.

원심판결 이유를 앞서 본 법리와 기록에 비추어 살펴보면, 이 부분 공소사실에 대한 증거로 제출된 출력 문건들의 내용 대부분은 그 요증사실과의 관계에서 문건 기재 내용이 진실한지가 문제 되는 것이 아니라 그러한 내용의 문자정보가 존재하는 것 자체가 증거가 되는 경우에 해당하는 것이므로, 원심의 위와 같은 판단은 그 범위 내에서 정당한 것으로 수긍할 수 있다.

다만 위 출력 문건들의 내용 중에는 '○○○(피고인 5)이 ○○당 선거대책위원회 위원장 아래에서 정무특보 등으로 활동 중임'이라는 내용을 비롯하여 피고인들이 스스로 경험·활동한 내역을 보고하는 내용이 일부 포함되어 있는데, 이 경우에는 요증사실인 국가기밀의 '탐지·수집'에 대한 관계에서 피고인들이 실제로 그와 같은 경험·활동을 하였는지, 즉 그 문건 내용이 진실한지가 문제 되어 전문법칙이 적용될 여지가 있으므로, 원심이 전체 출력 문건의 내용 중 피고인들이 스스로 경험·활동한 내용을 기재한 부분에 대하여도 일괄하여 전문법칙이 적용되지 않는다고 단정한 것은 잘못이라 할 것이다. 그러나 이 부분의 문건 내용은 증거로 제출된 전체 문건의 내용 중 극히 일부분에 불과하고, 원심이 전문법칙이 적용되지 않는다고 적절하게 판단한 대부분의 문건 내용과 함께 제1심이 적법하게 채택한 증인 공소외 4의 법정진술 등의 증거에 의하면 출력 문건 중 피고인들이 실제로 경험·활동한 내용에 관한 부분을 유죄의 증거에서 제외하더라도 이 부분 공소사실을 유죄로 인정하기에 충분하므로, 이 부분 각 공소사실을 유죄로 인정한 원심의 결론은 정당한 것으로 수긍할 수 있다. 따라서 원심의 위와 같은 잘못은 판결 결과에 영향을 미쳤다고 볼 수 없다.

(3) 한편 원심판결 이유에 의하면, 원심은 피고인 1, 피고인 2, 피고인 5의 특수잠입·탈출, 회합의 점에 관하여, '공소외 9 선생앞: 2011년 면담은 1월 30일 ~ 2월 1일까지 공소외 9과 ○○선생과 함께 북경에서 하였으면 하는 의견입니다'라는 등의 내용이 담겨져 있는 파일들이 피고인 1의 컴퓨터에 '저장'되어 있었던 사실을 유죄 인정의 근거가 되는 간접사실 중 하나로 들고 있음을 알 수 있다.

이를 앞서 본 법리에 비추어 살펴보면, 그 내용과 같이 피고인 1, 피고인 5가 북한 공작원들과 그 일시경 실제로 회합하였음을 증명하려고 하는 경우에는 문건 내용이 진실한지가 문제 되므로 전문법칙이 적용된다고 할 것이지만, 그와 같은 내용이 담긴 파일이 피고인 1의 컴퓨터에 저장되어 있다는 사실 자체는 그 기재 내용의 진실성과 관계없는 것으로서 이 부분 공소사실을 입증하기 위한 간접사실에 해당한다고 할 것이므로, 이러한 경우까지 전문법칙이 적용된다고 할 수 없다. 같은 취지의 원심판단은 정당하고, 거기에 상고이유 주장과 같이 전문법칙이나 증거능력 부여 등에 관한 법리를 오해한 위법이 있다고 할 수 없다.

바. 해외촬영 사진의 증거능력에 관하여

(1) 누구든지 자기의 얼굴이나 모습을 함부로 촬영당하지 않을 자유를 가지나, 이러한 자유도 무제한으로 보장되는 것은 아니고 국가의 안전보장·질서유지·공공복리를 위하여 필요한 경우에는 그 범위 내에서 상당한 제한이 있을 수 있으며, 수사기관이 범죄를 수사함에 있어 현재 범행이 행하여지고 있거나 행하여진 직후

이고, 증거보전의 필요성 및 긴급성이 있으며, 일반적으로 허용되는 상당한 방법으로 촬영한 경우라면 위 촬영이 영장 없이 이루어졌다 하여 이를 위법하다고 단정할 수 없다(대법원 1999.9.3. 선고 99도2317 판결 참조).

원심판결 이유와 원심이 적법하게 채택한 증거들에 의하면, 피고인 1, 피고인 2, 피고인 5가 일본 또는 중국에서 북한 공작원들과 회합하는 모습을 동영상으로 촬영한 것은 위 피고인들이 회합한 증거를 보전할 필요가 있어서 이루어진 것이고, 피고인들이 반국가단체의 구성원과 회합 중이거나 회합하기 직전 또는 직후의 모습을 촬영한 것으로 그 촬영 장소도 차량이 통행하는 도로 또는 식당 앞길, 호텔 프런트 등 공개적인 장소인 점 등을 알 수 있으므로, 이러한 촬영이 일반적으로 허용되는 상당성을 벗어난 방법으로 이루어졌다거나, 영장 없는 강제처분에 해당하여 위법하다고 볼 수 없다. 따라서 위와 같은 사정 아래서 원심이 위 촬영행위가 위법하지 않다고 판단하고 그 판시와 같은 6㎜ 테이프 동영상을 캡처한 사진들의 증거능력을 인정한 조치는 정당한 것으로 수긍할 수 있고, 거기에 상고이유 주장과 같이 영장주의의 적용 범위나 초상권의 법리 등을 오해한 위법이 없다.

(2) 한편 원심판결 이유에 의하면, 원심은 위 동영상 캡처 사진들이 국제법상 마땅히 보장되어야 하는 외국의 영토주권을 침해하고 국제형사사법 공조절차를 위반한 위법수집증거로서 그 증거능력이 부정되어야 한다는 피고인들의 주장을 배척하고 이를 유죄의 증거로 삼았음을 알 수 있다.

비록 위 동영상의 촬영행위가 증거수집을 위한 수사행위에 해당하고 그 촬영 장소가 우리나라가 아닌 일본이나 중국의 영역에 속한다는 사정은 있으나, 촬영의 상대방이 우리나라 국민이고 앞서 본 바와 같이 공개된 장소에서 일반적으로 허용되는 상당한 방법으로 이루어진 촬영으로서 강제처분이라고 단정할 수 없는 점 등을 고려하여 보면, 위와 같은 사정은 그 촬영행위에 의하여 취득된 증거의 증거능력을 부정할 사유는 되지 못한다. 결국 위 사진들의 증거능력을 인정한 원심의 조치는 정당하고, 거기에 상고이유 주장과 같이 위법수집증거배제법칙의 적용 범위에 관한 법리를 오해한 등의 위법이 있다고 할 수 없다.

사. 형사소송법 제314조에서 정한 '외국거주' 요건 관련 주장에 대하여

형사소송법 제314조에서의 '외국거주'는 진술을 하여야 할 사람이 단순히 외국에 있다는 것만으로는 부족하고, 가능하고 상당한 수단을 다하더라도 그 사람을 법정에 출석하게 할 수 없는 사정이 있어야 예외적으로 그 요건이 충족될 수 있다고 할 것인데(대법원 2008.2.28. 선고 2007도10004 판결, 대법원 2011.7.14. 선고 2011도1013 판결 등 참조), 통상적으로 그 요건이 충족되었는지는 소재의 확인, 소환장의 발송과 같은 절차를 거쳐 확정되는 것이기는 하지만 항상 그러한 절차를 거쳐야만 되는 것은 아니고, 경우에 따라서는 비록 그러한 절차를 거치지 않더라도 법원이 그 사람을 법정에서 신

문하는 것을 기대하기 어려운 사정이 있다고 인정할 수 있다면, 그 요건은 충족된다고 보아야 한다(대법원 2002.3.26. 선고 2001도5666 판결 등 참조).

원심판결 이유와 기록에 의하면, 공소외 10은 대남공작업무를 담당하는 북한 225국의 전신인 대외연락부 공작원으로 활동하다가 북한을 이탈한 사람으로서 2011.6.15. 국가정보원에서 자신이 공작원으로 활동하던 당시의 경험 등에 관하여 진술한 후 2011.7.22.경 일본으로 이주한 이래 전자우편에 의한 연락 이외에 그 주거지나 거소 등이 파악되지 않는 상태이고, 국가정보원에서의 진술 당시 이사할 계획을 밝히기는 하였지만 이사 후 자신의 진술과 관련된 자료를 찾아 제출하겠다고 진술하기도 하였으며, 수사기관은 공소외 10의 출국사실을 확인한 후 입국 시 통보조치와 함께 유일한 연락처인 그의 전자우편 주소로 증인 출석을 수차례 권유하였으나 공소외 10은 자필진술서를 통하여 그 증언을 거부할 뜻을 명확히 표시하였음을 알 수 있다.

아울러 우리나라와 일본 사이에 체결된 형사사법 공조조약에 의하더라도 공소외 10을 강제로 이 사건 법정에 구인하는 것이 불가능하다는 사정 등을 종합하여 보면, 공소외 10의 소재를 확인하여 소환장을 발송하더라도 그가 법정에 증인으로 출석할 것을 기대하기는 어렵다고 할 것이므로, 설령 그의 일본 주소 등을 확인하여 증인소환장을 발송하는 등의 조치를 다하지 않았다 하더라도 형사소송법 제314조에 정한 '외국거주' 요건은 충족되었다고 보아야 할 것이다. 같은 취지에서 공소외 10에 대한 진술조서가 '외국거주' 요건을 충족하였을 뿐 아니라, 그 판시와 같은 사정들에 의하여 그 진술이 특히 신빙할 수 있는 상태하에서 행하여졌음이 증명된 것으로 보아 그 진술조서의 증거능력을 인정한 원심의 판단은 정당한 것으로 수긍할 수 있고, 거기에 상고이유 주장과 같이 형사소송법 제314조에서 정한 증거능력 부여 요건에 관한 법리를 오해하여 필요한 심리를 다하지 아니한 위법이 있다고 할 수 없다.

아. 차폐시설 설치 관련 주장에 대하여

국가정보원직원법 제17조에 의하면 국가정보원 직원은 직무상 알게 된 비밀을 누설하여서는 아니 될 의무가 있고(제1항), 직원이 법령에 따른 증인으로서 직무상의 비밀에 관한 사항을 증언하려는 경우에는 미리 국가정보원장의 허가를 받아야 하며(제2항), 국가정보원장이 제2항에 따른 증언을 허가한 경우 법원은 공무상 비밀 보호 등을 위한 비공개 증언 등 적절한 조치를 할 수 있다(제6항).

기록과 원심판결 이유에 의하면, 제1심 제26회 공판기일에 국가정보원 수사관들에 대한 각 증인신문 당시 제1심법원은 증인들의 인적 사항 및 신문절차를 비공개로 진행한다는 결정을 선고하고, 피고인들이나 그 변호인이 국가정보원 직원들인 증인들의 모습을 볼 수 없고 재판부만 그 모습을 볼 수 있도록 차폐시설을 설치한 상태에서 증인신문을 진행한 사실을 알 수 있다. 위 규정들의 취지에 비추어 볼 때, 그 증언의 내용은 증인들이 중국이나 일본에서 피고인 1 등과 북한 공작원이 회합하는 모습을 촬영한 경위 등에 관한 것으로서 국가정보원 직원의 직무상 비밀에 관한 사항이라 할 것이므로, 제1심법원이 그 비밀 보장을 위하여 차폐시설을 설치한 조치는 '공무상 비밀 보호를 위한 적절한 조치'의 일환으로 보아야 할 것이다.

나아가 그와 같은 차폐시설 설치에 의하여 변호인의 반대신문 시 변호인이 증인의 모습을 볼 수 없었다 하더라도, 위와 같은 촬영 경위 등에 관하여 상세한 반대신문이 이루어졌고 위 증인들이 일부 공무상 비밀과 관련이 있는 부분을 제외한 나머지 부분에 대하여 비교적 자세히 답변을 한 사정 등에 비추어 보면, 이로 인하여 변호인의 변호권이 본질적으로 침해되고 판결의 정당성마저 인정하기 어렵다고 볼 정도에 이르렀다고 할 수 없으므로 이를 판결에 영향을 미친 위법이라고 할 수 없다(대법원 2007.6.1. 선고 2006도3983 판결 참조). 같은 취지의 원심판단은 정당한 것으로 수긍할 수 있고, 거기에 상고이유 주장과 같이 변호인의 반대신문권 보장, 직접심리주의 원칙이나 위법수집증거배제법칙의 적용 범위 등에 관한 법리를 오해한 위법이 없다.

자. 증거서류의 조사방식 관련 주장에 대하여

형사소송법 제292조, 형사소송규칙 제134조의6에 의하면 증거서류를 조사하는 때에는 신청인이 이를 낭독함을 원칙으로 하되 재판장이 필요하다고 인정하는 때에는 이에 갈음하여 그 요지를 진술하게 할 수 있고 열람이 다른 방법보다 적절하다고 인정하는 때에는 증거서류를 제시하여 열람하게 하는 방법으로 조사할 수 있다. 한편 형사소송법 제292조의2 제1항에 의하면 증거물을 조사하는 때에는 신청인이 이를 제시하여야 한다.

위와 같은 규정들의 취지에 비추어 보면, 본래 증거물이지만 증거서류의 성질도 가지고 있는 이른바 '증거물인 서면'을 조사하기 위해서는 증거서류의 조사방식인 낭독·내용고지 또는 열람의 절차와 증거물의 조사방식인 제시의 절차가 함께 이루어져야 하므로, 원칙적으로 증거신청인으로 하여금 그 서면을 제시하면서 낭독하게 하거나 이에 갈음하여 그 내용을 고지 또는 열람하도록 하여야 한다.

원심은 제1심법원이 피고인 1, 피고인 3이 이적표현물로 소지하였다는 책자들을 증거로 채택하였고, 위 책자들에 대한 제시, 내용 고지의 방식에 의하여 증거조사를 실시한 사정 등에 비추어 그 조사방식이 위법하다거나 위 책자들의 증거능력을 부인할 수 없다고 판단하였다. 위와 같은 원심의 사실인정 및 판단은 정당한 것으로 수긍할 수 있고, 거기에 상고이유 주장과 같이 증거능력 인정 범위 등에 관한 법리를 오해한 위법이 없다.

차. 목적수행(간첩)의 점 관련 주장 및 이와 관련된 검사의 상고이유 주장에 대하여

　(1) 국가보안법 제4조 제1항 제2호 나목에 규정된 '국가기밀'은 '그 기밀이 정치, 경제, 사회, 문화 등 각 방면에서 반국가단체에 대하여 비밀로 하거나 확인되지 아

니함이 대한민국의 이익이 되는 모든 사실, 물건 또는 지식으로서, 그것들이 국내에서 적법한 절차 등을 거쳐 이미 일반인에게 널리 알려진 공지의 사실, 물건 또는 지식에 속하지 아니한 것이어야 하고, 또 그 내용이 누설되는 경우 국가의 안전에 위험을 초래할 우려가 있어 기밀로 보호할 실질가치를 갖춘 것'일 경우에 한정된다고 보는 것이 대법원 1997.9.16. 선고 97도985 전원합의체 판결 이래 대법원의 확립된 견해이다. '국가기밀'의 일반적 의미를 위와 같이 제한적으로 해석하는 한편, 위 규정이 그 행위주체를 '반국가단체의 구성원 또는 그 지령을 받은 자'로 한정하고 있을 뿐만 아니라 그 행위가 '반국가단체의 목적수행을 위한 행위'일 것을 그 구성요건으로 하고 있어 행위주체와 행위태양의 면에서 제한을 하고 있는 점 등에 비추어 보면, 위 규정이 헌법에 위반된다고 할 정도로 죄형법정주의가 요구하는 명확성의 원칙에 반한다고 할 수 없다.

한편 어떤 범죄를 어떻게 처벌할 것인가 하는 문제, 즉 법정형의 종류와 범위의 선택은 그 범죄의 죄질과 보호법익에 대한 고려뿐만 아니라 우리의 역사와 문화, 입법 당시의 시대적 상황, 국민 일반의 가치관 내지 법감정, 그리고 범죄예방을 위한 형사정책적 측면 등 여러 가지 요소를 종합적으로 고려하여 입법자가 결정할 사항으로서 광범위한 입법재량 내지 형성의 자유가 인정되어야 할 분야이다. 따라서 어느 범죄에 대한 법정형이 그 범죄의 죄질 및 이에 따른 행위자의 책임에 비하여 지나치게 가혹한 것이어서 현저히 형벌체계상의 균형을 잃고 있다거나 그 범죄에 대한 형벌 본래의 목적과 기능을 달성함에 있어 필요한 정도를 일탈하였다는 등 평등의 원칙이나 비례의 원칙 등에 명백히 위배되는 경우가 아닌 한, 쉽사리 헌법에 위배된다고 단정하여서는 아니 된다(대법원 2012.9.27. 선고 2012노4637 판결, 대법원 2012.10.25. 선고 2009도13197 판결 등 참조).

이와 같은 법리에 비추어 살펴보면, 군사기밀 보호법 제11조가 군사기밀 탐지·수집행위의 법정형을 10년 이하의 징역으로 규정하고 있는 것과 달리 이 사건 처벌규정인 국가보안법 제4조 제1항 제2호 나목의 법정형이 사형·무기 또는 7년 이상의 징역으로 규정되어 있다는 등의 사정만으로 위 조항이 지나치게 무거운 형벌을 규정하여 책임주의 원칙에 반한다거나 법정형이 형벌체계상 균형을 상실하여 평등원칙에 위배되는 조항이라고 할 수 없으며, 법관의 양형 판단 및 결정권을 중대하게 침해하는 것이라고 볼 수도 없다.

(2) 나아가 위 법조의 '국가기밀'에 해당하기 위해서는 앞서 본 바와 같이 해당 정보가 공지의 사실, 물건 또는 지식에 속하지 아니한 것이어야 하는데, 그것들이 공지된 것인지는 신문, 방송 등 대중매체나 통신수단 등의 발달 정도, 독자 및 청취의 범위, 공표의 주체 등 여러 사정에 비추어 보아 반국가단체 또는 그 지령을 받은 자가 더 이상 탐지·수집하거나 확인·확증할 필요가 없는 것이라고 판단되

는지 등을 기준으로 판단하여야 할 것이다. 그리고 누설할 경우 실질적 위험성이 있는지 여부는 그 기밀을 수집할 당시의 대한민국과 북한 또는 기타 반국가단체와의 대치현황과 안보사항 등이 고려되는 건전한 상식과 사회통념에 따라 판단하여야 한다(대법원 1997.9.16. 선고 97도985 전원합의체 판결 등 참조).

원심은 이러한 법리에 따라 그 판시와 같은 이유를 들어, 제1심판결에서 유죄로 인정한 부분을 그대로 유지한 공소사실 부분에 관하여는 해당 문건들의 내용이 대외적으로 알려지지 않은 사실 또는 지식으로서 이를 누설할 경우 국가의 안전에 위험을 초래할 우려가 있어 '국가기밀'에 해당함을 전제로 피고인 1, 피고인 3, 피고인 5가 '반국가단체의 구성원 또는 그 지령을 받은 자'로서 이를 '탐지·수집'한 것으로 인정하는 한편, 제1심판결의 무죄 부분을 유지하거나 제1심판결의 유죄 부분을 파기하고 무죄로 인정한 공소사실 부분에 관하여는 그 해당 문건들의 내용이 탐지·수집 당시 이미 언론보도 등을 통하여 대외적으로 알려진 사실 또는 지식이거나 이를 기초로 한 주관적인 예상, 의견에 불과하다는 등의 이유로 '국가기밀'에 해당하지 않는다고 판단하였다.

원심판결 이유를 앞서 본 법리와 기록에 비추어 살펴보면, 이러한 원심의 판단은 정당한 것으로 수긍할 수 있고, 거기에 위 피고인들과 검사의 각 상고이유 주장과 같이 '국가기밀' 또는 '탐지·수집'의 범위에 관한 법리를 오해하거나 자유심증주의의 한계를 벗어난 위법이 있다고 할 수 없다.

카. 피고인 4의 편의제공의 점(유죄 부분)에 대하여

구 남북교류협력에 관한 법률(2005.5.31. 법률 제7539호로 개정되기 전의 것) 제3조는 "남한과 북한과의 왕래·교역·협력사업 및 통신역무의 제공 등 남북교류와 협력을 목적으로 하는 행위에 관하여는 정당하다고 인정되는 범위 안에서 다른 법률에 우선하여 이 법을 적용한다"고 규정하고 있다. 여기에서의 '다른 법률'에는 국가보안법도 포함되지만, 그 우선 적용을 위해서는 남한의 주민이 북한의 주민과 회합·통신, 그 밖의 방법으로 접촉하는 행위가 '남북교류와 협력을 목적으로 하는 행위'로서 '정당하다고 인정'되거나 '위 법률의 목적 범위 안'에 있어야 하며, 이에 해당하는지 여부는 그와 같은 행위를 하게 된 경위, 같은 법이 정하는 바에 따라 신고 등을 하였는지 여부, 행위 전후의 행적 등을 종합적으로 고려하여 객관적으로 판단하여야 한다(대법원 2012.10.25. 선고 2010도6310 판결 참조).

원심은 그 채택 증거를 종합하여, 피고인 4가 주도하여 2005.6.경 반국가단체인 조총련 산하조직인 조선메디아에 인터넷 조선언론정보기지(KPM) 사이트를 제작하여 제공해 준 행위에 대한민국의 존립·안전이나 자유민주적 기본질서를 위태롭게 할 위험이 있고, 피고인 4가 종전에 통일부로부터 주민접촉 승인을 받은 사실이 있다는 사정만으로는 그의 행위를 위 법률에 의한 정당한 행위로 볼 수 없다고 보아 이 부분 공소사실을 유죄로 판단한 제1심판결을 그대로 유지하였다.

원심판결 이유를 위 법리와 기록에 비추어 살펴보면, 원심의 위와 같은 사실인정과 판단은 정당하고, 거기에 상고이유 주장과 같이 자유심증주의의 한계를 벗어나거나 편의제공죄의 성립 범위 등에 관한 법리를 오해한 위법이 없다.

타. 금품수수의 점, 특수잠입·탈출, 회합·통신연락, 이적표현물 소지·반포, 편의제공의 점(각 유죄 부분)에 대하여

원심판결 이유를 원심이 인용한 제1심판결의 채택 증거들(다만 앞에서 본 공소외 3에 대한 증인신문조서를 제외한다)과 기록에 비추어 살펴보면, 원심이 그 판시와 같은 이유를 들어 이 부분 각 공소사실이 모두 유죄로 인정된다고 판단한 것은 정당하고, 거기에 상고이유에서 주장하는 바와 같은 법리를 오해하여 필요한 심리를 다하지 아니하거나, 증거능력 부여의 범위 등에 관한 법리를 오해하고 자유심증주의의 한계를 벗어난 위법이 있다고 할 수 없다.

파. 나머지 상고이유에 대하여

피고인들의 나머지 상고이유는 판결 결과에 영향이 없는 법령 위반에 관한 것이거나, 증거의 취사선택과 사실인정을 다투는 취지 또는 항소이유로 삼은 바가 없는 것을 상고이유에서 비로소 주장하는 것들로서 적법한 상고이유가 되지 못할 뿐 아니라, 직권으로 살펴보아도 원심판결에 상고이유의 주장과 같은 위법이 보이지 아니한다.

2. 검사의 상고이유에 대한 판단

가. 반국가단체 구성의 점, 특수잠입·탈출 및 회합의 점(무죄 부분)에 대하여

원심은, 반국가단체의 구성이나 특수잠입·탈출 및 회합이 요증사실인 경우에는 그 문건에 기재된 내용의 진실성이 문제 되는 것이므로 작성자에 의하여 성립의 진정이 증명되지 않은 출력 문건의 기재 내용이 해당 공소사실을 직접 증명하는 증거로 사용될 수 없다는 전제에서, 그 문건들의 현존이나 증인 공소외 4의 법정진술, 피고인들의 출입국 사실에 관한 기록 등의 관련 증거만으로는 이 부분 각 공소사실에 대한 범죄의 증명이 부족하다고 보아 무죄를 선고한 제1심판결을 그대로 유지하였다.

원심판결 이유를 앞서 본 법리와 기록에 비추어 살펴보면, 원심의 위와 같은 판단은 정당한 것으로 수긍할 수 있고, 거기에 상고이유 주장과 같이 논리와 경험칙을 위배하여 자유심증주의의 한계를 벗어난 등의 위법이 있다고 할 수 없다.

나. 이적표현물 소지·반포 및 편의제공의 점(각 무죄 부분)에 대하여

국가보안법 제7조 제5항에서 정한 이적표현물로 인정되기 위하여는 그 표현물의 내용이 국가보안법의 보호법익인 국가의 존립·안전과 자유민주적 기본질서를 위협하는 적극적이고 공격적인 것이어야 하고, 표현물에 이와 같은 이적성이 있는지 여부는 표현물의 전체적인 내용뿐만 아니라 그 작성의 동기는 물론 표현행위 자체의 태

양 및 외부와의 관련 사항, 표현행위 당시의 정황 등 제반 사정을 종합하여 결정하여야 한다(대법원 2010.7.23. 선고 2010도1189 전원합의체 판결, 대법원 2012.10.11. 선고 2012도7455 판결 등 참조).

원심은, 피고인 1, 피고인 4가 소지·반포하거나 피고인 4가 게시한 그 판시와 같은 표현물들이 북한의 주장·주의에 동조하는 문구를 사용하지 않은 영상들이거나 국내 언론자료를 인용하여 게시된 것이라는 등의 사정을 종합하여, 이는 국가의 존립·안전과 자유민주적 기본질서를 위협하는 적극적이고 공격적인 것이라 볼 수 없고, 피고인 4의 이 부분 행위에 이적행위의 목적이 있다고 볼 수도 없다는 등의 이유로 이 부분 각 공소사실을 모두 무죄로 판단하였다.

원심판결 이유를 위 법리와 기록에 비추어 살펴보면, 원심의 위와 같은 판단은 정당한 것으로 수긍할 수 있고, 거기에 상고이유 주장과 같이 국가보안법상 이적표현물이나 이적 목적에 관한 법리를 오해하거나 논리와 경험법칙에 반하여 자유심증주의의 한계를 벗어난 위법이 없다.

다. 이적동조의 점에 대하여

국가보안법 제7조 제1항의 반국가단체 등 활동 선전·동조죄의 구성요건으로서 '동조'는 반국가단체 등의 선전·선동 및 그 활동과 동일한 내용의 주장을 하거나 이에 합치되는 행위를 하여 반국가단체 등의 활동에 호응·가세하는 것을 의미하며, 이때 '동조'행위는 국가의 존립·안전이나 자유민주적 기본질서에 실질적 해악을 끼칠 명백한 위험성이 있는 정도에 이르러야 한다(대법원 2008.4.17. 선고 2003도758 전원합의체 판결, 대법원 2013.2.15. 선고 2010도3504 판결 등 참조).

원심은, 피고인 3이 참여하였다는 그 판시와 같은 선언의 요지 및 선언 당시의 사회적 논의, 정황 등의 사정에 비추어 볼 때, 피고인 3이 그 무렵 국가기밀 탐지·수집행위를 하였다는 사정만으로 피고인 3의 위 선언 참여행위가 반국가단체 등의 활동을 찬양·고무·선전하는 것과 같이 평가될 정도로 국가의 존립·안전이나 자유민주적 기본질서에 실질적 해악을 끼칠 명백한 위험성이 있다고 할 수 없다는 등의 이유로 이 부분 공소사실을 무죄로 판단한 제1심판결을 그대로 유지하였다.

원심판결 이유를 위 법리와 기록에 비추어 살펴보면, 원심의 위와 같은 판단은 정당한 것으로 수긍할 수 있고, 거기에 상고이유 주장과 같이 이적동조에 관한 법리를 오해하거나 논리와 경험법칙에 반하여 자유심증주의의 한계를 벗어난 위법이 없다.

라. 통신연락의 점(무죄 부분)에 대하여

국가보안법 제8조 제1항에서 정한 회합·통신 등의 죄는 국가의 존립·안전이나 자유민주적 기본질서를 위태롭게 한다는 정을 알면서 반국가단체의 구성원 또는 그 지령을 받은 자와 회합·통신 기타의 방법으로 연락을 하고, 그 회합 등의 행위가 국가의 존립·안전이나 자유민주적 기본질서에 실질적 해악을 끼칠 명백한 위험성이 있을 때 성립한다(대법원 2008.4.17. 선고 2003도758 전원합의체 판결, 대법원 2012.10.25. 선고 2010도6310 판결 등 참조).

원심은 이 부분 판시와 같은 문건들이 반국가단체 구성원으로부터 수수한 차량번호 영상인식 시스템의 핵심기술이나 대한민국의 경제·군사·외교 등에 관련된 자료라고 볼 수 없다는 등의 사정을 종합하여, 피고인 1이 그와 같은 내용의 문건을 주고받은 행위에 대한민국의 존립·안전이나 자유민주적 기본질서를 위태롭게 할 위험이 인정되지 않는다는 등의 이유로 이 부분 공소사실을 무죄로 판단하였다.

원심판결 이유를 위 법리와 기록에 비추어 살펴보면, 원심의 위와 같은 판단은 정당하고, 거기에 상고이유 주장과 같이 통신연락에 관한 법리를 오해하거나 논리와 경험법칙에 반하여 자유심증주의의 한계를 벗어난 위법이 없다.

마. 나머지 상고이유에 대하여

원심은 이른바 해외촬영 사진들 중 일부에 대하여는 그 증거능력을 인정하고 나머지 사진들에 대하여는 그 증거능력을 부정한 다음, 그와 같이 증거능력이 없는 증거를 제외하더라도 그 판시와 같은 다른 증거들을 종합하면 관련 범죄사실을 인정하기에 충분하다는 등의 이유로 특수잠입·탈출 및 회합 부분에 관한 일부 공소사실을 유죄로 인정한 제1심판결을 그대로 유지하였다. 따라서 위 사진들의 증거능력에 대한 원심의 판단을 다투는 검사의 상고이유는 판결 결과에 영향을 미치지 않는 사항에 관한 것으로서 적법한 상고이유가 될 수 없다.

한편 형사소송법 제383조 제4호의 해석상 검사는 원심의 형의 양정이 가볍다거나 피고인의 이익에 반하여 양형의 전제사실의 인정에 있어 원심에 채증법칙을 위반한 위법이 있다는 사유를 상고이유로 주장할 수 없으므로, 이 역시 적법한 상고이유가 되지 못한다(대법원 2005.9.15. 선고 2005도1952 판결 등 참조).

3. 결론

그러므로 피고인들의 상고와 검사의 상고를 모두 기각하기로 하여 관여 대법관의 일치된 의견으로 주문과 같이 판결한다.

대법관 김신(재판장) 민일영 이인복(주심) 박보영

3. 디지털 증거의 진정성 문제

디지털 증거의 진정성이란 디지털 증거의 원본성 및 성립의 진정을 증명해 주는 법적요건이라고 할 수 있겠다. 무결성과 혼재하여 쓰이고 있으며 학자에 따라서는 무결성에 진정성이 포함되는 개념으로 보기도 한다. 일반적으로 디지털 증거는 데이터의 대량성과 삭제·변경의 용이성을 가지고 있고 누구나 쉽게 복사·복제할 수 있기 때문에 디지털 증거를 수집하고 분석, 보존할 때에는 훼손이나 조작 가능성을 방지하여야 할 필요성이 제기된다.

프로그램 조작자의 고의적인 훼손, 조작뿐만 아니라 경우에 따라서는 분석 과정이나 이송 과정에 있어서 담당자의 부주의로 인한 증거의 훼손도 발생할 수 있으며, 특히 디지털 포렌식의 특성상 삭제된 데이터를 복구하였을 때 법정에서 이에 대한 동일성, 원본성 내지 진정성을 문제 삼을 경우 이는 증거능력의 선결요건으로 중요한 쟁점이 될 수 있다. 디지털 증거는 매체독립성, 비가시성, 무한복제성, 취약성, 대량성, 전문성, 익명성 등 그 고유한 특성과 관련하여 증거능력의 인정 여부 판단 시 다양한 문제가 제기될 수 있다.

특히 일반 문서와는 달리 컴퓨터나 네트워크상에 있는 정보들은 작성자의 서명 등에 의한 확인이 불가능한 것이 대부분이다. 따라서 누구에 의하여 만들어진 정보인지 확인할 수 없어 증거능력을 인정받는 데에 어려움이 따르는 경우가 많다. 예컨대 전자우편의 경우 표면상 작성자(ID 소지자)가 실제로 해당 전자우편을 작성하여 보내지 않았을 가능성이 있고, 특히 사용된 컴퓨터가 소유자 개인뿐만 아니라 타인의 사용이 용이한 상태에 있는 경우에 타인이 해당 기기를 사용하여 작성한 정보이거나 타인의 아이디를 이용하여 인터넷 게시판에 명예훼손이나 음란물을 게재한 경우 등이 그러하다.[8]

이러한 디지털 증거의 익명성이란 특징은 증거법상 진정성의 문제로 연결된다. 이처럼 일반 물리적 증거물과는 다른 매체독립성, 취약성, 전문성 등의 특성으로 말미암아 기존의 물리적 증거물에서는 생각할 수 없는 진정성, 무결성, 신뢰성, 원본성 등의 문제가 증거능력 인정의 선결요건으로 대두된다. 따라서 이와 같은 문제가 먼저 해결되지 않으면 그 증거능력을 인정받을 수 없다.

---

8   손지영·김주석, 『디지털증거의 증거능력 판단에 관한 연구』, 사법정책연구원, 2015, P.30.

제5절 적법절차의 기준

대한민국 헌법과 형사소송법, 형사소송규칙 등에는 적법절차조항을 명문으로 규정하고 있으며 이러한 절차에 위반할 경우에는 위법수집증거배제법칙을 적용해 증거능력을 부정하고 있다. 이것은 형사법의 대원칙이다. 그러나 우리 대법원은 일관되게 수사기관의 증거수집 과정에서 다소 위법사항이 있더라도 실체적 진실 규명과 형사사법 정의 차원에서 유죄의 인정 증거로 사용할 수 있다고 보았다.

그러나 2007년 대법원은 일명 제주지사 사건을 통해 위법수집증거와 관련된 중요한 판례를 변경하였다. 대법원은 그전까지 일관되게 유지해 오던 수사기관의 증거 수집 과정에서 이루어진 위법사항이 있더라도 그러한 것이 실체적 진실 규명과 형사사법 정의를 실현하려는 취지에 반하지 않는 것이라면 법원은 그 증거를 유죄 인정의 증거로 사용할 수 있다는 종래의 판례를 변경하여 적법절차 위반에 대해 엄격하게 다루기 시작했다.

이와 관련, 대법원 2007.11.15. 선고 2007도3061 판결에서 우리 헌법은 "누구든지 법률에 의하지 아니하고는 … 압수·수색 … 을 받지 아니하며", "체포·구속·압수 또는 수색을 할 때에는 적법한 절차에 따라 검사의 신청에 의하여 법관이 발부한 영장을 제시하여야 한다. 다만, 현행범인인 경우와 장기 3년 이상의 형에 해당하는 죄를 범하고 도피 또는 증거인멸의 염려가 있을 때에는 사후에 영장을 청구할 수 있다"라고 정하여 압수수색에 관한 적법절차와 영장주의의 근간을 선언하고 있다.

또한 대법원은 "이를 이어받아 압수수색에 관한 적법절차와 영장주의를 구체화한 형사소송법과 형사소송규칙은 수사기관의 압수수색에 관한 상세한 절차 조항을 마련하고 있다. 이에 의하면, 수사기관의 압수수색은 법관이 발부한 압수수색영장에 의하여야 하는 것이 원칙이고, 그 영장에는 피의자의 성명, 압수할 물건, 수색할 장소·신체·물건과 압수수색의 사유 등이 특정되어야 하며, 영장은 처분을 받는 자에게 반드시 제시되어야 하고, 피의자 아닌 자의 신체 또는 물건은 압수할 물건이 있음을 인정할 수 있는 경우에 한하여 수색할 수 있다. 또한, 영장 집행은 피의자 등 참여권자에게 미리 통지하여야 하고, 집행 장소가 공무소일 때에는 그 책임자에게 참여할 것을 통지하여야 하며, 공무원이 소지하는 물건에 관하여 직무상의 비밀에 관한 것이라는 신고가 있으면 그 소속 공무소 등의 승낙 없이는 압수하지 못하고, 압수물을 압수한 경우에는 목록을 작성하여 소유자, 소지자 등에게 교부하여야 한다"라고 하였다.

특히 대법원은 "그동안 수사기관의 증거 수집과정에서 이루어진 위법사항과 관련하여 수사기관의 증거 수집 과정에서 이루어진 절차 위반행위와 관련된 모든 사정, 즉 절차 조항의 취지와 그 위반의 내용 및 정도, 구체적인 위반 경위와 회피가능성, 절차 조항이 보호하고자 하는 권리 또는 법익의 성질과 침해 정도 및 피고인과의 관련성, 절차 위반행위와 증거수집 사이의 인과관계 등 관련성의 정도, 수사기관의 인식과 의도 등을 전체적·종합적으로 살펴볼 때, 수사기관의 절차 위반행위가 적법절차의 실질적인 내용을 침해하는 경우에 해당하지 아니하고, 오히려 그 증거의 증거능력을 배제하는 것이 헌법과 형사소송법이 형사소송에 관한 절차 조항을 마련하여 적법절차의 원칙과 실체적 진실 규명의 조화를 도모하고 이를 통하여 형사 사법 정의를 실현하려 한 취지에 반하는 결과를 초래하는 것으로 평가되는 예외적인 경우라면, 법원은 그 증거를 유죄 인정의 증거로 사용할 수 있다고 보아야 한다"라고 하면서 "이는 적법한 절차에 따르지 아니하고 수집한 증거를 기초로 하여 획득한 2차적 증거의 경우에도 마찬가지여서, 절차에 따르지 아니한 증거 수집과 2차적 증거 수집 사이 인과관계의 희석 또는 단절 여부를 중심으로 2차적 증거 수집과 관련된 모든 사정을 전체적·종합적으로 고려하여 예외적인 경우에는 유죄 인정의 증거로 사용할 수 있다"라고 판단하였다.

그러나 대법원은 "압수물은 그 압수절차가 위법이라 하더라도 물건 자체의 성질, 형상에 변경을 가져오는 것은 아니므로 그 형상 등에 관한 증거가치에는 변함이 없다 할 것이므로 증거능력이 있다는 취지로 판시한 대법원 1968.9.17. 선고 68도932 판결, 대법원 1987.6.23. 선고 87도705 판결, 대법원 1994.2.8. 선고 93도3318 판결, 대법원 1996.5.14. 자 96초88 결정, 대법원 2002.11.26. 선고 2000도1513 판결, 대법원 2006.7.27. 선고 2006

도3194 판결 등은 이 판결의 견해에 배치되는 범위 안에서 이를 변경하기로 한다"라며 종래의 판결을 변경하였다.

적법 절차 기준 제시 판례
(공직선거법 위반 제주지사 사건)
[대법원, 2007도3061, 2007.11.15.]

【판시사항】

[1] 헌법과 형사소송법이 정한 절차를 위반하여 수집한 압수물과 이를 기초로 획득한 2차적 증거의 증거능력 유무(원칙적 소극) 및 그 판단 기준

[2] 피고인 측에서 검사의 압수수색이 적법절차를 위반하였다고 다투고 있음에도 불구하고 주장된 위법사유가 적법절차의 실질적인 내용을 침해하였는지 여부 등에 관하여 충분히 심리하지 아니한 채, 압수절차가 위법하더라도 압수물의 증거능력은 인정된다는 이유만으로 압수물의 증거능력을 인정한 것은 위법하다고 한 사례

[3] 제주지사 선거와 관련하여 제주도 소속 공무원들이 선거에 출마한 현직 제주도지사인 후보자의 방송사 토론회 대답자료를 작성하고 예행연습을 한 행위가 공직선거법 제86조 제1항 제2호에서 금지하는 '선거운동의 기획에 참여한 행위'에 해당한다고 한 사례

[4] 공무원이 자신을 위한 선거운동의 기획에 다른 공무원이 참여하는 행위를 단순히 묵인하거나 소극적으로 이익을 누린 경우, 공직선거법 제86조 제1항 제2호, 제255조 제1항 제10호 위반죄의 처벌대상이 되는지 여부(소극)

【판결요지】

[1] [다수의견] (가) 기본적 인권 보장을 위하여 압수수색에 관한 적법절차와 영장주의의 근간을 선언한 헌법과 이를 이어받아 실체적 진실 규명과 개인의 권리보호 이념을 조화롭게 실현할 수 있도록 압수수색절차에 관한 구체적 기준을 마련하고 있는 형사소송법의 규범력은 확고히 유지되어야 한다. 그러므로 헌법과 형사소송법이 정한 절차에 따르지 아니하고 수집한 증거는 기본적 인권 보장을 위해 마련된 적법한 절차에 따르지 않은 것으로서 원칙적으로 유죄 인정의 증거로 삼을 수 없다. 수사기관의 위법한 압수수색을 억제하고 재발을 방지하는 가장 효과적이고 확실한 대응책은 이를 통하여 수집한 증거는 물론 이를 기초로 하여 획득한 2차적 증거를 유죄 인정의 증거로 삼을 수 없도록 하는 것이다. (나) 다만, 법이 정한 절차에 따르지 아니하고 수집한 압수물의 증거능력 인정 여부를 최종적으로 판단함에 있어서는, 실체적 진실 규명을 통한 정당한 형벌권의 실현도 헌법과 형사소송법이 형사소송 절차를 통하여 달성하려는 중요한 목표이자 이념이므로, 형식적으로 보아 정해진 절차에 따르지 아니하고 수집한 증거라는 이유만을 내세워 획일적으로 그 증거의 증거능력을 부정하는 것 역시 헌법과 형사소송법이 형사소송에 관한 절차 조항을 마련한 취지에 맞는다고 볼 수 없다. 따라서 수

사기관의 증거 수집 과정에서 이루어진 절차 위반행위와 관련된 모든 사정 즉, 절차 조항의 취지와 그 위반의 내용 및 정도, 구체적인 위반 경위와 회피가능성, 절차 조항이 보호하고자 하는 권리 또는 법익의 성질과 침해 정도 및 피고인과의 관련성, 절차 위반행위와 증거수집 사이의 인과관계 등 관련성의 정도, 수사기관의 인식과 의도 등을 전체적·종합적으로 살펴 볼 때, 수사기관의 절차 위반행위가 적법절차의 실질적인 내용을 침해하는 경우에 해당하지 아니하고, 오히려 그 증거의 증거능력을 배제하는 것이 헌법과 형사소송법이 형사소송에 관한 절차 조항을 마련하여 적법절차의 원칙과 실체적 진실 규명의 조화를 도모하고 이를 통하여 형사 사법 정의를 실현하려 한 취지에 반하는 결과를 초래하는 것으로 평가되는 예외적인 경우라면, 법원은 그 증거를 유죄 인정의 증거로 사용할 수 있다고 보아야 한다. 이는 적법한 절차에 따르지 아니하고 수집한 증거를 기초로 하여 획득한 2차적 증거의 경우에도 마찬가지여서, 절차에 따르지 아니한 증거 수집과 2차적 증거 수집 사이 인과관계의 희석 또는 단절 여부를 중심으로 2차적 증거 수집과 관련된 모든 사정을 전체적·종합적으로 고려하여 예외적인 경우에는 유죄 인정의 증거로 사용할 수 있다.

[대법관 양승태, 김능환, 안대희의 별개의견] 법이 정한 절차에 따르지 아니하고 수집한 압수물의 증거능력 유무를 판단함에 있어서는 적법절차의 요청과 실체적 진실규명의 요청을 조화시키는 균형이 유지되어야 한다. 그런데 다수의견이 제시하는 기준은 그 취지가 분명하지 아니할 뿐 아니라, 지나치게 엄격한 기준으로 위법수집증거의 배제원칙을 선언함으로써 자칫 실체적 진실 규명을 통한 형벌권의 적정한 행사라는 형사 사법의 또다른 목표의 달성을 불가능하게 하거나 지나치게 어렵게 만들 우려가 있다. 그러므로 수집절차에 위법이 있는 압수물의 증거능력은, 법원이 그 증거수집 절차와 관련된 모든 사정, 즉 절차조항의 취지와 그 위반의 내용 및 정도, 구체적인 위반 경위와 회피가능성, 절차 조항이 보호하고자 하는 권리 또는 법익의 성질과 침해 정도, 수사기관의 인식과 의도 등을 전체적·종합적으로 고려하여 볼 때 그 증거수집 절차의 위법사유가 영장주의의 정신과 취지를 몰각하는 것으로서 그 증거의 증거능력을 부정해야 할 만큼 중대한 것이라고 인정될 경우에는 그 증거능력을 부정하여야 하고, 그 위법 사유가 이 정도에 이르지 아니하는 경우에는 그 압수물의 증거능력을 부정하여서는 아니 된다.

[2] 피고인 측에서 검사가 제주지사실에 대한 압수수색 결과 수집한 증거물이 적법절차를 위반하여 수집한 것으로 증거능력이 없다고 다투고 있음에도 불구하고, 주장된 위법 사유 중 영장에 압수할 물건으로 기재되지 않은 물건의 압수, 영장 제시 절차의 누락, 압수목록 작성·교부 절차의 현저한 지연 등으로 적법절차의 실질적인 내용을 침해하였는지 여부 등에 관하여 충분히 심리하지 아니한 채 압수절차가 위법하더라도 압수물의 증거능력은 인정된다는 이유만으로 압수물의 증거능력을 인정한 것은 위법하다

고 한 사례.

[3] 제주지사 선거와 관련하여 제주도 소속 공무원들이 선거에 출마한 현직 제주도지사인 후보자의 방송사 토론회 대담자료를 작성하고 예행연습을 한 행위가 공직선거법 제86조 제1항 제2호에서 금지하는 '선거운동의 기획에 참여한 행위'에 해당한다고 한 사례.

[4] 공직선거법 제86조 제1항 제2호는 공무원 등 공적 지위에 있는 자들이 선거운동의 기획에 참여하거나 그 기획의 실시에 관여하는 행위를 금지하고, 제255조 제1항 제10호는 '제86조 제1항 제2호에 위반한 행위를 하거나 하게 한 자'를 처벌하고 있는바, 공무원이 자신을 위한 선거운동의 기획에 다른 공무원이 참여하는 행위를 단순히 묵인하였다거나 소극적으로 이익을 누린 사실만으로는 위 조항에 의한 처벌대상이 되지 않는다.

【전문】

【원심판결】

광주고법 2007.4.12. 선고 2007노85 판결

【주문】

원심판결 중 피고인 김○○, 피고인 2, 4, 6, 7, 9에 대한 유죄 부분 및 피고인 김○○에 대한 피고인 6의 유력인사 30명 전화자료 관련 부분, 피고인 2, 9에 대한 중문동 지역책임자 추천 관련 부분을 모두 파기하고, 이 부분 사건을 광주고등법원에 환송한다. 피고인 3, 8 및 검사의 상고는 모두 기각한다.

【판결이유】

상고이유(상고이유서 제출기간이 경과한 후에 제출된 상고이유보충서 등의 기재는 상고이유를 보충하는 범위 내에서)를 판단한다.

1. 피고인 김○○, 피고인 2, 4, 6, 7, 9의 상고이유에 대하여

　가. 우리 헌법은 "누구든지 법률에 의하지 아니하고는 … 압수·수색 … 을 받지 아니하며"(헌법 제12조 제1항 후문), "체포·구속·압수 또는 수색을 할 때에는 적법한 절차에 따라 검사의 신청에 의하여 법관이 발부한 영장을 제시하여야 한다. 다만, 현행범인인 경우와 장기 3년 이상의 형에 해당하는 죄를 범하고 도피 또는 증거인멸의 염려가 있을 때에는 사후에 영장을 청구할 수 있다"(같은 조 제3항)라고 정하여 압수수색에 관한 적법절차와 영장주의의 근간을 선언하고 있다.

　　이를 이어받아 압수수색에 관한 적법절차와 영장주의를 구체화한 형사소송법과 형사소송규칙은 수사기관의 압수수색에 관한 상세한 절차 조항을 마련하고 있다. 이에 의하면, 수사기관의 압수수색은 법관이 발부한 압수수색영장에 의하여야 하는 것이 원칙이고, 그 영장에는 피의자의 성명, 압수할 물건, 수색할 장소·신체·물건과 압수

수색의 사유 등이 특정되어야 하며(형사소송법 제215조, 제219조, 제114조 제1항, 형사소송규칙 제58조), 영장은 처분을 받는 자에게 반드시 제시되어야 하고, 피의자 아닌 자의 신체 또는 물건은 압수할 물건이 있음을 인정할 수 있는 경우에 한하여 수색할 수 있다(형사소송법 제219조, 제109조 제2항, 제118조). 또한, 영장 집행은 피의자 등 참여권자에게 미리 통지하여야 하고, 집행 장소가 공무소일 때에는 그 책임자에게 참여할 것을 통지하여야 하며, 공무원이 소지하는 물건에 관하여 직무상의 비밀에 관한 것이라는 신고가 있으면 그 소속 공무소 등의 승낙 없이는 압수하지 못하고(같은 법 제219조, 제111조 제1항, 제121조, 제122조, 제123조 제1항), 압수물을 압수한 경우에는 목록을 작성하여 소유자, 소지자 등에게 교부하여야 한다(같은 법 제219조, 제129조, 제133조).

위와 같이 기본적 인권 보장을 위하여 압수수색에 관한 적법절차와 영장주의의 근간을 선언한 헌법과 이를 이어받아 실체적 진실 규명과 개인의 권리보호 이념을 조화롭게 실현할 수 있도록 압수수색절차에 관한 구체적 기준을 마련하고 있는 형사소송법의 규범력은 확고히 유지되어야 한다. 그러므로 헌법과 형사소송법이 정한 절차에 따르지 아니하고 수집된 증거는 기본적 인권 보장을 위해 마련된 적법한 절차에 따르지 않은 것으로서 원칙적으로 유죄 인정의 증거로 삼을 수 없다 할 것이다.

무릇 수사기관의 강제처분인 압수수색은 그 과정에서 관련자들의 권리나 법익을 침해할 가능성이 적지 않으므로 엄격히 헌법과 형사소송법이 정한 절차를 준수하여 이루어져야 한다. 절차 조항에 따르지 않는 수사기관의 압수수색을 억제하고 재발을 방지하는 가장 효과적이고 확실한 대응책은 이를 통하여 수집한 증거는 물론 이를 기초로 하여 획득한 2차적 증거를 유죄 인정의 증거로 삼을 수 없도록 하는 것이다.

이와 달리, 압수물은 그 압수절차가 위법이라 하더라도 물건 자체의 성질, 형상에 변경을 가져오는 것은 아니므로 그 형상 등에 관한 증거가치에는 변함이 없다 할 것이므로 증거능력이 있다는 취지로 판시한 대법원 1968.9.17. 선고 68도932 판결, 대법원 1987.6.23. 선고 87도705 판결, 대법원 1994.2.8. 선고 93도3318 판결, 대법원 1996.5.14.자 96초88 결정, 대법원 2002.11.26. 선고 2000도1513 판결, 대법원 2006.7.27. 선고 2006도3194 판결 등은 이 판결의 견해에 배치되는 범위 안에서 이를 변경하기로 한다.

다만, 법이 정한 절차에 따르지 아니하고 수집된 압수물의 증거능력 인정 여부를 최종적으로 판단함에 있어서는, 실체적 진실 규명을 통한 정당한 형벌권의 실현도 헌법과 형사소송법이 형사소송 절차를 통하여 달성하려는 중요한 목표이자 이념이므로, 형식적으로 보아 정해진 절차에 따르지 아니하고 수집된 증거라는 이유만을 내세워 획일적으로 그 증거의 증거능력을 부정하는 것 역시 헌법과 형사소송법이 형사소송에 관한 절차 조항을 마련한 취지에 맞는다고 볼 수 없다는 것을 고려해야 한다. 따라서 수사기관의 증거 수집 과정에서 이루어진 절차 위반행위와 관련된 모든 사정, 즉 절차 조항의 취지와 그 위반의 내용 및 정도, 구체적인 위반 경위와 회피가능성, 절차 조항이 보호하고자 하는 권리 또는 법익의 성질과 침해 정도 및 피고인과의 관련성, 절차 위반행위와 증거수집 사이의 인과관계 등 관련성의 정도, 수사기관의 인식과 의도 등을 전체적·종합적으로 살펴볼 때, 수사기관의 절차 위반행위가 적법절차의 실질적인 내용을 침해하는 경우에 해당하지 아니하고, 오히려 그 증거의 증거능력을 배제하는 것이 헌법과 형사소송법이 형사소송에 관한 절차 조항을 마련하여 적법절차의 원칙과 실체적 진실 규명의 조화를 도모하고 이를 통하여 형사 사법 정의를 실현하려 한 취지에 반하는 결과를 초래하는 것으로 평가되는 예외적인 경우라면, 법원은 그 증거를 유죄 인정의 증거로 사용할 수 있다고 보아야 할 것이다. 이는 적법한 절차에 따르지 아니하고 수집된 증거를 기초로 하여 획득된 2차적 증거의 경우에도 마찬가지여서, 절차에 따르지 아니한 증거 수집과 2차적 증거 수집 사이의 인과관계 희석 또는 단절 여부를 중심으로 2차적 증거 수집과 관련된 모든 사정을 전체적·종합적으로 고려하여 예외적인 경우에는 유죄 인정의 증거로 사용할 수 있는 것이다.

나. 이 사건에서, 피고인 김○○, 피고인 2, 4, 6, 7, 9는 공소제기 직후부터 일관하여 검사가 실시한 압수수색은 압수수색영장의 효력이 미치는 범위, 영장의 제시 및 집행에 관한 사전통지와 참여, 압수목록 작성·교부 등에 관하여 법이 정한 여러 절차 조항을 따르지 않은 위법한 것이어서 이를 통하여 수집된 이 사건 압수물을 유죄 인정의 증거로 삼아서는 안 된다고 주장하고 있고, 이에 따라 압수물의 수집 과정에서 헌법 및 형사소송법이 정한 절차 조항을 위반한 위법이 있었는지, 그로 인하여 이 사건 압수물을 유죄 인정의 증거로 삼을 수 없는 것인지가 이 사건의 가장 핵심적인 쟁점이 되어 있다.

그렇다면 원심으로서는 검사가 이 사건 압수물을 수집하는 과정에서 실제로 위 피고인들이 주장하는 바와 같은 헌법 및 형사소송법이 정한 절차 조항을 위반한 위법이 있는지를 확인해 보았어야 할 것이고, 특히 주장된 구체적 위법사유 중 영장에 압수할 물건으로 기재되지 않은 물건의 압수, 영장 제시 절차의 누락, 압수목록 작성·교부 절차의 현저한 지연 등으로 적법절차의 실질적인 내용을 침해한 점이 있는지 여부 등을 심리해 보았어야 할 것이다. 그럼에도 불구하고, 원심이 이 점에 관하여 충분히 심리하지 아니한 채 그냥 압수절차가 위법하더라도 압수물의 증거능력은 인정된다는 이유만으로 이 사건 압수물의 증거능력을 인정하고 이를 유죄 인정의 유력한 증거로 채택하여 위 피고인들에 대한 이 사건 공소사실 중 유죄 부분에 대하여 죄책을 인정한 것은, 적법한 절차에 따르지 아니하고 수집한 증거의 증거능력에 관한 법리오해, 채증법칙 위반 등의 위법을 범한 것으로, 이는 판결에 영향을 미쳤음이 분명하다.

그러므로 피고인 김○○, 피고인 2, 4, 6, 7, 9의 나머지 상고이유에 대하여 더 나아가 살필 필요 없이, 원심판결 중 위 피고인들에 대한 유죄 부분은 모두 그대로 유지될 수 없다.

2. 피고인 3, 8의 상고이유에 대하여

공직선거법 제86조는 공무원 등 공적 지위에 있는 자들에 대하여 선거운동에 이르지 아니하여도 선거에 영향을 미칠 우려가 있는 행위를 금지하면서, '선거운동'보다 개념이 넓은 '선거에 영향을 미치는 행위' 유형을 예시하여 규정하고 있는바, 공직선거법 제86조 제1항 제2호의 '선거운동의 기획에 참여하는 행위'라 함은 선거운동의 효율적 수행을 위하여 이루어지는 일체의 계획 수립에 참여하는 것이라고 해석함이 상당하다(대법원 2004.3.25. 선고 2003도2932 판결, 헌법재판소 2005.6.30. 선고 2004헌바33 결정 참조).

원심이 같은 취지에서, 공무원인 피고인 3, 8이 입후보예정자를 초청하여 개최하는 방송사 토론회에 참석할 예정인 제주도 도지사 피고인 김○○을 위하여 토론회에서 논의될 것으로 예상되는 문제들에 대한 대답자료를 작성하거나 예행연습을 한 행위는 모두 피고인 김○○의 선거운동의 효율적 수행을 위한 계획 수립에 활용되어 선거에 영향을 미치게 될 것이어서 공직선거법 제86조 제1항 제2호에서 정한 '선거운동의 기획에 참여'한 것이라고 판단한 것은 정당하고, 거기에 상고이유에서 주장하는 바와 같은 법리오해 등의 위법이 없다.

또한, 원심이 적법하게 채택한 증거들에 의하여 인정되는 제반 사정들을 종합하면, 위 피고인들의 선거운동 기획 참여행위가 정당행위에 해당한다고 볼 수도 없다. 위 피고인들의 상고이유는 모두 받아들이지 아니한다.

3. 검사의 상고이유에 대하여

가. 형사소송법 제312조 제1항, 제313조 제1항은 위 조항에서 정한 서류는 원진술자 또는 작성자의 진술에 의하여 그 성립의 진정함이 인정 또는 증명된 때에 증거로 할 수 있다고 정하고 있고, 여기서 성립의 진정이라 함은 간인·서명·날인 등 형식적인 진정성립과 그 서류의 내용이 원진술자가 진술한 그대로 또는 작성자가 작성한 그대로 기재된 것이라는 실질적인 진정성립을 모두 의미하는 것이므로, 원진술자 또는 작성자가 위 서류에 대하여 그 서류의 내용이 원진술자가 진술한 그대로 또는 작성자가 작성한 그대로 기재된 것이 아니라고 주장하는 경우에는 이를 증거로 사용할 수 없는 것이다(대법원 2004.12.16. 선고 2002도537 전원합의체 판결 참조).

한편, 수 개의 범죄행위를 포괄하여 하나의 죄로 인정하기 위하여는 범의의 단일성 외에도 각 범죄행위 사이에 시간적·장소적 연관성이 있고 범행의 방법 사이에서도 동일성이 인정되는 등 수 개의 범죄행위를 하나의 범죄로 평가할 수 있는 경우에 해당하여야 한다(대법원 2005.9.15. 선고 2005도1952 판결 등 참조).

같은 취지에서, 원진술자 또는 작성자인 일부 피고인들이 그 진정성립을 부인하고 있는 형사소송법 제312조 제1항, 제313조 제1항에 정한 서류들의 증거능력을 배척하고, 서로 하나의 범죄로 평가할 수 있는 범위 내에서 포괄일죄로 인정하고 그 범위를 벗어나는 행위에 대하여는 실체적 경합범으로 판단한 원심의 조치는 정당하고, 거기에 상고이유에 주장하는 바와 같은 법리오해 등의 위법은 없다. 상고이유에서 지적하고 있는 대법원판결들은 이 사건과 사안을 달리하는 것이므로 이 사건에 원용하기에 적절하지 아니하다.

나. 공직선거법 제86조 제1항 제2호는 공무원 등 공적 지위에 있는 자들이 선거운동의 기획에 참여하거나 그 기획의 실시에 관여하는 행위를 금지하고, 제255조 제1항 제10호는 '제86조 제1항 제2호에 위반한 행위를 하거나 하게 한 자'를 처벌하고 있는바, 공무원이 자신을 위한 선거운동의 기획에 다른 공무원이 참여하는 행위를 단순히 묵인하였다거나 소극적으로 이익을 누린 사실만으로는 위 조항에 의한 처벌대상이 된다고 볼 수 없다. 이와 같은 취지의 원심 판단은 정당하고, 거기에 상고이유에서 지적하는 바와 같은 위법은 없다.

다. 검사의 나머지 상고이유 주장은 결국 사실심인 원심의 전권에 속하는 증거의 취사선택과 사실의 인정을 탓하는 취지의 것으로서 모두 받아들일 수 없고, 달리 원심판결에 채증법칙 위반 등의 위법은 보이지 않는다. 검사의 상고이유는 모두 받아들이지 않는다.

4. 결론

그렇다면 원심판결 중 피고인 김○○, 피고인 2, 4, 6, 7, 9에 대한 유죄 부분은 파기를 면할 수 없다 할 것이고, 피고인 김○○에 대한 피고인 6의 유력인사 30명 전화자료 관련 무죄 판단 부분은 피고인 6의 유력 인사 7명 전화자료 관련 유죄 부분과 피고인 2, 9에 대한 중문동 지역책임자 추천 관련 무죄 판단 부분은 산남 지역책임자 추천문서 관련 유죄 부분과 각각 포괄일죄의 관계에 있으므로, 위 유죄 부분과 무죄 판단 부분을 함께 파기하고, 이 부분 사건을 다시 심리·판단하게 하기 위하여 원심법원에 환송하기로 하며, 피고인 3, 8 및 검사의 상고는 모두 기각하기로 하여, 주문과 같이 판결한다. 이 판결에는 피고인 김○○, 피고인 2, 4, 6, 7, 9의 상고이유에 관하여 대법관 양승태, 대법관 김능환, 대법관 안대희의 별개의견이 있는 외에 관여 법관의 의견이 일치되었다.

5. 대법관 양승태, 대법관 김능환, 대법관 안대희의 별개의견

가. 헌법과 형사소송법이 정한 절차에 따르지 아니하고 수집된 증거에 대하여 증거능력을 제한하여야 한다는 다수의견에 기본적으로 찬성하나, 다만 다수의견이 위법하게 수집된 증거는 원칙적으로 유죄의 증거로 삼을 수 없고 예외적인 경우에 한하여 증거능력을 인정할 수 있다고 하면서, 그 예외 인정 기준과 관련하여 절차 위반행위와 관련된 모든 사정을 전체적·종합적으로 살펴볼 때 수사기관의 절차 위반행위가 적

법절차의 실질적인 내용을 침해하는 경우에 해당하지 아니하고 오히려 그 증거능력을 배제하는 것이 헌법과 형사소송법이 형사소송에 관한 절차조항을 마련하여 적법절차의 원칙과 실체적 진실 규명의 조화를 도모하고 이를 통하여 형사 사법 정의를 실현하려 한 취지에 반하는 결과를 초래하는 것으로 평가되는 예외적인 경우에는 그 증거를 유죄인정의 증거로 사용할 수 있다고 판단한 부분에 대하여는 다음과 같은 이유로 찬성할 수 없다.

나. 먼저 다수의견이 말하는 예외적으로 증거능력이 인정될 수 있는 기준의 하나로 들고 있는 '수사기관의 절차위반행위가 적법절차의 실질적인 내용을 침해하는 경우에 해당하지 아니한다'는 것이 구체적으로 어떤 의미·내용인지 알기 어렵다. 또한, 수집절차에 위법이 있는 압수물의 증거능력을 배제하는 것이 실체적 진실 규명을 통한 형사 사법 정의의 실현에 반하는 결과를 초래하는 것인지 여부를 판단하기 위해서는, 필연적으로 그 압수물의 증거능력이 인정되는 것으로 가정했을 때의 결론과 그 증거능력이 인정되지 아니하는 것으로 가정했을 때의 결론을 상호 비교·검토할 수밖에 없다고 할 것인데, 이는 본말이 전도된 것이라고 하지 않을 수 없다.

보다 근본적으로 볼 때, 헌법과 형사소송법이 영장주의 원칙과 증거능력의 제한에 관한 것을 비롯하여 형사 사건의 수사와 재판에 관한 상세한 절차 조항을 마련한 근본 취지는, 기본적 인권 침해 방지를 위한 적법절차를 보장하려는 데에 있으므로 그 절차는 엄격히 준수되어야 할 것이고, 이 점은 다수의견이 강조하는 바와 같다. 그러나 다른 한편, 다수의견도 인정하는 바와 같이, 실체적 진실을 규명하여 사안의 진상을 파악하고 그에 합당하게 형벌권을 행사함으로써 개인의 법익을 보호하고 공공의 안녕과 질서를 유지, 확보하는 것 또한 형사사법이 추구하여야 할 목표이자 이념이다. 압수물의 수집절차에 위법이 있는 경우에 그 압수물의 증거능력을 인정할 것인지 여부는 이러한 헌법 및 형사소송법의 취지와 형사사법의 목표 및 이념을 아울러 고려하여 결정되어야 한다. 압수물의 형상과 성질의 불변성만을 중시하여 그 수집절차의 위법 여부와는 관계없이 언제나 그 증거능력을 인정하게 되면 위법수사를 통한 개인의 기본권 침해를 용인하고 사법의 염결성을 훼손하는 결과를 초래할 위험이 있는 반면에, 그 수집절차에 어떠한 위법이라도 있기만 하면 그 증거능력이 부정되어야 하는 것으로 보는 경우에는 실체적 진실규명을 통한 적정한 형벌권의 행사가 불가능해질 수 있기 때문이다. 따라서 법이 정한 절차에 따르지 아니하고 수집된 압수물의 증거능력 유무를 판단함에 있어서는 적법절차의 요청과 실체적 진실규명의 요청을 조화시키는 균형이 유지되어야 할 것이다. 그런데 다수의견이 제시하는 기준은 그 취지가 분명하지 아니할 뿐 아니라, 지나치게 엄격한 기준으로 위법수집증거의 배제원칙을 선언함으로써 자칫 실체적 진실 규명을 통한 형벌권의 적정한 행사라는 형사 사법의 또 다른 목표의 달성을 불가능하게 하거나 지나치게 어렵게 만들 우려가 있다고 하지 않을 수 없다.

다. 그러므로 수집절차에 위법이 있는 압수물의 증거능력은, 법원이 그 증거수집 절차와 관련된 모든 사정 즉, 절차조항의 취지와 그 위반의 내용 및 정도, 구체적인 위반 경위와 회피가능성, 절차 조항이 보호하고자 하는 권리 또는 법익의 성질과 침해 정도, 수사기관의 인식과 의도 등을 전체적·종합적으로 고려하여 볼 때 그 증거수집 절차의 위법사유가 영장주의의 정신과 취지를 몰각하는 것으로서 그 증거의 증거능력을 부정해야 할 만큼 중대한 것이라고 인정될 경우에는 그 증거능력이 부정되는 것으로 볼 것이고, 그 위법 사유가 이 정도에 이르지 아니하는 경우에는 그 압수물의 증거능력이 부정되지 아니하는 것으로 보아야 할 것이다.

종래 대법원은 이러한 점에 대한 고려 없이, 압수된 증거물의 성질 및 형상불변론에 터 잡아 그 수집절차의 위법 유무나 그 위법의 정도 여하를 불문하고 언제나 그 증거능력이 있다는 견해를 취하여 왔는바, 이는 위법수사를 통한 개인의 기본권 침해를 용인하고 사법의 염결성을 훼손할 위험성을 내포하고 있는 것으로서 더 이상 그대로 유지할 수 없고, 위와 같이 변경되어야 할 것이다.

이상과 같은 이유로 법이 정한 절차에 따르지 아니하고, 수집된 압수물의 증거능력을 배제하는 기준에 관하여 별개의견을 밝혀 두는 바이다.

대법원장 이용훈(재판장) 고현철 김용담 김영란 양승태
박시환 김지형 이홍훈 박일환(주심) 김능환 전수안 안대희

제6절 별건수사를 통해 영장 없이 압수한 증거물

대법원은 별건수사를 통해 영장 없이 압수한 디지털 증거는 위법한 수집행위에 의한 것으로 보아 증거능력이 없다고 하였다.

약사법 위반 관련, 준항고 인용결정에 대한 재항고 사건으로 유명한 일명 종근당 사건은 별건수사에 대한 명확한 기준을 제시했다는 점에서 의의가 있다. 대법원 2015.7.16.자 2011모1839 판결은 "검사가 압수·수색영장을 발부받아 甲 주식회사 빌딩 내 乙의 사무실을 압수·수색하였는데, 저장매체에 범죄혐의와 관련된 정보(이하 '유관정보'라 한다)와 범죄혐의와 무관한 정보(이하 '무관정보'라 한다)가 혼재된 것으로 판단하여 甲 회사의 동의를 받아 저장매체를 수사기관 사무실로 반출한 다음 乙 측의 참여하에 저장매체에 저장된 전자정보파일 전부를 '이미징'의 방법으로 다른 저장매체로 복제(이하 '제1처분'이라 한다)하고, 乙 측의 참여 없이 이미징한 복제본을 외장 하드디스크에 재복제(이하 '제2처분'이라 한다)하였으며, 乙 측의 참여 없이 하드디스크에서 유관정보를 탐색하는 과정에서 甲 회사의 별건 범죄혐의와 관련된 전자정보 등 무관한 정보도 함께 출력(이하 '제3처분'이라 한다)한 사안에서, 제1처분은 위법하다고 볼 수 없으나, 제2·3처분은 제1처분 후 피압수·수색 당사자에게 계속적인 참여권을 보장하는 등의 조치가 이루어지지 아니한 채 유관정보는 물론 무관정보까지 재복제·출력한 것으로서 영장이 허용한 범위를 벗어나고 적법절차를 위반한 위법한 처분이며, 제2·3처분에 해당하는 전자정보의 복제·출력 과정은 증거물을 획득하는 행위로서 압수·수색의 목적에 해당하는 중요한 과정인 점 등 위법의 중대성에 비추어 위 영장에 기한 압수·수색이 전체적으로 취소되어야 한다"고 판결하였다.

또한 공직선거법 및 정치자금법 위반 사건 관련, 대법원은 특정인에 대해 발부받은 영장의 집행과정에서 제3자인 타인의 범죄사실을 발견한 사안에서 별도의 영장을 받지 않았다면 위법한 것으로 판단하였다. 이와 관련, 대법원 2014.1.16. 선고 2013도7101 판결은 "수사기관이 피의자 甲의 공직선거법 위반 범행을 영장 범죄사실로 하여 발부받은 압수·수색영장의 집행 과정에서 乙, 丙 사이의 대화가 녹음된 녹음파일(이하 '녹음파일'이라 한다)을 압수하여 乙, 丙의 공직선거법 위반 혐의사실을 발견한 사안에서, 압수·수색영장에 기재된 '피의자'인 甲이 녹음파일에 의하여 의심되는 혐의사실과 무관한 이상, 수사기관이 별도의 압수·수색영장을 발부받지 아니한 채 압수한 녹음파일은 형사소송법 제219조에 의하여 수사기관의 압수에 준용되는 형사소송법 제106조 제1항이 규정하는 '피고사건' 내지 같은 법 제215조 제1항이 규정하는 '해당 사건'과 '관계가 있다고 인정할 수 있는 것'에 해당하지 않으며, 이와 같은 압수에는 헌법 제12조 제1항 후문, 제3항 본문이 규정하는 영장주의를 위반한 절차적 위법이 있으므로, 녹음파일은 형사소송법 제308조의2에서 정한 '적법한 절차에 따르지 아니하고 수집한 증거'로서 증거로 쓸 수 없고, 그 절차적 위법은 헌법상 영장주의 내지 적법절차의 실질적 내용을 침해하는 중대한 위법에 해당하여 예외적으로 증거능력을 인정할 수도 없다"고 한 사례로서 별건수사는 위법한 것으로 증거능력을 부정하였다.

참여기회 미보장, 혐의사실과 무관한 전자정보의 임의적인 복제 등을 막기 위한 적절한 조치가 취해지지 않은 경우, 압수·수색의 적법 여부 및 별건수사 판례

(준항고인용결정에 대한 재항고, 종근당 사건)

[대법원, 2011모1839, 2015.7.16.]

【판시사항】

[1] 전자정보에 대한 압수·수색이 저장매체 또는 복제본을 수사기관 사무실 등 외부로 반출하는 방식으로 허용되는 예외적인 경우 및 수사기관 사무실 등으로 반출된 저장매체 또는 복제본에서 혐의사실 관련성에 대한 구분 없이 임의로 저장된 전자정보를 문서로 출력하거나 파일로 복제하는 행위가 영장주의 원칙에 반하는 위법한 압수인지 여부(원칙적 적극)

[2] 전자정보가 담긴 저장매체 또는 복제본을 수사기관 사무실 등으로 옮겨 복제·탐색·출력하는 일련의 과정에서, 피압수·수색 당사자나 변호인에게 참여의 기회를 보장하고 혐의사실과 무관한 전자정보의 임의적인 복제 등을 막기 위한 적절한 조치가 취해지지 않은 경우, 압수·수색의 적법 여부(원칙적 소극) 및 수사기관이 저장매체 또는 복제본에서 혐의사실과 관련된 전자정보만을 복제·출력하였더라도 마찬가지인지 여부(적극)

[3] 전자정보에 대한 압수·수색 과정에서 이루어진 현장에서의 저장매체 압수·이미징·탐색·복제 및 출력행위 등 일련의 행위가 모두 진행되어 압수·수색이 종료된 후 전체 압수·수색 과정을 단계적·개별적으로 구분하여 각 단계의 개별 처분의 취소를 구하는 준항고가 있는 경우, 당해 압수·수색 과정 전체를 하나의 절차로 파악하여 그 과정에서 나타난 위법이 압수·수색 절차 전체를 위법하게 할 정도로 중대한지 여부에 따라 전체적으로 압수·수색 처분을 취소할 것인지를 가려야 하는지 여부(원칙적 적극) 및 이때 위법의 중대성을 판단하는 기준

[4] 검사가 압수·수색영장을 발부받아 甲 주식회사 빌딩 내 乙의 사무실을 압수·수색하였는데, 저장매체에 범죄혐의와 관련된 정보(유관정보)와 범죄혐의와 무관한 정보(무관정보)가 혼재된 것으로 판단하여 甲 회사의 동의를 받아 저장매체를 수사기관 사무실로 반출한 다음 乙 측의 참여하에 저장매체에 저장된 전자정보파일 전부를 '이미징'의 방법으로 다른 저장매체로 복제(제1처분)하고, 乙 측의 참여 없이 이미징한 복제본을 외장 하드디스크에 재복제(제2처분)하였으며, 乙 측의 참여 없이 하드디스크에서 유관정보를 탐색하는 과정에서 甲 회사의 별건 범죄혐의와 관련된 전자정보 등 무관정보도 함께 출력(제3처분)한 사안에서, 제1처분은 위법하다고 볼 수 없으나, 제2·3처분의 위법의 중대성에 비추어 위 영장에 기한 압수·수색이 전체적으로 취소되어야 한다고 한 사례

[5] 전자정보에 대한 압수·수색이 종료되기 전에 혐의사실과 관련된 전자정보를 적법하게 탐색하는 과정에서 별도의 범죄혐의와 관련된 전자정보를 우연히 발견한 경우, 수사기관이 적법하게 압수·수색하기 위한 요건 / 이 경우 피압수·수색 당사자에게 참여권을 보장하고 압수한 전자정보 목록을 교부하는 등 피압수자의 이익을 보호하기 위한 적절한 조치가 이루어져야 하는지 여부(원칙적 적극)

[6] 검사가 압수·수색영장(제1영장)을 발부받아 甲 주식회사 빌딩 내 乙의 사무실을 압수·수색하였는데, 저장매체에 범죄혐의와 관련된 정보(유관정보)와 범죄혐의와 무관한 정보(무관정보)가 혼재된 것으로 판단하여 甲 회사의 동의를 받아 저장매체를 수사기관 사무실로 반출한 다음 乙 측의 참여하에 저장매체에 저장된 전자정보파일 전부를 '이미징'의 방법으로 다른 저장매체로 복제하고, 乙 측의 참여 없이 이미징한 복제본을 외장 하드디스크에 재복제하였으며, 乙 측의 참여 없이 하드디스크에서 유관정보를 탐색하던 중 우연히 乙 등의 별건 범죄혐의와 관련된 전자정보(별건 정보)를 발견하고 문서로 출력하였고, 그 후 乙 측에 참여권 등을 보장하지 않은 채 다른 검사가 별건 정보를 소명자료로 제출하면서 압수·수색영장(제2영장)을 발부받아 외장 하드디스크에서 별건 정보를 탐색·출력한 사안에서, 제2영장 청구 당시 압수할 물건으로 삼은 정보는 그 자체가 위법한 압수물이어서 별건 정보에 대한 영장청구 요건을 충족하지 못하였고, 제2영장에 기한 압수·수색 당시 乙 측에 압수·수색 과정에 참여할 기회를 보장하지 않았으므로, 제2영장에 기한 압수·수색은 전체적으로 위법하다고 한 사례

【판결요지】

[1] 수사기관의 전자정보에 대한 압수·수색은 원칙적으로 영장 발부의 사유로 된 범죄 혐의사실과 관련된 부분만을 문서 출력물로 수집하거나 수사기관이 휴대한 저장매체에 해당 파일을 복제하는 방식으로 이루어져야 하고, 저장매체 자체를 직접 반출하거나 저장매체에 들어 있는 전자파일 전부를 하드카피나 이미징 등 형태(이하 '복제본'이라 한다)로 수사기관 사무실 등 외부로 반출하는 방식으로 압수·수색하는 것은 현장의 사정이나 전자정보의 대량성으로 관련 정보 획득에 긴 시간이 소요되거나 전문 인력에 의한 기술적 조치가 필요한 경우 등 범위를 정하여 출력 또는 복제하는 방법이 불가능하거나 압수의 목적을 달성하기에 현저히 곤란하다고 인정되는 때에 한하여 예외적으로 허용될 수 있을 뿐이다. 이처럼 저장매체 자체 또는 적법하게 획득한 복제본을 탐색하여 혐의사실과 관련된 전자정보를 문서로 출력하거나 파일로 복제하는 일련의 과정 역시 전체적으로 하나의 영장에 기한 압수·수색의 일환에 해당하므로, 그러한 경우의 문서출력 또는 파일복제의 대상 역시 저장매체 소재지에서의 압수·수색과 마찬가지로 혐의사실과 관련된 부분으로 한정되어야 함은 헌법 제12조 제1항, 제3항과 형사소송법 제114조, 제215조의 적법절차 및 영장주의 원칙이나 비례의 원칙에 비추어 당연하다.

따라서 수사기관 사무실 등으로 반출된 저장매체 또는 복제본에서 혐의사실 관련성에 대한 구분 없이 임의로 저장된 전자정보를 문서로 출력하거나 파일로 복제하는 행위는 원칙적으로 영장주의 원칙에 반하는 위법한 압수가 된다.

[2] 저장매체에 대한 압수·수색 과정에서 범위를 정하여 출력 또는 복제하는 방법이 불가능하거나 압수의 목적을 달성하기에 현저히 곤란한 예외적인 사정이 인정되어 전자정보가 담긴 저장매체 또는 하드카피나 이미징 등 형태(이하 '복제본'이라 한다)를 수사기관 사무실 등으로 옮겨 복제·탐색·출력하는 경우에도, 그와 같은 일련의 과정에서 형사소송법 제219조, 제121조에서 규정하는 피압수·수색 당사자(이하 '피압수자'라 한다)나 변호인에게 참여의 기회를 보장하고 혐의사실과 무관한 전자정보의 임의적인 복제 등을 막기 위한 적절한 조치를 취하는 등 영장주의 원칙과 적법절차를 준수하여야 한다. 만약 그러한 조치가 취해지지 않았다면 피압수자 측이 참여하지 아니한다는 의사를 명시적으로 표시하였거나 절차 위반행위가 이루어진 과정의 성질과 내용 등에 비추어 피압수자 측에 절차 참여를 보장한 취지가 실질적으로 침해되었다고 볼 수 없을 정도에 해당한다는 등의 특별한 사정이 없는 이상 압수·수색이 적법하다고 평가할 수 없고, 비록 수사기관이 저장매체 또는 복제본에서 혐의사실과 관련된 전자정보만을 복제·출력하였다 하더라도 달리 볼 것은 아니다.

[3] [다수의견] 전자정보에 대한 압수·수색 과정에서 이루어진 현장에서의 저장매체 압수·이미징·탐색·복제 및 출력행위 등 수사기관의 처분은 하나의 영장에 의한 압수·수색 과정에서 이루어진다. 그러한 일련의 행위가 모두 진행되어 압수·수색이 종료된 이후에는 특정단계의 처분만을 취소하더라도 그 이후의 압수·수색을 저지한다는 것을 상정할 수 없고 수사기관에게 압수·수색의 결과물을 보유하도록 할 것인지가 문제 될 뿐이다. 그러므로 이 경우에는 준항고인이 전체 압수·수색 과정을 단계적·개별적으로 구분하여 각 단계의 개별 처분의 취소를 구하더라도 준항고법원은 특별한 사정이 없는 한 구분된 개별 처분의 위법이나 취소 여부를 판단할 것이 아니라 당해 압수·수색 과정 전체를 하나의 절차로 파악하여 그 과정에서 나타난 위법이 압수·수색 절차 전체를 위법하게 할 정도로 중대한지 여부에 따라 전체적으로 압수·수색 처분을 취소할 것인지를 가려야 한다. 여기서 위법의 중대성은 위반한 절차조항의 취지, 전체과정 중에서 위반행위가 발생한 과정의 중요도, 위반사항에 의한 법익침해 가능성의 경중 등을 종합하여 판단하여야 한다.

[제1처분에 관한 대법관 김용덕의 별개의견] 컴퓨터용 디스크나 그 밖에 이와 비슷한 정보저장매체(이하 '저장매체'라 한다)에 관한 압수 절차가 현장에서의 압수 및 복제·탐색·출력과 같은 일련의 단계를 거쳐 이루어지고 각 단계의 개별 처분이 구분될 수 있어 개별 처분별로 위법 여부를 가릴 수 있는 이상, 그에 관한 취소 여부도 개별적으로 판단할 수 있으며, 이는 영장에 의한 압수·수색 과정이 모두 종료된 경우에도 마찬가

지이다. 준항고법원은 수사기관의 압수·수색 과정에서 이루어진 절차 위반행위와 관련된 모든 사정을 전체적·종합적으로 고려하여, 해당 압수·수색을 취소할 것인지 여부 및 취소한다면 어느 범위에서 취소할 것인지를 형사법적 관점에서 독자적으로 판단할 수 있으며, 결국 구체적인 사안에서 이루어진 일련의 압수·수색 과정에 관하여 위법 여부를 가린 후 결과에 따라 압수·수색 과정 전부를 취소할 수도 있고 또는 압수·수색 과정을 단계적·개별적으로 구분하여 일부만을 취소할 수도 있다.

[제1·2·3처분에 관한 대법관 김창석, 대법관 박상옥의 반대의견] 전자정보에 대한 압수·수색은 일련의 과정을 거쳐 이루어지게 되므로, 압수·수색을 구성하는 일련의 과정에서 이루어진 저장매체 압수, 이미징, 탐색, 복제 또는 출력 등의 행위를 개별적으로 나누어 처분의 적법성을 판단하는 것은 타당하다고 할 수 없으나, 처분의 적법성은 압수의 대상이 된 전자정보별로 달리 평가될 수 있다. 즉, 하나의 압수·수색영장에 기한 압수·수색이 외형상으로는 1개만 존재한다고 하더라도 관념적으로는 대상별로 수 개의 압수·수색이 존재하고, 하나의 압수·수색만이 존재하는 것으로 보아야 한다 하더라도 압수 대상 전자정보별로 가분적인 것이다. 따라서 압수·수색의 적법성은 '대상별'로 전체적으로 판단되어야 한다.

[제1처분에 관한 대법관 권순일의 반대의견] 일련의 과정을 거쳐 단계적으로 이루어지는 압수·수색 과정에 여러 개의 처분이 있을 경우 전체를 하나의 절차로 파악하여 위법 여부를 판단하여야 한다는 다수의견의 해석론은 형사소송법 제417조에서 곧바로 도출되는 것이라고 보기 어려울 뿐만 아니라 형사소송절차의 실제에서도 검사는 적법한 압수처분에 기하여 수집된 증거를 사용할 수 있는 것이므로, 압수처분 이후에 이루어진 다른 압수처분에 어떠한 잘못이 있다고 해서 적법하게 수집된 증거의 효력까지 소급하여 부정할 것은 아니다.

[4] [다수의견] 검사가 압수·수색영장을 발부받아 甲 주식회사 빌딩 내 乙의 사무실을 압수·수색하였는데, 저장매체에 범죄혐의와 관련된 정보(이하 '유관정보'라 한다)와 범죄혐의와 무관한 정보(이하 '무관정보'라 한다)가 혼재된 것으로 판단하여 甲 회사의 동의를 받아 저장매체를 수사기관 사무실로 반출한 다음 乙 측의 참여하에 저장매체에 저장된 전자정보파일 전부를 '이미징'의 방법으로 다른 저장매체로 복제(이하 '제1처분'이라 한다)하고, 乙 측의 참여 없이 이미징한 복제본을 외장 하드디스크에 재복제(이하 '제2처분'이라 한다)하였으며, 乙 측의 참여 없이 하드디스크에서 유관정보를 탐색하는 과정에서 甲 회사의 별건 범죄혐의와 관련된 전자정보 등 무관정보도 함께 출력(이하 '제3처분'이라 한다)한 사안에서, 제1처분은 위법하다고 볼 수 없으나, 제2·3처분은 제1처분 후 피압수·수색 당사자에게 계속적인 참여권을 보장하는 등의 조치가 이루어지지 아니한 채 유관정보는 물론 무관정보까지 재복제·출력한 것으로서 영장이 허용한 범위를 벗어나고 적법절차를 위반한 위법한 처분이며, 제2·3처분에 해당하는 전자정보의

복제·출력 과정은 증거물을 획득하는 행위로서 압수·수색의 목적에 해당하는 중요한 과정인 점 등 위법의 중대성에 비추어 위 영장에 기한 압수·수색이 전체적으로 취소되어야 한다고 한 사례.

[제1처분에 관한 대법관 김용덕의 별개의견] 위 사안에서, 위법한 제2·3처분 외에 제1처분까지 취소한 원심의 결론은 수긍할 수 있으나, 그 이유는 압수·수색이 종료된 이후에는 전체 압수·수색 과정을 하나의 절차로 파악하여야 함에 따라 제2·3처분의 중대한 위법으로 인하여 절차적으로 적법하였던 제1처분까지 함께 취소되어야 하기 때문이 아니고, 영장에서 정한 압수의 목적 내지 필요성의 범위를 벗어나는 제1처분의 결과물을 더 이상 수사기관이 보유할 수 없음에 따라 제1처분이 취소되어야 한다고 한 사례.

[제1·2·3처분에 관한 대법관 김창석, 대법관 박상옥의 반대의견] 위 사안에서, 제2·3처분 당시 참여권이 보장되지 않았더라도 가장 중요한 절차라고 할 수 있는 현장압수 및 제1처분 당시 참여권이 보장된 점, 유관정보에 대하여는 참여권 보장이 가지는 의미가 상대적으로 적은 점 등 제반 사정에 비추어 볼 때, 압수·수색 중 유관정보에 대한 압수·수색이 영장주의 원칙의 본질적 부분을 침해한 것으로 평가될 수 있는 경우에 해당하거나 증거로서의 사용 가능성을 원천적으로 배제하여야 할 만큼 절차적 위법이 중대한 경우에 해당한다고 볼 수 없어 취소할 수 없다고 한 사례.

[제1처분에 관한 대법관 권순일의 반대의견] 위 사안에서, 검사가 당사자를 참여시키지도 아니한 채 이미징한 복제본을 자신이 소지한 외장 하드디스크에 재복제한 제2처분 및 하드디스크에서 영장 기재 범죄사실과 무관한 정보까지 함께 출력한 제3처분 등은 압수·수색에 관한 실체적·절차적 요건을 갖추지 못한 것으로서 위법하여 취소되어야 하지만, 그렇다고 적법하게 이루어진 제1처분까지 소급하여 모두 위법하게 되는 것은 아니므로 취소의 대상이 되지 않는다고 한 사례.

[5] 전자정보에 대한 압수·수색에 있어 저장매체 자체를 외부로 반출하거나 하드카피·이미징 등의 형태로 복제본을 만들어 외부에서 저장매체나 복제본에 대하여 압수·수색이 허용되는 예외적인 경우에도 혐의사실과 관련된 전자정보 이외에 이와 무관한 전자정보를 탐색·복제·출력하는 것은 원칙적으로 위법한 압수·수색에 해당하므로 허용될 수 없다. 그러나 전자정보에 대한 압수·수색이 종료되기 전에 혐의사실과 관련된 전자정보를 적법하게 탐색하는 과정에서 별도의 범죄혐의와 관련된 전자정보를 우연히 발견한 경우라면, 수사기관은 더 이상의 추가 탐색을 중단하고 법원에서 별도의 범죄혐의에 대한 압수·수색영장을 발부받은 경우에 한하여 그러한 정보에 대하여도 적법하게 압수·수색을 할 수 있다. 나아가 이러한 경우에도 별도의 압수·수색 절차는 최초의 압수·수색 절차와 구별되는 별개의 절차이고, 별도 범죄혐의와 관련된 전자정보는 최초의 압수·수색영장에 의한 압수·수색의 대상이 아니어서 저장매체의 원래 소재

지에서 별도의 압수·수색영장에 기해 압수·수색을 진행하는 경우와 마찬가지로 피압수·수색 당사자(이하 '피압수자'라 한다)는 최초의 압수·수색 이전부터 해당 전자정보를 관리하고 있던 자라 할 것이므로, 특별한 사정이 없는 한 피압수자에게 형사소송법 제219조, 제121조, 제129조에 따라 참여권을 보장하고 압수한 전자정보 목록을 교부하는 등 피압수자의 이익을 보호하기 위한 적절한 조치가 이루어져야 한다.

[6] 검사가 압수·수색영장(이하 '제1영장'이라 한다)을 발부받아 甲 주식회사 빌딩 내 乙의 사무실을 압수·수색하였는데, 저장매체에 범죄혐의와 관련된 정보(이하 '유관정보'라 한다)와 범죄혐의와 무관한 정보(무관정보)가 혼재된 것으로 판단하여 甲 회사의 동의를 받아 저장매체를 수사기관 사무실로 반출한 다음 乙 측의 참여하에 저장매체에 저장된 전자정보파일 전부를 '이미징'의 방법으로 다른 저장매체로 복제하고, 乙 측의 참여 없이 이미징한 복제본을 외장 하드디스크에 재복제하였으며, 乙 측의 참여 없이 하드디스크에서 유관정보를 탐색하던 중 우연히 乙 등의 별건 범죄혐의와 관련된 전자정보(이하 '별건 정보'라 한다)를 발견하고 문서로 출력하였고, 그 후 乙 측에 참여권 등을 보장하지 않은 채 다른 검사가 별건 정보를 소명자료로 제출하면서 압수·수색영장(이하 '제2영장'이라 한다)을 발부받아 외장 하드디스크에서 별건 정보를 탐색·출력한 사안에서, 제2영장 청구 당시 압수할 물건으로 삼은 정보는 제1영장의 피압수·수색 당사자에게 참여의 기회를 부여하지 않은 채 임의로 재복제한 외장 하드디스크에 저장된 정보로서 그 자체가 위법한 압수물이어서 별건 정보에 대한 영장청구 요건을 충족하지 못하였고, 나아가 제2영장에 기한 압수·수색 당시 乙 측에 압수·수색 과정에 참여할 기회를 보장하지 않았으므로, 제2영장에 기한 압수·수색은 전체적으로 위법하다고 한 사례.

【전문】

【원심결정】

수원지법 2011.10.31.자 2011보2 결정

【주문】

재항고를 기각한다.

【판결이유】

재항고이유를 판단한다.

1. 2011.4.25.자 압수·수색영장에 기한 압수·수색 부분에 대하여

   가.

   (1) 오늘날 기업 또는 개인의 업무는 컴퓨터나 서버 등 정보처리시스템 없이 유지되기 어려우며, 전자정보가 저장된 저장매체는 대부분 대용량이어서 압수·수색영장 발부의 사유로 된 범죄혐의와 관련이 없는 개인의 일상생활이나 기업경영에

관한 정보가 광범위하게 포함되어 있다. **이러한 전자정보에 대한 압수·수색은 사생활의 비밀과 자유, 정보에 대한 자기결정권, 재산권 등을 침해할 우려가 크므로 포괄적으로 이루어져서는 아니 되고 비례의 원칙에 따라 필요한 최소한의 범위 내에서 이루어져야 한다.**

따라서 수사기관의 전자정보에 대한 압수·수색은 원칙적으로 영장 발부의 사유로 된 범죄 혐의사실과 관련된 부분만을 문서 출력물로 수집하거나 수사기관이 휴대한 저장매체에 해당 파일을 복제하는 방식으로 이루어져야 하고, 저장매체 자체를 직접 반출하거나 그 저장매체에 들어 있는 전자파일 전부를 하드카피나 이미징 등 형태(이하 '복제본'이라 한다)로 수사기관 사무실 등 외부로 반출하는 방식으로 압수·수색하는 것은 현장의 사정이나 전자정보의 대량성으로 인하여 관련 정보 획득에 긴 시간이 소요되거나 전문 인력에 의한 기술적 조치가 필요한 경우 등 범위를 정하여 출력 또는 복제하는 방법이 불가능하거나 압수의 목적을 달성하기에 현저히 곤란하다고 인정되는 때에 한하여 예외적으로 허용될 수 있을 뿐이다.

이처럼 **저장매체 자체 또는 적법하게 획득한 복제본을 탐색하여 혐의사실과 관련된 전자정보를 문서로 출력하거나 파일로 복제하는 일련의 과정 역시 전체적으로 하나의 영장에 기한 압수·수색의 일환에 해당한다 할 것이므로, 그러한 경우의 문서출력 또는 파일복제의 대상 역시 저장매체 소재지에서의 압수·수색과 마찬가지로 혐의사실과 관련된 부분으로 한정되어야 함은 헌법 제12조 제1항, 제3항과 형사소송법 제114조, 제215조의 적법절차 및 영장주의 원칙이나 앞서 본 비례의 원칙에 비추어 당연하다. 따라서 수사기관 사무실 등으로 반출된 저장매체 또는 복제본에서 혐의사실 관련성에 대한 구분 없이 임의로 저장된 전자정보를 문서로 출력하거나 파일로 복제하는 행위는 원칙적으로 영장주의 원칙에 반하는 위법한 압수가 된다.**

(2) 전자정보는 복제가 용이하여 전자정보가 수록된 저장매체 또는 복제본이 압수·수색 과정에서 외부로 반출되면 압수·수색이 종료한 후에도 복제본이 남아 있을 가능성을 배제할 수 없고, 그 경우 혐의사실과 무관한 전자정보가 수사기관에 의해 다른 범죄의 수사의 단서 내지 증거로 위법하게 사용되는 등 새로운 법익침해를 초래할 가능성이 있으므로, 혐의사실 관련성에 대한 구분 없이 이루어지는 복제·탐색·출력을 막는 절차적 조치가 중요성을 가지게 된다.

따라서 저장매체에 대한 압수·수색 과정에서 범위를 정하여 출력 또는 복제하는 방법이 불가능하거나 압수의 목적을 달성하기에 현저히 곤란한 예외적인 사정이 인정되어 전자정보가 담긴 저장매체 또는 복제본을 수사기관 사무실 등으로 옮겨 이를 복제·탐색·출력하는 경우에도, 그와 같은 일련의 과정에서 형사소송법 제219조, 제121조에서 규정하는 피압수·수색 당사자(이하 '피압수자'라 한다)나 그 변호인에게 참여의 기회를 보장하고 혐의사실과 무관한 전자정보의 임의적인 복제 등을 막기 위한 적절한 조치를 취하는 등 영장주의 원칙과 적법절차를 준수하여야 한다. 만약 그러한 조치가 취해지지 않았다면 피압수자 측이 참여하지 아니한다는 의사를 명시적으로 표시하였거나 절차 위반행위가 이루어진 과정의 성질과 내용 등에 비추어 피압수자 측에 절차 참여를 보장한 취지가 실질적으로 침해되었다고 볼 수 없을 정도에 해당한다는 등의 특별한 사정이 없는 이상 압수·수색이 적법하다고 평가할 수 없고(대법원 2011.5.26.자 2009모1190 결정 등 참조), 비록 수사기관이 저장매체 또는 복제본에서 혐의사실과 관련된 전자정보만을 복제·출력하였다 하더라도 달리 볼 것은 아니다.

(3) 전자정보에 대한 압수·수색 과정에서 이루어진 현장에서의 저장매체 압수·이미징·탐색·복제 및 출력행위 등 수사기관의 처분은 하나의 영장에 의한 압수·수색 과정에서 이루어지는 것이다. 그러한 일련의 행위가 모두 진행되어 압수·수색이 종료된 이후에는 특정단계의 처분만을 취소하더라도 그 이후의 압수·수색을 저지한다는 것을 상정할 수 없고 수사기관으로 하여금 압수·수색의 결과물을 보유하도록 할 것인지가 문제 될 뿐이다. 그러므로 이 경우에는 준항고인이 전체 압수·수색 과정을 단계적·개별적으로 구분하여 각 단계의 개별 처분의 취소를 구하더라도 준항고법원으로서는 특별한 사정이 없는 한 그 구분된 개별 처분의 위법이나 취소 여부를 판단할 것이 아니라 당해 압수·수색 과정 전체를 하나의 절차로 파악하여 그 과정에서 나타난 위법이 압수·수색 절차 전체를 위법하게 할 정도로 중대한지 여부에 따라 전체적으로 그 압수·수색 처분을 취소할 것인지를 가려야 할 것이다. 여기서 위법의 중대성은 위반한 절차조항의 취지, 전체과정 중에서 위반행위가 발생한 과정의 중요도, 그 위반사항에 의한 법익침해 가능성의 경중 등을 종합하여 판단하여야 한다.

나.

(1) 원심은, 수원지방검찰청 강력부 검사가 2011.4.25. 준항고인 1의 배임 혐의와 관련된 압수·수색영장(이하 '제1영장'이라 한다)을 발부받아 압수·수색을 진행함에 있어 준항고인 1 측의 참여가 이루어지지 않은 가운데 제1영장의 혐의사실과 무관한 전자정보에 대하여까지 무차별적으로 복제·출력하였다는 등의 이유로 이 부분 각 압수처분을 취소하였다.

(2) 원심결정 이유 및 기록에 의하면, 제1영장에는 압수의 방법으로 "컴퓨터 전자장치에 저장된 정보 중 범죄사실과 직접 관련된 전자정보와 직접 관련되지 않은 전자정보가 혼재된 전자정보장치는 피의자나 그 소유자, 소지자 또는 간수자가 동의하지 않는 한 그 전부를 사본하거나 이미징하여 압수할 수 없고, 이 경우 범

죄사실과 관련된 전자정보는 피압수자 또는 형사소송법 제123조에 정한 참여인의 확인을 받아 수사기관이 휴대한 저장장치에 하드카피·이미징하거나, 문서로 출력할 수 있는 경우 그 출력물을 수집하는 방법으로 압수함. 다만, 해당 컴퓨터 저장장치가 몰수 대상물이거나 하드카피·이미징 또는 문서의 출력을 할 수 없거나 상당히 곤란한 경우에는 컴퓨터 저장장치 자체를 압수할 수 있고, 이 경우에는 수사에 필요한 상당한 기간이 경과한 후 지체 없이 반환하여야 함"이라고 기재되어 있는 사실, 강력부 검사는 2011.4.25. 수원지방법원으로부터 제1영장을 발부받은 당일 준항고인 2(이하 '준항고인 2'라 한다) 빌딩 내 준항고인 1의 사무실에 임하여 압수·수색을 개시하였는데, 그곳에서의 압수 당시 제1 영장에 기재된 바와 같이 이 사건 저장매체에 혐의사실과 관련된 정보와 관련되지 않은 전자정보가 혼재된 것으로 판단하여 준항고인 2의 동의를 받아 이 사건 저장매체 자체를 봉인하여 영장 기재 집행 장소에서 자신의 사무실로 반출한 사실, 강력부 검사는 2011.4.26.경 이 사건 저장매체를 대검찰청 디지털포렌식센터에 인계하여 그곳에서 저장매체에 저장되어 있는 전자정보파일 전부를 '이미징'의 방법으로 다른 저장매체로 복제(이하 '제1처분'이라 한다)하도록 하였는데, 준항고인 1 측은 검사의 통보에 따라 2011.4.27. 위 저장매체의 봉인이 해제되고 위 전자정보파일이 대검찰청 디지털포렌식센터의 원격디지털공조시스템에 복제되는 과정을 참관하다가 임의로 그곳에서 퇴거하였던 사실, 강력부 검사는 제1 처분이 완료된 후 이 사건 저장매체를 준항고인 2에게 반환한 다음, 위와 같이 이미징한 복제본을 2011.5.3.부터 같은 달 6일까지 자신이 소지한 외장 하드디스크에 재복제(이하 '제2처분'이라 한다)하고, 같은 달 9일부터 같은 달 20일까지 외장 하드디스크를 통하여 제1영장 기재 범죄혐의와 관련된 전자정보를 탐색하였는데, 그 과정에서 준항고인 2의 약사법 위반·조세범처벌법 위반 혐의와 관련된 전자정보 등 제1영장에 기재된 혐의사실과 무관한 정보들도 함께 출력(이하 '제3처분'이라 한다)하였던 사실, 제2·3처분 당시에는 준항고인 1 측이 그 절차에 참여할 기회를 부여받지 못하였고, 실제로 참여하지도 않았던 사실 등을 알 수 있다.

위와 같은 사실관계를 앞서 본 법리에 비추어 보면, 강력부 검사가 이 사건 저장매체에 저장되어 있는 전자정보를 압수·수색함에 있어 저장매체 자체를 자신의 사무실로 반출한 조치는 제1영장이 예외적으로 허용한 부득이한 사유의 발생에 따른 것이고, 제1처분 또한 준항고인들에게 저장매체 원본을 가능한 한 조속히 반환하기 위한 목적에서 이루어진 조치로서 준항고인들이 묵시적으로나마 이에 동의하였다고 볼 수 있을 뿐만 아니라 그 복제 과정에도 참여하였다고 평가할 수 있으므로 제1처분은 위법하다고 볼 수 없다.

그러나 **제2·3 처분은 제1처분 후 피압수자에게 계속적인 참여권을 보장하는 등**

의 조치가 이루어지지 아니한 채 제1영장 기재 혐의사실과 관련된 정보는 물론 그와 무관한 정보까지 재복제·출력한 것으로서 영장이 허용한 범위를 벗어나고 적법절차를 위반한 위법한 처분이라 하지 않을 수 없다.

(3) 기록에 의하면 제1영장에 기한 압수·수색이 이미 종료되었음을 알 수 있으므로, 원심이 제1영장에 기한 압수·수색의 적법성을 전체적으로 판단하지 아니하고 이를 단계별로 구분하여 취소한 것은 앞서 본 법리에 비추어 적절하다고 할 수 없다.

그러나 제2·3처분에 해당하는 전자정보의 복제·출력 과정은 증거물을 획득하는 행위로서 압수·수색의 목적에 해당하는 중요한 과정인 점, 이 과정에서 혐의 사실과 무관한 정보가 수사기관에 남겨지게 되면 피압수자의 다른 법익이 침해될 가능성이 한층 커지게 되므로 피압수자에게 참여권을 보장하는 것이 그러한 위험을 방지하기 위한 핵심절차인데도 그 과정에 참여권을 보장하지 않은 점, 더구나 혐의사실과 무관한 정보까지 출력한 점 등 위법의 중대성에 비추어 볼 때, 비록 제1처분까지의 압수·수색 과정이 적법하다고 하더라도 전체적으로 제1영장에 기한 압수·수색은 취소되어야 할 것인바, 그 단계별 처분을 모두 취소한 원심의 판단은 결국 준항고인들이 신청한 범위 내에서 제1영장에 기한 압수·수색을 전체적으로 취소한 것과 동일한 결과이어서 정당한 것으로 수긍할 수 있다. 따라서 원심의 판단에 압수·수색 방법의 적법성이나 영장주의의 적용 범위에 관한 법리를 오해한 위법이 있다는 재항고인의 주장은 이유 없다.

2. 2011.5.26.자 압수·수색영장에 기한 압수·수색 부분에 대하여

가. 전자정보에 대한 압수·수색에 있어 그 저장매체 자체를 외부로 반출하거나 하드카 피·이미징 등의 형태로 복제본을 만들어 외부에서 그 저장매체나 복제본에 대하여 압수·수색이 허용되는 예외적인 경우에도 혐의사실과 관련된 전자정보 이외에 이와 무관한 전자정보를 탐색·복제·출력하는 것은 원칙적으로 위법한 압수·수색에 해당하므로 허용될 수 없다. 그러나 전자정보에 대한 압수·수색이 종료되기 전에 혐의사실과 관련된 전자정보를 적법하게 탐색하는 과정에서 별도의 범죄혐의와 관련된 전자정보를 우연히 발견한 경우라면, 수사기관으로서는 더 이상의 추가 탐색을 중단하고 법원으로부터 별도의 범죄혐의에 대한 압수·수색영장을 발부받은 경우에 한하여 그러한 정보에 대하여도 적법하게 압수·수색을 할 수 있다고 할 것이다.

나아가 이러한 경우에도 별도의 압수·수색 절차는 최초의 압수·수색 절차와 구별되는 별개의 절차이고, 별도 범죄혐의와 관련된 전자정보는 최초의 압수·수색영장에 의한 압수·수색의 대상이 아니어서 저장매체의 원래 소재지에서 별도의 압수·수색영장에 기해 압수·수색을 진행하는 경우와 마찬가지로 피압수자는 최초의 압수·수색 이전부터 해당 전자정보를 관리하고 있던 자라 할 것이므로, 특별한 사정이 없는 한 그 피압수자에게 형사소송법 제219조, 제121조, 제129조에 따라 참여권을 보장하고 압수한 전자정보 목록을 교부하는 등 피압수자의 이익을 보호하기 위한 적절한 조치가 이루어져야 할 것이다.

나. 원심결정 이유와 기록에 의하면, 강력부 검사는 앞서 본 바와 같이 자신이 임의로 이미징 복제본을 재복제해 둔 외장 하드디스크에서 **제1영장 기재 혐의사실인 준항고인 1의 배임 혐의와 관련된 전자정보를 탐색하던 중 우연히 준항고인 1 등의 약사법 위반·조세범처벌법 위반 혐의에 관련된 전자정보**(이하 '별건 정보'라 한다)를 발견하고 이를 문서로 출력하였던 사실, 강력부 검사는 이 사실을 수원지방검찰청 특별수사부에 통보하여 특별수사부 검사가 2011.5.26.경 별건 정보를 소명자료로 제출하면서 다시 압수·수색영장을 청구하여 수원지방법원으로부터 별도의 압수·수색영장(이하 '제2영장'이라 한다)을 발부받아 외장 하드디스크에서 별건 정보를 탐색·출력하는 방식으로 압수·수색을 한 사실, 이때 특별수사부 검사는 준항고인 측에 압수·수색 과정에 참여할 수 있는 기회를 부여하지 않았을 뿐만 아니라 압수한 전자정보 목록을 교부하지도 않은 사실 등을 알 수 있다.

위와 같은 사실관계를 앞서 본 법리에 비추어 살펴보면, 제1영장에서 예외적으로나마 저장매체 자체의 반출이나 그 전자정보 전부의 복제가 허용되어 있으나, **제2영장 청구 당시 압수할 물건으로 삼은 정보는 제1영장의 피압수자에게 참여의 기회를 부여하지 않은 상태에서 임의로 재복제한 외장 하드디스크에 저장된 정보로서 그 자체가 위법한 압수물이어서 앞서 본 별건 정보에 대한 영장청구 요건을 충족하지 못한 것이므로, 비록 제2영장이 발부되었다고 하더라도 그 압수·수색은 영장주의의 원칙에 반하는 것으로서 위법하다고 하지 않을 수 없다.**

나아가 제2영장에 기한 압수·수색 당시 준항고인 1 등에게 압수·수색 과정에 참여할 기회를 전혀 보장하지 않았으므로 이 점에 비추어 보더라도 제2영장에 기한 압수·수색은 전체적으로 위법하다고 평가함이 상당하다.

원심의 이유설시 중 제2영장에 기한 압수·수색이 종료되었음에도 불구하고 일련의 과정을 구성하는 개별적인 행위를 단계별로 구분하여 그 적법 여부를 판단한 부분은 앞서 본 법리에 비추어 적절하다고 할 수 없으나, 준항고인들이 구하는 제2영장에 기한 처분을 모두 취소한 원심의 판단은 결국 제2영장에 기한 압수·수색 처분 전체를 취소한 것과 동일한 결과이어서 정당하고, 거기에 재항고이유에서 주장하는 바와 같은 영장주의의 적용 범위 등에 관한 법리를 오해하는 등의 위법이 있다고 할 수 없다.

3. 결론

그러므로 재항고를 기각하기로 하여 주문과 같이 결정한다. 이 결정에는 제1 처분에 관한 대법관 김용덕의 별개의견과 제1·2·3처분에 관한 대법관 김창석, 대법관 박상옥의 반대의견 및 제1처분에 관한 대법관 권순일의 반대의견이 있는 외에는 관여 법관의 의견이 일치되었고, 제1·2·3처분에 관하여 다수의견에 대한 대법관 이인복, 대법관 이상훈, 대법관 김소영의 보충의견과 반대의견에 대한 대법관 김창석의 보충의견이 있다.

4. 제1처분에 관한 대법관 김용덕의 별개의견은 다음과 같다.

  가. 다수의견은, 압수·수색 과정이 종료된 이후에는 준항고인이 전체 압수·수색 과정을 단계적·개별적으로 구분하여 각 단계의 개별 처분의 취소를 구하더라도 준항고법원으로서는 특별한 사정이 없는 한 그 구분된 개별 처분의 위법이나 취소 여부를 판단할 것이 아니라 당해 압수·수색 과정 전체를 하나의 절차로 파악하여 그 과정에서 나타난 위법이 압수·수색 절차 전체를 위법하게 할 정도로 중대한지 여부에 따라 전체적으로 그 압수·수색 처분을 취소할 것인지를 가려야 한다고 보고 있다. 이에 따라 이 사건에서 제1영장에 기한 압수·수색이 이미 종료되었으므로 제1영장에 의한 압수·수색의 적법성 여부는 전체적으로 판단하여야 한다는 전제에서, 비록 제1처분까지의 압수·수색 과정이 위법하지 않다고 하더라도 이 사건에서 제2·3처분이 가지는 위법의 중대성에 비추어 볼 때에 제1영장에 기한 압수·수색은 전체적으로 취소되어야 한다고 판단하고 있다.

  나. 그러나 다수의견에서 설시된 것과 같이 **컴퓨터용 디스크나 그 밖에 이와 비슷한 정보저장매체**(이하 '저장매체'라 한다)**에 관한 압수 절차가 현장에서의 압수 및 복제·탐색·출력과 같은 일련의 단계를 거쳐 이루어지고 각 단계의 개별 처분이 구분될 수 있어 그 개별 처분별로 위법 여부를 가릴 수 있는 이상, 그에 관한 취소 여부도 개별적으로 판단할 수 있다고 봄이 타당하며, 이는 영장에 의한 압수·수색 과정이 모두 종료된 경우에도 마찬가지라 할 것이다.** 준항고법원은 수사기관의 압수·수색 과정에서 이루어진 절차 위반행위와 관련된 모든 사정을 전체적·종합적으로 고려하여, 해당 압수·수색을 취소할 것인지 여부 및 취소한다면 어느 범위에서 취소할 것인지를 형사법적 관점에서 독자적으로 판단할 수 있다고 보아야 하며, 결국 구체적인 사안에서 이루어진 일련의 압수·수색 과정에 관하여 위법 여부를 가린 후 그 결과에 따라 압수·수색 과정 전부를 취소할 수도 있고 또는 압수·수색 과정을 단계적·개별적으로 구분하여 그 일부만을 취소할 수도 있다 할 것이다.

  예를 들어 압수·수색 과정 중 어느 단계의 처분이 적법하고 그에 기초하여 이루어진 다음 단계의 여러 처분 중에서 일부는 적법한 반면 일부는 부적법한 경우에, 다음 단계에서 이루어진 부적법한 개별 처분만을 취소하면 압수·수색 과정의 위법성이 해소될 수 있으므로 그 부적법한 개별 처분을 취소하면 충분할 것이다.

  그럼에도 불구하고, 다수의견과 같이 압수·수색 과정이 모두 종료되었다는 이유만으로 그 적법·위법을 전체적으로만 판단하여야 한다면, 전체적으로 적법하다는 결론을 택하여 위법한 개별 처분을 취소하지 아니할 경우에는 위법한 개별 처분임에도 마치 적법한 것처럼 압수·수색의 일부로 존속하게 되며, 반대로 전체적으로 위법하다는 결론을 택하여 적법한 개별 처분마저 취소할 경우에는 적법한 개별 처분에 의하여 얻어진 압수물의 절차적 기초를 상실시켜 공판절차에서 그 증거능력이 문제될 수 있으므로, 어느 모로 보나 불합리한 결과를 낳게 된다.

이와 같이 압수·수색이 모두 종료되었다는 이유만으로 그 압수·수색의 적법성 여부를 전체적으로 판단하여야 한다는 다수의견이 타당하지 아니하다는 점에서는 권순일 대법관의 반대의견과 그 취지가 같으므로, 그 논거를 원용하기로 하고 더 이상의 논의는 줄인다.

다.

(1) 한편 형사소송법 제417조의 준항고는 검사 또는 사법경찰관의 구금, 압수 또는 압수물의 환부에 관한 처분 등에 대하여 불복이 있는 경우에 그 처분의 취소 또는 변경을 청구할 수 있는 절차로서, 그 대상인 처분의 적법성 여부나 취소사유의 존부는 준항고 결정 시를 기준으로 판단하여야 한다.

검사 또는 사법경찰관의 압수·수색은 범죄수사에 필요한 때에 해당 사건과 관계가 있다고 인정할 수 있는 것에 한정하여 지방법원 판사에게 청구하여 발부받은 영장에 의하여 할 수 있다(형사소송법 제215조). 그리고 압수의 목적물이 저장매체인 경우에도, 마찬가지로 해당 사건과 관계가 있다고 인정할 수 있는 것에 한정하여 기억된 정보의 범위를 정하여 출력하거나 복제하여 제출받아야 한다(형사소송법 제219조, 제106조 제3항 본문). 다만 해당 사건과 관계가 있다고 인정할 수 있는 정보의 범위를 정하여 출력 또는 복제하는 방법이 불가능하거나 압수의 목적을 달성하기에 현저히 곤란하다고 인정되는 때에는 저장매체를 압수할 수 있으나(형사소송법 제106조 제3항 단서), 이는 위와 같이 해당 사건과 관계가 있다고 인정할 수 있는 범위 내에서 해당 기억된 정보를 출력하거나 복제함을 전제로 하여 허용된다. 또한, 검사 또는 사법경찰관이 압수한 위와 같은 압수물에 대하여 압수를 계속할 필요가 없다고 인정되는 경우에 소유자 등의 청구가 있는 때에는 환부나 가환부를 하여야 한다(형사소송법 제218조의2).

이러한 규정들을 종합하여 보면, 비록 적법한 압수·수색영장에 의하여 저장매체에 대하여 압수가 이루어졌다 하더라도 해당 사건과 관계가 있는 정보를 발견하지 못하였고 그 후 준항고 결정 시까지의 사정에 비추어 향후에도 그 발견 가능성이 인정되지 아니하는 경우이거나, 해당 사건과 관계가 있는 정보가 수록되어 있기는 하지만 이를 해당 사건의 증거로 사용하기에는 부족하여 범죄수사를 위하여 저장매체를 압수할 필요가 없음이 밝혀진 경우에는, 그 저장매체에 대한 압수처분은 영장에서 정한 압수·수색의 목적이나 필요성의 범위를 벗어나 이루어진 것으로서 실질적으로 위법하거나 적어도 더 이상 이를 유지시킬 필요가 없다고 할 것이다.

(2) 다수의견이 설시한 것처럼 제1영장에 의한 압수·수색 과정에서 이 사건 저장매체 자체를 봉인하여 한 현장 압수 및 그에 수록된 전자정보파일 전부를 '이미징'의 방법으로 다른 저장매체로 복제한 제1처분의 절차 자체에는 별다른 위법이 없다. 그렇지만 기록에 의하면, 검사는 제1처분 후 이 사건 저장매체에 수록된 전자정보파일 중에서 제1영장 기재 혐의사실과 관련한 증거를 발견하기는 하였으나 이미 확보하고 있는 다른 증거들과 중복되는 등 증명력이 미약한 것으로 판단하여 제1영장 기재 혐의사실과 관련하여 준항고인 1 등이 배임으로 기소된 사건에서 검사가 제1영장에 기한 압수·수색으로 취득한 증거를 제출하지 않았음을 자인하고 있으며, 오히려 원심결정 이후 제1영장 기재 혐의사실과 관련하여 무죄가 선고되어 확정되었음을 알 수 있다. 그리고 제1영장에는 '압수의 방법'으로 '범죄사실과 직접 관련된 전자정보와 직접 관련되지 않은 전자정보가 혼재된 전자정보장치는 그 소유자 등이 동의하지 않는 한 그 전부를 사본하거나 이미징하여 압수할 수 없고, 범죄사실과 관련된 전자정보는 참여인의 확인을 받아 하드카피·이미징하거나 출력물을 수집하는 방법으로 압수함(다만 하드카피·이미징 또는 문서의 출력을 할 수 없거나 상당히 곤란한 경우에는 컴퓨터 저장장치 자체를 압수할 수 있고, 이 경우에는 수사에 필요한 상당한 기간이 경과한 후에 지체 없이 반환하여야 함)'이라는 취지가 기재되어 있는데, 이는 범죄수사에 필요한 범위 내에서 압수·수색할 수 있음을 전제로 하여 범죄사실과 직접 관련된 전자정보가 아니라면 압수할 수 없음을 정한 것으로서 범죄수사에 필요 없는 컴퓨터 저장장치 자체가 압수되었다면 제1영장에 따라 지체 없이 반환하여야 할 것이다.

이러한 사정을 앞서 본 법리에 비추어 보면, 비록 제1영장 기재 혐의사실과 관계가 있는 전자정보파일을 탐색·출력하기 위하여 필요하다고 인정하여 이 사건 저장매체 자체를 압수하였고 검사가 제1처분 후 이 사건 저장매체에 수록된 전자정보파일 중에서 위 혐의사실과 관련한 전자정보파일을 일부 발견하였다고 하더라도, 그 전자정보파일을 증거로 사용하기에 부족하여 결국 위 혐의사실 수사를 위하여 위 전자정보파일이나 이를 수록한 이 사건 저장매체를 압수할 필요가 없음이 밝혀진 이상, 수사기관은 더 이상 제1처분으로 인하여 취득한 이 사건 저장매체에 관한 이미징 복제본을 보유할 수 없고 오히려 이를 삭제·폐기하는 등의 방법으로 피압수자에게 반환하여야 할 것이다. 결국, 이 사건 저장매체에 관하여 이루어진 제1처분은 제1영장에서 정한 압수의 목적 내지 필요성의 범위를 벗어나 이루어진 것으로서 위법하다고 볼 수 있고, 더 이상 이를 유지시킬 필요가 없어 취소함이 타당하다.

따라서 원심결정의 이유설시에 적절하지 않은 부분이 있으나, 위법한 제2·3처분

외에 제1처분까지 취소한 원심의 결론은 수긍할 수 있다.

라. 위에서 살핀 것과 같이 제1처분에 관한 재항고를 기각하여야 한다는 점에서 다수의 견과 결론이 같다.

그렇지만 그 이유는, 다수의견과 같이 제1영장에 의한 압수·수색이 종료된 이후에 는 전체 압수·수색 과정을 하나의 절차로 파악하여야 함에 따라 제2·3처분의 중대 한 위법으로 인하여 절차적으로 적법하였던 제1처분까지 함께 취소되어야 하기 때 문은 아니다. 제2·3처분이 위법하다는 다수의견의 견해는 타당하지만, 다수의견과 달리 제1처분의 취소 여부는 제2·3처분과 독립적으로 판단되어야 하며, 다만 이 사 건에서는 위에서 본 것과 같은 사유로 제1영장에서 정한 압수의 목적 내지 필요성의 범위를 벗어나는 제1처분의 결과물을 더 이상 수사기관이 보유할 수 없음에 따라 제 1처분이 취소되어야 한다.

이상과 같이 제1 처분에 관한 다수의견의 결론에는 찬성하나 그 이유는 달리함이 타 당하므로, 별개의견으로 이를 밝혀둔다.

5. 제1·2·3처분에 관한 대법관 김창석, 대법관 박상옥의 반대의견은 다음과 같다.

가. 기본적 인권 보장을 위하여 압수·수색에 관한 적법절차와 영장주의의 근간을 선언 한 헌법과 이를 이어받아 실체적 진실 규명과 개인의 권리보호 이념을 조화롭게 실 현할 수 있도록 압수·수색 절차에 관한 구체적 기준을 마련하고 있는 형사소송법의 규범력은 확고히 유지되어야 한다. 그러므로 헌법과 형사소송법이 정한 절차에 따르 지 아니하고 수집한 증거는 기본적 인권 보장을 위해 마련된 적법한 절차에 따르지 않은 것으로서 원칙적으로 유죄 인정의 증거로 삼을 수 없다.

다만, 법이 정한 절차에 따르지 아니하고 수집한 압수물의 증거능력 인정 여부를 최 종적으로 판단함에 있어서는, 실체적 진실 규명을 통한 정당한 형벌권의 실현도 헌 법과 형사소송법이 형사소송 절차를 통하여 달성하려는 중요한 목표이자 이념이므 로, 형식적으로 보아 정해진 절차에 따르지 아니하고 수집한 증거라는 이유만을 내 세워 획일적으로 그 증거의 증거능력을 부정하는 것 역시 헌법과 형사소송법이 형 사소송에 관한 절차 조항을 마련한 취지에 맞는다고 볼 수 없다. 따라서 수사기관 의 증거 수집 과정에서 이루어진 절차 위반행위와 관련된 모든 사정, 즉 절차 조항 의 취지와 그 위반의 내용 및 정도, 구체적인 위반 경위와 회피 가능성, 절차 조항이 보호하고자 하는 권리 또는 법익의 성질과 침해 정도 및 피고인과의 관련성, 절차 위 반행위와 증거수집 사이의 인과관계 등 관련성의 정도, 수사기관의 인식과 의도 등 을 전체적·종합적으로 살펴볼 때, 수사기관의 절차 위반행위가 적법절차의 실질적 인 내용을 침해하는 경우에 해당하지 아니하고, 오히려 그 증거의 증거능력을 배제 하는 것이 헌법과 형사소송법이 형사소송에 관한 절차 조항을 마련하여 적법절차의 원칙과 실체적 진실 규명의 조화를 도모하고 이를 통하여 형사 사법 정의를 실현하려 한 취지에 반하는 결과를 초래하는 것으로 평가되는 예외적인 경우라면, 법원은 그 증거를 유죄 인정의 증거로 사용할 수 있다고 보아야 한다(대법원 2007.11.15. 선고 2007도3061 전원합의체 판결 참조).

나. 이러한 판례의 법리에 따르면, 법이 정한 압수·수색 절차에 따르지 아니하고 수집한 증거라 하더라도 그 점만으로 곧바로 유죄 인정의 증거로 삼을 수 없다고 단정할 것은 아니고, 그 증거의 증거능력을 배제하는 것이 헌법과 형사소송법이 형사소송에 관한 절차 조항을 마련하여 적법절차의 원칙과 실체적 진실 규명의 조화를 도모하고 이를 통하여 형사 사법 정의를 실현하려 한 취지에 반하는 결과를 초래하는 것으로 평가되는 예외적인 경우인지 여부를 살펴본 다음, 증거능력을 인정할지 여부를 최종적으로 판단하여야 한다. 따라서 위법하게 수집한 증거라는 이유만으로 증거능력이 배제된다는 필연적인 결론이 도출되는 것은 아니다.

이처럼 법이 정한 압수·수색 절차에 따르지 아니하고 수집한 증거라는 이유만으로 증거능력이 배제된다고 볼 수 없는 이상, 압수·수색 절차에 위법한 점이 있다는 이유만으로 곧바로 압수·수색의 취소를 명할 수 없음도 분명하다. 위와 같이 예외적으로 증거능력이 인정될 수 있는 증거인지 여부는 결국 당해 사건의 공판과정에서 가려지게 될 것인데, 그 전 단계인 압수처분에 대한 준항고 절차에서 이를 판단하도록 하는 것은 적절하지도 않을뿐더러 자칫하면 장차 법정에서 증거능력이 인정되어 증거로 채택될 수 있는 압수물임에도 그 전 단계에서 증거로서의 사용 가능성이 원천적으로 배제되는 부당한 결과가 초래될 수 있기 때문이다. 요컨대 압수처분에 대한 준항고 절차에서는, 설령 그 압수·수색 절차에 위법이 있다고 하더라도 장차 그 압수물이 법정에서 증거능력이 부여될 수도 있다는 가능성을 염두에 두고, 절차위반의 정도가 중대하여 장차 증거로서의 사용 가능성을 원천적으로 배제하여야 할 정도에 이른 경우에 한하여 그 압수·수색의 취소를 명할 수 있다고 보아야 한다.

따라서 이 사건 제2·3처분 당시 피의자나 변호인을 참여시키지 않았다 하더라도 이 점만으로 곧바로 압수·수색의 취소를 명할 수는 없고, 그러한 위법의 정도가 중대하여 장차 법정에서 증거능력이 인정될 가능성조차도 없다고 볼 정도에 이르러야만 비로소 압수·수색을 취소할 수 있다 할 것이다. 그리고 이러한 압수·수색의 취소가 정당성을 얻기 위하여서는 압수·수색 과정에서의 피의자나 변호인의 참여권 침해가 영장주의 원칙의 본질적 부분을 침해한 것으로 평가될 수 있거나 실체적 진실 규명의 요청을 희생시켜서라도 반드시 관철되어야 할 정도의 중대한 절차위반이라는 점이 인정되어야 한다.

다. 그런데 다수의견은, 제1처분에는 별다른 위법이 없으나 제1처분 이후 피압수자 측에게 계속적인 참여권을 보장하는 등의 조치가 이루어지지 아니한 채 제1영장 기재 범죄혐의와 관련된 정보뿐만 아니라 그와 무관한 정보까지 임의로 재복제·출력한 제2·3처분은 위법하고, 이러한 제2·3처분의 위법이 중대하므로 제1영장에 기한 압수·수색은 모두 취소되어야 한다고 한다.

그러나 제1영장 기재 범죄혐의와 무관한 정보(이하 '무관정보'라 한다)와 제1 영장 기재 범죄혐의와 관련된 정보(이하 '유관정보'라 한다)를 구분하지 아니하고 무관정보에 대한 압수·수색만이 아니라 유관정보에 대한 압수·수색까지 취소하는 것이 타당하다는 다수의견의 결론은, 압수·수색에 있어 피의자나 변호인의 참여권을 보장하고 있는 형사소송법 제219조, 제121조의 취지와 그 위반의 효과를 잘못 이해하여, 절차적 적법성만을 지나치게 강조한 나머지 형사소송절차의 또 다른 이념인 실체적 진실 규명의 요청을 도외시한 것으로서 받아들이기 어렵다.

(1) 일반 물건에 대한 압수·수색의 경우와 마찬가지로 유관정보와 무관정보가 혼재되어 있는 저장매체에 대한 압수·수색에 있어 무관정보를 복제 또는 출력하는 행위가 위법함은 형사소송법 제215조가 규정하고 있는 영장주의 원칙에 비추어 당연하다. 이 점만으로도 무관정보에 관한 한 위법수집증거로서 증거능력이 부정되어야 하고, 따라서 무관정보를 복제 또는 출력한 행위 자체가 준항고 절차에서 취소될 수 있다 할 것이다.

또한, 피압수자 측의 참여권이 보장되지 않을 경우 수사기관으로서는 내부적으로 무관정보까지 임의로 탐색·복제·출력하고도 법원에는 유관정보만 증거로 제출하면 그만이고, 실제로 그와 같은 행위가 수사기관 내부에서 발생하는지 여부를 확인할 방법이 없으므로, 피압수자 측에게 압수·수색에 참여할 권리를 부여하여, 이들로 하여금 수사기관이 전자정보에 대한 압수·수색을 함에 있어 영장에서 허용된 범위를 넘어 무관정보를 임의로 복제 또는 출력하는지를 감시할 수 있도록 함으로써, 범죄혐의와 관계가 있다고 인정할 수 있는 것에 한정하여 압수를 허용하는 형사소송법 제219조, 제215조, 제106조 제1항의 규범력을 실효적으로 확보하고자 하는 절차적 보장 규정이 바로 형사소송법 제219조, 제121조가 규정하고 있는 피의자나 변호인의 참여권이다. 그러므로 무관정보의 복제 또는 출력 과정에서 피의자나 변호인의 참여권이 박탈된 것은 중대한 절차적 위법이라고 평가할 수 있으며, 이러한 절차를 통하여 취득된 무관정보는 이 점에서도 위법수집증거로서 증거능력이 부정될 수 있고, 따라서 무관증거를 복제 또는 출력한 행위 자체가 준항고 절차에서 취소될 수 있다.

그러나 유관정보에 대하여는 이와 달리 보아야 한다. 수사기관은 영장에 기재된 바에 따라 유관정보와 무관정보가 혼재되어 있는 저장매체에서 유관정보를 탐색하여 그 부분을 복제 또는 출력하는 형태로 유관정보를 적법하게 압수할 수 있는 것이므로, 유관정보의 압수에 대하여는 피의자나 변호인이 압수·수색 과정에서 어떠한 이의를 제기할 여지가 없고, 피의자나 변호인에게 참여권을 보장할 필요도 상대적으로 적다. 따라서 설령 참여권을 보장하지 않은 조치가 위법하다고 하더라도 그러한 사정만으로 곧바로 최종적으로 획득한 유관정보의 증거능력을 부정할 수는 없고, 유관정보에 대한 압수·수색 자체를 취소할 수도 없다 할 것이다.

(2) 다수의견은 참여권이 보장되지 않은 점과 유관정보뿐만 아니라 무관정보까지 복제·출력함으로써 영장주의를 위반한 점을 제1영장에 기한 제1·2·3처분의 취소를 정당화하는 사유로 들고 있는데, 무관정보를 복제·출력함으로써 영장주의를 위반한 점은 유관정보에 대한 압수·수색의 위법사유라고 볼 수 없으므로, 결과적으로 유관정보에 대한 압수·수색에 대하여는 참여권이 보장되지 않은 점만이 유일한 위법사유로 남게 된다. 그런데 앞서 본 예외적인 경우에 해당하는지 여부를 살펴보지 아니한 채 피압수자 측의 계속적인 참여 없이 복제·출력의 제2·3처분이 이루어진 이상 유관정보에 대한 압수·수색까지 모두 취소되어야 한다는 다수의견의 결론은, 압수·수색 과정에서 피의자나 변호인의 참여권 침해를 그 침해의 경위와 상황 및 내용 등에 관계없이 유관정보와 무관정보 전부에 대하여 무차별적으로 언제나 영장주의 원칙의 본질적 부분을 침해한 것으로 파악하거나 참여권 그 자체에 대하여 강력한 독자적인 적법절차로서의 지위를 부여하는 입장이라고 할 수 있다.

그러나 이는 이론적으로 근거가 없을 뿐만 아니라 실천적으로 타당하다고 할 수도 없다. 주로 무관정보가 영장 없이 임의로 복제·출력되는 것을 방지하기 위해 인정된 참여권이 보장되지 않았다고 하여 무관정보에 대한 압수·수색을 취소하는 것에서 나아가 유관정보에 대한 압수·수색까지 취소해야 한다고 보아야 할 근거는 형사소송법 어디에도 없다. 다수의견은 유관정보에 대한 압수·수색까지 취소하는 이유를 적법절차를 준수하지 아니한 수사기관에 대한 일종의 제재로 이해하고 있는 것으로 보이나, 이러한 이해는 적법절차의 원칙과 함께 추구되어야 하는 또 다른 형사소송의 이념인 실체적 진실 규명을 실질적으로 포기하는 결과에 이르게 된다. 이 점에서 다수의견은 균형과 조화를 잃은 해석이라고 볼 수밖에 없다.

예컨대 다수의견에 따르면, 수사기관이 살인 혐의와 관련된 전자정보를 압수·수색할 수 있는 영장을 발부받아 이 사건과 같은 절차로 영장이 집행되는 과정에서 살인의 혐의사실과는 전혀 무관한 절도 혐의와 관련된 정보 등을 복제·출력한 경우, 압수·수색 과정에 피압수자 측을 참여시키지 않았다고 하여 절도 혐의와 관련된 정보 등에 대한 압수·수색을 취소하는 것을 넘어서 살인 혐의와 관련된 정보에 대한 압수·수색까지 취소하여야 하는데, 이 같은 결론이 부당함은 이론의 여지가 없을 것이다.

나아가 수사기관이 살인 혐의와 관련된 전자정보를 압수·수색할 수 있는 영장을 발부받아 이 사건과 같은 절차로 영장이 집행되었다고 가정한 위의 예에서, 다수의견은 현장압수 및 저장매체에 저장되어 있는 전자정보파일 전부를 '이미징'의 방법으로 다른 저장매체로 복제한 제1처분에 아무런 위법이 없다는 점은 인정함에도, 그 이후의 압수·수색 과정에서 참여권이 보장되지 않은 이상, 이미징한 복제본을 외장 하드디스크에 재복제한 제2처분과 외장 하드디스크로부터 출력한 제3처분이 살인 혐의와 관련된 정보에 한정하여 이루어진 경우에도 그 압수·수색 처분은 모두 취소되어야 한다는 것으로 이해된다. 왜 이 같은 법리를 세워야 하는지 도무지 이해할 수가 없다.

(3) 만약 다수의견이 무관정보에 대한 압수·수색뿐만 아니라 유관정보에 대한 압수·수색도 함께 취소한 근거가 압수·수색영장에 기한 처분은 1개뿐임을 전제로 무관정보에 대한 압수·수색과 유관정보에 대한 압수·수색을 구분할 수 없다는 점을 근거로 삼고 있는 것이라면 이 또한 타당하다고 할 수 없다.

전자정보에 대한 압수·수색은 일련의 과정을 거쳐 이루어지게 되므로, 압수·수색을 구성하는 일련의 과정에서 이루어진 저장매체 압수, 이미징, 탐색, 복제 또는 출력 등의 행위를 개별적으로 나누어 그 처분의 적법성을 판단하는 것은 타당하다고 할 수 없으나, 그 처분의 적법성은 압수의 대상이 된 전자정보별로 달리 평가될 수 있다고 보아야 한다. 즉, 하나의 압수·수색영장에 기한 압수·수색이 외형상으로는 1개만 존재한다고 하더라도 관념적으로는 대상별로 수개의 압수·수색이 존재한다고 보아야 하고, 설령 하나의 압수·수색만이 존재하는 것으로 보아야 한다 하더라도 압수 대상 전자정보별로 가분적인 것으로 보아야 한다. 따라서 압수·수색의 적법성은 '대상별'로 전체적으로 판단되어야 하는 것이다.

예컨대, 하나의 압수·수색영장에 기하여 '갑' 물건과 '을' 물건이 압수되었는데, '갑' 물건은 영장 기재 혐의사실과 관련된 것이고 '을' 물건은 영장 기재 혐의사실과 전혀 무관한 것인 경우 법원이 준항고 절차에서 '을' 물건에 대한 압수·수색만을 취소할 수 있음은 당연하고, 이는 물건에 대한 압수·수색뿐만 아니라 전자정보에 대한 압수·수색에도 그대로 적용된다고 보아야 한다.

라. 이 사건에 돌아와 보건대, 설령 제2·3처분 당시 참여권이 보장되지 않았다고 하더라도 가장 중요한 절차라고 할 수 있는 현장압수 및 제1처분 당시 참여권이 보장되었다는 점, 유관정보에 대하여는 참여권 보장이 가지는 의미가 상대적으로 적은 점 등 제반 사정에 비추어 볼 때, 제1영장에 기한 압수·수색 중 유관정보에 대한 압수·수색이 영장주의 원칙의 본질적 부분을 침해한 것으로 평가될 수 있는 경우에 해당하거나 증거로서의 사용 가능성을 원천적으로 배제하여야 할 만큼 절차적 위법이 중대한 경우에 해당한다고 볼 수 없으므로, 결국 이를 취소할 만한 위법이 있다고 할

수 없다.

그럼에도 이와 다른 전제에서 제1영장에 기한 압수·수색 중 무관정보에 대한 압수·수색뿐만 아니라 유관정보에 대한 압수·수색까지 취소한 원심의 조치는 압수·수색의 적법성이나 영장주의의 적용 범위에 관한 법리를 오해하여 판단을 그르친 것이다.

따라서 원심으로서는 제1영장에 기한 압수·수색 중에서 취소되어야 할 무관정보가 무엇인지에 관하여 추가로 심리·판단하여야 한다. 결국 원심결정 중 제1영장에 기한 압수·수색 부분은 그 전부가 파기되어야 한다.

이상과 같은 이유로 제1·2·3처분에 관하여 다수의견에 반대하는 취지를 밝힌다.

6. 제1처분에 관한 대법관 권순일의 반대의견은 다음과 같다.

가. 다수의견은, 제1영장에 기한 제1처분은 적법하지만 제2·3처분에 중대한 위법이 있는 만큼 제1영장에 기한 압수·수색은 전체적으로 위법하다고 평가함이 상당하고, 따라서 제1·2·3처분을 모두 취소한 원심의 결론은 정당하다고 하나, 다음과 같은 이유로 제1처분까지 취소한 다수의견에 동의할 수 없다.

나. 형사소송법 제417조에서 규정하는 수사기관의 압수에 관한 처분의 취소를 구하는 준항고는 항고소송적 성질을 가지는 접견불허가처분에 대한 준항고 등과는 달리 수사기관에 의한 증거수집 과정의 절차적 적법성을 확보하고 이를 사법적으로 통제하기 위한 것이다. 따라서 준항고법원은 구체적인 사안에서 수사기관의 압수에 관한 처분을 취소할 것인지 여부 및 취소한다면 그 취소의 범위를 어떻게 정할 것인지를 수사기관의 증거수집 과정에 있어서 영장주의 등 절차적 적법성을 확보하고 국민의 기본권을 보장하여야 할 필요와 실체적 진실 규명의 요청을 비교 형량하여 형사법적 관점에서 독자적으로 판단하여야 한다.

수사기관이 수사상 행하는 처분인 압수·수색 등은 피의자나 대상자의 동의 등에 기하여 임의적으로 행해질 수도 있고, 그 의사에 반하여 또는 그 의사를 묻지 아니하고 강제적으로 행해질 수도 있는데, 강제적으로 행하여질 때에는 헌법 제12조 제3항, 형사소송법 제215조에 규정한 영장주의 원칙에 의하여 법관으로부터 영장을 발부받아 하여야 함은 당연하다. 피의자 등 관계자가 압수·수색에 동의하여 그 처분에 착수한 후에 동의를 철회하고 후속처분의 중지를 요구한 경우에는 영장주의의 취지에 비추어 영장을 발부받은 후에 후속처분을 행하여야 할 것이지만, 그렇다고 하여 임의제출 등에 의하여 이미 적법하게 행하여진 압수처분까지 소급하여 그 효력을 부인할 것은 아니다.

수사기관의 압수·수색은 압수할 물건을 찾기 위하여 사람의 신체, 물건 또는 주거 기타의 장소 등에서 대상을 찾는 행위로부터 시작하여 대상 물건의 점유를 취득하여 이를 반출·영치하는 일련의 과정으로 이루어지는데, 만약 압수할 물건이 저장매체인 경우에는 원칙적으로 기억된 정보의 범위를 정하여 출력하거나 복제하여 제출받아야 하고, 이러한 방법이 불가능하거나 압수의 목적을 달성하기에 현저히 곤란하다고 인정되는 때에 한하여 저장매체 등을 압수할 수 있다(형사소송법 제106조 제3항, 제219조). 압수한 저장매체 등으로부터 해당 사건과 관계가 있다고 인정되는 정보를 출력·복제하는 과정 또한 그 저장매체에 영장 기재 범죄사실과 관계가 있는 정보 외에 이와 무관한 다른 정보가 포함되어 있는지 여부, 저장매체에 저장되어 있는 정보의 양과 종류 및 그 속성, 피의자 등 관계자가 저장매체에 저장되어 있는 정보를 삭제하였거나 암호화하였는지 여부, 피압수자 측이 압수·수색에 협조적인지 여부 및 피압수자 측이 압수·수색 과정에 참여하였는지 여부 등 여러 사정에 따라 매우 다양한 방법으로 행하여진다. 이와 같이 수사기관이 압수·수색을 하는 과정에서 형사소송법 등에서 정한 제반 절차조항을 모두 따르지 못하는 경우가 실무상 적지 아니하고, 오히려 수사기관이 그 과정에서 행한 제반 처분이 적법한지 여부에 관하여 사후적으로 다툼이 발생할 가능성이 매우 크다. 그러므로 피의자 등 관계자가 수사기관이 행한 압수·수색에 관한 처분의 취소를 구하는 경우에 준항고법원으로서는 당해 처분이 과연 해당 사건과 관계가 있다고 인정할 수 있는지 여부('실체적 요건'이라 한다) 및 압수·수색 과정에 당사자나 그 변호인 등이 참여하였는지 여부 등('절차적 요건'이라 한다)을 종합적으로 살펴서 그 취소 여부를 결정하여야 한다.

다수의견은 일련의 행위가 모두 진행되어 압수·수색이 종료된 이후에는 특정단계의 처분만을 취소하더라도 그 이후의 압수·수색을 저지한다는 것을 상정할 수 없고 수사기관으로 하여금 압수·수색의 결과물을 보유하도록 할 것인지가 문제 될 뿐이므로, 준항고인이 일련의 과정을 단계적·개별적으로 구분하여 각 단계의 개별 처분의 취소를 구하더라도 준항고법원으로서는 그 구분된 개별 처분의 위법·취소 여부를 판단할 것이 아니라 일련의 압수·수색 과정 전체를 하나의 절차로 파악하여 전체적으로 압수·수색 처분을 취소할 것인지를 가려야 한다고 한다. 그러나 형사소송법 제417조는 "검사 또는 사법경찰관의 … 압수에 관한 처분 … 에 대하여 불복이 있으면 … 법원에 그 처분의 취소 또는 변경을 청구할 수 있다"고 규정하고 있을 뿐이므로, 일련의 과정을 거쳐 단계적으로 이루어지는 압수·수색 과정에 여러 개의 처분이 있을 경우 전체를 하나의 절차로 파악하여 위법 여부를 판단하여야 한다는 다수의견의 해석론은 형사소송법 제417조에서 곧바로 도출되는 것이라고 보기 어려울 뿐만 아니라 형사소송절차의 실제에서도 검사는 적법한 압수처분에 기하여 수집된 증거를 사용할 수 있는 것이므로, 그 압수처분 이후에 이루어진 다른 압수처분에 어떠한 잘못이 있다고 해서 적법하게 수집된 증거의 효력까지 소급하여 부정할 것은 아니라고 본다. 이 점은 피의자 등 관계자의 동의 아래 임의제출 등으로 적법하게 압수처분이 이루어진 뒤에 그 동의를 철회하고 후속처분의 중지를 요구받았다 하여 이미 이루어진 압수처분의 효력이 부정될 수 없는 것과 마찬가지이다.

다. 이 사건에 돌아와 보건대, 검사가 제1영장을 발부받아 이 사건 저장매체 자체를 관계자의 동의하에 압수하여 반출한 처분 자체는 준항고인들도 적법한 것으로 인정하고 있고, 검사는 그 저장매체를 '이미징' 방법으로 복제한 후에 준항고인들에게 반환하였음을 알 수 있다. 그리고 검사가 이 사건 저장매체를 이미징 방법으로 복제한 처분이 위법하다고 볼 수 없음은 다수의견도 인정하고 있다. 그럼에도 불구하고 다수의견이 그 이후에 이루어진 압수·수색에 어떠한 잘못이 있다는 이유로 적법하게 이루어진 이미징 복제 처분까지 취소하는 것은 아마도 검사로 하여금 이미징 복제본을 보유하지 못하도록 하기 위한 것으로 보인다. 그러나 검사가 보유하고 있는 이미징 복제본은 그곳에 저장되어 있는 전자정보 중에서 영장 기재 범죄사실과 관련 있는 정보를 탐색하고 이를 출력 또는 복제하는 과정이 모두 종료됨으로써 보전의 필요성이 없어진 때, 즉 압수·수색이 전체로서 종료된 때에는 삭제·폐기되어야 한다. 그런데 이 사건에서 제1영장에 기한 압수·수색이 모두 종료되어 검사가 이미징 복제본을 보전할 필요성은 이미 상실되었으므로, 이 사건 저장매체를 이미징의 방법으로 복제한 단계의 처분이 별도로 취소되지 않더라도 이미징 복제본은 당연히 삭제·폐기되어야 하고, 따라서 이미징 복제본을 삭제·폐기하도록 하기 위하여 다수의견과 같이 취소의 범위를 확대할 현실적인 이유는 없다고 본다.

결국, 검사가 당사자를 참여시키지도 아니한 채 위 복제본을 자신이 소지한 외장 하드디스크에 재복제한 처분 및 그 하드디스크로부터 제1영장 기재 범죄사실과 무관한 정보까지 함께 출력한 처분 등은 압수·수색에 관한 실체적·절차적 요건을 갖추지 못한 것으로서 위법하므로 취소되어야 마땅하지만, 그렇다고 하여 적법하게 이루어진 선행처분까지 소급하여 모두 위법하게 되는 것은 아니므로 취소의 대상이 된다고 볼 수 없다.

따라서 원심결정 중 검사가 이 사건 저장매체를 이미징 방법으로 복제한 처분까지 취소한 부분은 파기되어야 한다.

이상과 같은 이유로 위 부분에 대하여 다수의견에 반대하는 취지를 밝힌다.

7. 제1·2·3처분에 관한 다수의견에 대한 대법관 이인복, 대법관 이상훈, 대법관 김소영의 보충의견은 다음과 같다.

가. 우리 헌법은 제12조에서 "누구든지 법률에 의하지 아니하고는 … 압수·수색 … 을 받지 아니하며"(제1항), "… 압수 또는 수색을 할 때에는 적법한 절차에 따라 검사의 신청에 의하여 법관이 발부한 영장을 제시하여야 한다"(제3항)라고 정하여 압수·수색에 관한 적법절차와 영장주의의 원칙을 선언하고 있다. 이에 따라 압수·수색 여부를 수사기관의 전적인 재량에 맡기는 영장의 발부는 금지되고, 압수·수색영장에는

피의자의 성명, 죄명 외에도 압수할 물건, 수색할 장소, 신체, 물건, 발부연월일, 유효기간, 압수·수색의 사유 등을 기재하여야 하며, 영장의 청구서에도 위 사항을 기재하여야 한다(형사소송법 제219조, 제114조 제1항, 형사소송규칙 제58조, 제107조). 뿐만 아니라 형사소송법은 압수·수색영장의 집행에 있어서도 영장의 제시(제219조, 제118조), 야간집행의 제한(제219조, 제125조), 당사자의 참여 및 참여권자에의 사전통지(제219조, 제121조, 제122조), 책임자의 참여(제219조, 제123조) 등 각종 절차적 제한규정을 두고 있는데, 이러한 절차는 영장주의에 의한 적법한 집행을 확보하고, 피압수자 측의 사생활의 비밀과 자유, 주거의 자유, 경제활동의 자유 등의 기본적 인권을 보호하기 위한 것이므로, 전자정보에 대한 압수·수색에서도 영장주의 원칙이 관철되어야 하고 수사기관의 자의적인 판단에 의한 압수·수색이 이루어져서는 아니 된다.

더욱이 압수의 목적물이 컴퓨터용 하드디스크나 휴대전화기 등 전자정보가 저장된 대용량의 저장매체일 경우, 그 안에는 수많은 문서, 동영상, 사진 등이 파일 형태로 저장되고, 그 파일을 작성한 시간, 인터넷 접속기록 등이 세세하게 기록되어 있으며, 향후 과학기술이 발전할수록 기존의 법률이 예상조차 할 수 없었던 엄청난 양의 정보가 담기게 될 가능성이 있다. 또한, 원격지 서버에 저장되어 있는 정보라도 영장에 기재된 수색장소에서 해당 서버 또는 웹사이트에 접속하여 범죄와 관련된 이메일 등 전자정보를 복제하거나 출력하는 방법으로 하는 압수·수색도 가능하다. 이러한 전자정보는 개인의 행동을 시간, 장소적으로 재구성할 수 있게 할 뿐만 아니라 개인의 내밀한 생각까지 포함하고 있는 경우가 많아 그 보유자가 대체로 타인과 공유하는 것을 원하지 않는 것인데도 그 정보의 무한 복제가 가능하다. 전자정보에 대한 압수·수색에 있어서 영장주의의 정신을 살리기 위해서는 전자정보의 이러한 특성에 비추어 보다 세심한 접근이 필요하고, 수사기관이 찾고자 하는 물건이 그 물건의 외적 특성을 통해 구별되거나 문서 사본의 존재가 유한한 종전의 일반적인 물건에 대한 압수·수색에 관한 제한 이론만으로는 개인이나 기업의 정보 대부분을 담고 있는 전자정보에 대한 부당한 압수·수색으로부터 헌법이 보장하는 국민의 기본적 인권을 보호하고 제대로 지켜 낼 수 없다.

나. 압수의 목적물인 전자정보가 대용량 저장매체에 무관정보들과 혼재되어 저장되어 있는 경우에 수사기관은 일정한 범위를 정해 탐색하는 등으로 유관정보를 선별하여 복제하거나 출력하는 방법으로 압수·수색하는 것이 원칙이고, 저장매체 또는 복제본을 그 소재지에서 외부로 반출하여 압수·수색하는 것은 예외적으로만 허용된다. 예외적 방법은 수사기관이 한정된 시간 내에 압수·수색 장소에서 유관정보 모두를 탐색하는 것이 현저히 곤란하다는 사정이 있기 때문에 허용되었을 뿐이고, 피압수자 측이 저장매체의 외부 반출에 동의한 경우라도 이는 수사 인력이 압수·수색 장소에서 장시간 체류하는 것에 대한 압박감, 수사를 받고 있는 상황에서 수사기관의

요구를 거부하는 것에 대한 부담감 때문이지 수사기관이 무관정보까지 샅샅이 탐색하여 압수하는 데 동의한 것이라고 볼 수는 없다. 물론 법관으로서도 그와 같은 무관정보까지 압수·수색할 수 있게 하기 위해 영장을 발부해 준 것은 아니다.

따라서 탐색 결과 무관정보를 압수한 것이 밝혀진 부분에 대해서는 그 자체로 영장주의에 위반하여 위법하게 되는 것이고, 영장이 압수를 허용한 유관정보 부분만이 참여권 보장 등 적법절차의 준수 여부를 따질 의미가 있는 것이다.

다. 대용량 저장매체는 저장된 정보의 양이 방대하고 어느 것이 범죄혐의와 관련된 것이고 어느 것이 범죄혐의와 관련되지 않은 것인지를 구별하기가 용이하지 아니하여 유관정보를 선별하기 위해서는 일정 부분 정보의 내용을 살펴볼 수밖에 없다. 이 국면에서 수사기관의 압수·수색에 피의자 또는 변호인, 책임자 등의 참여를 보장하는 형사소송법 제219조, 제121조, 제123조의 규정이 영장에 의한 적법한 압수·수색을 사전에 실효성 있게 확보하기 위한 제도적 수단으로서 중요하게 작용할 수 있다.

수사기관이 저장매체에 대한 압수·수색 과정에서 피압수자 측에게 참여의 기회를 주지 않게 되면 수사기관은 무관정보를 제한 없이 취득할 수 있게 되어 압수·수색의 대상을 유관정보에 한정한 영장의 적법한 집행을 확보할 수 없게 된다. 수사기관이 위법하게 취득한 무관정보를 별도의 범죄수사를 위한 단서로만 사용하고 그 별도의 범죄사건에 증거로 활용하지 않는 이상, 영장을 발부한 법관으로서는 사후에 이를 알아내거나 실질적으로 통제할 아무런 방법이 없다. 수사기관이 압수·수색 과정에 피압수자 측에게 참여의 기회를 주지 않았음에도 유관정보에 대한 압수가 적법하다고 하게 되면 어떠한 수사기관도 피압수자 측을 참여시키려고 하지 않을 것이고, 실제로는 아무 제한 없이 압수한 저장매체에 저장된 전자정보를 탐색하여 취득할 수 있는 권한을 수사기관에 주는 것과 마찬가지인 것이다. 이메일과 같은 전자정보는 통상 피의자 아닌 사람의 저장매체나 웹서버에도 동일한 내용의 전자문서가 존재하기 때문에 수사기관이 일단 범죄의 단서를 잡으면 다른 적법한 방법으로 동일 또는 유사한 내용의 증거물을 확보하는 것이 그다지 어렵지 않기도 하다.

법관이 헌법과 형사소송법의 규정에 의하여 유관정보에 한정하여 발부한 영장을 수사기관이 자의와 재량에 의하여 저장매체에 저장되어 있는 전자정보 전부를 압수·수색할 수 있는 영장으로 변모시켜서는 아니 되는 것이므로, 전자정보에 대한 압수·수색의 중요과정에 피압수자 측의 참여권을 전혀 보장하지 아니하는 것은 영장주의 원칙을 위반한 것과 동일한 정도의 적법절차 위반이 되어 그 위법의 정도가 중대하다고 보아야 한다.

그러므로 이 사건에서 제1처분에 별다른 위법이 없더라도 피압수자 측에게 참여권을 보장하지 아니한 채 임의로 전자정보를 재복제·탐색·출력한 제2·3처분은 무관정보를 출력한 부분을 제외하더라도 적법절차에 반하는 것이고, 그 절차적 위법은 앞서 본 헌법상 적법절차와 영장주의의 실질적 내용을 침해하는 중대한 위법에 해당한다고 보아야 한다.

라. 제1·2·3처분에 관한 반대의견은 압수의 대상이 되는 전자정보별로 압수·수색의 적법성을 달리 평가하여야 한다면서, 압수·수색 과정에서 피압수자 측의 참여권을 보장하지 않았더라도 이를 중대한 위법이라고 할 수 없으므로 유관정보에 대한 압수·수색을 취소할 수 없다고 주장한다.

그러나 법원이 유관정보에 대한 압수·수색만을 적법하다고 하기 위해서는 위 반대의견이 제시하는 바와 같이 압수·수색 처분 중에서 취소되어야 할 무관정보가 무엇인지를 일일이 심리·판단하여야 하는데, 이는 수사기관의 압수·수색에 중대한 위법으로 발생한 결과를 제거하기 위한 법원의 조치로서 적절한 것이라고 할 수 없다.

피압수자 측에 대한 참여권의 보장은 형사소송법 제219조, 제122조를 준용하여 피압수자 측에 통지하여 참여할 수 있는 기회를 부여하면 족하고, 통지가 불가능하거나 피압수자 측이 참여를 포기하면 수사기관이 단독으로 진행하면 될 것이다. 그리고 이때 참여 기회를 보장받아야 하는 사람은 피의자와 변호인, 책임자뿐만 아니라 그들로부터 위임을 받은 자 등도 포함한다고 해석할 수 있으므로, 압수·수색 현장에서 전자정보에 대한 탐색과 복제, 출력 등을 진행하는 본래의 압수·수색 방식과 비교하면 이러한 참여 기회의 보장이 비현실적이라거나 특별히 수사기관에 가중된 의무나 부담을 지우는 것이라 할 수 없다. 그럼에도 수사기관이 실제로 필요한 정보를 획득하게 되는 정보의 탐색·복제·출력 과정에서 피압수자 측에 참여의 기회조차 부여하지 않는 것은 특별한 사정이 없는 이상 절차적 위법이 중대하다고 보아야 한다.

마. 실체적 진실의 발견이 형사소송의 목표이자 중요한 이념임은 부인할 수 없다. 그러나 객관적 진실 규명이 저해되거나 불가능하게 되더라도 경우에 따라서는 우선하는 가치의 실현을 위하여 이를 포기하지 않으면 안 되는 경우가 있다. 실체적 진실의 발견은 기본적 인권의 보장을 위하여 헌법이 규정하고 있는 적법절차의 테두리 내에서만 빛날 수 있다.

저장매체에 저장되어 있는 일체의 전자정보는 개인이나 기업의 일생 내지 영업비밀 등 사업 전체를 드러내는 일기장과도 같다. 국가가 피의자에 대하여 어느 하나의 범죄혐의만을 소명하면 그로부터 압수한 전자정보 전체를 사실상 탐색·복제할 수 있다고 함으로 인하여 발생할 법익의 침해 가능성은 피의자가 저지른 범죄로 인하여 침해된 이익보다 결코 작지 않다. 과거에 국가에 의한 부당한 공권력의 행사로부터 신체의 자유가 소중하였듯이 정보화 사회에서 전자정보에 대한 자기결정권은 소중한 것이다. 나아가 불법적인 압수·수색으로부터의 자유, 사생활의 자유는 오랜 역사적 경험과 연원을 두고 우리 헌법이 보장하고 있는 중요한 헌법적 가치이기도 하다.

전자정보에 대한 개인 및 기업의 의존이 심화되고 그 분석기술 또한 발전하고 효율화될수록 수사기관은 영장주의나 다른 적법절차 규정을 잠탈하고서라도 범죄를 진압하고 사전에 예방하겠다는 강한 욕구를 느끼게 될 것이다. 과거 피의자의 진술이 가장 중요한 증거로 인식되던 시대에, 피의자의 진술거부권은 헌법이 보장하는 권리에 터 잡은 것이므로 수사기관이 피의자를 신문함에 있어 피의자에게 미리 진술거부권을 고지하지 않은 때에는 그 진술의 임의성이 인정되는 경우라도 위법하게 수집된 증거로서 증거능력이 부인되어야 한다고 한 판례의 정신은 오늘날과 같은 디지털 시대에 전자정보를 대상으로 한 압수·수색에 대하여 그대로 관철될 필요가 있다.

전자정보에 대한 압수·수색에 있어 참여권이 가진 중요성을 간과할 경우 사실상 수사기관의 별건 압수·수색이나 포괄적 압수·수색을 허용하는 결과를 초래하게 될 우려를 쉽게 놓을 수 없다. 형사소송법 제121조, 제123조에 의한 당사자의 참여권을 보장하지 아니한 일정한 경우에 유관정보에 대한 압수처분까지 취소하는 것은 수사기관을 제재하기 위한 것이 아니라 형사소송법이 정한 절차조항의 규범력을 확보함으로써 전자정보에 대한 압수·수색에도 헌법상 적법절차와 영장주의 원칙을 관철하기 위한 불가피한 수단인 것이다.

이상과 같이 다수의견에 대한 보충의견을 밝힌다.

8. 제1·2·3처분에 관한 반대의견에 대한 대법관 김창석의 보충의견은 다음과 같다.

가. 다수의견에 대한 보충의견은 수사기관이 압수·수색 과정에 피의자나 변호인에게 참여의 기회를 주지 않았음에도 유관정보에 대한 압수처분이 적법하다고 하게 되면 수사기관이 피의자나 변호인을 참여시키려고 하지 않을 것이고 실제로는 아무런 제한 없이 압수한 저장매체에 저장된 전자정보를 탐색하여 취득할 수 있는 권한을 수사기관에게 주는 것과 마찬가지라고 주장한다.

그러나 대검 원격공조시스템에 복제·저장된 이미징 파일을 검사의 하드디스크에 재복제하여 저장하는 제2처분이나 검사의 하드디스크에 저장된 정보를 문서로 출력하는 제3처분의 과정에 피의자나 변호인을 참여시킴으로써 압수·수색의 절차적 적법성을 확보한다 하더라도 다수의견에 대한 보충의견이 주장하는 것과 같은 우려가 사라지는 것은 아니다. 왜냐하면 그와 같은 적법절차를 거쳐 압수·수색을 한다 하더라도 대검 원격공조시스템에 복제·저장된 이미징 파일이 남아있는 한 수사기관은 적법절차에 따라 행하여지는 압수·수색과는 별도로 저장된 전자정보를 탐색하여 취득할 수 있기 때문이다.

이 점으로부터 알 수 있는 것처럼 수사기관의 무관정보에 대한 탐색의 가능성을 제거하는 것은 피의자나 변호인의 참여를 통하여 달성할 수 있는 것이 아니고 저장매체 원본을 이미징의 방법으로 대검 원격공조시스템에 복제·저장하는 제1처분의 과정에서 유관정보 이외의 무관정보가 복제·저장되는 것을 막을 수 있는 조치를 강구할 때에만 가능하다고 할 수 있다. 또한, 이 사건에서와 같이 저장매체 원본의 압수

시점으로부터 출력에 이르는 시점까지 1개월 가까이 경과되기도 하는데 그 기간 동
안 다른 특별한 조치를 취하지 아니한 상황에서 중단 없이 지속적으로 피의자나 변
호인의 감시 상태에 두지 않는 한 수사기관의 임의 복제·출력의 가능성은 그대로 남
게 된다. 이 같은 오랜 기간 동안 피의자나 변호인의 중단 없는 감시를 요구하는 것
은 매우 비현실적인 것으로 보인다.

나. 이상에서 살펴본 것처럼 이 사건과 같이 압수·수색 과정이 이미 종료된 후에 압
수·수색 과정에 피의자나 변호인을 참여시키지 않았음을 이유로 유관정보에 대한
압수처분까지 취소하는 것은 결코 무관정보에 대한 탐색이나 복제·출력을 방지하는
실효적인 방책이 될 수는 없다.

전자정보에 대한 압수처분의 취소는 저장매체 원본을 이미징의 방법으로 대검 원격
공조시스템에 복제·저장하는 제1처분의 과정에서 유관정보 이외의 무관정보가 복
제·저장되는 것을 막는 금지 조치로서 구하는 부작위 청구권으로 행사되거나 이에
대한 조치가 행하여지지 아니한 채 제1처분이 이루어지거나 그 이후의 제2·3처분까
지 이루어진 때에는 이미 지적한 것처럼 비현실적이기는 하지만 피의자나 변호인의
참여가 중단 없이 이루어진 경우에 한하여 그 압수·수색 처분의 위법상태를 제거하
기 위한 원상회복 조치로서 구하는 작위 청구권으로 행사되어야 비로소 의미를 갖
는다고 생각된다.

이 같은 조치 없이 압수·수색 과정이 진행되어 수사기관이 이미 무관정보를 취득한
상태라면 이러한 금지 조치나 원상회복 조치는 더 이상 청구할 실익이 없으므로 압
수처분의 취소는 별다른 의미가 있다고 보기 어려우며, 수사기관이 무관정보를 증거
로 제출할 경우 영장주의에 위반하여 수집한 위법수집증거로서 증거능력을 배제하
는 것이 원칙적인 의미를 갖게 된다고 할 것이다.

다. 다수의견의 문제의식에는 전적으로 의견을 같이 한다. 그럼에도 다수의견의 논리에
함께할 수 없는 이유는 다수의견이 세운 법리가 가져오는 부작용은 매우 큰 반면, 의
도하는 목적을 달성하는 데에는 그다지 효과가 없다는 점에 있다. 전자정보의 무분
별한 압수·수색에 대한 사법적 통제는 전자정보의 압수·수색 절차가 갖는 특수성
과 기술적 측면 등을 세밀하게 고려한 다음, 보다 정교한 입법이나 법리의 구축을 통
하여 시도하여야 할 것으로 본다.

이상과 같이 반대의견에 대한 보충의견을 밝힌다.

대법원장 양승태(재판장) 민일영 이인복 이상훈 김용덕 박보영
고영한 김창석 김신 김소영(주심) 조희대 권순일 박상옥

별도 영장 없이 대화가 녹음된 녹음파일 압수는
위법수집증거로서 증거능력 부정

(별건수사)

[대법원, 2013도7101, 2014.1.16.]

【판시사항】

수사기관이 피의자 甲의 공직선거법 위반 범행을 영장 범죄사실로 하여 발부받은 압수·수색영장의 집행 과정에서 乙, 丙 사이의 대화가 녹음된 녹음파일을 압수하여 乙, 丙의 공직선거법 위반 혐의사실을 발견한 사안에서, 별도의 압수·수색영장을 발부받지 않고 압수한 위 녹음파일은 위법수집증거로서 증거능력이 없다고 한 사례

【판결요지】

수사기관이 피의자 甲의 공직선거법 위반 범행을 영장 범죄사실로 하여 발부받은 압수·수색영장의 집행 과정에서 乙, 丙 사이의 대화가 녹음된 녹음파일(이하 '녹음파일'이라 한다)을 압수하여 乙, 丙의 공직선거법 위반 혐의사실을 발견한 사안에서, 압수·수색영장에 기재된 '피의자'인 甲이 녹음파일에 의하여 의심되는 혐의사실과 무관한 이상, 수사기관이 별도의 압수·수색영장을 발부받지 아니한 채 압수한 녹음파일은 형사소송법 제219조에 의하여 수사기관의 압수에 준용되는 형사소송법 제106조 제1항이 규정하는 '피고사건' 내지 같은 법 제215조 제1항이 규정하는 '해당 사건'과 '관계가 있다고 인정할 수 있는 것'에 해당하지 않으며, 이와 같은 압수에는 헌법 제12조 제1항 후문, 제3항 본문이 규정하는 영장주의를 위반한 절차적 위법이 있으므로, 녹음파일은 형사소송법 제308조의2에서 정한 '적법한 절차에 따르지 아니하고 수집한 증거'로서 증거로 쓸 수 없고, 그 절차적 위법은 헌법상 영장주의 내지 적법절차의 실질적 내용을 침해하는 중대한 위법에 해당하여 예외적으로 증거능력을 인정할 수도 없다고 한 사례.

【전문】

【원심판결】

부산고법 2013.6.5. 선고 2012노667 판결

【주문】

피고인 1, 2, 3, 4, 5의 상고와 검사의 상고를 모두 기각한다.

【판결이유】

피고인들의 상고이유(상고이유서 제출기간이 지난 후에 제출된 피고인 2, 1의 각 상고이유보충서 기재

는 상고이유를 보충하는 범위 내에서)와 검사의 상고이유를 함께 판단한다.

1. 피고인 2·1·3·5·4·6의 공소사실에 관한 상고이유에 대하여(피고인 1에 대한 2012.2.22.자 정당후보자 추천 관련 금품제공 요구·선거운동 관련 금품제공 요구의 점은 각 제외)

가. 피고인 2·1의 정당후보자 추천 관련 금품수수로 인한 공직선거법 위반의 점에 대하여

원심은, 피고인 1이 검찰 피의자신문 단계에서 공소외 1을 통하여 피고인 2로부터 수령하였다는 돈의 액수가 500만 원이라고 진술하다가 2012.8.17.경 그 액수가 5,000만 원이라는 취지의 진술서를 작성하여 검찰에 제출한 후 그때부터의 피의자신문 과정에서는 위 진술서와 동일한 내용으로 진술하였는데, 그와 같은 진술 번복의 경위에 임의성을 인정할 수 있고, 그 진술 번복의 경위 등에 관한 피고인 1의 설명, 피고인 2와 피고인 1 사이의 통화내역이나 피고인 1이 피고인 4에게 보낸 문자메시지의 내용, 피고인 1의 현금인출 내역이나 기타 통화내역 등에 비추어 위 진술의 신빙성을 인정할 수 있다고 판단하였다. 나아가 원심은, 공소외 1이 피고인 2로부터 돈이 든 쇼핑백을 전달받아 이를 피고인 1에게 전달한 경위 및 상황 등에 관하여 구체적으로 진술하였고, 공소외 1이 금전수수 당일에 촬영한 쇼핑백 사진과 제1심·원심에서 그 쇼핑백에 5,000만 원을 넣었을 때의 형상이 크게 차이가 나지 않았던 사정 등을 종합하여 공소외 1의 이 부분 진술의 신빙성을 인정하면서, 피고인 2·1의 판시와 같은 각 범행 사실을 유죄로 인정한 제1심판결을 그대로 유지하였다.

원심판결 이유를 원심이 적법하게 채택한 증거들에 비추어 살펴보면, 원심의 위와 같은 사실인정과 판단은 정당한 것으로 수긍할 수 있고, 거기에 필요한 심리를 다하지 아니하거나 논리와 경험의 법칙을 위반하여 자유심증주의의 한계를 벗어나 사실을 잘못 인정한 위법이 있다고 할 수 없으며, 나아가 피고인 2·1의 상고이유 주장과 같이 자백에 대한 보강증거나 공소사실의 특정에 관한 법리, '정당이 특정인을 후보자로 추천하는 일'과의 관련성이나 그 '제공' 여부 등에 관한 법리를 오해하는 등의 위법도 없다.

나. 피고인 2의 선거사무장 수당·실비 법정한도 초과 지급으로 인한 공직선거법 위반의 점에 대하여

원심은 그 판시와 같은 사정을 종합하여 공소외 1이 피고인 2의 선거사무장으로 등록되었기는 하나 피고인 2의 운전기사로서의 역할이 그 주된 업무였다는 전제하에, 공소사실 기재와 같이 피고인 2가 공소외 1에게 지급한 급여액 내지 수당액 중 피고인 2가 예비후보자로 등록하기 이전의 급여액과 그 등록 이후 위와 같이 운전기사 역할을 수행한 데에 대한 보수 상당액, 그리고 공소외 1이 받았다는 실비 중 공직선거법 제120조 제6호에 의하여 '선거비용'에서 제외되는 자동차의 운영비용이 공제되어야 한다고 판단하면서, 공소외 1이 운전기사로서 근무한 대가 및 자동차 운영비용에 대한 구체적 입증이 없는 이상 이를 공제한 나머지 액수가 공직선거법에 의한 법

정한도액을 초과하였다고 단정할 수 없다는 이유로 이 부분 공소사실에 대하여 무죄를 선고하였다.

원심판결 이유를 기록에 비추어 살펴보면, 원심의 위와 같은 판단은 정당한 것으로 수긍이 가고, 거기에 검사의 상고이유 주장과 같이 필요한 심리를 다하지 아니하여 자유심증주의의 한계를 벗어나거나 공직선거법 제135조 제3항에서 정하는 '금품 기타 이익'의 범위에 관한 법리를 오해하는 등의 위법이 없다.

다. 피고인 2의 각 기부행위금지 내지 방송·신문 등의 불법이용을 위한 매수로 인한 각 공직선거법 위반의 점에 대하여

(1) 교회·사찰에 대한 각 기부행위금지 위반의 점에 관하여

기록에 의하면, 이 부분 각 공소사실 중 피고인 2가 '현금 10만 원'을 기부행위에 제공하였다고 공소가 제기된 부분에 대하여 제1심법원은 '현금 2만 원'을 제공하였다는 범위 내에서 유죄로 인정하였는데, 피고인 2는 이에 대하여 항소심에서 그러한 사실인정이 기본적 사실관계의 동일성을 벗어난 것이라는 취지의 항소이유를 제출하지 아니하였음을 알 수 있다. 그렇다면 원심이 불고불리의 원칙을 위반하였다는 취지의 이 부분 상고이유는 당심에 이르러 비로소 제기된 것으로서 적법한 상고이유가 될 수 없다고 할 것이다.

나아가 피고인의 방어권 행사에 실질적인 불이익을 초래할 염려가 없는 경우에는 공소사실과 기본적 사실이 동일한 범위 내에서 법원이 공소장변경절차를 거치지 아니하고 다르게 사실을 인정하였다고 할지라도 불고불리의 원칙에 위배되지 아니한다(대법원 2003.6.13. 선고 2003도1060 판결 참조)고 할 것인데, 피고인 2는 제1심에서 '방문하는 사찰이나 교회마다 시주 또는 헌금을 하였고, 법당에 들어가면 2~3만 원 정도를 부처님 앞에 놓거나 봉헌함에 넣었으며, 교회를 방문하면 2~5만 원 정도를 헌금하였다'는 취지로 진술한 바 있으므로, 그와 같은 진술 등에 터 잡아 위와 같은 이 부분 각 공소사실 중 그와 기본적 사실이 동일한 범위 내에서 유죄로 인정한 제1심법원의 판단이 피고인들의 방어권 행사에 실질적인 불이익을 초래한 것이라고 볼 수도 없다.

(2) 선거사무소 관계자, ○○○당 부산 지역구 국회의원 선거사무소 등에 대한 각 기부행위금지 위반의 점에 관하여

공직선거법상 기부행위의 구성요건에 해당하는 행위라 하더라도 그것이 지극히 정상적인 생활형태의 하나로서 역사적으로 생성된 사회질서의 범위 안에 있는 것이라고 볼 수 있는 경우에는 일종의 의례적 행위나 직무상의 행위로서 사회상규에 위배되지 아니하여 위법성이 조각되는 경우가 있을 수 있지만 그와 같은 사유로 위법성의 조각을 인정할 때에는 신중을 요한다(대법원 2004.3.12. 선고 2003도

3570 판결 등 참조).

원심은 피고인 2가 기부행위를 한 시점, 각 기부행위의 규모, 당시 피고인 2의 신분이나 음식물을 제공받은 사람들의 역할과 지위 등에 비추어, 그것이 지극히 정상적인 생활형태의 하나로서 역사적으로 생성된 사회질서의 범위 안에 있는 의례적 행위나 직무상 행위에 해당하여 사회상규에 위배되지 아니한다고 보기는 어렵다는 이유로 이 부분 각 공소사실을 유죄로 인정한 제1심판결을 그대로 유지하였다.

앞서 본 법리와 기록에 비추어 살펴보면 원심의 위와 같은 판단은 정당한 것으로 수긍할 수 있고 거기에 상고이유 주장과 같이 위법성조각사유의 법리를 오해한 위법이 없으며, 그 밖에 위법성의 인식이나 공직선거법상 제공이 허용되는 음식물의 범위 등에 대하여 법리를 오해한 잘못도 발견할 수 없다.

(3) 공소외 2 후보 선거사무소에 대한 기부행위금지 위반의 점에 관하여

원심은, 공소외 1이 공소외 2 후보 선거사무소의 선거사무장인 공소외 3으로부터 그 판시와 같은 유니폼대금을 지원해 달라는 요청을 받고 이를 피고인 2에게 보고하여 그로부터 5만 원권 10장이 든 편지봉투를 받아 이를 공소외 3에게 전달하였다고 진술한 점, 공소외 3도 그와 같이 공소외 1에게 필요한 금액을 말하였다는 취지로 진술한 점, 그 밖에 피고인 2의 일부 검찰 진술과 공소외 4의 진술 등을 종합하여 이 부분 공소사실을 유죄로 인정한 제1심판결을 그대로 유지하였다.

원심판결 이유를 원심이 적법하게 채택한 증거들에 비추어 살펴보면, 원심의 위와 같은 사실인정 및 판단은 정당하고, 거기에 논리와 경험의 법칙을 위반하여 자유심증주의의 한계를 벗어나 사실을 잘못 인정하는 등의 위법이 없다.

(4) ○○○당 국회의원 등에 대한 기부행위금지 위반의 점에 관하여

원심은, ○○○당 국회의원이던 공소외 5, 6으로부터 밥을 사라는 말을 들은 피고인 2가 공소외 1에게 돈을 주면서 ○○횟집에서의 저녁식사 대금을 계산하라고 하여 공소외 1이 이를 지급하였다는 취지의 공소외 1의 진술과 ○○횟집 종업원의 이에 부합하는 진술, 당시 식사를 제공받은 사람들의 지위와 역할 등의 사정을 종합하여 이 부분 공소사실을 유죄로 인정한 제1심판결을 그대로 유지하였다. 원심판결 이유를 원심이 적법하게 채택한 증거들에 비추어 살펴보면, 원심의 위와 같은 사실인정 및 판단은 정당하고, 거기에 논리와 경험의 법칙을 위반하여 자유심증주의의 한계를 벗어나 사실을 잘못 인정하거나 기부행위에 관한 법리를 오해하는 등의 위법이 없다.

(5) 방송·신문 등의 불법이용을 위한 매수로 인한 공직선거법 위반의 점에 관하여

형사소송법에 의하면 항소심은 사후심적 성격이 가미된 속심이라고 할 것이므

로, 공소장변경은 항소심에서도 할 수 있다(대법원 1987.7.21. 선고 87도1101, 87감도92 판결, 대법원 2002.12.3.자 2002모265 결정 등 참조).

기록에 의하면, 검사는 원심 제2회 공판기일에 이르러 공직선거법 제97조 제1항의 규정을 인용하는 형태로 기재되어 있던 이 부분 공소사실을 공직선거법 제97조 제2항의 규정 내용과 같이 "후보자 등은 선거에 관한 보도·논평이나 대담·토론과 관련하여 당해 방송·신문·통신·잡지 기타 간행물을 경영·관리하거나 편집·취재·집필·보도하는 자 또는 그 보조자에게 금품·향응 기타 이익을 제공하거나 제공할 의사의 표시 또는 그 제공을 약속할 수 없다"고 변경하는 내용의 공소장변경허가신청서를 제출하였고, 원심은 그와 같은 공소장변경을 허가하는 결정을 한 후 변경된 공소사실에 따라 이를 유죄로 인정하였음을 알 수 있다.

위와 같은 법리에 비추어 살펴보면 원심의 위와 같은 조치는 정당한 것으로 수긍할 수 있고, 거기에 공소장변경의 한계나 헌법상 재판을 받을 권리에 대한 법리를 오해하는 등의 위법이 없다.

라. 피고인 2의 선거운동 관련 금전제공 의사표시로 인한 공직선거법 위반의 점에 대하여

원심은 그 채택 증거들에 의하여 피고인 2가 피고인 1을 통하여 지급할 의사를 표시하였다는 500만 원 중 공소외 1에 대한 운전기사 보수에 해당하는 불상액은 공직선거법상 그 제공이 금지되는 금액이라 볼 수 없다고 판단하여 이를 공제한 금액의 범위에 한하여 유죄로 인정하고, 그 금액을 초과한 나머지 금액에 대해서는 무죄로 판단하였다.

원심판결 이유를 원심이 적법하게 채택한 증거들 및 기록에 비추어 살펴보면, 위와 같은 원심의 판단은 정당한 것으로 수긍할 수 있고, 피고인 2의 상고이유 주장과 같이 '금품 기타 이익'의 가액이 특정되지 아니하는 경우 이를 유죄로 인정하는 것이 무죄추정의 원칙에 반한다고 볼 수 없으며, 나아가 검사의 상고이유 주장과 같이 공직선거법 제135조 제3항에 정한 '금품 기타 이익'의 범위에 관한 법리를 오해하는 등의 위법도 없다.

마. 피고인 2의 유사기관 설치금지 위반으로 인한 공직선거법 위반의 점에 대하여

원심은, 피고인 2의 선거운동 명목으로 ○○빌딩 10층에 들어가 피고인 2의 홈페이지, 블로그, 트위터 등을 운영·관리하였다는 공소외 7의 진술 내용 등 그 판시와 같은 사정들을 종합하여, 공소외 7 등이 행하였던 홍보활동은 실질적으로 피고인 2를 위한 선거운동에 해당한다고 판단하면서 이 부분 공소사실을 유죄로 인정한 제1심 판결을 유지하였다.

원심의 위와 같은 판단은 정당한 것으로 수긍할 수 있고, 거기에 구 공직선거법 제89조 제1항의 '유사기관'의 의미 내지 그 범위에 관한 법리를 오해하는 등의 위법이

없다.

바. 피고인 2의 지위 이용 선거운동금지 위반으로 인한 공직선거법 위반의 점에 대하여

공직선거법 제85조 제2항은 교육적·종교적 또는 직업적인 기관·단체 등의 조직 내에서의 직무상 행위를 이용하여 그 구성원에 대하여 선거운동을 하는 것을 금지하고 있는데, 구체적으로 어떠한 행위가 조직 내에서의 직무상 행위를 이용한 것인지를 판단함에 있어서는, 그 조직에서 차지하고 있는 지위에 기하여 취급하는 직무의 내용은 물론 그 행위가 행하여지는 시기·장소·방법 등 여러 사정을 종합적으로 관찰하여 직무와 관련된 행위인지 여부를 판단하여야 한다(대법원 2011.4.28. 선고 2011도1925 판결 참조).

원심은, 피고인 2의 개인 비서 역할을 하던 공소외 8이 피고인 2의 지시에 의하여 선거사무소에서 일하게 된 경위 등에 비추어 피고인 2가 자신의 선거운동을 위하여 자신의 피고용인이었던 공소외 8로 하여금 선거운동을 하게 한 것은 공직선거법 제85조 제2항에서 금지하는 '지위를 이용한 선거운동'에 해당한다고 판단하고, 이 부분 공소사실을 유죄로 인정한 제1심판결을 유지하였다. 원심판결 이유를 원심이 적법하게 채택한 증거들 및 위 법리에 비추어 살펴보면, 이러한 원심의 판단은 정당한 것으로 수긍이 가고, 거기에 상고이유 주장과 같이 공직선거법 제85조 제2항의 '조직' 내지 '지위 이용'에 관한 법리를 오해하는 등의 위법이 없다.

사. 피고인 2의 선거비용 지출방법 위반으로 인한 정치자금법 위반의 점에 대하여

원심은 그 채택 증거들을 종합하여, 피고인 2가 공소외 1에게 지급하였던 급여 내지 활동비의 경우에는 공소외 1이 운전기사로서 근무한 대가와 자동차 운영비용을 공제한 나머지 불상액에 한하여 정치자금법 제49조 제1항이 정하는 선거비용 관련 위반행위의 대상이 된다고 보아 이를 초과하는 나머지 금액에 대하여는 무죄로 판단하는 한편, 피고인 2의 회계책임자 공소외 9에게 지급된 수당 및 자원봉사자인 피고인 5, 4에게 지급된 대가는 모두 위 법률이 정하는 선거비용에 해당한다고 판단하여 이 부분 공소사실을 유죄로 인정하였다.

원심판결 이유를 원심이 적법하게 채택한 증거들 및 기록에 비추어 살펴보면, 원심의 위와 같은 판단은 정당한 것으로 수긍할 수 있고, 거기에 피고인 2의 상고이유 주장과 같이 무죄추정의 원칙에 관한 법리 위반 또는 자유심증주의의 한계를 벗어나 사실을 잘못 인정하거나 검사의 상고이유 주장과 같이 위 법률이 정하는 '선거비용'의 범위에 관한 법리를 오해하는 등의 위법이 없다.

아. 피고인 2의 정치자금 지출방법 위반으로 인한 정치자금법 위반의 점에 대하여

원심은 그 채택 증거들을 종합하여, 피고인 2의 회계책임자인 공소외 9에 의하지 아니하고 공소외 1과 공소외 8이 피고인 2의 정치활동과 관련하여 지출한 금액으로

인정되는 그 판시와 같은 금액은 정치자금법 제47조 제1항, 제36조 제1항이 정하는 '정치자금'에 해당하고, 피고인 2가 ○○○당 지역구에 관한 정당후보자 추천 절차에서 탈락한 이후에도 그 예비후보자의 지위를 유지하고 있었던 사정 등에 비추어 피고인 2가 그 이후에도 여전히 '후보자·예비후보자'의 지위를 가진다고 판단하여, 이 부분 공소사실을 유죄로 인정한 제1심판결을 그대로 유지하였다.

원심판결 이유를 원심이 적법하게 채택한 증거들에 비추어 살펴보면, 위와 같은 원심의 판단은 정당한 것으로 수긍할 수 있으며, 거기에 논리와 경험의 법칙을 위반하여 사실을 잘못 인정하거나 정치자금법 제47조 제1항, 제36조 제1항이 정하는 '후보자·예비후보자'의 의미나 '정치자금'의 범위 등에 관하여 법리를 오해한 위법이 없다.

자. 피고인 2의 타인 명의 정치자금 기부금지 위반으로 인한 정치자금법 위반의 점에 대하여

원심판결 이유 및 원심이 유지한 제1심판결 이유를 그 채택 증거들에 비추어 살펴보면, 원심이 이 부분 공소사실을 모두 유죄로 인정한 판단은 정당한 것으로 수긍이 가고, 거기에 논리와 경험의 법칙을 위반하고 자유심증주의의 한계를 벗어나 사실을 잘못 인정하였다거나 필요한 심리를 다하지 아니한 위법이 있다고 할 수 없다.

차. 피고인 2·3의 각 지위 이용 선거운동금지로 인한 공직선거법 위반의 점에 대하여

원심은 2012.1.경 피고인 2·3이 공소외 10 주식회사(이하 '공소외 10 회사'라고만 한다)의 사내이사로 있었고, 피고인 2의 남편 공소외 11이 공소외 10 회사의 대표이사였으며, 피고인 3은 공소외 10 회사의 회계·경리업무를 총괄하던 지위에 있었던 사실을 인정하고, 위 피고인들이 상호 공모하에 자신들의 지위를 이용하여 공소외 10 회사의 임시직 직원이던 공소외 9로 하여금 피고인 2의 선거사무소에서 회계업무 등의 선거운동을 하게 하였다고 본 제1심판결을 그대로 유지하였다.

원심판결 이유를 원심이 적법하게 채택한 증거들에 비추어 살펴보면, 원심의 위와 같은 판단은 정당하고, 거기에 논리와 경험의 법칙을 위반하여 자유심증주의의 한계를 벗어나 사실을 잘못 인정하였다거나, 공직선거법상 '지위 이용 선거운동'의 범위, 공모공동정범에 관한 법리를 오해하는 등의 위법이 없다.

카. 피고인 2·3의 선거비용 지출보고 누락으로 인한 각 정치자금법 위반의 점에 대하여

2인 이상이 공모하여 범죄에 공동 가공하는 공범관계의 경우 공모는 법률상 어떤 정형을 요구하는 것이 아니고 공범자 상호 간에 직접 또는 간접으로 범죄의 공동실행에 관한 암묵적인 의사연락이 있으면 족하고, 이에 대한 직접증거가 없더라도 정황사실과 경험법칙에 의하여 이를 인정할 수 있다(대법원 2007.10.25. 선고 2007도4069 판결 등 참조).

원심은 '피고인 2가 회계보고서를 마감할 시점에 그렇게 하라고 시켜서 없는 것으로

처리하였다'거나 '피고인 3에게 공소외 1과 공소외 9 본인의 수당을 어떻게 처리할지 문의하자, 자원봉사자로 일한 것으로 하고 수당은 받지 않은 것으로 하라고 지시하였다'는 공소외 9의 진술 내용, 이에 일부 부합하는 취지의 피고인 3의 진술 내용 등 그 판시와 같은 사정을 종합하여, 피고인 2·3이 그 판시와 같은 범행에 대하여 회계 책임자 공소외 9와 공동정범 관계에 있다고 판단하였다.

원심판결 이유를 앞서 본 법리와 원심이 적법하게 채택한 증거들에 비추어 살펴보면, 원심의 위와 같은 판단은 정당한 것으로 수긍이 가고, 거기에 상고이유 주장과 같이 필요한 심리를 다하지 아니하고 논리와 경험의 법칙을 위반하여 사실을 잘못 인정하거나 공모공동정범의 성립 범위에 관한 법리를 오해한 위법이 없으며, 그 밖에 피고인 2의 상고이유 주장과 같이 이 부분 범행에 대한 공소외 9의 고의 여부에 관하여 사실을 잘못 인정하거나 검사의 상고이유 주장과 같이 '선거비용'의 범위 등에 관한 법리를 오해하는 등의 위법도 발견할 수 없다.

타. 피고인 2·5·4·6 사이의 선거운동 관련 금품제공·수수로 인한 각 공직선거법 위반의 점에 대하여(피고인 2·5 사이의 공소외 2 후보에 대한 자원봉사 대가 제공·수수의 점 포함)

(1) 원심판결 이유 및 원심이 유지한 제1심판결 이유를 그 채택 증거들에 비추어 살펴보면, 원심이 그 판시와 같은 이유를 들어 피고인 2가 피고인 5·4와의 사이에 선거운동과 관련하여 자원봉사 명목의 대가를 수수하였다는 각 공소사실이 모두 유죄로 인정된다고 판단한 것은 정당하고, 거기에 논리와 경험의 법칙을 위반하고 자유심증주의의 한계를 벗어나거나 선거운동의 관련성에 관한 법리를 오해하는 등의 위법이 없다.

(2) 한편 원심은 피고인 2와 피고인 6 사이의 2012.3.1.자 선거운동 관련 금품제공·수수로 인한 공직선거법 위반의 점에 대하여, 이 부분 범행을 목격하였다는 공소외 1의 진술이나 당시 실질적인 선거사무장 역할을 하였다는 공소외 12의 진술에 의하더라도 피고인 6은 다른 선거운동원들과 달리 선거사무소에 나와 일하는 것이 아니라 보이지 않는 형태로 일하는 등 그 업무의 형태·방법이 상이하고, 이에 따라 피고인 6이 받은 대가가 피고인 5·4 등 다른 선거운동원들과 동일하다고 볼 자료도 없으며, 그 무렵 피고인 6이 자신의 통장에 입금한 금전이 피고인 2로부터 받은 대가라고 단정하기에 부족한 점 등에 비추어, 공소외 1의 이 부분에 관한 진술의 신빙성을 인정할 수 없고 그 밖에 검사 제출의 증거들만으로는 이 부분 공소사실이 합리적 의심 없이 증명되었다고 보기 어렵다고 판단하여 무죄를 선고하였다.

원심판결 이유를 기록에 비추어 살펴보면 원심이 위와 같이 무죄를 선고한 조치는 정당한 것으로 수긍할 수 있고, 거기에 검사의 상고이유 주장과 같이 논리와 경험의 법칙을 위반하여 자유심증주의의 한계를 벗어나는 등의 위법이 없다.

2. 피고인 1의 2012.2.22.자 정당후보자 추천 관련 금품제공 요구·선거운동 관련 금품제공 요구로 인한 각 공직선거법 위반의 점 및 피고인 7 부분에 대하여

　가. 피고인 1·7 사이의 대화를 녹음한 녹음파일(이하 '이 사건 녹음파일'이라 한다) 및 그에 기하여 수집된 증거들의 증거능력에 대하여

　　(1) 이 사건 녹음파일의 증거능력에 관하여

　　　(가) 원심은 부산지방검찰청 검사가 2012.8.3. 부산지방법원으로부터 압수·수색 영장(이하 '이 사건 영장'이라 한다)을 발부받았는데, 이 사건 영장에 피의자는 '피고인 2', 압수할 물건은 '피고인 1 등이 소지하고 있는 휴대전화(휴대전화, 스마트폰) 등', 압수·수색할 장소는 '피고인 1의 주거지 등', 영장 범죄사실은 '피의자는 공천과 관련하여, 2012.3.15. 및 3.28. 공소외 1에게 지시하여 ○○○당 공천심사위원인 공소외 13 등에게 거액이 든 돈 봉투를 각 제공하였다 등'으로 각 기재되어 있는 사실, 이에 따라 부산지방검찰청 수사관이 피고인 1의 주거지에서 그의 휴대전화를 압수하고 이를 부산지방검찰청으로 가져온 후 그 휴대전화에서 추출한 전자정보를 분석하던 중 피고인 1과 피고인 7 사이의 대화가 녹음된 이 사건 녹음파일을 통하여 위 피고인들에 대한 공직선거법 위반의 혐의점을 발견하고 수사를 개시하였으나, 위 피고인들로부터 이 사건 녹음파일을 임의로 제출받거나 새로운 압수수색영장을 발부받지 아니하였던 사실 등을 각 인정한 다음, 이를 전제로 ① 이 사건 영장은 '피고인 2'를 피의자로 하여 '피고인 2가 공소외 1에게 지시하여 피고인 1을 통해 공천과 관련하여 ○○○당 공천심사위원인 공소외 13 등에게 거액이 든 돈 봉투를 각 제공하였다'는 혐의사실을 범죄사실로 하여 발부된 것으로서 피고인 2의 정당후보자 관련 금품제공 혐의사건과 관련된 자료를 압수하라는 취지가 명백하므로, 이 사건 영장에 기재된 범죄사실과 전혀 다른 '피고인 7과 피고인 1 사이의 정당후보자 추천 및 선거운동 관련한 대가 제공 요구 및 약속에 관한' 혐의사실에는 그 효력이 미치지 아니하며, ② 이 사건 녹음파일이 피고인 2에 대한 공소사실을 입증하는 간접증거로 사용될 수 있다는 것과 이 사건 녹음파일을 이 사건 영장 범죄사실과 무관한 피고인 7·1 사이의 범죄사실을 입증하기 위한 증거로 사용하는 것은 별개의 문제이므로 피고인 2에 대한 관계에서 이 사건 녹음파일에 대한 압수가 적법하다고 하여 피고인 7, 1에 대한 관계에서도 적법한 것은 아니라는 이유 등을 들어, 검사가 별도의 압수·수색영장을 발부받지 아니한 채 이 사건 녹음파일을 수집한 행위에는 적법하게 발부된 영장에 의하지 아니하고 증거를 수집한 절차적 위법이 있으므로, 이에 따라 수집된 증거인 이 사건 녹음파일은 위법수집증거로서 그 증거능력이 없다고 판단하였다.

(나) 기록에 의하면, 이 사건 녹음파일에 의하여 그 범행이 의심되었던 혐의사실은 공직선거법상 정당후보자 추천 관련 내지 선거운동 관련 금품 요구·약속의 범행에 관한 것으로서, 일응 범행의 객관적 내용만 볼 때에는 이 사건 영장에 기재된 범죄사실과 동종·유사의 범행에 해당한다고 볼 여지가 있다. 그러나 이 사건 영장에서 당해 혐의사실을 범하였다고 의심된 '피의자'는 피고인 2에 한정되어 있는데, 수사기관이 압수한 이 사건 녹음파일은 피고인 1과 피고인 7 사이의 범행에 관한 것으로서 피고인 2가 그 범행에 가담 내지 관련되어 있다고 볼 만한 아무런 자료가 없다.

결국 이 사건 영장에 기재된 '피의자'인 피고인 2가 이 사건 녹음파일에 의하여 의심되는 혐의사실과 무관한 이상, 수사기관이 별도의 압수·수색영장을 발부받지 아니한 채 압수된 이 사건 녹음파일은 형사소송법 제219조에 의하여 수사기관의 압수에 준용되는 형사소송법(2011.7.18. 법률 제10864호로 개정되어 2012.1.1.부터 시행된 것) 제106조 제1항이 규정하는 '피고사건' 내지 같은 법 제215조 제1항이 규정하는 '해당 사건'과 '관계가 있다고 인정할 수 있는 것'에 해당한다고 할 수 없으며, 이와 같은 압수에는 헌법 제12조 제1항 후문, 제3항 본문이 규정하는 헌법상 영장주의에 위반한 절차적 위법이 있다고 할 것이다. 따라서 이 사건 녹음파일은 형사소송법 제308조의2에서 정한 '적법한 절차에 따르지 아니하고 수집한 증거'로서 이를 증거로 쓸 수 없다고 할 것이고, 그와 같은 절차적 위법은 헌법상 규정된 영장주의 내지 적법절차의 실질적 내용을 침해하는 중대한 위법에 해당하는 이상 예외적으로 그 증거능력을 인정할 수 있는 경우로 볼 수도 없다.

(다) 그렇다면 수사기관의 이 사건 녹음파일 압수·수색 과정에서 피압수·수색 당사자인 피고인 1에게 참여권이 보장되었는지, 복사대상 전자정보의 목록이 교부되었는지 여부 등은 별론으로 하더라도, 원심이 위와 같은 전제에서 이 사건 녹음파일이 이 사건 영장에 의하여 압수할 수 있는 물건 내지 전자정보로 볼 수 없다고 하여 그 증거능력을 부정한 조치는 결론에 있어 정당한 것으로 수긍할 수 있으며, 거기에 검사의 상고이유 주장과 같이 범죄혐의 관련성의 범위나 위법수집증거배제법칙의 예외 등에 관한 법리를 오해한 위법이 없다.

(2) 이른바 '2차적 증거'의 증거능력에 관하여

법원이 2차적 증거의 증거능력 인정 여부를 최종적으로 판단할 때에는 먼저 절차에 따르지 아니한 1차적 증거 수집과 관련된 모든 사정들, 즉 절차 조항의 취지와 그 위반의 내용 및 정도, 구체적인 위반 경위와 회피가능성, 절차 조항이 보호하고자 하는 권리 또는 법익의 성질과 침해 정도 및 피고인과의 관련성, 절차

위반행위와 증거수집 사이의 인과관계 등 관련성의 정도, 수사기관의 인식과 의도 등을 살피는 것은 물론, 나아가 1차적 증거를 기초로 하여 다시 2차적 증거를 수집하는 과정에서 추가로 발생한 모든 사정들까지 구체적인 사안에 따라 주로 인과관계 희석 또는 단절 여부를 중심으로 전체적·종합적으로 고려하여야 한다(대법원 2009.3.12. 선고 2008도11437 판결, 대법원 2013.3.28. 선고 2012도13607 판결 등 참조).

원심은 앞서 본 바와 같이 이 사건 녹음파일의 증거능력이 부정되는 이상, 이에 터 잡아 수집한 2차적 증거인 피고인들의 검찰 진술 또한 그 증거능력이 배제되어야 하는 것으로서 증거로 쓸 수 없다고 판단하는 한편, 피고인들의 법정진술과 참고인 공소외 14 등의 수사기관 및 법정 진술에 대해서는, 공개된 법정에서 진술거부권을 고지받고 변호인의 충분한 조력을 받은 상태에서 자발적으로 이루어진 것이고 수사기관이 의도적으로 그 영장주의의 취지를 회피하려고 시도한 것은 아니라는 사정 등을 종합하여 그 증거능력이 인정된다고 판단하였다.

기록에 의하면, 위 피고인들의 제1심 법정진술의 경우에는 그 증거능력이 부정되어야 할 이 사건 녹음파일을 제시받거나 그 대화 내용을 전제로 한 신문에 답변한 내용이 일부 포함되어 있으므로, 그와 같은 진술과 이 사건 녹음파일 수집 과정에서의 절차적 위법과의 사이에는 여전히 직접적 인과관계가 있다고 볼 여지가 있어, 원심이 이 부분 진술까지 그 증거능력이 있다고 단정한 데에는 부적절한 점이 없지 아니하다. 그러나 이를 제외한 나머지 증거들의 증거능력에 대한 원심의 위와 같은 판단은 정당한 것으로 수긍할 수 있고 거기에 피고인 1의 상고이유 주장과 같은 법리오해의 위법이 없으며, 뒤에서 보는 바와 같이 위 피고인들의 제1심 법정진술을 제외하더라도 피고인 1에 대한 이 부분 공소사실에 대한 원심의 결론은 정당하므로, 결국 원심의 위와 같은 잘못은 판결 결과에 영향을 미치지 아니하였다고 할 것이다.

나. 나머지 상고이유 주장에 대하여

(1) 피고인 1의 선거운동 관련 금품제공 요구의 점에 대하여

원심은, ① 피고인 1이 원심에서 '증인이 2012.2.22. 피고인 7에게 제시한 선거전략기획서(이른바 '로드맵')에 대한 보충설명을 하고, 3억 원 정도가 된다고 이야기하였다'든가 '증인이 2012.3.11. 피고인 7이 양산시 지역구의 ○○○당 후보자로 확정된 이후부터 피고인 7에게 3억 원을 달라고 이야기하였다'는 등 자신이 피고인 7의 선거운동과 관련하여 그 대가를 요구하였다는 공소사실에 부합하는 취지로 증언하였던 점, ② 피고인 1이 자신의 활동에 대한 대가로 2012.2.22. 당일뿐 아니라 피고인 7이 공천을 받은 2012.3.11. 이후부터 계속하여 금품의 지급을 요구하면서 피고인 7에게 2012.3.14. '정치를 못되게 배웠어', 피고인 7을 소개하였던

공소외 14에게 2012.3.20. '윤(영석) 해결 좀 하라지. 마지막까진 안 가는 게 좋을 거라고'라는 내용의 각 문자메시지를 보냈던 점, ③ 피고인 7도 원심에서 '피고인 1이 요구한 3억 원은 사실상 로드맵에 대한 대가였다'고 진술하는 등 대가 제공을 요구받은 사실을 전제로 진술한 점 등을 종합하여 피고인 1이 피고인 7의 선거운동과 관련하여 그 대가의 제공을 요구한 사실을 인정하는 한편, 피고인 1이 공소외 15, 16 등에게 전화하여 피고인 7에 대한 지지를 직접 부탁하였던 사정 등을 종합하여 피고인 1의 행위가 '선거운동'과 관련성이 있는 행위에 해당한다고 보아 이 부분 공소사실을 유죄로 인정하였다.

원심판결 이유를 앞서 본 법리와 원심이 적법하게 채택한 증거들에 비추어 살펴보면, 원심의 위와 같은 판단은 정당한 것으로 수긍할 수 있고 거기에 필요한 심리를 다하지 아니하고 논리와 경험의 법칙을 위반하여 자유심증주의의 한계를 벗어나 사실을 잘못 인정한 위법이 있다고 할 수 없으며, 피고인 1의 상고이유 주장과 같이 공소사실의 특정 내지 선거운동과의 관련성에 관한 법리를 오해하는 등의 위법도 없다.

나아가 위 피고인들의 제1심 법정진술을 증거에서 제외하더라도 원심이 적법하게 채택한 나머지 증거들만으로도 이 부분 공소사실이 증명된다고 할 것이므로, 결국 위 피고인들의 제1심 법정진술 전부를 유죄의 증거로 채택한 원심의 이 부분 잘못은 판결 결과에 영향을 미치지 아니하였다고 할 것이다.

(2) 피고인 7 부분에 대하여

(가) 공직선거법 제230조 제1항 제4호에 정해진 '금품 기타 이익의 제공을 약속'하는 행위, 또는 공직선거법 제135조 제3항에 정해진 금품 기타 이익 제공의 '약속' 행위는 구두에 의하여도 할 수 있고 그 방식에 제한은 없는 것이지만, 그 약속 또는 의사표시가 사회통념상 쉽게 이를 철회하기 어려울 정도로 당사자의 진정한 의지가 담긴 것으로서 외부적·객관적으로 나타나는 정도에는 이르러야 본조의 구성요건 해당성이 있다고 할 것이다(대법원 2006.4.27. 선고 2004도4987 판결 등 참조).

원심은, 비록 원심법정에서 피고인 1이 2012.2.22. 만남에서 피고인 7에게 3억 원을 요구하였고, 이에 대하여 피고인 7은 계속하여 도와달라는 취지의 말을 하였다고 진술하였으나, ① 피고인 1도 피고인 7이 스스로 3억 원을 언급한 적은 없었다고 인정하였고, ② 피고인 7이 그 후 피고인 1의 집요한 요구·압박에도 피고인 1에게 3억 원을 실제로 지급하였다거나 그 지급을 위한 노력을 하였다는 흔적도 찾기 어려우며, ③ 2012.2.26.에 이르러 피고인 7이 피고인 1에게 여론조사를 비롯한 홍보물 제작을 할 수 있는지 문의하였으나 피고인 1은 '제작하는 것은 하지 않는다'는 취지로 답변하였고, ④ 2012.3. 중순경 피고인 1이 피고인 7에게 3억 원의 지급을 계속적으로 요구하자 피고인 7은 당시의 선거 상황에 비추어 피고인 1의 요구를 정면으로 거절할 경우 자칫 잘못하면 선거를 망칠 수도 있겠다는 불안감을 느낀 나머지 피고인 1을 잘 관리하고 달래기 위하여 계속적으로 피고인 1에게 그 돈을 지급하겠다는 취지로 말한 것으로 볼 여지가 있으며, ⑤ 피고인 1도 원심에서 '정상적으로 계약이 체결되면 후보자들이 중간중간에 요구를 하는데 피고인 7은 요구를 하지 않았다'고 진술한 점 등을 종합하여 보면, 피고인 1의 위와 같은 진술만으로는 확정적인 '약속'을 하였다고 단정할 수 없고 그 밖에 검사 제출의 증거들만으로는 이 부분 공소사실이 합리적 의심 없이 증명되었다고 보기 어렵다고 판단하여 피고인 7의 이 부분 공소사실에 대하여 무죄를 선고하였다.

원심판결 이유를 앞서 본 법리와 기록에 비추어 살펴보면 원심이 피고인 7의 행위가 사회통념상 쉽게 이를 철회하기 어려울 정도로 그의 진정한 의지가 담긴 것이라고 인정하기에 부족하다고 판단하여 무죄를 선고한 조치는 정당한 것으로 수긍할 수 있고, 거기에 검사의 상고이유 주장과 같이 논리와 경험의 법칙을 위반하고 자유심증주의의 한계를 벗어나거나 공직선거법상 금품제공의 '약속'에 관한 법리를 오해하는 등의 위법이 없다.

(나) 나아가 원심은 위 피고인들이 원심법정에서 한 진술, 공소외 14가 검찰 및 원심법정에서 한 진술 등 검사가 제출한 증거들 중 그 증거능력을 인정할 수 있는 증거들만으로는 피고인들 사이에 정당의 후보자 추천과 관련하여 금품을 요구하고 이를 약속하였다고 인정하기 어렵다고 판단하여, 피고인 7의 정당후보자 추천 관련 금품제공 약속의 점에 대한 공소사실에 대하여 무죄를 선고한 제1심판결을 그대로 유지하였다.

원심판결 이유와 원심이 인용한 제1심판결 이유를 기록에 비추어 살펴보면, 원심의 위와 같은 판단은 정당한 것으로 수긍할 수 있고, 거기에 검사의 상고이유 주장과 같이 논리와 경험의 법칙을 위반하여 자유심증주의의 한계를 벗어나거나 필요한 심리를 다하지 아니하는 등의 위법이 없다.

3. 결론

그러므로 피고인 1, 2, 3, 4, 5의 상고와 검사의 상고를 모두 기각하기로 하여 관여 대법관의 일치된 의견으로 주문과 같이 판결한다.

대법관 박병대(재판장) 양창수 고영한 김창석(주심)

디지털 증거의 수집

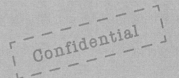

제1절 데이터의 압수 가능성

디지털 정보 또는 데이터가 물리적 증거의 확보 수단인 압수의 대상이 될 수 있는지 형사소송법의 해석과 관련하여 학계에서는 긍정설과 부정설의 견해 대립이 있지만, 수사 실무에서는 이미 형사소송법을 근거로 광범위한 데이터 압수가 진행되고 있어 논의의 큰 실익은 없어 보인다.

압수와 관련하여 우리 형사소송법은 제106조 제1항에서 "법원은 필요한 때에는 증거물 또는 몰수할 것으로 사료하는 물건을 압수할 수 있다"라고 규정하고 있고, 여기서의 '증거물'을 '물리적으로 관리 가능한 유체물로 보는 것이 일반적인 해석이다. 디지털화된 데이터는 저장매체라는 물리적 유체물 속에 전자적으로 저장된 비가독성과 대용량성을 지닌 증거물이라고 볼 수 있다. 따라서 디지털 정보 내지 데이터를 형소법 제106조에서 말하는 압수할 수 있는 '유체물'로 볼 수 있는지가 문제가 된다.

이와 관련, 학자에 따라 견해가 나뉘지만 이를 긍정하는 견해로는, 민법상의 물건개념을 유추적용하는 견해, 미연방형사소송규칙 제41조 (h)항의 규정 해석과 관련하여 이를 한시적 열거 규정으로 보지 않고 예시적 규정으로 해석하여 압수대상물은 유체물에 한정되지 않는다고 판시한 미국 법원의 'United States v. New York Telephone Co.' 판결을 논거로 하여 디지털 정보 및 데이터의 압수를 인정하는 견해와 현행 형사소송법의 해석론상 무체물인 데이터 내지 정보 자체를 압수의 대상물로 해석하는 것은 불리한 유추해석 내지 확장해석에 해당하여 문제가 발생할 수 있다고 보면서 전자적 정보 내지 디지털 데이터를 포함할 수 있도록 조속히 입법적인 정비를 하는 것이 바람직하다고 보는 견해도 있다.[9]

---

9 김봉수, 「디지털증거(Digital evidence)와 포렌식(Forensics)」, 방송통신정책 제21권 6호, 2009, P.48~49.

제2절 압수수색의 범위

1. 범죄혐의와 관련성

대법원 2011모1839 전원합의체 결정을 통해 "수사기관의 전자정보에 대한 압수·수색은 원칙적으로 영장 발부의 사유로 된 범죄 혐의사실과 관련된 부분만을 문서 출력물로 수집하거나 수사기관이 휴대한 저장매체에 해당 파일을 복제하는 방식으로 이루어져야 하고, 저장매체 자체를 직접 반출하거나 저장매체에 들어 있는 전자파일 전부를 하드카피나 이미징 등 형태로 수사기관 사무실 등 외부로 반출하는 방식으로 압수·수색하는 것은 현장의 사정이나 전자정보의 대량성으로 관련 정보 획득에 긴 시간이 소요되거나 전문 인력에 의한 기술적 조치가 필요한 경우 등 범위를 정하여 출력 또는 복제하는 방법이 불가능하거나 압수의 목적을 달성하기에 현저히 곤란하다고 인정되는 때에 한하여 예외적으로 허용될 수 있을 뿐이다"라고 판시하였다.

이와 관련, 서울고등법원 2019.6.27. 선고 2018노2035 판결은 압수·수색영장 기재 혐의와 무관한 포괄적 압수물의 증거능력을 부정하였다.

국방부 조사본부는 방위사업청 소속 군인이 방위사업체 직원 甲, 乙로부터 뇌물을 수수하였다는 혐의로 압수·수색영장(제1영장)을 발부받아, 甲의 외장하드 및 乙의 업무서류철을 압수하였다. 한편, 기무사는 별도로 A회사 직원 丙이 Y사업 관련 군사기밀을 탐지·수집·누설하였다는 혐의로 압수·수색영장(제2영장)을 발부받아, Y사업 관련 군사기밀뿐 아니라 다른 방산물자 관련 자료를 다수 압수하였다. 기무사는 수사과정에서 제1영장에 의해 압수된 甲의 외장하드에 丙이 작성한 관련문서가 저장되어 있음을 알게 되었고, 조사본부에 요청하여 제1영장 압수물을 열람 후 丙에 대한 '군사기밀보호법위반' 혐의로 제1영장 압수물에 대한 압수·수색영장(제3영장)을 발부받아, 제1영장 압수물 중 Y사업 관련 군사기밀이 담긴 전자정보 및 서류의 사본을 압수하였고, 이를 기초로 甲, 乙이 丙과 공모하여 Y사업 관련 군사기밀 탐지·수집·누설하였다는 범죄혐의까지 수사를 확대하였다. 기무사는 丙에 대해 발부된 제3영장으로 丙과 무관한 甲, 乙에 대한 자료들까지 압수한 것은 위법함을 인지하여 제3영장 압수물 중 丙과 관련된 자료를 제외한 나머지 압수물을 甲, 乙에게 환부한 후 곧바로 미리 발급한 압수·수색영장(제4영장)에 의해 다시 압수하였고, 甲, 乙, 丙을 군사기밀보호법위반으로 기소하였다.

이에 대해, 1심 및 서울고등법원은 위 4차례의 압수·수색영장의 집행은 모두 위법하고, 그 절차를 통해 수집된 압수물과 이를 기초로 수집된 관련자 진술 등 2차적 증거는 모두 위법수집증거로서 증거능력이 없다고 판시하였다. 즉, 제1영장 집행의 경우 甲이 범죄혐의와 무관한 정보를 제외할 것을 요청했음에도, 수사관이 키워드 검색 등 유관정보를 선별하려는 조치를 전혀 취하지 않은 채 외장하드 자체를 압수하여 반출한 점은 위법하고, 업무 서류철의 경우 각 서류의 표지만으로도 작성자가 乙이 아님을 쉽게 알 수 있는데도 이를 전혀 확인하지 아니하고, 업무철로 된 서류 전체를 압수하였으며, 압수 이후에도 압수된 서류와 뇌물수수 혐의 사이의 관련성을 전혀 조사하지 아니한 채 계속 보관한 점은 위법하고, 제2영장 집행의 경우 Y사업 관련 문건 외 다른 문건 다수를 압수한 것은 압수대상을 벗어난 압수로서 위법하고, 제3영장 집행의 경우 제1영장에 의해 위법하게 압수된 압수물의 추가 압수는 그 자체로 위법하며, 기무사 수사관이 국방부 조사본부에 찾아가 압수물을 열람한 행위는 수색에 해당하므로, 최초 피압수자인 甲, 乙의 동의 및 참여 없이 이를 열람하는 것은 위법한 수색이고, 제4영장 집행의 경우 제1, 3영장에 의한 위법한 압수물을 재압수하는 것은 그 자체로 위법하고, 위법한 압수물에 대하여 추가적인 제4영장을 미리 발부받아 놓은 다음, 압수물을 환부한 후 곧바로 재압수하는 것은 절차를 지킨 것처럼 외양을 갖춘 것에 불과하다고 판시하면서, 나머지 증거들만으로 해당 정보들이 위법하게 수집·탐지·누설된 것인지 증명되지 아니하였다는 이유로 甲, 乙, 丙에게 무죄를 선고하였다.[10]

---

10 이태한 변호사, '압수·수색영장 기재 혐의와 무관한 포괄적 압수물의 증거능력', 《법률신문》, 2019.9.25.

2. 형사소송법 제313조에서의 정보저장매체의 범위

정보저장매체의 범위에 관하여 형사소송법 제313조(진술서등) 제1항은 피고인 또는 피고인이 아닌 자가 작성한 진술서나 그 진술을 기재한 서류로서 그 작성자 또는 진술자의 자필이거나 그 서명 또는 날인이 있는 것, 즉 피고인 또는 피고인 아닌 자가 작성하였거나 진술한 내용이 포함된 문자·사진·영상 등의 정보로서 컴퓨터용 디스크, 그 밖에 이와 비슷한 정보저장매체에 저장된 것을 포함한다고 규정하고 있다.

학자에 따라 견해가 다르지만 여기에는 녹음된 음성정보도 당연히 포함되어야 한다고 보아야 할 것이다. 제313조 제1항의 … 문자·사진·영상 등의 정보는 예시적 규정으로 봄이 타당하다고 본다. 컴퓨터용 디스크나 정보저장매체의 범위를 법문의 규정대로 문자·사진·영상 등으로만 한정한다면 스마트폰이 등장하면서 실무현장에서 결정적인 증거자료로 활용되는 통화내용을 녹음한 음성파일 등은 제외해야 하는 부당함이 있다. 이는 판례의 태도와도 부합하지 않는다. 증거법에서 사실인정의 기초로 사용할 수 있는 자료는 문자나 영상, 사진에 국한하지 않는 모든 자료를 대상으로 한다고 보아야 한다. 이런 점에서 제313조의 정보저장매체의 범위에는 문자, 사진, 영상, 음성파일 등이 포함된다고 할 것이다.

그런데 제313조에는 아날로그 방식으로 저장된 녹음테이프에 대한 규정이 없다. 물론 이것도 기존 판례에서 인정하고 있지만, 문제는 개정된 형소법 제313조의 정보저장매체에 포함시킬 것인지다.

이에 대해 다수의 견해는 진술 정보가 비디오나 녹음테이프, 컴퓨터 디스크 등에 기록된 경우에도 동일한 원리가 적용될 수 있다고 보는 것이 일반적이며, 입법자는 개정을 하면서 기존의 아날로그 방식의 녹음테이프를 포함하는 정보저장매체를 규정하였다고 봄이 타당하다고 한다. 이렇게 해석하는 것이 기존의 판례의 입장을 반영한 개정 취지에도 부합하는 것이며, 아날로그 방식의 녹음테이프와 디지털 방식의 저장매체의 이원화에 따른 법 적용 불편함도 제거할 수 있는 방안이라고 보았다.[11]

---

11 권오걸, 「형사소송법 제313조에서의 정보저장매체의 범위와 증거능력」, 경북대학교 법학연구원, 《법학논고》 제62집, 2018, P.180.

제3절 영장의 집행

1. 팩스 등 사본영장

우리 형사소송법 제118조(영장의 제시)는 압수·수색영장은 처분을 받는 자에게 반드시 제시하여야 한다고 명문으로 규정하고 있다. 그러나 수사실무에서는 이메일이나 로그자료 등의 통신사실자료에 대해 영장 사본을 팩스로 송신하여 제공받는 경우가 많다. 이때 문제가 되는 것이 영장의 제시 여부인데, 팩스로 전송한 행위가 영장의 제시로 볼 수 있을 것인가가 문제가 된다.

이에 대해 대법원 2017.9.7. 선고, 2015도10648 판결은 "수사기관이 2010.1.11. 공소외 1 주식회사에서 압수수색영장을 집행하여 피고인이 공소외 2에게 발송한 이메일을 압수한 후 이를 증거로 제출하였으나, 수사기관은 위 압수수색영장을 집행할 당시 공소외 1 주식회사에 팩스로 영장 사본을 송신한 사실은 있으나 영장 원본을 제시하지 않았고 또한 압수조서와 압수물 목록을 작성하여 이를 피압수·수색 당사자에게 교부하였다고 볼 수도 없다고 전제한 다음, 위와 같은 방법으로 압수된 위 각 이메일은 헌법과 형사소송법 제219조, 제118조, 제129조가 정한 절차를 위반하여 수집한 위법수집증거로 원칙적으로 유죄의 증거로 삼을 수 없고, 이러한 절차 위반은 헌법과 형사소송법이 보장하는 적법절차 원칙의 실질적인 내용을 침해하는 경우에 해당하고 위법수집증거의 증거능력을 인정할 수 있는 예외적인 경우에 해당한다고 볼 수도 없어 증거능력이 없다"고 판결하였다.

팩스로 영장사본 전송 후 원본 제시 않은 채 압수한 이메일 증거능력

(안○○ K대 교수 국가보안법위반 사건)

[대법원, 2015도10648, 2017.9.7.]

【판시사항】

[1] 형사소송법 등에서 정한 절차에 따르지 않고 수집된 증거를 유죄 인정의 증거로 삼을 수 있는지 여부(원칙적 소극)

[2] 수사기관이 甲 주식회사에서 압수수색영장을 집행하면서 甲 회사에 팩스로 영장 사본을 송신하기만 하고 영장 원본을 제시하거나 압수조서와 압수물 목록을 작성하여 피압수·수색 당사자에게 교부하지도 않은 채 피고인의 이메일을 압수한 후 이를 증거로 제출한 사안에서, 위와 같은 방법으로 압수된 이메일은 증거능력이 없다고 본 원심판단을 수긍한 사례

【전문】

【원심판결】

서울고법 2015.6.25. 선고 2014노2389 판결

【주문】

상고를 모두 기각한다.

【판결이유】

상고이유를 판단한다.

1. 피고인의 상고이유에 관하여

원심판결 이유를 원심과 제1심이 적법하게 채택한 증거들에 비추어 살펴보면, 원심이 그 판시와 같은 이유를 들어 이 사건 공소사실(무죄 및 이유 무죄 부분 제외)을 모두 유죄로 인정한 것은 정당하다. 거기에 상고이유 주장과 같이 논리와 경험의 법칙에 반하여 자유심증주의의 한계를 벗어나거나, 전문법칙, 국가기밀의 개념, 이적단체 구성 음모, 이적표현물 소지·반포에 관한 법리를 오해하는 등의 잘못이 없다.

2. 검사의 상고이유에 관하여

가. 국가보안법위반(간첩) 부분에 대하여

원심은 이 부분 주위적 공소사실에 대하여 그 판시와 같은 이유로 범죄의 증명이 없다고 보아 판결이유에서 이를 무죄로 판단한 제1심판결을 그대로 유지하였다. 원심판결 이유를 기록에 비추어 살펴보면 원심의 위와 같은 판단은 정당하고, 거기에 상

고이유 주장과 같이 전문법칙과 형사소송법 제313조 제1항에 관한 법리를 오해하는 등의 잘못이 없다.

나. 국가보안법위반(찬양·고무 등) 부분 중 무죄 부분에 대하여

(1) 수사기관의 압수·수색은 법관이 발부한 압수수색영장에 의하여야 하는 것이 원칙이고, 그 영장에는 피의자의 성명, 압수할 물건, 수색할 장소·신체·물건과 압수수색의 사유 등이 특정되어야 하며(형사소송법 제215조, 제219조, 제114조 제1항, 형사소송규칙 제58조), 영장은 처분을 받는 자에게 반드시 제시되어야 하고(형사소송법 제219조, 제118조), 압수물을 압수한 경우에는 목록을 작성하여 소유자, 소지자 등에게 교부하여야 한다(같은 법 제219조, 제129조). 이러한 형사소송법과 형사소송규칙의 절차 조항은 헌법에서 선언하고 있는 적법절차와 영장주의를 구현하기 위한 것으로서 그 규범력은 확고히 유지되어야 한다. 그러므로 형사소송법 등에서 정한 절차에 따르지 않고 수집된 증거는 기본적 인권 보장을 위해 마련된 적법한 절차에 따르지 않은 것으로서 원칙적으로 유죄 인정의 증거로 삼을 수 없다(대법원 2007.11.15. 선고 2007도3061 전원합의체 판결 등 참조).

(2) 원심은, 수사기관이 2010.1.11. 공소외 1 주식회사에서 압수수색영장을 집행하여 피고인이 공소외 2에게 발송한 이메일(증거목록 순번 314-1, 3, 5)을 압수한 후 이를 증거로 제출하였으나, 수사기관은 위 압수수색영장을 집행할 당시 공소외 1 주식회사에 팩스로 영장 사본을 송신한 사실은 있으나 영장 원본을 제시하지 않았고 또한 압수조서와 압수물 목록을 작성하여 이를 피압수·수색 당사자에게 교부하였다고 볼 수도 없다고 전제한 다음, 위와 같은 방법으로 압수된 위 각 이메일은 헌법과 형사소송법 제219조, 제118조, 제129조가 정한 절차를 위반하여 수집한 위법수집증거로 원칙적으로 유죄의 증거로 삼을 수 없고, 이러한 절차 위반은 헌법과 형사소송법이 보장하는 적법절차 원칙의 실질적인 내용을 침해하는 경우에 해당하고 위법수집증거의 증거능력을 인정할 수 있는 예외적인 경우에 해당한다고 볼 수도 없어 증거능력이 없다는 이유로, 이 부분 공소사실을 무죄로 판단한 제1심판결을 그대로 유지하였다.

원심판결 이유를 기록에 비추어 살펴보면, 원심의 판단은 앞에서 본 법리에 기초한 것으로서 정당하고, 거기에 압수 절차나 압수물의 증거능력에 관한 법리를 오해하는 등의 잘못이 없다.

다. 한편 검사는 원심판결 중 유죄 부분에 대하여도 상고하였으나, 상고장이나 상고이유서에서 이에 관한 불복이유 기재를 찾아볼 수 없다.

3. 결론

그러므로 상고를 모두 기각하기로 하여, 관여 대법관의 일치된 의견으로 주문과 같이 판결한다.

대법관 고영한(재판장) 조희대 권순일(주심) 조재연

2. 영장집행 방법

형사소송법은 제106조에서 제138조에 걸쳐 압수수색영장의 집행방법에 대해 규정하고 있지만, 대법원은 이에 대한 명확한 기준을 제시하였다. 대법원 2009.3.12.선고 2008도 763 판결은 "압수·수색영장은 처분을 받는 자에게 반드시 제시하여야 하는바, 현장에서 압수·수색을 당하는 사람이 여러 명일 경우에는 그 사람들 모두에게 개별적으로 영장을 제시해야 하는 것이 원칙이다. 수사기관이 압수·수색에 착수하면서 그 장소의 관리책임자에게 영장을 제시하였다고 하더라도, 물건을 소지하고 있는 다른 사람으로부터 이를 압수하고자 하는 때에는 그 사람에게 따로 영장을 제시하여야 한다"라고 했다.

또한 "공무원인 수사기관이 작성하여 피압수자 등에게 교부해야 하는 압수물 목록에는 작성연월일을 기재하고, 그 내용은 사실에 부합하여야 한다. 압수물 목록은 피압수자 등이 압수물에 대한 환부·가환부신청을 하거나 압수처분에 대한 준항고를 하는 등 권리행사절차를 밟는 가장 기초적인 자료가 되므로, 이러한 권리행사에 지장이 없도록 압수 직후 현장에서 바로 작성하여 교부해야 하는 것이 원칙이다"라고 판결하였다.

영장의 제시, 압수목록의 교부 등 영장의 집행 방법

(공직선거법위반)

[대법원, 2008도763, 2009.3.12.]

【판시사항】

[1] 압수·수색영장에 압수대상물을 압수장소에 '보관중인 물건'으로 기재한 경우, 이를 '현존하는 물건'으로 해석가능한지 여부(소극)

[2] 압수·수색영장의 제시방법(=개별적 제시)

[3] 형사소송법상 압수목록의 작성·교부시기(=압수 직후)

[4] 헌법과 형사소송법이 정한 절차를 위반하여 수집한 증거를 예외적으로 유죄의 증거로 사용할 수 있는 경우 및 그와 같은 특별한 사정에 대한 증명책임자(=검사)

【판결요지】

[1] 헌법과 형사소송법이 구현하고자 하는 적법절차와 영장주의의 정신에 비추어 볼 때, 법관이 압수·수색영장을 발부하면서 '압수할 물건'을 특정하기 위하여 기재한 문언은 엄격하게 해석하여야 하고, 함부로 피압수자 등에게 불리한 내용으로 확장 또는 유추 해석하여서는 안 된다. 따라서 압수·수색영장에서 압수할 물건을 '압수장소에 보관중인 물건'이라고 기재하고 있는 것을 '압수장소에 현존하는 물건'으로 해석할 수는 없다.

[2] 압수·수색영장은 처분을 받는 자에게 반드시 제시하여야 하는바, 현장에서 압수·수색을 당하는 사람이 여러 명일 경우에는 그 사람들 모두에게 개별적으로 영장을 제시해야 하는 것이 원칙이다. 수사기관이 압수·수색에 착수하면서 그 장소의 관리책임자에게 영장을 제시하였다고 하더라도, 물건을 소지하고 있는 다른 사람으로부터 이를 압수하고자 하는 때에는 그 사람에게 따로 영장을 제시하여야 한다.

[3] 공무원인 수사기관이 작성하여 피압수자 등에게 교부해야 하는 압수물 목록에는 작성 연월일을 기재하고, 그 내용은 사실에 부합하여야 한다. 압수물 목록은 피압수자 등이 압수물에 대한 환부·가환부신청을 하거나 압수처분에 대한 준항고를 하는 등 권리행 사절차를 밟는 가장 기초적인 자료가 되므로, 이러한 권리행사에 지장이 없도록 압수 직후 현장에서 바로 작성하여 교부해야 하는 것이 원칙이다.

[4] 헌법과 형사소송법이 정한 절차에 위반하여 수집한 증거는 기본적 인권 보장을 위해 마련된 적법한 절차에 따르지 않은 것으로서 원칙적으로 유죄의 증거로 삼을 수 없다. 다만, 수사기관의 증거 수집 과정에서 이루어진 절차 위반행위와 관련된 모든 사정을 전체적·종합적으로 살펴볼 때, 수사기관의 절차 위반행위가 적법절차의 실질적인 내용

을 침해하는 경우에 해당하지 아니하고, 오히려 그 증거의 증거능력을 배제하는 것이 헌법과 형사소송법이 형사소송에 관한 절차 조항을 마련하여 적법절차의 원칙과 실체적 진실 규명의 조화를 도모하고 이를 통하여 형사 사법 정의를 실현하려 한 취지에 반하는 결과를 초래하는 것으로 평가되는 예외적인 경우라면 법원은 그 증거를 유죄 인정의 증거로 사용할 수 있으나, 구체적 사안이 위와 같은 예외적인 경우에 해당하는지를 판단하는 과정에서 적법한 절차를 따르지 않고 수집된 증거를 유죄의 증거로 삼을 수 없다는 원칙이 훼손되지 않도록 유념하여야 하고, 그러한 예외적인 경우에 해당한다고 볼 만한 구체적이고 특별한 사정이 존재한다는 것은 검사가 입증하여야 한다.

【전문】

【환송판결】

대법원 2007.11.15. 선고 2007도3061 판결

【주문】

상고를 기각한다.

【판결이유】

상고이유를 판단한다.

1.

가. 헌법과 형사소송법이 구현하고자 하는 적법절차와 영장주의의 정신에 비추어 볼 때, 법관이 압수·수색영장을 발부하면서 '압수할 물건'을 특정하기 위하여 기재한 문언은 이를 엄격하게 해석하여야 하고, 함부로 피압수자 등에게 불리한 내용으로 확장 또는 유추해석하는 것은 허용될 수 없다.

같은 취지에서, 이 사건 압수·수색영장에서 압수할 물건을 '압수장소에 보관중인 물건'이라고 기재하고 있는 것을 '압수장소에 현존하는 물건'으로 해석할 수 없다고 한 원심의 판단은 옳고, 압수·수색영장의 효력에 관한 법리오해 등의 위법은 없다. 이 부분 검사의 주장은 모두 받아들이지 않는다.

나. 압수·수색영장은 처분을 받는 자에게 반드시 제시하여야 하는바(형사소송법 제219조, 제118조), 현장에서 압수·수색을 당하는 사람이 여러 명일 경우에는 그 사람들 모두에게 개별적으로 영장을 제시해야 하는 것이 원칙이고, 수사기관이 압수·수색에 착수하면서 그 장소의 관리책임자에게 영장을 제시하였다고 하더라도, 물건을 소지하고 있는 다른 사람으로부터 이를 압수하고자 하는 때에는 그 사람에게 따로 영장을 제시하여야 한다. 한편, 당사자의 증거신청을 받아들일 것인지는 법원이 재량에 따라 결정하는 것이 원칙이므로, 법원은 당사자가 신청한 증거가 적절하지 않다고 판단하거나 조사할 필요가 없다고 인정할 때에는 그 신청을 기각할 수 있다(대법원

2003.10.10. 선고 2003도3282 판결 등).

같은 취지에서, 수사기관이 이 사건 압수·수색에 착수하면서 이 사건 사무실에 있던 제주도지사 비서실장 공소외 1에게 압수·수색영장을 제시하였다고 하더라도 그 뒤 그 사무실로 이 사건 압수물을 들고 온 제주도지사 비서관 공소외 2로부터 이를 압수하면서 따로 압수·수색영장을 제시하지 않은 이상, 위 압수절차는 형사소송법이 정한 바에 따르지 않은 것이라고 본 원심의 판단은 정당하고, 기록에 의하면 공소외 2에 대한 압수·수색영장 제시 여부에 관한 사실인정과 관련하여 원심이 검사의 일부 증거신청을 받아들이지 않은 조치에 증거신청 채택 여부에 관한 재량의 한계를 벗어난 위법이 있다고 보이지 않는바, 원심 판단에 압수·수색영장 제시 범위 등에 관한 법리오해나 증거신청 채택 여부 등에 관하여 법령을 위반한 위법은 없다. 이 부분에 관한 상고이유 역시 모두 받아들이지 않는다.

다. **공무원인 수사기관이 작성하여 피압수자 등에게 교부해야 하는 압수물 목록에는 작성연월일이 기재되고(형사소송법 제57조 제1항) 그 내용도 사실에 부합하여야 한다. 또, 압수물 목록은 피압수자 등이 압수물에 대한 환부·가환부신청을 하거나 압수처분에 대한 준항고를 하는 등 권리행사절차를 밟는 가장 기초적인 자료가 되므로, 이러한 권리행사에 지장이 없도록 압수 직후 현장에서 바로 작성하여 교부해야 하는 것이 원칙이다.**

같은 취지에서, 작성월일을 누락한 채 일부 사실에 부합하지 않는 내용으로 작성하여 압수·수색이 종료된 지 5개월이나 지난 뒤에 이 사건 압수물 목록을 교부한 행위는 형사소송법이 정한 바에 따른 압수물 목록 작성·교부에 해당하지 않는다고 본 원심의 판단은 정당하고, 압수물 목록 작성·교부에 관한 법리오해 등의 위법은 없다. 이 부분 상고이유도 모두 받아들이지 않는다.

2. 헌법과 형사소송법이 정한 절차에 따르지 아니하고 수집된 증거라고 할지라도 수사기관의 증거 수집 과정에서 이루어진 절차 위반행위와 관련된 모든 사정을 전체적·종합적으로 살펴볼 때, 수사기관의 절차 위반행위가 적법절차의 실질적인 내용을 침해하는 경우에 해당하지 아니하고, 오히려 그 증거의 증거능력을 배제하는 것이 헌법과 형사소송법이 형사소송에 관한 절차 조항을 마련하여 적법절차의 원칙과 실체적 진실 규명의 조화를 도모하고 이를 통하여 형사사법정의를 실현하려 한 취지에 반하는 결과를 초래하는 것으로 평가되는 예외적인 경우라면, 법원은 그 증거를 유죄 인정의 증거로 사용할 수 있다(대법원 2007.11.15. 선고 2007도3061 전원합의체 판결 참조).

그러나 이러한 예외적인 경우를 함부로 인정하게 되면 결과적으로 헌법과 형사소송법이 정한 절차에 따르지 아니하고 수집된 증거는 기본적 인권 보장을 위해 마련된 적법한 절차에 따르지 않은 것으로서 유죄 인정의 증거로 삼을 수 없다는 원칙을 훼손하는 결과를 초래할 위험이 있으므로, 법원은 구체적인 사안이 위와 같은 예외적인 경우에 해당하는지를 판단하는 과정에서 위와 같은 결과가 초래되지 않도록 유념하여야 한다. 나아가, 법원이 수사기관의 절차 위반행위에도 불구하고, 그 수집된 증거를 유죄 인정의 증거로 사용할 수 있는 예외적인 경우에 해당한다고 볼 수 있으려면, 그러한 예외적인 경우에 해당한다고 볼 만한 구체적이고 특별한 사정이 존재한다는 것을 검사가 입증하여야 한다.

같은 취지에서, 원심이 이 사건은 수사기관의 절차 위반행위에도 불구하고, 그 수집된 증거를 유죄 인정의 증거로 사용할 수 있는 예외적인 경우에 해당한다는 검사의 주장을 판시한 바와 같은 이유를 들어 받아들이지 않은 것은 정당하고, 헌법과 형사소송법이 정한 절차에 따르지 아니하고 수집된 증거를 유죄 인정의 증거로 삼을 수 있는 범위나 한계에 관한 법리오해 등의 위법은 없다. 이 부분 상고이유 역시 받아들이지 아니한다.

3. 그러므로 상고를 기각하기로 관여 대법관의 의견이 일치되어 주문과 같이 판결한다.

대법관 김능환(재판장) 김영란(주심) 이홍훈 차한성

제4절 참여인 문제

2015년 공직선거법과 개인정보보호법위반 사건으로 기소된 이른바 보은군수 사건은 압수수색 현장에서 형사소송법이 보장하고 있는 참여인의 참여기회 보장과 관련된 중요한 판결이 나왔다. 대법원은 압수수색영장 집행과정에 참여권을 보장하지 않았고, 압수된 전자정보에 대한 목록을 작성하여 교부하지도 않았으며, 휴대전화를 압수한 날로부터 10일을 초과하여 반환한 것에 대해 위법한 증거수집이라고 판시하였다.

이와 관련, 대법원 2017.9.21. 2015도12400 판결은 "형사소송법 제219조, 제121조는 '수사기관이 압수·수색영장을 집행할 때에는 피압수자 또는 변호인은 그 집행에 참여할 수 있다'는 취지로 규정하고 있다. 저장매체에 대한 압수·수색 과정에서 범위를 정하여 출력 또는 복제하는 방법이 불가능하거나 압수의 목적을 달성하기에 현저히 곤란한 예외적인 사정이 인정되어 전자정보가 담긴 저장매체 또는 하드카피나 이미징 등 형태(이하 '복제본'이라고 한다)를 수사기관 사무실 등으로 옮겨 복제·탐색·출력하는 경우에도, 그와 같은 일련의 과정에서 피압수자나 변호인에게 참여의 기회를 보장하고 혐의사실과 무관한 전자정보의 임의적인 복제 등을 막기 위한 적절한 조치를 취하는 등 영장주의 원칙과 적법절차를 준수하여야 한다. 만약 그러한 조치를 취하지 않았다면 피압수자 측이 참여하지 아니한다는 의사를 명시적으로 표시하였거나 절차 위반행위가 이루어진 과정의 성질과 내용 등에 비추어 피압수자 측에 절차 참여를 보장한 취지가 실질적으로 침해되었다고 볼 수 없을 정도에 해당한다는 등의 특별한 사정이 없는 이상 압수·수색이 적법하다고 평가할 수 없고, 비록 수사기관이 저장매체 또는 복제본에서 혐의사실과 관련된 전자정보만을 복제·출력하였다고 하더라도 달리 볼 것은 아니다"라고 판결하였다.

또한 특정범죄 가중처벌 등에 관한 법률 위반(조세)·조세범 처벌법 위반 사건 관련, 대법원 2018.2.8. 선고 2017도13263 판결은 "형사소송법 제219조, 제121조에 의하면, 수사기관이 압수·수색영장을 집행할 때 피의자 또는 변호인은 그 집행에 참여할 수 있다. 압수의 목적물이 컴퓨터용 디스크, 그 밖에 이와 비슷한 정보저장매체인 경우에는 영장 발부의 사유로 된 범죄 혐의사실과 관련 있는 정보의 범위를 정하여 출력하거나 복제하여 이를 제출받아야 하고, 피의자나 변호인에게 참여의 기회를 보장하여야 한다. 만약 그러한 조치를 취하지 않았다면 이는 형사소송법에 정한 영장주의 원칙과 적법절차를 준수하지 않은 것이다. 수사기관이 정보저장매체에 기억된 정보 중에서 키워드 또는 확장자 검색 등을 통해 범죄 혐의사실과 관련 있는 정보를 선별한 다음 정보저장매체와 동일하게 비트열 방식으로 복제하여 생성한 파일(이하 '이미지 파일'이라 한다)을 제출받아 압수하였다면 이로써 압수의 목적물에 대한 압수·수색 절차는 종료된 것이므로, 수사기관이 수사기관 사무실에서 위와 같이 압수된 이미지 파일을 탐색·복제·출력하는 과정에서도 피의자 등에게 참여의 기회를 보장하여야 하는 것은 아니다"라고 판결하였다.

참여권 미보장 및 압수 목록 미교부

(공직선거법위반·개인정보보호법위반, 보은군수 사건)

[대법원, 2015도12400, 2017.9.21.]

【판시사항】

[1] 형사소송법이 압수·수색영장을 집행하는 경우에 피압수자에게 반드시 압수·수색영 장을 제시하도록 규정한 취지 / 압수·수색영장의 제시 범위 및 방법

[2] 전자정보가 담긴 저장매체 또는 복제본을 수사기관 사무실 등으로 옮겨 복제·탐 색·출력하는 일련의 과정에서, 피압수자나 변호인에게 참여의 기회를 보장하고 혐의 사실과 무관한 전자정보의 임의적인 복제 등을 막기 위한 적절한 조치를 취하지 않은 경우, 압수·수색의 적법 여부(원칙적 소극) 및 수사기관이 저장매체 또는 복제본에서 혐 의사실과 관련된 전자정보만을 복제·출력하였더라도 마찬가지인지 여부(적극)

[3] 적법한 절차에 따르지 아니하고 수집한 증거를 예외적으로 유죄 인정의 증거로 사용할 수 있는 경우 및 그러한 특별한 사정이 존재한다는 점에 대한 증명책임 소재(=검사) / 법원이 2차적 증거의 증거능력 인정 여부를 최종적으로 판단할 때 고려하여야 할 사항

【판결요지】

[1] 대한민국헌법 제12조 제3항 본문은 '체포·구속·압수 또는 수색을 할 때에는 적법한 절 차에 따라 검사의 신청에 의하여 법관이 발부한 영장을 제시하여야 한다'고 규정하고, 형사소송법 제219조, 제118조는 '수사기관이 압수·수색영장을 집행할 때에는 처분을 받는 자에게 반드시 압수·수색영장을 제시하여야 한다'는 취지로 규정하고 있다. 그리 고 형사소송법 제219조, 제114조 제1항 본문, 형사소송규칙 제58조는 압수·수색영장에 피의자의 성명, 죄명, 압수할 물건, 수색할 장소, 신체, 물건, 발부연월일, 유효기간과 그 기간을 경과하면 집행에 착수하지 못하며 영장을 반환하여야 한다는 취지 및 압수·수 색의 사유를 기재하고 영장을 발부하는 법관이 서명날인하도록 규정하고 있다. 형사소 송법이 압수·수색영장을 집행하는 경우에 피압수자에게 반드시 압수·수색영장을 제 시하도록 규정한 것은 법관이 발부한 영장 없이 압수·수색을 하는 것을 방지하여 영장 주의 원칙을 절차적으로 보장하고, 압수·수색영장에 기재된 물건, 장소, 신체에 대해서 만 압수·수색을 하도록 하여 개인의 사생활과 재산권의 침해를 최소화하는 한편, 준항 고 등 피압수자의 불복신청의 기회를 실질적으로 보장하기 위한 것이다. 위와 같은 관 련 규정과 영장 제시 제도의 입법 취지 등을 종합하여 보면, **압수·수색영장을 집행하 는 수사기관은 피압수자로 하여금 법관이 발부한 영장에 의한 압수·수색이라는 사실 을 확인함과 동시에 형사소송법이 압수·수색영장에 필요적으로 기재하도록 정한 사항**

이나 그와 일체를 이루는 사항을 충분히 알 수 있도록 압수·수색영장을 제시하여야 한다. 나아가 압수·수색영장은 현장에서 피압수자가 여러 명일 경우에는 그들 모두에게 개별적으로 영장을 제시해야 하는 것이 원칙이다. 수사기관이 압수·수색에 착수하면서 그 장소의 관리책임자에게 영장을 제시하였더라도, 물건을 소지하고 있는 다른 사람으로부터 이를 압수하고자 하는 때에는 그 사람에게 따로 영장을 제시하여야 한다.

[2] 형사소송법 제219조, 제121조는 '수사기관이 압수·수색영장을 집행할 때에는 피압수자 또는 변호인은 그 집행에 참여할 수 있다'는 취지로 규정하고 있다. 저장매체에 대한 압수·수색 과정에서 범위를 정하여 출력 또는 복제하는 방법이 불가능하거나 압수의 목적을 달성하기에 현저히 곤란한 예외적인 사정이 인정되어 전자정보가 담긴 저장매체 또는 하드카피나 이미징 등 형태(이하 '복제본'이라고 한다)를 수사기관 사무실 등으로 옮겨 복제·탐색·출력하는 경우에도, 그와 같은 일련의 과정에서 피압수자나 변호인에게 참여의 기회를 보장하고 혐의사실과 무관한 전자정보의 임의적인 복제 등을 막기 위한 적절한 조치를 취하는 등 영장주의 원칙과 적법절차를 준수하여야 한다. 만약 그러한 조치를 취하지 않았다면 피압수자 측이 참여하지 아니한다는 의사를 명시적으로 표시하였거나 절차 위반행위가 이루어진 과정의 성질과 내용 등에 비추어 피압수자 측에 절차 참여를 보장한 취지가 실질적으로 침해되었다고 볼 수 없을 정도에 해당한다는 등의 특별한 사정이 없는 이상 압수·수색이 적법하다고 평가할 수 없고, 비록 수사기관이 저장매체 또는 복제본에서 혐의사실과 관련된 전자정보만을 복제·출력하였다고 하더라도 달리 볼 것은 아니다.

[3] 적법한 절차에 따르지 아니하고 수집한 증거는 증거로 할 수 없다(형사소송법 제308조의 2). 다만 수사기관의 증거수집 과정에서 이루어진 절차 위반행위와 관련된 모든 사정을 전체적·종합적으로 살펴볼 때, 수사기관의 절차 위반행위가 적법절차의 실질적인 내용을 침해하는 경우에 해당하지 아니하고, 오히려 그 증거의 증거능력을 배제하는 것이 헌법과 형사소송법이 형사소송에 관한 절차 조항을 마련하여 적법절차의 원칙과 실체적 진실 규명의 조화를 도모하고 이를 통하여 형사 사법 정의를 실현하려고 한 취지에 반하는 결과를 초래하는 것으로 평가되는 예외적인 경우라면 법원은 그 증거를 유죄 인정의 증거로 사용할 수 있다. 그러나 구체적 사안이 위와 같은 예외적인 경우에 해당하는지를 판단하는 과정에서 적법한 절차를 따르지 않고 수집된 증거를 유죄의 증거로 삼을 수 없다는 원칙이 훼손되지 않도록 유념하여야 하고, 그러한 예외적인 경우에 해당한다고 볼 만한 구체적이고 특별한 사정이 존재한다는 점은 검사가 증명하여야 한다. 그리고 법원이 2차적 증거의 증거능력 인정 여부를 최종적으로 판단할 때에는 먼저 절차에 따르지 아니한 1차적 증거수집과 관련된 모든 사정들, 즉 절차 조항의 취지와 그 위반의 내용 및 정도, 구체적인 위반 경위와 회피가능성, 절차 조항이 보호하고자 하는 권리 또는 법익의 성질과 침해 정도 및 피고인과의 관련성, 절차위반 행위

와 증거수집 사이의 인과관계 등 관련성의 정도, 수사기관의 인식과 의도 등을 살피는 것은 물론, 나아가 1차적 증거를 기초로 하여 다시 2차적 증거를 수집하는 과정에서 추가로 발생한 모든 사정들까지 구체적인 사안에 따라 주로 인과관계 희석 또는 단절 여부를 중심으로 전체적·종합적으로 고려하여야 한다.

【전문】

【원심판결】

대전고법 2015.7.27. 선고 2015노101 판결

【주문】

상고를 모두 기각한다. 원심판결 중 개인정보 보호법 위반 부분을 파기하고, 이 부분에 대한 피고인의 항소를 기각한다.

【판결이유】

1. 피고인의 상고이유에 대한 판단

　가. 상고이유 제1점에 대하여

　　1) 관련 규정 및 법리는 다음과 같다.

　　　가) 대한민국헌법 제12조 제3항 본문은 '체포·구속·압수 또는 수색을 할 때에는 적법한 절차에 따라 검사의 신청에 의하여 법관이 발부한 영장을 제시하여야 한다'고 규정하고, 형사소송법 제219조, 제118조는 '수사기관이 압수·수색영장을 집행할 때에는 처분을 받는 자에게 반드시 압수·수색영장을 제시하여야 한다'는 취지로 규정하고 있다. 그리고 형사소송법 제219조, 제114조 제1항 본문, 형사소송규칙 제58조는 압수·수색영장에 피의자의 성명, 죄명, 압수할 물건, 수색할 장소, 신체, 물건, 발부연월일, 유효기간과 그 기간을 경과하면 집행에 착수하지 못하며 영장을 반환하여야 한다는 취지 및 압수·수색의 사유를 기재하고 영장을 발부하는 법관이 서명날인하도록 규정하고 있다.

　　　　형사소송법이 압수·수색영장을 집행하는 경우에 피압수자에게 반드시 압수·수색영장을 제시하도록 규정한 것은 법관이 발부한 영장 없이 압수·수색을 하는 것을 방지하여 영장주의 원칙을 절차적으로 보장하고, 압수·수색영장에 기재된 물건, 장소, 신체에 대해서만 압수·수색을 하도록 하여 개인의 사생활과 재산권의 침해를 최소화하는 한편, 준항고 등 피압수자의 불복 신청의 기회를 실질적으로 보장하기 위한 것이다.

　　　　위와 같은 관련 규정과 영장 제시 제도의 입법 취지 등을 종합하여 보면, 압수·수색영장을 집행하는 수사기관은 피압수자로 하여금 법관이 발부한 영

장에 의한 압수·수색이라는 사실을 확인함과 동시에 형사소송법이 압수·수색영장에 필요적으로 기재하도록 정한 사항이나 그와 일체를 이루는 사항을 충분히 알 수 있도록 압수·수색영장을 제시하여야 한다.

나아가 압수·수색영장은 현장에서 피압수자가 여러 명일 경우에는 그들 모두에게 개별적으로 영장을 제시해야 하는 것이 원칙이다. 수사기관이 압수·수색에 착수하면서 그 장소의 관리책임자에게 영장을 제시하였다고 하더라도, 물건을 소지하고 있는 다른 사람으로부터 이를 압수하고자 하는 때에는 그 사람에게 따로 영장을 제시하여야 한다(대법원 2009.3.12. 선고 2008도763 판결).

나) 형사소송법 제219조, 제121조는 '수사기관이 압수·수색영장을 집행할 때에는 피압수자 또는 변호인은 그 집행에 참여할 수 있다'는 취지로 규정하고 있다. 저장매체에 대한 압수·수색 과정에서 범위를 정하여 출력 또는 복제하는 방법이 불가능하거나 압수의 목적을 달성하기에 현저히 곤란한 예외적인 사정이 인정되어 전자정보가 담긴 저장매체 또는 하드카피나 이미징 등 형태(이하 '복제본'이라고 한다)를 수사기관 사무실 등으로 옮겨 복제·탐색·출력하는 경우에도, 그와 같은 일련의 과정에서 피압수자나 변호인에게 참여의 기회를 보장하고 혐의사실과 무관한 전자정보의 임의적인 복제 등을 막기 위한 적절한 조치를 취하는 등 영장주의 원칙과 적법절차를 준수하여야 한다. 만약 그러한 조치를 취하지 않았다면 피압수자 측이 참여하지 아니한다는 의사를 명시적으로 표시하였거나 절차 위반행위가 이루어진 과정의 성질과 내용 등에 비추어 피압수자 측에 절차 참여를 보장한 취지가 실질적으로 침해되었다고 볼 수 없을 정도에 해당한다는 등의 특별한 사정이 없는 이상 압수·수색이 적법하다고 평가할 수 없고, 비록 수사기관이 저장매체 또는 복제본에서 혐의사실과 관련된 전자정보만을 복제·출력하였다고 하더라도 달리 볼 것은 아니다(대법원 2015.7.16.자 2011모1839 전원합의체 결정 참조).

한편 형사소송법 제219조, 제129조는 '수사기관이 증거물 등을 압수한 경우에는 목록을 작성하여 피압수자에게 교부하여야 한다'는 취지로 규정하고 있다.

다) 적법한 절차에 따르지 아니하고 수집한 증거는 증거로 할 수 없다(형사소송법 제308조의2). 다만 수사기관의 증거수집 과정에서 이루어진 절차 위반행위와 관련된 모든 사정을 전체적·종합적으로 살펴볼 때, 수사기관의 절차 위반행위가 적법절차의 실질적인 내용을 침해하는 경우에 해당하지 아니하고, 오히려 그 증거의 증거능력을 배제하는 것이 헌법과 형사소송법이 형사소송에 관한 절차 조항을 마련하여 적법절차의 원칙과 실체적 진실 규명의 조화를

도모하고 이를 통하여 형사 사법 정의를 실현하려고 한 취지에 반하는 결과를 초래하는 것으로 평가되는 예외적인 경우라면 법원은 그 증거를 유죄 인정의 증거로 사용할 수 있다. 그러나 구체적 사안이 위와 같은 예외적인 경우에 해당하는지를 판단하는 과정에서 적법한 절차를 따르지 않고 수집된 증거를 유죄의 증거로 삼을 수 없다는 원칙이 훼손되지 않도록 유념하여야 하고, 그러한 예외적인 경우에 해당한다고 볼 만한 구체적이고 특별한 사정이 존재한다는 점은 검사가 증명하여야 한다(대법원 2009.3.12. 선고 2008도763 판결 참조). 그리고 법원이 2차적 증거의 증거능력 인정 여부를 최종적으로 판단할 때에는 먼저 절차에 따르지 아니한 1차적 증거수집과 관련된 모든 사정들, 즉 절차 조항의 취지와 그 위반의 내용 및 정도, 구체적인 위반 경위와 회피가능성, 절차 조항이 보호하고자 하는 권리 또는 법익의 성질과 침해 정도 및 피고인과의 관련성, 절차위반 행위와 증거수집 사이의 인과관계 등 관련성의 정도, 수사기관의 인식과 의도 등을 살피는 것은 물론, 나아가 1차적 증거를 기초로 하여 다시 2차적 증거를 수집하는 과정에서 추가로 발생한 모든 사정들까지 구체적인 사안에 따라 주로 인과관계 희석 또는 단절 여부를 중심으로 전체적·종합적으로 고려하여야 한다(대법원 2009.3.12. 선고 2008도11437 판결 참조).

2) 원심판결 이유 및 적법하게 채택된 증거에 의하면, 아래와 같은 사실들을 알 수 있다.

가) 청주지방검찰청 소속 검사는 충북지방경찰청 소속 사법경찰관의 신청에 따라 청주지방법원에 압수·수색영장을 청구하여 2014.5.21. 영장담당판사로부터 피의자 공소외 1, 공소외 2, 공소외 3, 공소외 4의 공직선거법 위반 혐의에 관하여 ○○군청 내 사무실에 보관 중이거나 현존하는 자료나 전자정보 등에 대한 압수·수색영장(이하 '이 사건 영장'이라고 한다)을 발부받았다.

나) 이 사건 영장 기재에 의하면, 정보저장매체에 저장된 전자정보에 대한 압수 방법에 대해 '저장매체의 소재지에서 수색·검증 후 혐의사실과 관련된 전자정보만을 문서로 출력하거나 수사기관이 휴대한 저장매체에 복사하는 방법으로 압수할 수 있고, 출력·복사에 의한 집행이 불가능하거나, 압수의 목적을 달성하기에 현저히 곤란한 경우에 한하여 저장매체의 전부를 복제할 수 있으며, 집행현장에서의 복제가 불가능하거나 현저히 곤란할 때에 한하여 피압수자 등의 참여하에 저장매체원본을 봉인하여 저장매체의 소재지 이외의 장소로 반출할 수 있다. 휴대전화는 10일 이내에 반환하여야 한다'는 취지의 제한이 있다.

다) 충북지방경찰청 소속 사법경찰관은 2014.5.22. 10:20경부터 13:00경까지 충

북 (주소 생략)에 있는 ○○군청 비서실에서 부군수 공소외 5, 비서실장 공소외 1, 공무원 공소외 4가 참여한 가운데 이 사건 영장을 집행하였고, ○○군청 행정과 사무실에서 행정과장, 공소외 6 등이 참여한 가운데 위 영장을 집행하여 위 각 사무실에 있는 공소외 1, 공소외 4, 공소외 3, 공소외 2, 공소외 6, 공소외 7의 컴퓨터 본체와 공소외 1, 공소외 4, 공소외 3, 공소외 2의 USB 저장매체 원본을 반출하는 방법으로 이를 압수하는 한편, 공소외 1, 공소외 4, 공소외 2의 휴대전화와 업무일지, 지역여론·동향보고 서류(증거목록 순번 120. 이하 '이 사건 동향보고 서류'라고 한다) 등을 압수하였다.

라) 위 영장 집행 과정에서 **충북지방경찰청 소속 사법경찰관은 공소외 1에게 이 사건 영장 기재 혐의사실의 주요 부분을 요약해서 고지하면서 위 영장 첫 페이지와 공소외 1에 관한 범죄사실이 기재된 부분을 보여 주었으나, 공소외 1이 위 영장의 나머지 부분을 넘겨서 확인하려고 하자 뒤로 넘기지 못하게 하였다.** 그리하여 공소외 1은 이 사건 영장의 내용 중 나머지 압수·수색·검증할 물건, 압수·수색·검증할 장소, 압수·수색·검증을 필요로 하는 사유, 압수 대상 및 방법의 제한 등이 기재된 부분을 확인하지 못하였다.

마) 충북지방경찰청 소속 사법경찰관은 압수한 공소외 1의 휴대전화에 저장된 전자정보를 탐색하여 통화내역, 문자메시지·SNS 송수신 내용, 사진 및 문서 파일 등(증거목록 순번 135. 이하 '이 사건 공소외 1 휴대전화 출력물'이라고 한다)을 출력하였다. 위와 같은 공소외 1 휴대전화에 저장된 전자정보를 탐색·출력하는 과정에서 **피의자이자 피압수자인 공소외 1에게 참여권을 보장해 주지 않았고, 압수된 전자정보의 목록을 작성·교부하지도 않았으며, 압수한 날부터 10일을 초과한 2014.6.9.경에야 휴대전화를 반환하였다.**

바) 그 후 사법경찰관과 검사는 위와 같이 압수한 이 사건 동향보고 서류와 공소외 1 휴대전화 출력물을 제시한 상태에서 공소외 1에 대한 피의자신문조서와 공소외 8에 대한 진술조서 등(증거목록 순번 45, 48, 57, 96. 이하 '이 사건 조서'라고 한다)을 작성하였다.

사) 원심은 이 사건 동향보고 서류, 공소외 1 휴대전화 출력물 및 이 사건 조서의 증거능력을 인정하여 이를 증거로 채택하고[다만 공소외 1에 대한 검찰 피의자신문조서(증거목록 순번 96) 중 원심이 증거능력을 부정한 '결혼식 정리문건'을 제시받고 진술한 부분의 증거능력은 부정하였다], 피고인에 대하여 탈법방법에 의한 문서배부로 인한 공직선거법 위반의 공소사실을 유죄로 인정하면서 위 동향보고 서류, 공소외 1 휴대전화 출력물과 이 사건 조서의 일부(증거목록 순번 45, 96)를 유죄의 증거로 거시하였다.

3) 이러한 사실관계를 앞서 본 관련 규정과 법리에 비추어 살펴보면 다음과 같이 판

단된다.

가) 충북지방경찰청 소속 사법경찰관이 이 사건 영장의 피압수자인 공소외 1에 게 이 사건 영장을 제시하면서 표지에 해당하는 첫 페이지와 공소외 1의 혐 의사실이 기재된 부분만을 보여 주고, 이 사건 영장의 내용 중 압수·수색·검 증할 물건, 압수·수색·검증할 장소, 압수·수색·검증을 필요로 하는 사유, 압수 대상 및 방법의 제한 등 필요적 기재 사항 및 그와 일체를 이루는 부분 을 확인하지 못하게 한 것은 이 사건 영장을 집행할 때 피압수자인 공소외 1 이 그 내용을 충분히 알 수 있도록 제시한 것으로 보기 어렵다.

따라서 사법경찰관의 공소외 1에 대한 이 사건 영장 제시는 형사소송법 제 219조, 제118조에 따른 적법한 압수·수색영장의 제시라고 볼 수 없고, 이 사 건 영장에 따라 압수된 이 사건 동향보고 서류, 공소외 1의 휴대전화 역시 적법한 절차에 따라 수집된 증거라고 보기 어렵다.

나) 한편 충북지방경찰청 소속 사법경찰관은 위와 같이 위법하게 압수한 공소외 1의 휴대전화에 저장된 이 사건 공소외 1 휴대전화 출력물을 출력하여 증거 를 수집하는 과정에서 피의자이자 피압수자인 공소외 1에게 참여권을 보장 하지 않았고, 압수된 전자정보에 대한 목록을 작성하여 교부하지도 않았으 며, 휴대전화를 10일 내에 반환하라는 영장 기재 제한을 위반하였다.

이 사건 공소외 1 휴대전화 출력물은 앞서 본 바와 같이 전자정보 저장매체 로서 휴대전화의 압수가 적법하지 아니할 뿐만 아니라 위와 같이 전자정보 의 압수·수색이라는 면에서도 적법한 절차에 따라 수집된 증거라고 보기 어 렵다.

다) 따라서 이 사건 동향보고 서류와 공소외 1 휴대전화 출력물은 적법한 절차 에 따르지 아니하고 수집된 증거로서 증거능력이 없고, 예외적으로 그 증거 능력을 인정할 만한 사정도 보이지 아니한다. 나아가 위와 같은 위법수집증 거의 2차적 증거인 이 사건 조서는 앞서 본 절차적 위법과 인과관계가 희석 또는 단절되었다고 볼 수 없어 그 증거능력을 인정하기 어렵다.

4) 그럼에도 공소외 1에 대한 이 사건 영장의 제시, 이 사건 동향보고 서류와 공소외 1 휴대전화의 압수, 공소외 1 휴대전화에 저장된 전자정보의 탐색·출력행위가 모 두 적법하다고 보아 이 사건 동향보고 서류, 공소외 1 휴대전화 출력물과 이 사건 조서 일부(증거 순번 45, 96)의 증거능력이 있다고 본 원심의 판단에는 압수·수색 영장의 제시, 휴대전화에 저장된 전자정보의 압수 절차 등에 관한 법리를 오해한 잘못이 있다. 그러나 원심판결 이유를 적법하게 채택된 증거에 비추어 살펴보면, 증거능력이 인정되는 나머지 증거만으로도 피고인에 대한 탈법방법에 의한 문서 배부로 인한 공직선거법 위반의 범죄사실(이유무죄 부분 제외)을 인정하기에 충분하

므로, 결국 위 공소사실을 유죄로 인정한 원심의 결론은 정당하고, 원심의 위와 같은 잘못은 판결에 영향이 없다.

나. 상고이유 제2점에 대하여

원심은 그 판시와 같은 이유를 들어, 이 사건 발송 초청장 4,996매 중 매수 불상의 도달되지 않은 초청장을 제외한 나머지 매수 불상의 초청장이 도달되었던 부분에 한하여 공직선거법 제93조 제1항 소정의 배부행위가 기수에 이르렀다고 판단하였다.

관련 법리와 적법하게 채택된 증거에 비추어 살펴보면, 위와 같은 원심의 판단에 상고이유 주장과 같이 논리와 경험칙에 반하여 자유심증주의의 한계를 벗어나거나 관련 법리를 오해한 잘못이 없다.

다. 상고이유 제3점, 제4점에 대하여

1) 이미 살펴본 바와 같이 절차에 따르지 아니한 1차적 증거수집과 관련된 모든 사정들을 살피는 것은 물론, 나아가 1차적 증거를 기초로 하여 다시 2차적 증거를 수집하는 과정에서 추가로 발생한 모든 사정들까지 구체적인 사안에 따라 주로 인과관계 희석 또는 단절 여부를 중심으로 전체적·종합적으로 고려하여 2차적 증거의 증거능력 인정 여부를 판단하여야 한다(앞서 본 2008도11437 판결 등 참조).

그리고 피고인이나 변호인이 무죄에 관한 자료로 제출한 서증 가운데 도리어 유죄임을 뒷받침하는 내용이 있다고 하여도, 법원은 상대방의 원용(동의)이 없는 한 그 서류의 진정성립 여부 등을 조사하고 아울러 그 서류에 대한 피고인이나 변호인의 의견과 변명의 기회를 주지 않았다면 그 서증을 유죄인정의 증거로 쓸 수 없다. 그러나 해당 서류를 제출한 당사자는 그것을 증거로 함에 동의하고 있음이 명백한 것이므로 상대방인 검사의 원용이 있으면 그 서증을 유죄의 증거로 사용할 수 있다(대법원 2014.2.27. 선고 2013도12155 판결).

2) 원심은 그 판시와 같은 이유를 들어, ① 피고인의 제1심과 원심에서의 법정진술 및 공소외 1의 원심 증언은 위법하게 수집된 압수물과 사이에 인과관계가 단절 또는 희석되었다고 봄이 상당하고, ② 증거목록 순번 162 내지 169의 각 소명서는 이 사건 영장 집행 과정에서 위법하게 수집된 증거와 무관할 뿐만 아니라 피고인이 자발적으로 원심 법정에 제출하였는데 검사가 이를 원용하여 증거로 제출한 것이어서 인과관계가 단절 내지 희석되었다고 보아 위 각 증거들의 증거능력을 인정한 뒤, 이 사건 공소사실 중 피고인에 대한 기부행위로 인한 공직선거법 위반의 점을 유죄로 인정하고, 이를 다투는 피고인의 항소이유 주장을 받아들이지 아니하였다.

위 법리와 적법하게 채택된 증거에 비추어 살펴보면, 위와 같은 원심의 판단에 상고이유 주장과 같이 논리와 경험의 법칙에 반하여 자유심증주의의 한계를 벗어나거나, 위법수집증거를 기초로 수집한 2차적 증거의 증거능력, 변호인이 제출한 참고자료에 관한 증거능력 등에 관한 법리를 오해한 잘못이 없다.

라. 상고이유 제5점에 대하여

원심은 그 판시와 같은 이유를 들어, 피고인이 형사소송법 제266조의4 제1항에 따라 신청한 청주지방검찰청 2014형제24494호와 2013형제28446호 사건기록에 대한 등사 신청에 관하여 형사소송법 제266조의4 제2항에 근거하여 일부는 인용하고 일부는 기각하는 결정을 하였다.

관련 법리와 기록에 의하여 살펴보아도, 위와 같은 원심의 판단에 상고이유 주장과 같이 형사소송법 제266조의4 제2항의 해석에 관한 법리를 오해한 위법이 없다.

2. 검사의 상고이유에 대한 판단

가. 상고이유 제1점에 대하여

원심은 그 판시와 같은 이유를 들어, 피고인에 대한 이 사건 공소사실 중 공소외 9에 대한 기부행위로 인한 공직선거법 위반의 점에 관하여 피고인의 제1심 법정에서의 자백 진술에 대한 증거능력 있는 보강증거가 없다고 보아 무죄를 선고하였다.

원심판결 이유를 관련 법리와 기록에 비추어 살펴보면, 위와 같은 원심의 판단에 상고이유 주장과 같이 관련 법리를 오해한 잘못이 없다.

나. 상고이유 제2점에 대하여

원심은 그 판시와 같은 이유를 들어, 이 사건 발송 초청장 4,996매 중 실제로 도달되었음을 확인할 수 없는 매수 불상의 초청장 배부에 대해서는 범죄의 증명이 없는 경우에 해당한다고 보아, 피고인에 대한 이 사건 공소사실 중 이 부분 탈법방법에 의한 문서배부로 인한 공직선거법 위반의 점에 관하여 이유무죄로 판단하였다.

기록에 비추어 살펴보면, 위와 같은 원심의 판단에 상고이유 주장과 같이 논리와 경험의 법칙에 반하여 자유심증주의의 한계를 벗어나거나 탈법방법에 의한 문서배부의 의미 등에 관한 법리를 오해한 잘못이 없다.

3. 직권 판단

형사소송법 제364조 제4항은 항소심은 항소가 이유 없다고 인정한 때에는 판결로써 항소를 기각하여야 한다고 규정하고 있다.

기록에 의하면, 피고인에 대한 이 사건 공소사실 중 개인정보 보호법 위반의 점에 관하여 제1심에서 유죄가 선고되어 피고인이 항소하였는데, 원심이 판결 이유에서는 이 부분에 관하여 피고인이 항소이유를 모두 철회하였다고 판단하면서도 주문에서는 항소기각의 선고를 하지 아니하였음을 알 수 있으므로, 원심판결에는 형사소송법 제364조 제4항을 위반한 위법이 있다(대법원 2006.9.14. 선고 2004도6432 판결 등 참조).

따라서 원심판결 중 피고인에 대한 이 사건 공소사실 중 개인정보 보호법 위반 부분은 위와 같은 이유에서 파기되어야 한다. 한편 소송기록과 원심법원과 제1심법원이 조사한 증거에 의하면 이 부분 사건에 대하여 항소이유를 모두 철회한 피고인의 항소를 기각하기에 충분하다고 인정되므로, 형사소송법 제396조에 의하여 이 법원이 직접 판결한다.

4. 결론

그러므로 상고를 모두 기각하고, 원심판결 중 개인정보 보호법 위반 부분을 파기하고 이 부분에 대한 피고인의 항소를 기각하기로 하여, 관여 대법관의 일치된 의견으로 주문과 같이 판결한다.

대법관 박정화(재판장) 김용덕 김신(주심) 박상옥

제5절 선별압수 문제

과거 수사기관은 디지털 증거 압수와 관련하여 범죄혐의와 연관성 여부를 따지지 않고 일괄적으로 압수한 후 분석하는 기법을 사용하는 경향이 있었다. 또한 그로 인해 최초 수사를 하던 범죄혐의 외에 별도의 범죄가 식별되는 등 추가 수사가 진행되는 경우도 적지 않았다.

그러나 최근 판례 경향이 변화하면서 선별압수를 원칙으로 함으로써 이제는 수사 중인 범죄와 연관성이 없는 증거까지 일괄적으로 압수하기 어렵게 되었다.

이와 관련, 대법원은 2017도13268 판결에서 수사기관이 피고인에 대한 조세포탈 혐의와 관련하여 법원으로부터 압수·수색·검증영장을 발부받은 후, 그 집행현장에서 범인이 사용하던 USB에서 조세포탈 장부가 담긴 파일로 추정되는 엑셀파일이나 문서파일들을 추출한 뒤 이를 논리적 이미징 작업을 하여 USB 이미지 파일을 압수하였는데 그 과정에서 범죄혐의와 무관한 일부 파일들이 복제된 건에 대하여 다음과 같은 판단을 하였다.

"압수의 목적물이 컴퓨터용 디스크 그 밖에 이와 비슷한 정보저장매체인 경우에는 영장 발부의 사유로 된 범죄 혐의사실과 관련 있는 정보의 범위를 정하여 출력하거나 복제하여 이를 제출받아야 하고, 피의자나 변호인에게 참여의 기회를 보장하여야 한다. 만약 그러한 조치를 취하지 않았다면 이는 형사소송법에 정한 영장주의 원칙과 적법절차를 준수하지 않은 것이다".

수사기관 사무실에서 탐색, 복제, 출력과정에 미참여

(조세범처벌법위반 등)

[대법원, 2017도13263, 2018.2.8.]

【판시사항】

[1] 압수의 목적물이 정보저장매체인 경우, 압수·수색영장을 집행할 때 취하여야 할 조치 내용 / 수사기관이 정보저장매체에 기억된 정보 중에서 범죄 혐의사실과 관련 있는 정보를 선별한 다음 이미지 파일을 제출받아 압수한 경우, 수사기관 사무실에서 위와 같이 압수된 이미지 파일을 탐색·복제·출력하는 과정에서도 피의자 등에게 참여의 기회를 보장하여야 하는지 여부(소극)

[2] 압수물 목록의 교부 취지 / 압수된 정보의 상세목록에 정보의 파일 명세가 특정되어 있어야 하는지 여부(적극) 및 압수된 정보 상세목록의 교부 방식

[3] 전자문서를 수록한 파일 등의 증거능력을 인정하기 위한 요건 / 증거로 제출된 전자문서 파일의 사본이나 출력물이 복사·출력 과정에서 편집되는 등 인위적 개작 없이 원본 내용을 그대로 복사·출력한 것이라는 사실을 증명하는 방법 및 증명책임 소재(=검사)

【판결요지】

[1] 형사소송법 제219조, 제121조에 의하면, 수사기관이 압수·수색영장을 집행할 때 피의자 또는 변호인은 그 집행에 참여할 수 있다. 압수의 목적물이 컴퓨터용 디스크 그 밖에 이와 비슷한 정보저장매체인 경우에는 영장 발부의 사유로 된 범죄 혐의사실과 관련 있는 정보의 범위를 정하여 출력하거나 복제하여 이를 제출받아야 하고, 피의자나 변호인에게 참여의 기회를 보장하여야 한다. 만약 그러한 조치를 취하지 않았다면 이는 형사소송법에 정한 영장주의 원칙과 적법절차를 준수하지 않은 것이다. 수사기관이 정보저장매체에 기억된 정보 중에서 키워드 또는 확장자 검색 등을 통해 범죄 혐의사실과 관련 있는 정보를 선별한 다음 정보저장매체와 동일하게 비트열 방식으로 복제하여 생성한 파일(이하 '이미지 파일'이라 한다)을 제출받아 압수하였다면 이로써 압수의 목적물에 대한 압수·수색 절차는 종료된 것이므로, 수사기관이 수사기관 사무실에서 위와 같이 압수된 이미지 파일을 탐색·복제·출력하는 과정에서도 피의자 등에게 참여의 기회를 보장하여야 하는 것은 아니다.

[2] 형사소송법 제219조, 제129조에 의하면, 압수한 경우에는 목록을 작성하여 소유자, 소지자, 보관자 기타 이에 준할 자에게 교부하여야 한다. 그리고 법원은 압수·수색영장의 집행에 관하여 범죄 혐의사실과 관련 있는 정보의 탐색·복제·출력이 완료된 때에는 지체 없이 압수된 정보의 상세목록을 피의자 등에게 교부할 것을 정할 수 있다. 압수물

목록은 피압수자 등이 압수처분에 대한 준항고를 하는 등 권리행사절차를 밟는 가장 기초적인 자료가 되므로, 수사기관은 이러한 권리행사에 지장이 없도록 압수 직후 현장에서 압수물 목록을 바로 작성하여 교부해야 하는 것이 원칙이다. 이러한 압수물 목록 교부 취지에 비추어 볼 때, 압수된 정보의 상세목록에는 정보의 파일 명세가 특정되어 있어야 하고, 수사기관은 이를 출력한 서면을 교부하거나 전자파일 형태로 복사해 주거나 이메일을 전송하는 등의 방식으로도 할 수 있다.

[3] 전자문서를 수록한 파일 등의 경우에는, 성질상 작성자의 서명 혹은 날인이 없을 뿐만 아니라 작성자·관리자의 의도나 특정한 기술에 의하여 내용이 편집·조작될 위험성이 있음을 고려하여, 원본임이 증명되거나 혹은 원본으로부터 복사한 사본일 경우에는 복사 과정에서 편집되는 등 인위적 개작 없이 원본의 내용 그대로 복사된 사본임이 증명되어야만 하고, 그러한 증명이 없는 경우에는 쉽게 증거능력을 인정할 수 없다. 그리고 증거로 제출된 전자문서 파일의 사본이나 출력물이 복사·출력 과정에서 편집되는 등 인위적 개작 없이 원본 내용을 그대로 복사·출력한 것이라는 사실은 전자문서 파일의 사본이나 출력물의 생성과 전달 및 보관 등의 절차에 관여한 사람의 증언이나 진술, 원본이나 사본 파일 생성 직후의 해시(Hash)값 비교, 전자문서 파일에 대한 검증·감정 결과 등 제반 사정을 종합하여 판단할 수 있다. 이러한 원본 동일성은 증거능력의 요건에 해당하므로 검사가 그 존재에 대하여 구체적으로 주장·증명해야 한다.

【전문】

【원심판결】

부산고법 2017.8.2. 선고 2017노142 판결

【주문】

원심판결을 파기하고, 사건을 부산고등법원에 환송한다.

【판결이유】

상고이유를 판단한다.

1. 상고이유 제1점에 관하여

  가. 위법수집증거 관련 상고이유 주장에 관하여

    1) 형사소송법 제219조, 제121조에 의하면, 수사기관이 압수·수색영장을 집행할 때 피의자 또는 변호인은 그 집행에 참여할 수 있다. 압수의 목적물이 컴퓨터용 디스크, 그 밖에 이와 비슷한 정보저장매체인 경우에는 영장 발부의 사유로 된 범죄 혐의사실과 관련 있는 정보의 범위를 정하여 출력하거나 복제하여 이를 제출받아야 하고, 피의자나 변호인에게 참여의 기회를 보장하여야 한다. 만약 그러한 조치를 취하지 않았다면 이는 형사소송법에 정한 영장주의 원칙과 적법절차를 준수

하지 않은 것이다. 수사기관이 정보저장매체에 기억된 정보 중에서 키워드 또는 확장자 검색 등을 통해 범죄 혐의사실과 관련 있는 정보를 선별한 다음 정보저장 매체와 동일하게 비트열 방식으로 복제하여 생성한 파일(이하 '이미지 파일'이라 한다)을 제출받아 압수하였다면 이로써 압수의 목적물에 대한 압수·수색 절차는 종료된 것이므로, 수사기관이 수사기관 사무실에서 위와 같이 압수된 이미지 파일을 탐색·복제·출력하는 과정에서도 피의자 등에게 참여의 기회를 보장하여야 하는 것은 아니다.

또한 형사소송법 제219조, 제129조에 의하면, 압수한 경우에는 목록을 작성하여 소유자, 소지자, 보관자 기타 이에 준할 자에게 교부하여야 한다. 그리고 법원은 압수·수색영장의 집행에 관하여 범죄 혐의사실과 관련 있는 정보의 탐색·복제·출력이 완료된 때에는 지체 없이 압수된 정보의 상세목록을 피의자 등에게 교부할 것을 정할 수 있다. 압수물 목록은 피압수자 등이 압수처분에 대한 준항고를 하는 등 권리행사절차를 밟는 가장 기초적인 자료가 되므로, 수사기관은 이러한 권리행사에 지장이 없도록 압수 직후 현장에서 압수물 목록을 바로 작성하여 교부해야 하는 것이 원칙이다(대법원 2009.3.12. 선고 2008도763 판결 참조). 이러한 압수물 목록 교부 취지에 비추어 볼 때, 압수된 정보의 상세목록에는 정보의 파일 명세가 특정되어 있어야 하고, 수사기관은 이를 출력한 서면을 교부하거나 전자파일 형태로 복사해 주거나 이메일을 전송하는 등의 방식으로도 할 수 있다.

2) 원심은 다음과 같은 사정 등에 비추어 보면, 피압수자인 피고인 1 등의 참여권이 충분히 보장되었으며, 이 사건 USB에 저장된 파일을 선별하여 이미징한 이 사건 USB 이미지 파일이 적법하게 압수되었다고 판단하였다. 그리하여 이 사건 USB 내 파일을 이미징 방식으로 압수하는 과정 및 이 사건 USB 이미지 파일을 반출한 후 탐색·복제·출력하는 과정에 피고인 1 또는 공소외인의 참여권이 보장되지 않았다거나, 이 사건 USB 이미지 파일 압수 후 전자정보의 상세목록이 교부되지 않는 등 절차상 위법이 있으므로 검사가 증거로 제출한 파일 및 그 출력물의 증거능력을 인정할 수 없다는 피고인들의 항소이유 주장을 모두 배척하였다.

① 공소외인은 피고인 1의 지시를 받아 이 사건 유흥주점과 관련한 장부를 업무상 필요에 따라 이 사건 USB에 파일 형태로 작성·관리하였다. 수사기관은 피고인 1에 대한 조세포탈 혐의와 관련하여 법원으로부터 압수·수색·검증영장을 발부받은 후, 그 집행 현장에서 공소외인이 사용하던 이 사건 USB에서 조세포탈 장부가 담긴 파일로 추정되는 엑셀파일이나 문서파일들을 추출한 뒤 이를 논리적 이미징 작업을 하여 이 사건 USB 이미지 파일을 압수하였다. 그 과정에서 범죄 혐의와 무관한 일부 파일들이 복제되기는 하였으나, 공소외인도 거기에 자신의 개인 신상과 관련된 파일은 없었다고 진술하였고, 이러한 파

일들이 다른 범죄 혐의와 관련된 전자정보도 아니었다.

② 수사기관은 이 사건 USB에 저장된 파일의 해시(Hash)값과 논리적 이미징 작업을 한 파일의 해시값을 각각 컴퓨터 바탕화면에 띄워놓고 공소외인에게 보여주면서 양자의 동일성을 확인하도록 하였고, 공소외인은 이 사건 사실확인서의 '피압수자 등 관계자 확인란'에 서명하였다.

③ 이 사건 영장의 집행과정에서 수사기관은 압수·수색 현장에 있던 공소외인에게도 참여권을 고지하였는데, 공소외인은 옆에 있는 다른 방에 머무르면서 필요한 경우 압수·수색 현장으로 출입하였다.

3) 이 부분 상고이유 주장 중 원심 판단의 기초가 된 사실인정을 다투는 취지의 주장은 실질적으로 사실심 법원의 자유판단에 속하는 원심의 증거 선택 및 증명력에 관한 판단을 탓하는 것에 불과하다. 그리고 원심판결 이유를 앞에서 본 법리에 비추어 살펴보아도, 원심판결 이유 설시에 일부 미흡한 부분이 있지만, 원심의 결론에 상고이유 주장과 같이 필요한 심리를 다하지 아니한 채 논리와 경험의 법칙에 반하여 저장매체에 저장된 전자정보의 적법한 압수·수색 절차, 위법수집증거 배제 법칙에 관한 법리를 오해하거나 판단누락 등으로 판결 결과에 영향을 미친 잘못이 없다.

나. 압수된 정보저장매체에서 출력된 문건 등의 무결성·동일성 관련 상고이유 주장에 관하여

1) 이 부분 쟁점은 검사가 증거로 제출한 이 사건 CD에 저장되어 있는 파일 중 원심이 유죄의 증거로 삼은 '판매심사-14.xlsx' 파일, '판매심사-15.xlsx' 파일, '산결.xlsx' 파일(이하 통칭하여 '이 사건 판매심사 파일'이라고 한다)과 그 출력물이 이 사건 USB 내 원본 파일과 동일성이 인정되는지 여부이다.

2) 전자문서를 수록한 파일 등의 경우에는, 그 성질상 작성자의 서명 혹은 날인이 없을 뿐만 아니라 작성자·관리자의 의도나 특정한 기술에 의하여 그 내용이 편집·조작될 위험성이 있음을 고려하여, 원본임이 증명되거나 혹은 원본으로부터 복사한 사본일 경우에는 복사 과정에서 편집되는 등 인위적 개작 없이 원본의 내용 그대로 복사된 사본임이 증명되어야만 하고, 그러한 증명이 없는 경우에는 쉽게 그 증거능력을 인정할 수 없다. 그리고 증거로 제출된 전자문서 파일의 사본이나 출력물이 복사·출력 과정에서 편집되는 등 인위적 개작 없이 원본 내용을 그대로 복사·출력한 것이라는 사실은 전자문서 파일의 사본이나 출력물의 생성과 전달 및 보관 등의 절차에 관여한 사람의 증언이나 진술, 원본이나 사본 파일 생성 직후의 해시값의 비교, 전자문서 파일에 대한 검증·감정 결과 등 제반 사정을 종합하여 판단할 수 있다(대법원 2013.7.26. 선고 2013도2511 판결, 대법원 2016.9.28. 선고 2014도9903 판결 등 참조). 이러한 원본 동일성은 증거능력의 요건에 해당하므로 검

사가 그 존재에 대하여 구체적으로 주장·증명해야 한다(대법원 2001.9.4. 선고 2000도 1743 판결 등 참조).

3) 원심판결 이유를 살펴본다.

① 이 사건 CD에는 이 사건 판매심사 파일을 포함하여 공소외인이 작성한 것으로 보이는 4,458개의 파일(이하 '이 사건 개별 파일들'이라고 한다)과 DirList[20160407-213826].html 파일(이하 '이 사건 목록 파일')이 저장되어 있다. 원심 감정 결과에 의하면, 이 사건 개별 파일들은 포렌식 이미징 작업을 거친 이미지 파일이 아니어서 이 사건 USB 이미지 파일과 동일한 형태의 파일이 아닌데, 이 사건 USB 이미지 파일이 어떠한 형태의 변환 및 복제 등 과정을 거쳐 이 사건 CD에 일반 파일 형태로 저장된 것인지를 확인할 자료가 전혀 제출된 바 없다. 더욱이 이 사건 목록 파일에는 이 사건 개별 파일들 숫자보다 많은 4,508개의 파일 관련 이름, 생성·수정·접근 시각, 파일 크기, MD5 해시값, 경로 정보가 저장되어 있고, 원심 감정 결과에 의하면, 이 사건 개별 파일들의 해시값과 이 사건 목록 파일상 해당 파일별 해시값을 비교해 보았을 때 20개 파일의 해시값이 동일하지 않다는 것이다.

따라서 이 사건 목록 파일이 생성·저장된 경위에 대하여 아무런 주장·증명이 없는 이 사건에서 이 사건 목록 파일 자체의 파일명 및 그 파일 속성을 통해 알 수 있는 수정 일자 등에 비추어 이 사건 목록 파일이 이 사건 압수 집행 당시가 아닌 그 이후에 생성되었을 가능성을 배제할 수 없다.

② 이 사건 사실확인서에는 이 사건 USB 이미지 파일의 전체 해시값만이 기재되어 있을 뿐 이미징을 한 이 사건 USB 내 개별 파일에 대한 해시값은 기재되어 있지 않으므로, 이 사건 사실확인서를 가지고 이 사건 판매심사 파일과 이 사건 USB 내 원본 파일과의 개별 해시값을 상호 비교할 수도 없다.

③ 공소외인은 제1심에서, 검찰 조사 당시 엑셀 파일로 된 이 사건 판매심사 파일을 보았고 자신이 작성한 것이 맞는다는 생각이 들었다고 진술하였다. 그러나 공소외인이 위 조사 당시 이 사건 판매심사 파일 전부를 제시받아 그 판매금액을 확인하였다고 볼 아무런 자료가 없다. 오히려 공소외인은 스스로 정확히 기억은 나지 않지만 원본에서 조금 필요 없는 것을 제하고 파일을 좀 보기 좋게 만들었던 것 같다는 진술을 하기도 하였다.

또한 공소외인은 제1심에서, 검사로부터 이 사건 판매심사 파일 출력물 중 2012.1. 판매심사 부분만을 제시받은 상태에서 자신이 정리한 판매심사 파일 내용이 맞고, 판매심사 파일 내용에 실제로 판매한 술의 종류별 수량, 매출금액, 서비스한 금액을 입력한 사실이 있다고 진술하였으며, 변호인으로부터 이 사건 판매심사 파일 전체 출력물을 제시받은 후 자신이 그러한 파일을 작성한 사실이 있다고 진술하기도 하였다. 하지만 공소외인이 제시받은 전체 출력물의 양이 적지 않은 반면 이 사건 유흥주점의 2012.1.부터 2015.10.까지 영업 기간의 매월 판매금액을 정확히 기억할 수는 없었을 것이라는 점과 이러한 진술 경위, 앞서 본 관련 진술 내용 등을 함께 고려하면, 이러한 진술은 공소외인이 제시된 출력물 형식으로 일일 매출금액 등을 파일 형태로 작성·관리한 적이 있었다는 사실을 확인하는 수준에 불과하다고 볼 여지가 충분하다.

결국 공소외인의 제1심 진술만으로는 이 사건 판매심사 파일이나 그 출력물이 이 사건 USB 내 원본 파일과 동일하다는 내용을 증명한다고 보기에 충분하지 않다.

④ 이 사건 판매심사 파일이 이 사건 USB 내 원본 파일을 내용의 변개 없이 복제한 것이 확인되지 않은 이상, 이 사건 판매심사 파일과 대조한 결과 그 출력물에서 과세표준의 기초가 되는 부분의 변조내용을 찾아볼 수 없었다는 사정이 이 사건 USB 내 원본 파일의 인위적 개작 없이 그 출력물이 복제·출력되었음을 뒷받침한다고 볼 수도 없다.

4) 그럼에도 원심은 이 사건 판매심사 파일과 그 출력물이 이 사건 USB 내 원본 파일 내용과 동일성을 인정할 수 있어 증거능력이 인정된다고 판단하여, 이를 전제로 특정범죄 가중처벌 등에 관한 법률 위반(조세) 부분을 유죄로 인정한 제1심을 그대로 유지하였다. 따라서 이러한 원심판결에는 필요한 심리를 다하지 않은 채 디지털증거의 증거능력에 관한 법리를 오해한 잘못이 있다. 이를 지적하는 취지의 상고이유 주장은 이유 있다.

2. 파기의 범위

원심판결 중 특정범죄 가중처벌 등에 관한 법률 위반(조세) 부분은 앞서 본 바와 같은 이유로 파기되어야 하는데, 이 부분은 원심이 유죄를 인정한 나머지 부분과 형법 제37조 전단의 경합범 관계에 있다는 이유로 하나의 형이 선고되었으므로, 결국 원심판결은 모두 파기되어야 한다.

3. 결론

그러므로 나머지 상고이유에 대한 판단을 생략한 채 원심판결을 파기하고, 사건을 다시 심리·판단하도록 원심법원에 환송하기로 하여, 관여 대법관의 일치된 의견으로 주문과 같이 판결한다.

대법관 조재연(재판장) 고영한 권순일(주심)

제6절 임의제출한 디지털매체 압수

 현행범이 체포현장에서 임의로 제출한 증거물이라도 영장 없이는 압수수색을 할 수 없다는 판결이 나왔다.[12] 수사기관이 체포대상자에 비해 우월적 지위에 있기 때문에 사실상 체포대상자에게서 증거물을 제출받는 것은 강제에 가깝다는 취지다. 의정부지법 형사1부(재판장 오원찬 부장판사)는 지하철에서 휴대폰 카메라로 여성의 치마 속을 몰래 촬영한 혐의로 재판에 넘겨진 A씨에게 유죄를 선고한 1심 판결을 깨고 최근 무죄를 선고했다(2018노2757).

 재판부는 "대법원이 체포현장에서 임의제출에 의한 압수수색을 허용함으로써, 수사기관은 현행범이 임의제출한 증거물을 광범위하게 압수수색하고도 추후에 영장을 신청하지 않는 등 긴급압수물에 대한 사후영장제도를 형해화하고 있다"며 "대법원이 체포대상자의 임의성 없는 압수물에 대해서는 증거능력을 배제하고 있지만, 현행범 체포현장에서 수사기관은 체포대상자에 비해 절대적으로 우월한 지위에 있기 때문에 사실상 체포대상자로부터 증거물을 제출받는 절차가 강제성을 띠게 된다"고 지적했다.

 이어 "영장 없는 압수수색은 현행범 체포현장에서 허용되지 않는다고 해석하는 것이 대법원 판례에 어긋나지만 영장주의 원칙에는 오히려 충실하다"면서 "수사기관은 현행범에게서 증거물을 압수수색할 필요성이 있는 경우 긴급압수한 후 체포한 때부터 48시간 이내에 사후영장을 발부받으면 되므로 수사기관의 압수수색을 불가능하게 하는 것도 아니다"라고 설명했다. 그러면서 "경찰관은 A씨의 휴대폰을 체포 현장에서 제출받아 압수수색하고, 사후영장을 발부받지 않았다"며 "A씨 휴대폰에 대한 증거능력을 인정할 수 없다"고 판시했다.

 이는 대법원의 판례와 배치된다. 대법원은 2016년 2월 "현행범 체포 현장이나 범죄 장

---

12 남가언, '[판결] "현행범이 임의제출한 증거물(핸드폰) 압수수색은 위법"', 《법률신문》, 2019.9.2.

소에서 소지자 등이 임의로 제출하는 물건은 영장 없이 압수할 수 있고 검사나 사법경찰관이 사후에 영장을 받을 필요가 없다"고 판결했다(2015도13726).

나아가 재판부는 경찰관이 A씨가 제출한 휴대폰 자체를 영장 없이 압수수색할 수 있다고 하더라도 휴대폰 속에 저장된 저장정보까지 탐색할 수 있는 것은 아니라고 했다. 재판부는 "휴대폰 속 저장된 내용물을 영장 없이 압수수색하는 현재의 수사 관행은 개인의 사생활과 비밀의 자유를 침해하므로, 긴급한 경우가 아니라면 휴대폰 저장정보 압수수색에 대한 사전 영장이 필요하다"고 하면서 "수사기관이 압수수색을 할 경우 피의자 참여를 보장할 것을 적법절차 요건으로 하고 있는데 이는 휴대폰 속 정보저장매체 압수수색에서도 당연히 보장돼야 한다"고 설명했다. 그러면서 "경찰관은 영장 없이 A씨의 휴대폰 속 정보들을 탐색한 것은 물론, 탐색 중 발견한 영상을 캡처해 출력하고 영상파일을 따로 복제하는 등 증거를 모으는 과정에서 A씨에게 따로 참여 통지도 하지 않았다"며 "경찰관이 수집한 휴대폰 저장정보는 유죄의 증거가 될 수 없다"고 밝혔다.

A씨는 지하철에서 휴대폰 카메라로 여성의 치마 속을 몰래 촬영하다가 지하철경찰대에 적발돼 현장에서 붙잡혔다. A씨가 범행을 부인하자 경찰관은 A씨로부터 휴대폰을 제출받아 애플리케이션, 사진 폴더 등을 살펴봤고 불법촬영된 영상을 발견했다. 경찰관은 A씨가 촬영한 영상을 캡처해 출력하고 영상파일은 CD에 따로 복사해 증거로 제출했다. 재판에 넘겨진 후 1심에서 A씨는 범행 사실을 자백해 벌금 700만 원에 성폭력치료프로그램 이수 40시간, 취업제한 2년을 선고받았다.

제3장

매체별 디지털 증거의 증거능력

제1절 영상녹화의 증거능력

대법원은 2014년 자살방조(존속살해방조건) 사건 재판에서 디지털 정보 형식으로 존재하는 영상녹화물이나 녹음기록 등에 대해 영상녹화물의 본증을 불허함으로써 그동안 일반 형사사건에서의 논란이 됐던 영상녹화물의 본증 사용 여부에 종지부를 찍었다.

이와 관련, 대법원 2014.7.10.선고 2012도5041 판결은 "2007.6.1. 법률 제8496호로 개정되기 전의 형사소송법에는 없던 수사기관에 의한 피의자 아닌 자(이하 '참고인'이라 한다) 진술의 영상녹화를 새로 정하면서 그 용도를 참고인에 대한 진술조서의 실질적 진정성립을 증명하거나 참고인의 기억을 환기시키기 위한 것으로 한정하고 있는 현행 형사소송법의 규정 내용을 영상물에 수록된 성범죄 피해자의 진술에 대하여 독립적인 증거능력을 인정하고 있는 성폭력범죄의 처벌 등에 관한 특례법 제30조 제6항 또는 아동·청소년의 성보호에 관한 법률 제26조 제6항의 규정과 대비하여 보면, 수사기관이 참고인을 조사하는 과정에서 형사소송법 제221조 제1항에 따라 작성한 영상녹화물은, 다른 법률에서 달리 규정하고 있는 등의 특별한 사정이 없는 한, 공소사실을 직접 증명할 수 있는 독립적인 증거로 사용될 수는 없다고 해석함이 타당하다"라고 판결하였다.

영상녹화물의 본증불허 여부

(존속살해방조·자살방조건)

[대법원, 2012도5041, 2014.7.10.]

【판시사항】

수사기관이 참고인을 조사하는 과정에서 형사소송법 제221조 제1항에 따라 작성한 영상
녹화물이 공소사실을 직접 증명할 수 있는 독립적인 증거로 사용될 수 있는지 여부(원칙적
소극)

【판결요지】

2007.6.1. 법률 제8496호로 개정되기 전의 형사소송법에는 없던 수사기관에 의한 피의자
아닌 자(이하 '참고인'이라 한다) 진술의 영상녹화를 새로 정하면서 그 용도를 참고인에 대한
진술조서의 실질적 진정성립을 증명하거나 참고인의 기억을 환기시키기 위한 것으로 한정
하고 있는 현행 형사소송법의 규정 내용을 영상물에 수록된 성범죄 피해자의 진술에 대
하여 독립적인 증거능력을 인정하고 있는 성폭력범죄의 처벌 등에 관한 특례법 제30조 제
6항 또는 아동·청소년의 성보호에 관한 법률 제26조 제6항의 규정과 대비하여 보면, 수사
기관이 참고인을 조사하는 과정에서 형사소송법 제221조 제1항에 따라 작성한 영상녹화
물은, 다른 법률에서 달리 규정하고 있는 등의 특별한 사정이 없는 한, 공소사실을 직접
증명할 수 있는 독립적인 증거로 사용될 수는 없다고 해석함이 타당하다.

【참조조문】

형사소송법 제221조 제1항, 제307조, 제312조 제4항, 제318조의2 제1항, 제2항, 형사소송규
칙 제134조의3, 성폭력범죄의 처벌 등에 관한 특례법 제30조 제1항, 제2항, 제6항, 아동·청
소년의 성보호에 관한 법률 제26조 제1항, 제2항, 제6항

【전문】

【원심판결】

서울고법 2012.4.20. 선고 2011노3591 판결

【주문】

상고를 모두 기각한다.

【판결이유】

상고이유를 판단한다.

1. 피고인의 상고이유에 대하여

범죄사실의 인정은 합리적인 의심이 없는 정도의 증명에 이르러야 하나(형사소송법 제307
조 제2항), 사실인정의 전제로 행하여지는 증거의 취사선택 및 증거의 증명력은 사실심
법원의 자유판단에 속한다(형사소송법 제308조).

원심은 판시와 같은 이유로, 피고인이 공소외 1과 공소외 2 등의 피해자에 대한 체
포·감금 범행에 가담하여 원심에서 추가된 예비적 공소사실인 폭력행위 등 처벌에 관
한 법률 위반(공동존속감금)의 범행을 저질렀다고 인정된다고 판단하여, 이 부분 공소사
실을 유죄로 인정하였다.

원심의 위 사실인정을 다투는 상고이유 주장은 사실심 법원의 자유판단에 속하는 원심
의 증거 선택 및 증명력에 관한 판단을 탓하는 것에 불과하며, 원심판결 이유를 적법하
게 채택된 증거들에 비추어 보아도 원심의 판단에 논리와 경험의 법칙을 위반하여 자유
심증주의의 한계를 벗어난 위법이 없다.

그리고 형사소송법 제383조 제4호에 의하면 사형, 무기 또는 10년 이상의 징역이나 금
고가 선고된 사건에서만 양형부당을 사유로 한 상고가 허용되므로, 피고인에 대하여 그
보다 가벼운 형이 선고된 이 사건에서 형의 양정이 부당하다는 주장은 적법한 상고이유
가 되지 못한다.

2. 검사의 상고이유에 대하여

가.

(1) 2007.6.1. 법률 제8496호로 개정된 형사소송법은 제221조 제1항에서 수사기관은
피의자 아닌 자(이하 '참고인'이라 한다)의 동의를 얻어 그의 진술을 영상녹화할 수
있는 절차를 신설하면서도, 제312조 제4항에서 위 영상녹화물과 별도로 검사 또
는 사법경찰관이 참고인의 진술을 기재한 조서가 작성됨을 전제로 하여 영상녹
화물로 그 진술조서의 실질적 진정성립을 증명할 수 있도록 규정하는 한편, 증거
로 할 수 없는 서류나 진술이라도 공판준비 또는 공판기일에서 피고인 또는 참고
인 진술의 증명력을 다투기 위한 증거로 사용될 수 있도록 정한 제318조의2 제1
항과 별도로 제318조의2 제2항을 두어 참고인의 진술을 내용으로 하는 영상녹화
물은 공판준비 또는 공판기일에 참고인이 진술함에 있어서 기억이 명백하지 아
니한 사항에 관하여 기억을 환기시켜야 할 필요가 있다고 인정되는 때에 한하여
참고인에게 재생하여 시청하게 할 수 있다고 규정함으로써, 참고인의 진술에 대
한 영상녹화물이 증거로 사용될 수 있는 경우를 제한하고 있다.

그리고 이러한 형사소송법의 규정은, 성폭력범죄의 처벌 등에 관한 특례법(이하

'성폭법'이라 한다) 제30조 제1항 및 아동·청소년의 성보호에 관한 법률(이하 '아청법'이라 한다) 제26조 제1항이 성폭력범죄의 피해자가 19세 미만이거나 신체적인 또는 정신적인 장애로 사물을 변별하거나 의사를 결정할 능력이 미약한 경우 및 아동·청소년대상 성범죄 피해자의 경우에 피해자의 진술 내용과 조사 과정을 비디오녹화기 등 영상물 녹화장치로 촬영·보존하여야 한다고 규정하고, 나아가 성폭법 제30조 제6항 및 아청법 제26조 제6항에서 위 절차에 따라 촬영한 영상물에 수록된 피해자의 진술은 공판준비기일 또는 공판기일에 피해자나 조사 과정에 동석하였던 신뢰관계에 있는 사람 또는 진술조력인의 진술에 의하여 그 성립의 진정함이 인정된 경우에 증거로 할 수 있도록 규정함으로써, 일정한 성범죄의 피해자를 조사할 경우에 피해자 또는 법정대리인이 영상물 녹화를 원하지 아니하는 의사를 표시하는 등의 사정이 없는 한 피해자의 진술을 영상물로 녹화할 의무를 수사기관에 부여하고 일정한 요건 아래에서 그 영상물에 수록된 피해자 진술에 대하여 독립적인 증거능력을 명시적으로 인정한 것과 다르다.

이와 같이 2007.6.1. 법률 제8496호로 개정되기 전의 형사소송법에는 없던 수사기관에 의한 참고인 진술의 영상녹화를 새로 정하면서 그 용도를 참고인에 대한 진술조서의 실질적 진정성립을 증명하거나 참고인의 기억을 환기시키기 위한 것으로 한정하고 있는 현행 형사소송법의 규정 내용을 영상물에 수록된 성범죄 피해자의 진술에 대하여 독립적인 증거능력을 인정하고 있는 성폭법 제30조 제6항 또는 아청법 제26조 제6항의 규정과 대비하여 보면, 수사기관이 참고인을 조사하는 과정에서 형사소송법 제221조 제1항에 따라 작성한 영상녹화물은, 다른 법률에서 달리 규정하고 있는 등의 특별한 사정이 없는 한, 공소사실을 직접 증명할 수 있는 독립적인 증거로 사용될 수는 없다고 해석함이 타당하다.

(2) 원심은, 피고인의 동의가 없는 이상 참고인 공소외 3에 대한 진술조서의 작성이 없는 상태에서 수사기관이 그의 진술을 영상녹화한 영상녹화물만을 독자적인 증거로 쓸 수 없고 그 녹취록 또한 증거로 사용할 수 없는 위 영상녹화물의 내용을 그대로 녹취한 것이므로 역시 증거로 사용할 수 없다는 등의 판시와 같은 이유를 들어, 위 영상녹화물 및 녹취록을 증거로 채택하지 아니한 제1심의 증거결정이 위법하다는 검사의 항소이유 주장을 받아들이지 아니하였다.

원심판결 이유를 기록에 비추어 살펴보면, 위와 같은 원심의 판단은 위 법리에 기초한 것으로 보이고, 거기에 상고이유 주장과 같이 참고인의 진술에 대한 영상녹화물의 증거능력에 관한 법리를 오해하는 등의 위법이 없다.

나. 형사재판에서 유죄의 인정은 법관으로 하여금 합리적인 의심을 할 여지가 없을 정도로 공소사실이 진정하다는 확신을 가지게 할 수 있는 증명력을 가진 증거에 의하여야 하며, 이와 같은 증명이 없다면 설령 피고인에게 유죄의 의심이 간다고 하더라

도 유죄로 판단할 수는 없다(대법원 2001.8.21. 선고 2001도2823 판결, 대법원 2006.3.9. 선고 2005도8675 판결 등 참조).

원심은 판시와 같은 이유로, 이 사건 공소사실 중 존속살해방조 부분 및 자살방조 부분에 대하여 제1심에서 인정한 사실 및 사정들을 기초로 무죄라고 판단한 제1심 판결은 정당하다고 인정하여, 이를 다투는 검사의 항소이유 주장을 받아들이지 아니하였다.

원심의 사실인정을 다투는 취지의 이 부분 상고이유의 주장은 사실심 법원의 자유 판단에 속하는 원심의 증거 선택 및 증명력에 관한 판단을 다투는 것에 불과하며, 원심판결 이유를 기록에 비추어 살펴보아도 위와 같은 원심의 판단에 상고이유 주장과 같이 논리와 경험의 법칙을 위반하고 자유심증주의의 한계를 벗어난 위법이 없다.

다. 한편 검사는 원심판결 전부에 대하여 상고하였으나, 유죄 부분에 대하여는 상고장에 이유의 기재가 없고 상고이유서에도 이에 대한 불복이유의 기재가 없다.

3. 결론

그러므로 상고를 모두 기각하기로 하여 관여 대법관의 일치된 의견으로 주문과 같이 판결한다.

대법관 신영철(재판장) 이상훈 김용덕(주심) 김소영

제2절 디스켓 및 CD의 증거능력

　재판에 제출되는 증거는 CD 또는 디스켓 등 저장매체 형태인 경우가 대부분이다. 특히, 현대사회에는 대다수의 사람들이 스마트폰이나 노트북 등 상용전자 매체를 이용하여 업무, 일상생활을 하다 보니 자연스럽게 해당 매체에 각종 범죄, 소송에 관한 자료가 탑재되어 있기 마련이다.

　물론, 법적으로는 위와 같은 형태의 증거들이 범죄에 어떻게 사용되었는가에 따라 다르겠지만 대부분의 범죄들이 의사소통 수단으로 각종 저장매체에 말과 글을 남긴다는 점을 감안할 때 전문법칙이 적용될 공산이 크다.

　실제로 대법원(99도2317)은 "컴퓨터 디스켓에 들어 있는 문건이 증거로 사용되는 경우 그 컴퓨터 디스켓은 기재의 매체가 다를 뿐 실질에 있어서는 피고인 또는 피고인 아닌 자의 진술을 기재한 서류와 크게 다를 바 없고, 압수 후의 보관 및 출력과정에 조작의 가능성이 있으며, 기본적으로 반대신문의 기회가 보장되지 않는 점 등에 비추어 기재내용의 진실성에 관하여는 전문법칙이 적용된다고 할 것이고, 따라서 형사소송법 제313조 제1항에 의하여 그 작성자 또는 진술자의 진술에 의하여 그 성립의 진정함이 증명된 때에 한하여 이를 증거로 사용할 수 있다"라고 판시한 바 있다.

컴퓨터 디스켓에 들어 있는 문건의 증거능력

(약칭 민혁당 사건, 영남위원회 사건)

[대법원, 99도2317, 1999.9.3.]

【판시사항】

[1] 국가보안법상 반국가단체와 이적단체의 구별 기준

[2] 통신제한조치에 대한 기간연장결정이 원 허가의 대상과 범위를 초과할 수 있는지 여부 (소극)

[3] 국가보안법상 이적동조의 의미

[4] 북한동포돕기 성금을 납부한 행위가 반국가단체의 활동에 동조한 것으로 볼 수 없다고 한 사례

[5] 컴퓨터 디스켓에 들어 있는 문건의 증거능력

[6] 비디오테이프의 증거능력

[7] 피고인이 진술의 임의성을 다투는 경우, 그 입증 방법

[8] <u>반국가단체의 활동을 찬양·고무·동조하는 내용의 문건을 컴퓨터 디스켓에 저장하여 보관한 경우, 그 후의 삭제 등 여부에 관계없이 이적표현물소지죄가 성립하는지 여부</u> (적극)

【판결요지】

[1] 국가보안법상 반국가단체와 이적단체를 구별하기 위하여는 그 단체가 그 활동을 통하여 직접 달성하려고 하는 목적을 기준으로 하여, 그 단체가 정부 참칭이나 국가의 변란 그 자체를 직접적이고도 1차적인 목적으로 삼고 있는 때에는 반국가단체에 해당하고, 별개의 반국가단체의 존재를 전제로 하여 그 반국가단체의 활동에 동조하는 것을 직접적, 1차적 목적으로 하는 경우에는 이적단체에 해당한다.

[2] 통신제한조치에 대한 기간연장결정은 원 허가의 내용에 대하여 단지 기간을 연장하는 것일 뿐 원 허가의 대상과 범위를 초과할 수 없다 할 것이므로 통신제한조치허가서에 의하여 허가된 통신제한조치가 '전기통신 감청 및 우편물 검열'뿐인 경우 그 후 연장결정서에 당초 허가 내용에 없던 '대화녹음'이 기재되어 있다 하더라도 이는 대화녹음의 적법한 근거가 되지 못한다.

[3] 국가보안법상 이적동조라 함은 반국가단체나 그 구성원 또는 지령을 받은 자의 선전·선동 및 그 활동과 동일한 내용의 주장을 하거나 이에 합치되는 행위를 함으로써

그들의 활동에 호응, 가세하는 것을 말한다.

[4] 북한동포돕기 성금을 납부한 행위가 반국가단체의 활동에 동조한 것으로 볼 수 없다고 한 사례.

[5] 컴퓨터 디스켓에 들어 있는 문건이 증거로 사용되는 경우 그 컴퓨터 디스켓은 그 기재의 매체가 다를 뿐 실질에 있어서는 피고인 또는 피고인 아닌 자의 진술을 기재한 서류와 크게 다를 바 없고, 압수 후의 보관 및 출력과정에 조작의 가능성이 있으며, 기본적으로 반대신문의 기회가 보장되지 않는 점 등에 비추어 그 기재내용의 진실성에 관하여는 전문법칙이 적용된다고 할 것이고, 따라서 형사소송법 제313조 제1항에 의하여 그 작성자 또는 진술자의 진술에 의하여 그 성립의 진정함이 증명된 때에 한하여 이를 증거로 사용할 수 있다.

[6] 누구든지 자기의 얼굴 기타 모습을 함부로 촬영당하지 않을 자유를 가지나 이러한 자유도 국가권력의 행사로부터 무제한으로 보호되는 것은 아니고 국가의 안전보장·질서유지·공공복리를 위하여 필요한 경우에는 상당한 제한이 따르는 것이고, 수사기관이 범죄를 수사함에 있어 현재 범행이 행하여지고 있거나 행하여진 직후이고, 증거보전의 필요성 및 긴급성이 있으며, 일반적으로 허용되는 상당한 방법에 의하여 촬영을 한 경우라면 위 촬영이 영장 없이 이루어졌다 하여 이를 위법하다고 단정할 수 없다.

[7] 피고인이 진술의 임의성을 다투는 경우 법원은 적당하다고 인정하는 방법에 의하여 조사한 결과 그 임의성에 관하여 심증을 얻게 되면 이를 증거로 할 수 있는 것이고 반드시 검사로 하여금 그 임의성에 관한 입증을 하게 하여야 하는 것은 아니다.

[8] 반국가단체의 활동을 찬양·고무·동조하는 내용의 문건을 컴퓨터 디스켓에 저장하여 보관하고 있었다면 위 문건의 보관으로 인한 이적표현물소지죄는 성립한 것이고 그 후 위 문건을 삭제하였다든가, 삭제 후에도 위 문건을 복구하는 것이 용이한지 여부 및 현실적으로 이를 복구하여 사용할 가능성이 있는지 여부는 이적표현물소지죄의 성부에 아무런 영향을 주는 것이 아니다.

【전문】

【원심판결】

부산고법 1999.5.17. 선고 99노122 판결

【주문】

원심판결 중 피고인 1, 2, 3, 4, 5, 6, 7, 8에 대한 유죄 부분(이 중 예비적으로 공소제기된 위 피고인들에 대한 이적단체 구성 또는 가입 및 피고인 2에 대한 반국가단체 찬양·고무·동조 부분에 각 대응하는 주위적 공소사실 부분 포함)을 파기하고, 이 부분 사건을 부산고등법원에 환송한다. 검사의 상고(위에서 파기하는 주위적 공소사실에 관한 부분 제외)와 피고인 9의 상고를 각 기각한다.

【판결이유】

상고이유를 본다.

1. 검사의 상고이유에 관하여 판단한다.

가. 국가보안법상 반국가단체에 관한 법리오해의 점에 관하여

국가보안법상 반국가단체와 이적단체를 구별하기 위하여는 그 단체가 그 활동을 통하여 직접 달성하려고 하는 목적을 기준으로 하여, 그 단체가 정부 참칭이나 국가의 변란 그 자체를 직접적이고도 1차적인 목적으로 삼고 있는 때에는 반국가단체에 해당하고, 별개의 반국가단체의 존재를 전제로 하여 그 반국가단체의 활동에 동조하는 것을 직접적, 1차적 목적으로 하는 경우에는 이적단체에 해당한다고 보아야 할 것이다(대법원 1996.9.6. 선고 94도1020 판결 참조).

원심판결 이유에 의하면, 원심은 '영남위원회'가 직접적이고도 1차적 목적으로 삼고 있는 것은 반국가단체인 북한의 주체사상을 선전·전파하여 장차 북한이 지향하는 목적에 동조하여 국가를 변란하고 새로운 정부를 수립하는 것이고, 달리 그 자체로서 폭력적 방법으로 정부를 전복하고 새로운 정부를 수립하는 국가변란을 직접적인 1차적 목적으로 삼고 있다고 보기는 어렵다고 인정하고, 반국가단체의 구성, 가입 및 반국가단체 구성원과의 회합, 통신에 대한 주위적 공소사실을 모두 무죄로 판단하였는바, 위와 같은 원심의 사실인정 및 판단은 옳고, 거기에 상고이유로 주장하는 바와 같이 반국가단체의 법리를 오해한 위법이 있다고 할 수 없다.

나. <u>녹음테이프 등의 증거능력에 대하여</u>

통신비밀보호법은 누구든지 이 법과 형사소송법 또는 군사법원법의 규정에 의하지 아니하고는 우편물의 검열 또는 전기통신의 감청을 하거나, 공개되지 아니한 타인 간의 대화를 녹음 또는 청취하지 못하고(통신비밀보호법 제3조, 제14조 제1항), 다른 법률에 특별한 규정이 있거나 위 법에서 규정하고 있는 절차에 의하지 아니하고 불법검열에 의하여 취득한 우편물이나 그 내용, 불법감청에 의하여 지득 또는 채록된 전기통신의 내용 및 불법 대화녹음·청취의 내용은 재판 또는 징계절차에서 증거로 사용할 수 없다고 규정하고 있다(같은 법 제4조, 제14조 제2항).

원심판결 이유에 의하면, 원심은 이 사건 대화녹음의 근거가 된 것은 부산지방법원이 1996.4.30. 발부한 통신제한조치허가 제48호 및 그 연장결정과 같은 법원이 1996.11.6. 발부한 통신제한조치허가 제129호라 할 것인데, 위 통신제한조치허가 제48호는 통신제한조치대상자를 '공소외 1'로, 통신제한조치의 종류를 '전기통신 감청 및 우편물 검열'로 하여 허가된 후 수차 기간이 연장되어 오다가 1997.2.3. 기간이 연장되면서 당초 허가내용에는 없던 '대화녹음'이 추가되어 그 대상자로 '공소외 2', 범위로 '공소외 2 등 관련자에 대한 국가보안법위반관련 토론 시 대화내용 녹음'

이 추가되었고 그 후 수회 더 연장결정이 이루어진 사실, 한편 통신제한조치허가 제 129호에는 통신제한조치대상자로 '공소외 3', 통신제한조치의 종류로 '전기통신 감청', 기간은 '1996.11.9.부터 1997.2.8.까지'로 기재되어 있으나, 통신제한조치의 대상과 범위란에는 전화감청 외에 우편물 검열 및 위 공소외 1에 대한 1997.2.3.자 연장결정서상의 대화녹음과 같은 내용의 대화녹음이 기재되어 있는 사실을 인정한 후 통신비밀보호법에 의한 통신제한조치 등은 통신 및 대화의 비밀과 자유에 대한 제한을 가져오는 것으로 엄격히 해석되어야 한다고 전제하고, 제한조치의 대상자로 공소외 3, 제한되는 통신의 종류로 전기통신 감청만이 기재된 이상 위 통신제한조치허가 제129호에 의하여 공소외 2가 공소외 3 아닌 피고인 1, 3, 4, 9 등과 대화하는 것까지 녹음하도록 허가된 것은 아니라 할 것이고, 통신제한조치에 대한 기간연장결정은 원 허가의 내용에 대하여 단지 기간을 연장하는 것일 뿐 원 허가의 대상과 범위를 초과할 수 없다 할 것인데, 통신제한조치허가서 제48호에 의하여 허가된 통신제한조치는 '전기통신 감청 및 우편물 검열'뿐이어서 그 후 연장결정서에 당초 허가 내용에 없던 대화녹음이 기재되어 있다 하더라도 이는 대화녹음의 적법한 근거가 되지 못한다고 판단하고, 위 대화녹음 부분에 관한 각 녹음테이프 및 녹취서(이하 '녹음테이프 등'이라고 한다)의 증거능력을 배척한 다음 피고인 1, 3, 4, 9에 대한 반국가단체 찬양·고무·동조의 점에 대한 공소사실에 대하여 무죄를 선고하였다.

기록에 의하여 살펴보면 원심의 이러한 사실인정 및 판단은 정당한 것으로 인정되고 (특히 반국가단체 찬양·고무·동조의 예비적 공소사실에 관한 녹음은 모두 위 제129호의 허가기간 이후에 이루어진 것이다. 검사는 위 통신제한조치허가 제48호의 연장결정 시 위 제129호의 연장결정도 함께 이루어진 것이라고 하나 기록에 의하면 위 연장결정은 위 제48호에 대하여 이루어진 것임이 명백하다), 거기에 녹음테이프 등의 증거능력에 관한 법리를 오해한 위법이 있다고 할 수 없다.

그 밖에 이 사건 '영남위원회'가 반국가단체임을 전제로 하여 그 구성원 간의 회합, 통신의 점에 대한 주위적 공소사실의 증거로 제출된 전화감청에 관한 녹음테이프 및 녹취서의 증거능력에 대하여 따로 적법성 여부를 판단하지 아니한 원심의 조치는 앞서 본 바와 같이 '영남위원회'의 반국가단체성을 인정하지 않는 이상 판결의 결과에 아무런 영향이 없다고 할 것이다.

이 점에 대한 주장은 모두 이유 없다.

다. 이적동조에 관한 법리오해의 점에 대하여

국가보안법상 이적동조라 함은 반국가단체나 그 구성원 또는 지령을 받은 자의 선전·선동 및 그 활동과 동일한 내용의 주장을 하거나 이에 합치되는 행위를 함으로써 그들의 활동에 호응, 가세하는 것을 말한다.

원심판결 이유에 의하면, 원심은 피고인들이 납부한 성금은 울산연합, 민노총 등을 거쳐 정부가 인정한 단체인 '96평화통일민족대회추진본부'와 '겨레사랑북한동포돕기범국민운동본부'로 납부되었으며, 위 각 단체 또는 대한적십자사를 통하여 북한적십자사에게 옥수수 등으로 전달된 사실을 인정한 다음 피고인들이 위와 같이 북한동포돕기 성금을 납부한 행위를 가지고 반국가단체인 북한공산집단의 활동에 동조한 것으로 보기는 어려우며 달리 이를 인정할 증거도 없다고 하여 무죄를 선고하였는바, 이와 같은 원심의 판단은 정당하고 거기에 상고이유에서 주장하는 바와 같이 증거의 가치판단을 잘못하거나 법리를 오해한 위법 등의 잘못이 있다고 할 수 없다.

2. 변호인 및 피고인들의 상고이유에 관하여 판단한다(상고이유별 또는 피고인들별로 나누어 판단한다).

가. '영남위원회'의 이적단체성

기록에 의하면 원심이 그 채용 증거에 의하여 '영남위원회'의 목표, 노선, 체계, 강령, 조직 등을 인정한 후 위 '영남위원회'가 국가보안법상 이적단체에 해당한다고 본 것은 정당하고 거기에 공소사실에 대한 증명의 정도에 관하여 법리를 오해하거나 채증법칙을 위반하여 사실을 오인한 위법이 있다고 할 수 없다(다만 채용 증거 중 공소외 2로부터 압수된 컴퓨터 디스켓에 수록된 문건은 뒤에서 보는 바와 같이 이를 증거로 사용할 수 없다 할 것이나, 원심 채용의 그 밖의 다른 증거에 의하여도 이를 인정하기에 충분하므로 원심판결 결과에는 아무런 영향이 없다).

나. 공소외 2로부터 압수된 컴퓨터 디스켓의 증거능력

원심판결 이유에 의하면, 원심은 공소외 2로부터 압수된 컴퓨터 디스켓의 압수절차에 관하여, 이 사건 압수는 공소외 2를 긴급체포하면서 이루어진 것이고, 공소외 2에 대한 긴급체포는 형사소송법 제200조의3 제1항이 정한 긴급체포의 실체적 요건 및 긴급성을 모두 갖추고 있으므로, 그 압수절차가 적법하다고 판단하였는바, 위와 같은 원심의 인정 및 판단은 정당하고 거기에 압수절차에 관한 법리오해 등의 위법이나 사실오인, 판단유탈 등의 위법이 있다고 할 수 없다.

피고인들은 위 컴퓨터 디스켓의 압수방법이 위법하다는 것이나, 컴퓨터 디스켓을 압수함에 있어 위조, 변조 등의 위험을 피하기 위하여 피고인들이 주장하는 바와 같은 방법을 취하는 것이 바람직하다 하더라도 이는 단지 압수방법의 적정 여부에 관한 것일 뿐 그와 같은 조치를 취하지 않은 것이 반드시 위법한 것이라고는 할 수 없고, 그 밖에 위 컴퓨터 디스켓이 당초의 압수된 상태에서 조작되었다는 피고인들의 주장 역시 받아들일 수 없다.

다만, 컴퓨터 디스켓에 들어 있는 문건이 증거로 사용되는 경우 위 컴퓨터 디스켓은 그 기재의 매체가 다를 뿐 실질에 있어서는 피고인 또는 피고인 아닌 자의 진술을 기재한 서류와 크게 다를 바 없고, 압수 후의 보관 및 출력과정에 조작의 가능성이 있으며, 기본적으로 반대신문의 기회가 보장되지 않는 점 등에 비추어 그 기재내용의 진실성에 관하여는 전문법칙이 적용된다고 할 것이고, 따라서 형사소송법 제313조 제1항에 의하여 그 작성자 또는 진술자의 진술에 의하여 그 성립의 진정함이 증명된 때에 한하여 이를 증거로 사용할 수 있다 할 것이다.

그런데 위 컴퓨터 디스켓에 수록된 문건들(컴퓨터 디스켓에 대하여 실시한 검증 결과는 단지 디스켓에 수록된 문건의 내용이 출력물에 기재된 것과 같다는 것에 불과하여 증거자료가 되는 것은 여전히 컴퓨터 디스켓에 보관된 문건의 내용이다)에 대하여는 그 작성자 또는 진술자에 의하여 성립의 진정함이 증명된 바 없다.

그럼에도 불구하고 원심이 위 컴퓨터 디스켓에 수록된 문건들의 증거능력을 인정하여 이를 피고인들에 대한 유죄의 증거로 쓴 것은 위법하다 할 것이다(다만, 이적표현물을 컴퓨터 디스켓에 저장, 보관하는 방법으로 이적표현물을 소지하는 경우에는 컴퓨터 디스켓에 담긴 문건의 내용의 진실성이 아닌 그러한 내용의 문건의 존재 그 자체가 직접 증거로 되는 경우이므로 적법한 검증 절차를 거친 이상 이적표현물 소지의 점에 관하여는 컴퓨터 디스켓의 증거능력이 인정된다고 할 것이다).

다. 비디오테이프의 증거능력

누구든지 자기의 얼굴 기타 모습을 함부로 촬영당하지 않을 자유를 가지나 이러한 자유도 국가권력의 행사로부터 무제한으로 보호되는 것은 아니고 국가의 안전보장·질서유지·공공복리를 위하여 필요한 경우에는 상당한 제한이 따르는 것이고, 수사기관이 범죄를 수사함에 있어 현재 범행이 행하여지고 있거나 행하여진 직후이고, 증거보전의 필요성 및 긴급성이 있으며, 일반적으로 허용되는 상당한 방법에 의하여 촬영을 한 경우라면 위 촬영이 영장 없이 이루어졌다 하여 이를 위법하다고 단정할 수 없다.

기록에 의하면, 이 사건 비디오촬영은 피고인들에 대한 범죄의 혐의가 상당히 포착된 상태에서 그 회합의 증거를 보전하기 위한 필요에서 이루어진 것이고 공소외 2의 주거지 외부에서 담장 밖 및 2층 계단을 통하여 공소외 2의 집에 출입하는 피고인들의 모습을 촬영한 것으로 그 촬영방법 또한 반드시 상당성이 결여된 것이라고는 할 수 없다 할 것인바, 위와 같은 사정 아래서 원심이 이 사건 비디오 촬영행위가 위법하지 않다고 판단하고 그로 인하여 취득한 비디오테이프의 증거능력을 인정한 것은 정당하고 거기에 영장 없이 촬영한 비디오테이프의 증거능력에 관한 해석을 그르친 잘못이 있다고 할 수 없다[다만, 위 비디오테이프만으로 피고인들에 대한 공소사실을 유죄로 인정할 수 있는가(증명력이 있는가)는 별개의 문제이다].

라. 피고인 9에 대하여

(1) 영장실질심사심문조서의 임의성

피고인이 진술의 임의성을 다투는 경우 법원은 적당하다고 인정하는 방법에 의하여 조사한 결과 그 임의성에 관하여 심증을 얻게 되면 이를 증거로 할 수 있는 것이고 반드시 검사로 하여금 그 임의성에 관한 입증을 하게 하여야 하는 것은 아니다(대법원 1984.3.13. 선고 83도3228 판결 참조).

기록에 의하면 피고인 9는 영장실질심사를 받으면서 '영남위원회'의 존재를 시인하고 자신이 그 조직원임을 시인하는 취지의 공소사실에 부합하는 진술을 한 사실이 인정되는바 위 진술은 임의로 이루어진 것이라고 인정되고, 원심도 위와 같은 판단하에 이를 증거로 사용한 것이라고 보인다.

따라서 위 진술이 임의로 된 것이 아니라는 전제에서 원심의 증거채용을 탓하는 주장은 이유 없다.

(2) 이적단체 가입의 점

공소외 2로부터 압수된 컴퓨터 디스켓의 증거능력이 인정되지 아니함은 위에서 본 바와 같다 할 것이나, 위 컴퓨터 디스켓에 수록된 문건의 내용을 제외하더라도 원심판결이 채택한 증거들을 기록과 대조하여 살펴보면 피고인 9의 이적단체 가입의 점을 인정할 수 있으므로, 결국 위 컴퓨터 디스켓에 수록된 문건을 이적단체 가입에 관한 증거로 쓴 원심의 잘못은 위 피고인에 대한 판결 결과에는 영향을 미치지 아니하였다 할 것이다.

마. 피고인 8에 대한 일부 이적표현물소지의 점에 대하여

기록에 의하면 피고인 이희이 반국가단체의 활동을 찬양·고무·동조하는 내용의 '태양절특집호'라는 문건을 컴퓨터 디스켓에 저장하여 보관하고 있던 사실을 인정할 수 있는바, 그렇다면 위 문건의 보관으로 인한 이적표현물소지죄는 성립한 것이고 그 후 위 문건을 삭제하였다든가, 삭제 후에도 위 문건을 복구하는 것이 용이한지 여부 및 현실적으로 이를 복구하여 사용할 가능성이 있는지의 여부는 이적표현물소지죄의 성부에 아무런 영향을 주는 것이 아니다.

원심의 이유설시에는 다소 미흡한 부분이 있으나 위 부분 공소사실에 대하여 유죄로 인정한 원심의 판단은 결과에 있어서 정당하고 거기에 이적표현물소지의 점에 관한 법리를 오해한 위법이 없다.

바. 피고인 1, 2, 3, 4, 5, 6, 7, 8(앞서 본 일부 이적표현물소지 부분 제외)에 대하여

원심은 공소외 2로부터 압수된 컴퓨터 디스켓의 문건 및 그 출력물을 증거로 하여 위 피고인들에 대한 각 이적단체 구성 또는 가입 및 피고인 김성란에 대한 반국가단체 찬양·고무·동조의 공소사실을 유죄로 인정하고 있는바, 위 컴퓨터 디스켓의 압수절차나 압수방법이 위법하지 않고 그 내용이 조작되지 않았다 하더라도 위 컴퓨터 디스켓에 수록된 문건에 대하여 성립의 진정이 증명된 바 없어 이들을 증거로 사

용할 수 없음은 위에서 본 바와 같고, 그 밖에 일부 피고인들이 공소외 2의 집에 출입하는 모습이 촬영된 비디오테이프만으로는 위 피고인들에 대한 위 각 공소사실을 유죄로 인정하기에 부족하다.

결국 원심판결에는 컴퓨터 디스켓의 증거능력에 관한 법리를 오해하여 증거능력이 없는 증거에 의하거나 또는 증명력이 부족한 증거만으로 공소사실을 유죄로 인정한 위법이 있다고 할 것이다.

3. 그렇다면 원심판결 중 피고인 9를 제외한 나머지 피고인들에 대한 이적단체 구성 또는 가입 부분(이에 대응하는 주위적 공소사실인 반국가단체 구성 또는 가입 부분 포함) 및 피고인 김성란에 대한 반국가단체 찬양·고무·동조 부분(이에 대응하는 주위적 공소사실인 반국가단체 구성원과의 회합 부분 포함)은 파기를 면할 수 없고, 한편 위 죄와 형법 제37조 전단의 경합범 관계에 있어 1개의 형을 선고하여야 할 피고인 2, 3, 4, 7, 8에 대한 나머지 유죄 부분(이적표현물 제작 또는 취득, 소지의 점) 역시 이와 함께 파기하지 않을 수 없으므로, 원심판결 중 피고인 1, 2, 3, 4, 5, 6, 7, 8에 대한 유죄 부분(이 중 예비적으로 공소제기된 위 피고인들에 대한 이적단체 구성, 또는 가입 및 피고인 김성란에 대한 반국가단체 찬양·고무·동조 부분에 각 대응하는 주위적 공소사실 부분 포함)을 파기하고(따라서 원심판결 중 파기되지 아니하는 피고인 9에 대한 부분, 피고인 1, 3, 4에 대한 주위적 공소사실인 반국가단체 구성원과의 통신, 회합 부분과 예비적 공소사실인 반국가단체 찬양·고무·동조 부분, 피고인 2, 3, 4, 5, 6, 7, 8에 대한 북한동포 돕기로 인한 반국가단체 동조 부분에 대하여는 원심판결대로 확정된다. 한편, 피고인 8에 대한 '민중중심의 사회주의 우월성'이란 문건을 보관함으로 인한 이적표현물 소지 부분은 원심의 무죄판결에 대하여 검사가 상고하지 않아 이미 확정된 바 있다), 이 부분 사건을 부산고등법원에 환송하며, 검사의 상고(위에서 파기하는 부분 제외)와 피고인 9의 상고를 각 기각하기로 하여 관여 법관의 일치된 의견으로 주문과 같이 판결한다.

대법관 지창권(재판장) 이돈희 송진훈 변재승(주심)

제3절 감청의 범위

대법원 2012.10.25.선고 2012도4644 판결은 "통신비밀보호법 제2조 제3호 및 제7호에 의하면 같은 법상 '감청'은 전자적 방식에 의하여 모든 종류의 음향·문언·부호 또는 영상을 송신하거나 수신하는 전기통신에 대하여 당사자의 동의 없이 전자장치·기계장치 등을 사용하여 통신의 음향·문언·부호·영상을 청취·공독하여 그 내용을 지득 또는 채록하거나 전기통신의 송·수신을 방해하는 것을 말한다. 그런데 해당 규정의 문언이 송신하거나 수신하는 전기통신 행위를 감청의 대상으로 규정하고 있을 뿐 송수신이 완료되어 보관 중인 전기통신 내용은 대상으로 규정하지 않은 점, 일반적으로 감청은 다른 사람의 대화나 통신 내용을 몰래 엿듣는 행위를 의미하는 점 등을 고려하여 보면, 통신비밀보호법상 '감청'이란 대상이 되는 전기통신의 송수신과 동시에 이루어지는 경우만을 의미하고, 이미 수신이 완료된 전기통신의 내용을 지득하는 등의 행위는 포함되지 않는다"라고 판결하였다.

송수신이 완료되어 보관 중인 전기통신 내용과 감청

(통신비밀보호법 위반)

[대법원, 2012도4644, 2012.10.25.]

【판시사항】

통신비밀보호법상 '감청'의 의미 및 이미 수신이 완료된 전기통신 내용을 지득하는 등의 행위도 이에 포함되는지 여부(소극)

【판결요지】

통신비밀보호법 제2조 제3호 및 제7호에 의하면 같은 법상 '감청'은 전자적 방식에 의하여 모든 종류의 음향·문언·부호 또는 영상을 송신하거나 수신하는 전기통신에 대하여 당사자의 동의 없이 전자장치·기계장치 등을 사용하여 통신의 음향·문언·부호·영상을 청취·공독하여 그 내용을 지득 또는 채록하거나 전기통신의 송·수신을 방해하는 것을 말한다. 그런데 해당 규정의 문언이 송신하거나 수신하는 전기통신 행위를 감청의 대상으로 규정하고 있을 뿐 송·수신이 완료되어 보관 중인 전기통신 내용은 대상으로 규정하지 않은 점, 일반적으로 감청은 다른 사람의 대화나 통신 내용을 몰래 엿듣는 행위를 의미하는 점 등을 고려하여 보면, 통신비밀보호법상 '감청'이란 대상이 되는 전기통신의 송·수신과 동시에 이루어지는 경우만을 의미하고, 이미 수신이 완료된 전기통신의 내용을 지득하는 등의 행위는 포함되지 않는다.

【전문】

【원심판결】

서울중앙지법 2012.4.5. 선고 2011노3910 판결

【주문】

상고를 기각한다.

【판결이유】

상고이유를 판단한다.

통신비밀보호법 제2조 제3호 및 제7호에 의하면 같은 법상의 '감청'은 전자적 방식에 의하여 모든 종류의 음향·문언·부호 또는 영상을 송신하거나 수신하는 전기통신에 대하여 당사자의 동의 없이 전자장치·기계장치 등을 사용하여 통신의 음향·문언·부호·영상을 청취·공독하여 그 내용을 지득 또는 채록하거나 전기통신의 송수신을 방해하는 것을 말하는 것이다. 그런데 해당 규정의 문언이 송신하거나 수신하는 전기통신 행위를 감청의 대상

으로 규정하고 있을 뿐 송수신이 완료되어 보관 중인 전기통신 내용은 그 대상으로 규정하지 않은 점, 일반적으로 감청은 다른 사람의 대화나 통신 내용을 몰래 엿듣는 행위를 의미하는 점 등을 고려하여 보면, 통신비밀보호법상의 '감청'이란 그 대상이 되는 전기통신의 송수신과 동시에 이루어지는 경우만을 의미하고, 이미 수신이 완료된 전기통신의 내용을 지득하는 등의 행위는 포함되지 않는다(대법원 2012.7.26. 선고 2011도12407 판결 참조).

같은 취지에서 원심이 송수신이 완료된 전기통신의 내용을 청취·공독하여 지득 또는 채록하는 것은 통신비밀보호법상의 '감청'에 해당하지 아니한다고 판단하여 피고인에 대한 이 사건 공소사실을 무죄로 판단한 조치는 정당하고, 거기에 상고이유의 주장과 같은 법리오해의 위법이 없다.

그러므로 상고를 기각하기로 하여, 관여 대법관의 일치된 의견으로 주문과 같이 판결한다.

대법관 민일영(재판장) 이인복 박보영(주심) 김신

통화감청의 증거능력
(국가보안법 위반 건)
[대법원, 2000도5461, 2002.10.22.]

【판시사항】

[1] 검사 작성의 피의자신문조서의 일부를 발췌한 초본의 증거능력 유무(한정 적극)

[2] 통신제한조치로 취득한 자료의 사용 제한

【판결요지】

[1] 피고인에 대한 검사 작성의 피의자신문조서가 그 내용 중 일부를 가린 채 복사를 한 다음 원본과 상위 없다는 인증을 하여 초본의 형식으로 제출된 경우에, 위와 같은 피의자신문조서초본은 피의자신문조서원본 중 가려진 부분의 내용이 가려지지 않은 부분과 분리 가능하고 당해 공소사실과 관련성이 없는 경우에만, 그 피의자신문조서의 원본이 존재하거나 존재하였을 것, 피의자신문조서의 원본 제출이 불능 또는 곤란한 사정이 있을 것, 원본을 정확하게 전사하였을 것 등 3가지 요건을 전제로 피고인에 대한 검사 작성의 피의자신문조서원본과 동일하게 취급할 수 있다.

[2] 갑의 국가보안법위반죄에 대한 증거의 수집을 위하여 발부된 통신제한조치허가서에 의하여 피고인과 을 사이 또는 피고인과 병 사이의 통화내용을 감청하여 작성한 녹취서는 위 통신제한조치의 목적이 된 갑의 국가보안법위반죄나 그와 관련된 범죄를 위하여 사용되어야 한다.

【전문】

【원심판결】

서울지법 2000.11.14. 선고 2000노6732 판결

【주문】

상고를 기각한다.

【판결이유】

1. 상고이유 제1점에 대하여

피고인에 대한 검사 작성의 피의자신문조서가 그 내용 중 일부를 가린 채 복사를 한 다음 원본과 상위 없다는 인증을 하여 초본의 형식으로 제출된 경우에, 위와 같은 피의자신문조서초본은 피의자신문조서원본 중 가려진 부분의 내용이 가려지지 않은 부분과

분리 가능하고 당해 공소사실과 관련성이 없는 경우에만, 그 피의자신문조서의 원본이 존재하거나 존재하였을 것, 피의자신문조서의 원본 제출이 불능 또는 곤란한 사정이 있을 것, 원본을 정확하게 전사하였을 것 등 3가지 요건을 전제로 피고인에 대한 검사 작성의 피의자신문조서원본과 동일하게 취급할 수 있다 할 것이다.

기록에 의하면, 이 사건 제1심 제2회 변론기일에 피고인에 대한 검사 작성의 피의자신문조서 중 제1, 2회, 제4 내지 11회, 제14회가 원본의 내용 일부가 가려진 채 복사되어 초본의 형태로 제출되었고, 피고인이 이에 대한 성립을 부인하였는데, 제1심 제5회 변론기일에 검사가 위 피의자신문조서의 원본을 제시하자, 변호인은 위 초본에 대한 원본의 존재 및 원본의 정확한 전사 여부에 관하여는 이의가 없다는 진술을 하였고, 위 피의자신문조서초본 중 제14회만이 증거조사된 사실과 검사는 피고인 등에 대한 이 사건 공소사실과는 다른 국가보안법위반 혐의사실의 조사를 위하여 피고인에 대한 피의자신문조서의 원본을 제출하기 곤란하다는 사정을 표명하였음을 알 수 있는바, 위 제14회 피의자신문조서초본 중 원본에서 가려진 부분이 이 사건 공소사실과는 전혀 다른 내용이어서 피고인의 방어권을 침해할 여지가 없다는 점에 관한 아무런 자료가 없는 상황에서 피고인에 대한 여죄의 수사를 위한다는 사정은 그 피의자신문조서원본의 제출이 곤란한 사정이라고 보기 어려우므로 위 제14회 피의자신문조서초본은 그 원본과 동일한 것으로 취급할 수 없다.

그렇다면 피고인이 위 초본의 성립을 부인하고 있음에도 이에 대하여 증거능력을 부여하고 증거조사를 하여 공소사실에 대한 유죄의 증거로 한 제1심과 이를 유지한 원심의 판단에는 채증법칙 위배의 잘못이 있다 할 것이나, 기록에 의하면 위 초본을 제외하더라도 이 사건 공소사실에 대하여 피고인을 유죄로 인정하기에 부족함이 없으니, 결국 위와 같은 원심의 잘못은 판결 결과에 영향이 있다고는 할 수 없으므로 상고이유의 주장은 이유 없다(상고이유는 제1심에서 내용의 일부가 가려진 채 복사되어 제출된 검사 작성의 피의자신문조서초본의 전부에 대하여 증거조사가 이루어져 그 전부가 피고인에 대한 유죄를 인정하는 증거로 사용되었고, 또 원심에서 제출된 위 피의자신문조서초본의 원본에 대하여 증거조사가 이루어졌음을 전제로 그 채증법칙 위배를 주장하나, 제1심에서 증거조사된 것은 앞에서 본 바와 같이 검사 작성의 제14회 피의자신문조서초본뿐이고, 원심에서 위 피의자신문조서의 원본이 송부되어 기록에 편철되었을 뿐 그에 대한 증거제출 및 증거조사가 이루어지지 않았음이 기록상 명백하므로 나머지 부분의 주장에 대하여는 따로 판단하지 않는다).

2. 상고이유 제2점에 대하여

구 통신비밀보호법(1993.12.27. 법률 제4650호로 제정되어 2001.12.29. 법률 제6546호로 개정되기 전의 것) 제12조는 통신제한조치의 집행으로 인하여 취득된 우편물 또는 그 내용과 전기통신의 내용은 통신제한조치의 목적이 된 같은 법 제5조 제1항에 규정된 범죄나 이와 관련된 범죄를 수사·소추하거나 그 범죄를 예방하기 위하여 사용하는 경우 등 이외에는 사용할 수 없도록 규정하고 있다.

기록에 의하면 원심이 유지한 제1심은 유○○에 대한 통신제한조치허가서에 근거하여 피고인과 최○○ 사이 또는 피고인과 강○○ 사이의 통화내용을 녹취한 녹취서가 포함된 수사보고서등본을 이 사건 공소사실에 대한 증거로 열거하고 있으나, 위 통신제한조치허가서는 유진식의 국가보안법위반죄에 대한 증거의 수집을 위하여 발부된 것이므로, 위 통신제한조치허가서에 의하여 피고인과 최○○ 사이 또는 피고인과 강○○ 사이의 통화내용을 감청하여 작성한 녹취서는 위 통신제한조치의 목적이 된 유○○의 국가보안법위반죄나 그와 관련된 범죄를 위하여 사용되어야 할 것이다.

따라서 원심이, 피고인의 이 사건 공소사실이 위 유○○의 국가보안법위반죄와 어떠한 관련이 있는지에 관하여 아무런 심리도 하지 아니한 채 위 녹취서가 적법절차에 의하여 허가받은 위 통신제한조치의 범위에 포함되어 있는 피고인의 처 강○○ 명의의 전화통화내용을 감청한 것이라는 이유로 증거능력이 있다고 판단하여, 위 녹취서가 포함된 수사보고서등본을 이 사건 공소사실 제6항 및 제7항에 대한 유죄의 증거로 채택한 제1심 판결을 유지한 조치에는 채증법칙 위배의 잘못이 있다 할 것이나, 기록에 의하면 위 각 공소사실 부분에 대하여는 피고인도 법정에서 자백하고 있는 터이고, 위 녹취서를 제외하더라도 위 공소사실에 대하여 피고인을 유죄로 인정하기에 부족함이 없으니, 위와 같은 원심의 잘못은 판결 결과에 영향이 있다고는 할 수 없으므로, 결국 이 점에 대한 상고이유의 주장도 받아들일 수 없다.

3. 상고이유 제3, 4점에 대하여

원심이 피고인에 대한 국가보안법상의 회합·통신죄 및 이적표현물소지죄에 대하여 범죄의 증명이 있다고 판단한 조치를 기록에 비추어 살펴보면 정당한 것으로 수긍이 가고, 거기에 상고이유에서 주장하는 바와 같은 심리미진으로 인한 사실오인 내지 법리오해 등의 위법이 있다고 할 수 없다.

4. 그러므로 상고를 기각하기로 하여 관여 대법관의 일치된 의견으로 주문과 같이 판결한다.

대법관 서성(재판장) 이용우 배기원(주심) 박재윤

제4절 녹음파일의 증거능력

녹음파일의 증거능력에 대해 법원은 일관되게 전문증거로서 제313조를 적용해 그 증거능력을 인정하고 있다.

이와 관련, 특경법(공갈) 위반사건 관련, 대법원 2012.9.13. 선고 2012도7461 판결은 "피고인과 상대방 사이의 대화 내용에 관한 녹취서가 공소사실의 증거로 제출되어 녹취서의 기재 내용과 녹음테이프의 녹음 내용이 동일한지에 대하여 법원이 검증을 실시한 경우에, 증거자료가 되는 것은 녹음테이프에 녹음된 대화 내용 자체이고, 그중 피고인의 진술 내용은 실질적으로 형사소송법 제311조, 제312조의 규정 이외에 피고인의 진술을 기재한 서류와 다름없어, 피고인이 녹음테이프를 증거로 할 수 있음에 동의하지 않은 이상 녹음테이프에 녹음된 피고인의 진술 내용을 증거로 사용하기 위해서는 형사소송법 제313조 제1항 단서에 따라 공판준비 또는 공판기일에서 작성자인 상대방의 진술에 의하여 녹음테이프에 녹음된 피고인의 진술 내용이 피고인이 진술한 대로 녹음된 것임이 증명되고 나아가 그 진술이 특히 신빙할 수 있는 상태하에서 행하여진 것임이 인정되어야 한다"였다.

또한 "대화 내용을 녹음한 파일 등 전자매체는 성질상 작성자나 진술자의 서명 또는 날인이 없을 뿐만 아니라, 녹음자의 의도나 특정한 기술에 의하여 내용이 편집·조작될 위험성이 있음을 고려하여, 대화 내용을 녹음한 원본이거나 원본으로부터 복사한 사본일 경우에는 복사과정에서 편집되는 등의 인위적 개작 없이 원본의 내용 그대로 복사된 사본임이 증명되어야 한다"라고 판결하였다.

대법원 2014.8.26. 선고 2011도6035 판결은 "녹음테이프는 성질상 작성자나 진술자의 서명이나 날인이 없을 뿐만 아니라 녹음자의 의도나 특정한 기술에 의하여 내용이 편집·조작될 위험이 있으므로, 그 대화내용을 녹음한 원본이거나 혹은 원본으로부터 복사한 사본일 경우에는 복사과정에서 편집되는 등의 인위적 개작 없이 원본의 내용 그대로 복사된 사본임이 증명되어야만 하고, 그러한 증명이 없는 경우에는 쉽게 증거능력을 인정할 수 없으며, 녹음테이프에 수록된 대화내용이 이를 풀어 쓴 녹취록의 기재와 일치한다거나 녹음테이프의 대화내용이 중단되었다고 볼 만한 사정이 없다는 점만으로는 위와 같은 증명이 있다고 할 수 없다"라고 판결하였다.

대화 내용을 녹음한 녹음테이프 및 파일 등 전자매체의 증거능력

(공갈 사건)

[대법원, 2012도7461, 2012.9.13.]

【판시사항】

[1] 대화 내용을 녹음한 녹음테이프 및 파일 등 전자매체의 증거능력

[2] 구 특정경제범죄 가중처벌 등에 관한 법률 위반(공갈) 피고사건에서, 피해자 토지구획
정리사업조합의 대표자 甲이 디지털 녹음기로 피고인과의 대화를 녹음한 후 저장된
녹음파일 원본을 컴퓨터에 복사하고 디지털 녹음기의 파일 원본을 삭제한 뒤 다음 대
화를 다시 녹음하는 과정을 반복하여 작성한 녹음파일 사본과 해당 녹취록의 증거능
력이 문제된 사안에서, 증거능력을 인정한 사례

【판결요지】

[1] 피고인과 상대방 사이의 대화 내용에 관한 녹취서가 공소사실의 증거로 제출되어 녹
취서의 기재 내용과 녹음테이프의 녹음 내용이 동일한지에 대하여 법원이 검증을 실
시한 경우에, 증거자료가 되는 것은 녹음테이프에 녹음된 대화 내용 자체이고, 그중 피
고인의 진술 내용은 실질적으로 형사소송법 제311조, 제312조의 규정 이외에 피고인
의 진술을 기재한 서류와 다름없어, 피고인이 녹음테이프를 증거로 할 수 있음에 동의
하지 않은 이상 녹음테이프에 녹음된 피고인의 진술 내용을 증거로 사용하기 위해서
는 형사소송법 제313조 제1항 단서에 따라 공판준비 또는 공판기일에서 작성자인 상대
방의 진술에 의하여 녹음테이프에 녹음된 피고인의 진술 내용이 피고인이 진술한 대로
녹음된 것임이 증명되고 나아가 그 진술이 특히 신빙할 수 있는 상태하에서 행하여진
것임이 인정되어야 한다. 또한 대화 내용을 녹음한 파일 등 전자매체는 성질상 작성자
나 진술자의 서명 또는 날인이 없을 뿐만 아니라, 녹음자의 의도나 특정한 기술에 의하
여 내용이 편집·조작될 위험성이 있음을 고려하여, 대화 내용을 녹음한 원본이거나 원
본으로부터 복사한 사본일 경우에는 복사과정에서 편집되는 등의 인위적 개작 없이 원
본의 내용 그대로 복사된 사본임이 증명되어야 한다.

[2] 구 특정경제범죄 가중처벌 등에 관한 법률(2012.2.10. 법률 제11304호로 개정되기 전의 것) 위
반(공갈) 피고사건에서, 피해자 토지구획정리사업조합의 대표자 甲이 디지털 녹음기로
피고인과의 대화를 녹음한 후 저장된 녹음파일 원본을 컴퓨터에 복사하고 디지털 녹
음기의 파일 원본을 삭제한 뒤 다음 대화를 다시 녹음하는 과정을 반복하여 작성한 녹
음파일 사본과 해당 녹취록의 증거능력이 문제된 사안에서, 제반 사정에 비추어 녹음
파일 사본은 타인 간의 대화를 녹음한 것이 아니므로 타인의 대화비밀 침해금지를 규

정한 통신비밀보호법 제14조의 적용 대상이 아니고, 복사 과정에서 편집되는 등의 인위적 개작 없이 원본 내용 그대로 복사된 것으로 대화자들이 진술한 대로 녹음된 것이 인정되며, 녹음 경위, 대화 장소, 내용 및 대화자 사이의 관계 등에 비추어 그 진술이 특히 신빙할 수 있는 상태하에서 행하여진 것으로 인정된다는 이유로, 녹음파일 사본과 녹취록의 증거능력을 인정한 사례.

【전문】

【원심판결】

서울고법 2012.6.7. 선고 2012노747 판결

【주문】

상고를 기각한다.

【판결이유】

상고이유(상고이유서 제출기간이 지나 제출된 상고이유보충서의 기재는 상고이유를 보충하는 범위 내에서)를 판단한다.

1. 상고이유 제1점에 대하여

피고인과 상대방 사이의 대화 내용에 관한 녹취서가 공소사실의 증거로 제출되어 그 녹취서의 기재 내용과 녹음테이프의 녹음 내용이 동일한지 여부에 대하여 법원이 검증을 실시한 경우에, 증거자료가 되는 것은 녹음테이프에 녹음된 대화 내용 그 자체이고, 그중 피고인의 진술 내용은 실질적으로 형사소송법 제311조, 제312조의 규정 이외에 피고인의 진술을 기재한 서류와 다름없어, 피고인이 그 녹음테이프를 증거로 할 수 있음에 동의하지 않은 이상 그 녹음테이프에 녹음된 피고인의 진술 내용을 증거로 사용하기 위해서는 형사소송법 제313조 제1항 단서에 따라 공판준비 또는 공판기일에서 그 작성자인 상대방의 진술에 의하여 녹음테이프에 녹음된 피고인의 진술 내용이 피고인이 진술한 대로 녹음된 것임이 증명되고 나아가 그 진술이 특히 신빙할 수 있는 상태하에서 행하여진 것임이 인정되어야 한다(대법원 2001.10.9. 선고 2001도3106 판결, 대법원 2004.5.27. 선고 2004도1449 판결, 대법원 2008.12.24. 선고 2008도9414 판결 등 참조). 또한 대화 내용을 녹음한 파일 등의 전자매체는 그 성질상 작성자나 진술자의 서명 또는 날인이 없을 뿐만 아니라, 녹음자의 의도나 특정한 기술에 의하여 그 내용이 편집, 조작될 위험성이 있음을 고려하여, 그 대화 내용을 녹음한 원본이거나 원본으로부터 복사한 사본일 경우에는 복사 과정에서 편집되는 등의 인위적 개작 없이 원본의 내용 그대로 복사된 사본임이 입증되어야 한다(대법원 2005.12.23. 선고 2005도2945 판결, 대법원 2007.3.15. 선고 2006도8869 판결 등 참조).

적법하게 채택·조사한 증거들에 의하면, ① 피해자의 대표자 공소외인이 디지털 녹음기로 피고인과의 대화를 녹음한 후 자신의 사무실로 돌아와 디지털 녹음기에 저장된 녹음파일 원본을 컴퓨터에 복사하고 디지털 녹음기의 파일 원본을 삭제한 뒤 피고인과의 다음 대화를 다시 녹음하는 과정을 반복한 사실, ② 공소외인은 검찰과 제1심 법정에서 이 사건 녹음파일 사본은 피고인과 대화를 자신이 직접 녹음한 파일 원본을 컴퓨터에 그대로 복사한 것으로서 위 녹음파일 사본과 해당 녹취록 사이에 동일성이 있다고 진술한 사실, ③ 피고인도 검찰과 제1심 법정에서 이 사건 녹음파일 사본을 모두 들어본 뒤 일부 파일에 인사말 등이 녹음되지 않은 것 같다는 등의 지적을 한 외에는 녹음된 음성이 자신의 것이 맞을 뿐만 아니라 그 내용도 자신이 진술한 대로 녹음되어 있으며 이 사건 녹음파일 사본의 내용대로 해당 녹취록에 기재되어 있다는 취지로 진술한 사실, ④ 대검찰청 과학수사담당관실에서 이 사건 녹음파일 사본과 그 녹음에 사용된 디지털 녹음기에 대하여 국제적으로 널리 사용되는 다양한 분석방법을 통해 정밀감정한 결과 이 사건 녹음파일 사본에 편집의 흔적을 발견할 수 없고, 이 사건 녹음파일 사본의 파일정보와 녹음 주파수 대역이 위 디지털 녹음기로 생성한 파일의 그것들과 같다고 판정한 사실 등을 알 수 있다.

이러한 사실관계를 앞서 본 법리에 비추어 살펴보면, 피해자의 대표자인 공소외인이 피고인과 대화하면서 녹음한 이 사건 녹음파일 사본은 타인 간의 대화를 녹음한 것이 아니므로 타인의 대화비밀 침해금지를 규정한 통신비밀보호법 제14조의 적용 대상이 아니고(대법원 2001.10.9. 선고 2001도3106 판결 참조), 위 녹음파일 사본은 그 복사 과정에서 편집되는 등의 인위적 개작 없이 원본의 내용 그대로 복사된 것으로 대화자들이 진술한 대로 녹음된 것으로 인정된다. 나아가 녹음 경위, 대화 장소, 내용 및 대화자 사이의 관계 등에 비추어 그 진술이 특히 신빙할 수 있는 상태하에서 행하여진 것으로 인정되므로 위 녹음파일 사본과 해당 녹취록을 증거로 사용할 수 있다.

원심이 같은 취지에서 이 사건 녹음파일 사본과 해당 녹취록의 증거능력을 인정한 것은 정당하고, 거기에 상고이유 주장과 같이 증거능력에 관한 법리오해의 위법이 없다.

2. 상고이유 제2 내지 4점에 대하여

공갈죄의 수단으로서 협박은 사람의 의사결정의 자유를 제한하거나 의사실행의 자유를 방해할 정도로 겁을 먹게 할 만한 해악을 고지하는 것을 말한다. 해악의 고지는 반드시 명시의 방법으로 해야 하는 것은 아니고 언어나 거동으로 상대방으로 하여금 어떠한 해악에 이르게 할 것이라는 인식을 갖게 하는 것이면 충분하다. 또한 직접적이 아니더라도 피공갈자 이외의 제3자를 통해서 간접적으로 할 수도 있으며, 행위자가 그의 직업, 지위를 가지고 불법한 위세를 이용하여 재물의 교부를 요구하고 상대방으로 하여금 그 요구에 응하지 아니한 때에는 부당한 불이익을 초래할 위험이 있다는 위구심을 야기하게 하는 경우에도 해악의 고지가 된다(대법원 2002.12.10. 선고 2001도7095 판결, 대법원 2003.5.13. 선고 2003도709 판결 등 참조). 한편 해악의 고지가 권리실현의 수단으로 사용된 경우라고 하여도 그것이 권리행사를 빙자하여 협박을 수단으로 상대방을 겁을 먹게 하였고 권리실행의 수단 방법이 사회통념상 허용되는 정도나 범위를 넘는다면 공갈죄가 성립한다(대법원 2007.10.11. 선고 2007도6406 판결 등 참조).

원심판결 이유에 의하면, 원심은 적법하게 채택·조사한 증거들에 의하여 판시 사실을 인정한 다음 그 판시 사정에 비추어, 피고인이 ○○광역시 ○구청장의 지위에서 피해자 조합의 토지구획정리사업 완료에 필수적인 공사 등에 관한 협의 권한이 있음을 기화로 승소 가능성이 거의 없는 이 사건 소를 제기한 뒤 피고인의 요구대로 조정에 응하지 않으면 위 사업 완료를 위한 관련 협의가 진행되지 않을 것이라고 피해자의 대표자인 공소외인을 협박하여, 위 사업이 제대로 마무리되지 않을 경우 피해자가 피해를 볼 것을 우려하여 이 사건 조정합의에 이르렀다고 보아 이 사건 공소사실을 유죄로 판단하였다.

앞서 본 법리와 기록에 비추어 살펴보면, 원심의 위와 같은 판단은 수긍할 수 있고, 거기에 상고이유 주장과 같이 논리와 경험의 법칙을 위반하여 자유심증주의의 한계를 벗어나거나, 공갈죄에서 해악의 고지 및 이로 말미암은 외포 내지 그 인과관계에 관한 법리를 오해한 위법 등이 없다.

3. 결론

그러므로 상고를 기각하기로 하여 관여 대법관의 일치된 의견으로 주문과 같이 판결한다.

대법관 이상훈(재판장) 신영철(주심) 김용덕

대화 내용을 녹음한 녹음테이프의 증거능력

(제3자 뇌물수수 건)

[대법원, 2011도6035, 2014.8.26.]

【판시사항】

[1] 형사소송법 제312조 제4항, 제314조의 규정 취지 및 형사소송법 제314조에 따라 증거능력을 인정하기 위한 요건

[2] 대화내용을 녹음한 녹음테이프의 증거능력을 인정하기 위한 요건

【판결요지】

[1] 형사소송법(이하 '법'이라 한다) 제312조 제4항, 제314조는 형사소송에서 헌법이 요구하는 적법절차의 원칙을 구현하기 위하여 사건의 실체에 대한 심증 형성은 법관의 면전에서 본래 증거에 대한 반대신문이 보장된 증거조사를 통하여 이루어져야 한다는 실질적 직접심리주의와 전문법칙을 기본원리로서 채택하면서도, 원진술자의 사망 등으로 위 원칙을 관철할 수 없는 특별한 사정이 있는 경우에는 '그 진술 또는 작성이 특히 신빙할 수 있는 상태하에서 행하여졌음이 증명된 때', 즉 그 진술의 내용이나 조서 또는 서류의 작성에 허위 개입의 여지가 거의 없고 그 진술 내용의 신빙성이나 임의성을 담보할 구체적이고 외부적인 정황이 증명된 때에 한하여 예외적으로 증거능력을 인정하고자 하는 취지이다. 그러므로 법원이 법 제314조에 따라 증거능력을 인정하기 위하여는 단순히 그 진술이나 조서의 작성과정에 뚜렷한 절차적 위법이 보이지 않는다거나 진술의 임의성을 의심할 만한 구체적 사정이 없다는 것만으로는 부족하고, 이를 넘어 법정에서의 반대신문 등을 통한 검증을 굳이 거치지 않더라도 진술의 신빙성과 임의성을 충분히 담보할 수 있는 구체적이고 외부적인 정황이 있어 그에 기초하여 법원이 유죄의 심증을 형성하더라도 증거재판주의의 원칙에 어긋나지 않는다고 평가할 수 있는 정도에 이르러야 한다.

[2] 녹음테이프는 성질상 작성자나 진술자의 서명이나 날인이 없을 뿐만 아니라 녹음자의 의도나 특정한 기술에 의하여 내용이 편집·조작될 위험이 있으므로, 그 대화내용을 녹음한 원본이거나 혹은 원본으로부터 복사한 사본일 경우에는 복사과정에서 편집되는 등의 인위적 개작 없이 원본의 내용 그대로 복사된 사본임이 증명되어야만 하고, 그러한 증명이 없는 경우에는 쉽게 증거능력을 인정할 수 없으며, 녹음테이프에 수록된 대화내용이 이를 풀어 쓴 녹취록의 기재와 일치한다거나 녹음테이프의 대화내용이 중단되었다고 볼 만한 사정이 없다는 점만으로는 위와 같은 증명이 있다고 할 수 없다.

【전문】

【원심판결】

서울고법 2011.4.28. 선고 2010노3399 판결

【주문】

원심판결 중 유죄 부분 및 20억 원 뇌물약속으로 인한 특정범죄 가중처벌 등에 관한 법률 위반(뇌물)의 점에 관한 무죄 부분을 파기하고, 이 부분 사건을 서울고등법원에 환송한다. 나머지 무죄 부분에 관한 검사의 상고를 기각한다.

【판결이유】

상고이유에 대하여 판단한다.

1. 피고인의 상고이유에 대한 판단

가. 공소권 남용에 관한 상고이유에 대하여

원심은 채택 증거들을 종합하여 그 판시와 같은 사실과 사정을 인정한 다음, 검사의 이 사건 공소제기가 어떠한 악의적 의도에 의한 것으로서 그 소추재량권을 현저히 일탈했다고 볼 수 없어 공소권 남용에 해당한다고 보기 어렵다고 판단하였다.

원심판결 이유를 기록에 비추어 살펴보면 위와 같은 원심의 판단은 정당하고, 거기에 상고이유에서 주장하는 바와 같이 공소권 남용에 관한 법리를 오해한 위법은 없다.

나. 공소외 1 주식회사 시행 아파트 건설사업 관련 공소사실에 관한 상고이유에 대하여

(1) 이 부분 공소사실의 요지는 다음과 같다.

피고인은 ○○시장으로서, 2006년 9월경부터 같은 해 12월경까지 사이에 ○○시에서 아파트 건설사업을 추진하던 공소외 1 주식회사(이하 '공소외 1 회사'라고 한다)의 전무 공소외 2로부터 도시계획심의 등 행정절차를 원활하게 진행시켜 달라는 청탁을 받게 되자, 이를 기화로 자신과 친분이 있는 공소외 3이 운영하는 공소외 4 주식회사(이하 '공소외 4 회사'라고 한다)에게 공소외 1 회사에서 발주하는 아파트 기반시설공사 중 토목공사를 도급해 달라고 부탁하고, 위 공사에 관한 공사대금을 과다 계상하는 방법으로 20억 원을 조성하여 공소외 3을 통해 전달받기로 약속하였다. 공소외 2는 피고인과 사이에 2008년 12월경 위와 같은 약속을 재차 확인한 다음, 2009.5.8. 공소외 1 회사와 공소외 4 회사 사이에 아파트 기반시설공사 중 도로공사에 관하여 공사대금 137억 9,400만 원(과다 계상된 20억 원 포함)의 도급계약이 체결되게 하였다. 이로써 피고인은 공소외 2로부터 부정한 청탁을 받고 그 대가로 공소외 2로 하여금 공소외 4 회사에게 실제 공사대금 117억 9,400만 원 상당의 도로공사를 수주하는 재산상 이익을 공여하게 하였다. 한

편 피고인은 위 도급계약 체결 전인 2008년 3월 내지 4월경 공소외 5를 통하여 3회에 걸쳐 합계 1억 원의 뇌물을 수수하였고, 위 도급계약 체결 후인 2009.8.16.경 공소외 2가 공소외 3에게 공사기성금으로 지급한 돈 중 1억 원을 공소외 6, 7을 통하여 전달받아 뇌물을 수수하였다. 또한 피고인은 공소외 2로부터 위와 같이 부정한 청탁을 받고 그를 통해 위 아파트 건설사업의 시공사인 공소외 8 주식회사로 하여금 피고인과 친분관계에 있는 공소외 9에게 현장식당 운영권을 부여하게 함으로써 그에 상당한 재산상 이익을 공소외 9에게 공여하게 하였다.

(2) 이에 대하여 제1심은 공소외 2, 3, 6의 진술 등을 주된 증거로 삼아 위 공소사실을 모두 유죄로 인정하였는데, 원심은 공소외 2의 진술이 기재된 검사 작성 피의자신문조서 등과 공소외 2가 다른 사람과의 대화내용을 녹음한 음성파일의 증거능력을 다투는 피고인의 주장을 배척하여 일단 그 증거능력을 인정한 다음, 공소외 2 등의 진술 중 2006년 9월경부터 같은 해 12월경까지 사이에 이미 뇌물 20억 원을 공소사실과 같은 방법으로 수수하기로 피고인과 약속하였다는 점에 부합하는 부분은 신빙성이 없고 이를 인정할 다른 증거도 없다고 보아 이 부분 뇌물수수 약속의 공소사실을 유죄로 인정한 제1심판결을 파기하였다. 그러나 공소외 2의 나머지 진술과 그 외 공소외 3, 6 등의 진술에 의하면 적어도 2007년 하반기에는 피고인과 공소외 2 사이에 20억 원의 뇌물수수에 관한 약속이 이루어졌고 피고인이 그러한 약속을 기초로 2008년 3월 내지 4월과 2009년 8월경 2회에 걸쳐 2억 원의 뇌물을 수수한 사실은 인정된다고 판단하여 이를 유죄로 인정한 제1심판결을 유지하였다. 아울러 피고인이 공소외 2로부터 위 아파트 건설사업과 관련하여 부정한 청탁을 받고 그 대가로 공소외 4 회사로 하여금 위 도로공사를 수주할 수 있게 하고, 공소외 9가 현장식당 운영권을 얻게 하였다는 공소사실에 관하여도 공소외 2, 3, 6 등의 진술을 신빙하여 이를 유죄로 인정한 제1심판결을 그대로 유지하였다.

(3) 그러나 이러한 원심의 판단은 그대로 수긍할 수 없다.

(가) 검사가 작성한 공소외 2에 대한 제3회 이후 피의자신문조서의 증거능력

형사소송법(이하 '법'이라 한다)은 제312조 제4항에서 "검사 또는 사법경찰관이 피고인이 아닌 자의 진술을 기재한 조서는 적법한 절차와 방식에 따라 작성된 것으로서 그 조서가 검사 또는 사법경찰관 앞에서 진술한 내용과 동일하게 기재되어 있음이 원진술자의 공판준비 또는 공판기일에서의 진술이나 영상녹화물 또는 그 밖의 객관적인 방법에 의하여 증명되고, 피고인 또는 변호인이 공판준비 또는 공판기일에 그 기재내용에 관하여 원진술자를 신문할 수 있었던 때에는 증거로 할 수 있다. 다만, 그 조서에 기재된 진술이 특히 신빙할 수 있는 상태하에서 행하여졌음이 증명된 때에 한한다"라고 규정하

는 한편, 제314조에서는 "제312조 또는 제313조의 경우에 공판준비 또는 공판기일에 진술을 요하는 자가 사망·질병·외국거주·소재불명 그 밖에 이에 준하는 사유로 인하여 진술할 수 없는 때에는 그 조서 및 그 밖의 서류를 증거로 할 수 있다. 다만, 그 진술 또는 작성이 특히 신빙할 수 있는 상태하에서 행하여졌음이 증명된 때에 한한다"라고 규정하고 있다.

이는 형사소송에서 헌법이 요구하는 적법절차의 원칙을 구현하기 위하여 사건의 실체에 대한 심증 형성은 법관의 면전에서 본래 증거에 대한 반대신문이 보장된 증거조사를 통하여 이루어져야 한다는 실질적 직접심리주의와 전문법칙을 기본원리로서 채택하면서도, 원진술자의 사망 등으로 위 원칙을 관철할 수 없는 특별한 사정이 있는 경우에는 '그 진술 또는 작성이 특히 신빙할 수 있는 상태하에서 행하여졌음이 증명된 때', 즉 그 진술의 내용이나 조서 또는 서류의 작성에 허위 개입의 여지가 거의 없고 그 진술 내용의 신빙성이나 임의성을 담보할 구체적이고 외부적인 정황이 증명된 때에 한하여 예외적으로 증거능력을 인정하고자 하는 취지라고 할 것이다. 그러므로 법원이 법 제314조에 따라 증거능력을 인정하기 위하여는 단순히 그 진술이나 조서의 작성과정에 뚜렷한 절차적 위법이 보이지 않는다거나 진술의 임의성을 의심할 만한 구체적 사정이 없다는 것만으로는 부족하고, 이를 넘어 법정에서의 반대신문 등을 통한 검증을 굳이 거치지 않더라도 진술의 신빙성과 임의성을 충분히 담보할 수 있는 구체적이고 외부적인 정황이 있어 그에 기초하여 법원이 유죄의 심증을 형성하더라도 증거재판주의의 원칙에 어긋나지 않는다고 평가할 수 있는 정도에 이르러야 할 것이다(대법원 2007.6.14. 선고 2004도5561 판결, 대법원 2011.11.10. 선고 2010도12 판결 등 참조).

이 사건에서 피고인에 대한 뇌물 제공의 약속을 하고 실제로 피고인에게 일부 뇌물을 공여하였으며 피고인의 지시나 요구에 따라 제3자에게 뇌물을 공여하였다고 하는 공소외 2는 검찰에서 수사가 진행되던 2009.11.13. 피고인과의 대질신문 도중 쓰러져 결국 사망하였다. 검찰은 전체 피의자신문 중 공소외 2가 피고인에 대한 뇌물 제공 등을 시인하기 시작한 제3회 피의자신문 당시에만 영상녹화를 실시하였다면서 그 영상녹화물을 제출하였는데, 피고인과 변호인은 제3회 피의자신문조서의 내용과 해당 영상녹화물의 내용이 일치하지 않음을 지적하면서 위 피의자신문조서가 사후에 공소사실에 맞추어 고쳐졌을 가능성 등을 제기하고 위 피의자신문조서와 거기에서 진술내용에 기초하여 받은 후속 피의자신문조서의 증거능력이 부인되어야 한다고 주장하였다.

이에 원심은 그 영상녹화물에 대한 검증 결과와 제3회 피의자신문조서에 편철된 수사과정확인서를 통하여, 검사가 공소외 2에 대하여 2009.10.15. 16:48 경부터 제3회 피의자신문을 시작하면서 그 조사 과정을 영상녹화한 사실, 검사는 같은 날 18:26경 조사 및 영상녹화를 종료하면서 참여 수사관에게 조서를 정리하여 출력하라고 지시한 사실, 저녁식사 후인 같은 날 20:30경부터 21:25경까지 조서 열람이 이루어진 사실, 위와 같은 조사 및 열람 과정을 통해 작성된 피의자신문조서에는 영상녹화가 이루어질 당시 공소외 2가 진술하였던 내용 중 그 조서에 기재된 내용과 다른 취지의 일부 진술이 누락되어 있거나 반대로 영상녹화물에는 나타나지 않는 내용이 위 피의자신문조서 해당 부분 문답에 공소외 2의 진술로서 기재되어 있는 사실 등을 확인하였다. 그럼에도 원심은 공소외 2가 제3회 피의자신문조서를 열람한 후 자필로 서명하고 무인하였으며, 그 이후 이루어진 조사 과정에서 제3회 피의자신문조서에 기재된 진술을 대체로 유지한 점 등을 들어, 공소외 2가 저녁식사를 마치고 조서를 열람하는 과정에서 일부 진술을 번복하거나 추가하였고 이를 반영하여 최종적으로 제3회 피의자신문조서를 정리·작성한 후 공소외 2의 서명·무인을 받았다는 검사의 주장을 수긍할 수 있고, 진술자가 조서를 열람하는 과정에서 자신의 진술을 일부 번복하거나 추가하는 경우 조사자가 이를 조서에 반영하거나 그 반영 과정에서 추가적인 수사를 하는 것이 법상 허용되지 않는 조사방식이라고 보기는 어려우며, 조서는 진술자의 진술내용을 빠짐없이 모두 기재하는 것이 아니라 그 요지를 기재하는 것으로 진술자가 자신의 종전 진술을 번복하는 경우 그와 같은 진술의 번복 과정을 조서에 기재하지 않았다고 하여 그 이유만으로 수사 자체가 위법하다고 단정할 수 없다는 등의 이유로 그 증거능력을 부정할 수는 없다고 판단하였다.

그러나 원심이 전제하는 바와 같이 조서라는 것이 진술자의 진술내용을 빠짐없이 모두 기재하는 것은 아니라고 하더라도 적어도 그 진술의 내용이 조사자의 의도에 맞추어 임의로 삭제·가감됨으로써 진술의 취지가 변경·왜곡되어서는 아니될 것이다. 그런데 원심판결의 이유와 기록에 의하면 위 제3회 피의자신문조서에서는 '2006.10.경 전국체전 당시 숙소에서 혼자 10억, 20억 고민하다 20억 주기로 결심하고, 다음 날 공소외 5에게 20억 제안하고, 그 후 공소외 5에게 보고 여부 확인했다', '공소외 3이 20억 당좌수표로 달라. 그러면 분양승인 도와주겠다고 했다', '피고인이 843만 원에 승인하겠다고 했다'는 등 공소외 2가 피고인에 대한 뇌물액수를 20억 원으로 정한 시기, 뇌물약속을 제안한 상대방, 뇌물약속의 이행방법, 뇌물약속으로 받을 특혜의 내용으로서 피고인에 대한 공소사실을 유죄로 인정하기 위한 구성요건적 사실이나 핵심적 정황에 관한 사실들이 기재되어 있으나, 그 영상녹화물에는 위와 같은 진술이 없거나 그 내용이 다른 사실을 알 수 있는바, 이처럼 영상녹화물에 나타난 공소외 2의 진술내용과 그에 대응하는 피의자신문조서의 기재 사이에 위와 같은 정도의 차이가 있다면 다른 특별한 사정이 없는 한 그 진술의 내용이나 조서의 작성이 법 제314조에서 말하는 '특히 신빙할 수 있는 상태하에서 행하여졌음이 증명된 때'에 해당한다고 볼 수는 없다.

뿐만 아니라 피의자신문조서의 작성에 관한 법 제244조 제2항은 "제1항의 조서는 피의자에게 열람하게 하거나 읽어 들려주어야 하며, 진술한 대로 기재되지 아니하였거나 사실과 다른 부분의 유무를 물어 피의자가 증감 또는 변경의 청구 등 이의를 제기하거나 의견을 진술한 때에는 이를 조서에 추가로 기재하여야 한다. 이 경우 피의자가 이의를 제기하였던 부분은 읽을 수 있도록 남겨두어야 한다"고 규정하고 있는데, 피의자신문조서와 영상녹화물 사이에 이 부분 구성요건적 사실이나 핵심적 정황에 관하여 위와 같은 정도의 차이가 있음에도 불구하고, 그 피의자신문조서는 마치 공소외 2가 처음부터 이 부분 공소사실에 완전히 부합하는 진술을 한 것처럼 작성되어 있으므로, 이러한 사정에 비추어 보더라도 그 진술의 내용이나 조서의 작성이 '특히 신빙할 수 있는 상태하에서' 이루어졌다고 보기는 어렵다.

그리고 공소외 2는 제3회 피의자신문에서 이루어진 진술을 토대로 진행된 이후의 피의자신문 과정에서 그 진술 내용을 대체로 유지하였는데, 위에서 본 바와 같이 유일하게 영상녹화물이 존재하는 제3회 피의자신문조서에 기재된 진술 및 그 조서의 작성조차 '특히 신빙할 수 있는 상태하에서' 행하여졌다는 점에 관한 증명이 있다고 보기 어려운 상황에서, 공소외 2의 진술 중 이 사건 공소사실의 기초를 이루는 범행계획에 관한 부분인 2006년 9월경부터 같은 해 12월경까지 사이에 피고인과 공소외 2 사이에 뇌물 20억 원을 공소사실과 같은 방법으로 수수하기로 의사의 합치가 이루어졌다는 점은 원심의 판단에 의하더라도 그 판시에서 지적하는 바와 같이 객관적 정황과 맞지 아니하여 신빙성이 없다는 것이며, 여기에 공소외 2가 방광암 말기의 질환을 가진 환자로서 구속된 상태에서 그 자신에 대한 업무상횡령 등과 피고인에 대한 뇌물공여 등의 혐의와 관련하여 2009.10.13.부터 2009.11.12.까지 약 1개월 동안 19차례 소환되어 11차례의 야간조사를 포함한 총 15차례에 걸친 피의자신문을 받고 결국 그 수사과정에서 사망에 이른 점 등 기록에 나타난 여러 사정까지 보태어 보면, 공소외 2에 대한 제3회 피의자신문 후에 이루어진 같은 취지의 제4회 이후의 피의자신문조서들에 대하여 법정에서의 반대신문 등을 통한 검증을 거치지 않더라도 진술의 신빙성과 임의성을 충분히 담보할 수 있는 구체적이고 외부적인 정황이 존재하여 그에 기초하여 법원이 유죄의 심증을 형성하더라도 증거재판주의의 원칙에 어긋나지 않는다고 평가하기는 어렵다.

따라서 검사가 작성한 공소외 2에 대한 제3회 피의자신문조서와 그 후의 피의자신문조서들은 그 진술이 특히 신빙할 수 있는 상태하에서 행하여졌음이 증명되었다고 보기 어려워 이를 증거로 삼을 수 없으므로, 그 증거능력을 인정한 원심판단에는 법 제314조에 관한 법리를 오해한 잘못이 있다.

(나) 공소외 2가 타인과의 대화를 녹음한 음성파일의 증거능력

녹음테이프는 그 성질상 작성자나 진술자의 서명이나 날인이 없을 뿐만 아니라 녹음자의 의도나 특정한 기술에 의하여 그 내용이 편집·조작될 위험이 있으므로, 그 대화내용을 녹음한 원본이거나 혹은 원본으로부터 복사한 사본일 경우에는 복사과정에서 편집되는 등의 인위적 개작 없이 원본의 내용 그대로 복사된 사본임이 증명되어야만 하고, 그러한 증명이 없는 경우에는 쉽게 그 증거능력을 인정할 수 없으며, 녹음테이프에 수록된 대화내용이 이를 풀어 쓴 녹취록의 기재와 일치한다거나 녹음테이프의 대화내용이 중단되었다고 볼 만한 사정이 없다는 점만으로는 위와 같은 증명이 있다고 할 수 없다(대법원 2008.12.24. 선고 2008도9414 판결 등 참조).

검사가 제출한 공소외 2와 공소외 5, 3, 10 등 사이의 대화내용이 녹음된 음성파일(이하 '이 사건 녹음파일'이라 한다)은 공소외 2가 휴대용 녹음장치로 녹음한 음성파일을 범용직렬버스(USB) 저장장치에 복사한 사본이라는 것인데, 기록을 살펴보아도 이 사건 녹음파일이 원본의 복사과정에서 편집되는 등 인위적 개작 없이 원본의 내용 그대로 복사된 사본임을 인정할 수 있는 근거가 없다.

따라서 앞서 본 법리에 비추어 이 사건 녹음파일은 그 증거능력을 인정하기 어렵다고 할 것인데, 원심은 그 판시와 같은 사정만으로 증거능력을 인정하여 이를 유죄의 증거로 채택하였으므로, 이러한 원심의 판단에는 녹음파일의 증거능력에 관한 법리를 오해한 잘못이 있다.

(다) 검사가 작성한 공소외 7에 대한 피의자신문조서들의 증거능력

한편 피고인은 검사가 작성한 공소외 7에 대한 피의자신문조서들의 증거능력에 관하여도 다투고 있다.

기록에 의하면, 공소외 7이 2009.11.2. 22:00경 긴급체포되어 조사를 받고 구속영장이 청구되지 아니하여 2009.11.4. 20:10경 석방되었음에도 검사가 그로부터 30일 이내에 법 제200조의4에 따른 석방통지를 법원에 하지 아니한 사실을 알 수 있으나, 공소외 7에 대한 긴급체포 당시의 상황과 경위, 긴급

체포 후 조사 과정 등에 특별한 위법이 있다고 볼 수 없는 이상, 단지 사후에 석방통지가 법에 따라 이루어지지 않았다는 사정만으로 그 긴급체포에 의한 유치 중에 작성된 공소외 7에 대한 피의자신문조서들의 작성이 소급하여 위법하게 된다고 볼 수는 없다.

같은 취지에서 공소외 7에 대한 위 피의자신문조서들의 증거능력을 인정한 원심의 판단에 상고이유에서 주장하는 바와 같은 석방통지와 피의자신문조서의 증거능력 등에 관한 법리오해의 위법은 없다.

⑷ 위와 같이 공소외 2에 대한 제3회 이후 피의자신문조서들과 이 사건 녹음파일은 증거능력이 없음에도 원심은 그 판시와 같은 이유로 그 증거능력을 인정하고 이를 유력한 증거로 채택하여 이 부분 공소사실을 유죄로 인정하였는데, 증거능력이 없는 위 증거들을 배제하고 공소외 3, 6의 진술 등 나머지 증거들만으로 이 부분 공소사실을 유죄로 인정하기에 충분하다고 단정하기는 어려우므로, 결국 이 부분에 관한 원심판결에는 형사소송법 제314조와 녹음파일의 증거능력 등에 관한 법리를 오해하여 판결에 영향을 미친 잘못이 있다. 이 점을 지적하는 상고이유의 주장에는 정당한 이유가 있다.

다. 공소외 11 및 공소외 12 주식회사에 대한 제3자 뇌물수수의 점에 관한 상고이유에 대하여

원심판결의 이유를 원심이 적법하게 채택한 증거들에 비추어 살펴보면, 원심이 그 판시와 같은 이유를 들어 이 부분 각 공소사실을 유죄로 인정한 것은 수긍할 수 있고, 거기에 상고이유 주장과 같이 논리와 경험의 법칙을 위반하여 자유심증주의의 한계를 벗어난 위법이 있다고 할 수 없다.

2. 검사의 상고이유에 대한 판단

원심판결의 이유를 기록에 비추어 살펴보면, 원심이 이 사건 공소사실 중 20억 원 뇌물약속으로 인한 특정범죄 가중처벌 등에 관한 법률 위반(뇌물)의 점 및 3,000만 원 뇌물수수로 인한 특정범죄 가중처벌 등에 관한 법률 위반(뇌물)의 점에 대하여 그 판시와 같은 이유로 범죄의 증명이 없다고 보아 각 무죄로 판단한 것은 정당하여 수긍할 수 있고, 거기에 상고이유의 주장과 같이 논리와 경험의 법칙을 위반하여 자유심증주의의 한계를 벗어난 위법이 없다.

3. 결론

이러한 이유로 원심판결 중 공소외 5, 6을 통한 각 1억 원 뇌물수수로 인한 특정범죄 가중처벌 등에 관한 법률 위반(뇌물) 부분과 공소외 4 회사, 공소외 9에 대한 각 제3자 뇌물수수 부분은 파기되어야 하고, 파기되는 위 유죄 부분의 범죄사실과 원심이 적법하게 유죄로 인정한 공소외 11 및 공소외 12 주식회사에 대한 각 제3자 뇌물수수의 범죄사실

은 형법 제37조 전단의 경합범 관계에 있다는 이유로 1개의 형이 선고되었으므로, 결국 원심판결 중 유죄 부분은 그 전부를 파기할 수밖에 없다.

한편 원심판결 중 20억 원 뇌물약속으로 인한 특정범죄 가중처벌 등에 관한 법률 위반 (뇌물)의 점에 관한 무죄 부분은 위와 같이 파기되는 유죄 부분 중 공소외 5, 6을 통한 각 1억 원 뇌물수수로 인한 특정범죄 가중처벌 등에 관한 법률 위반(뇌물)의 점과 포괄 일죄의 관계에 있으므로 함께 파기되어야 한다.

그러므로 피고인의 나머지 상고이유에 대한 판단을 생략한 채, 원심판결 중 유죄 부분 및 20억 원 뇌물약속으로 인한 특정범죄 가중처벌 등에 관한 법률 위반(뇌물)의 점에 관한 무죄 부분을 파기하고, 이 부분 사건을 다시 심리·판단하도록 원심법원에 환송하며, 나머지 무죄 부분에 관한 검사의 상고를 기각하기로 하여, 관여 대법관의 일치된 의견 으로 주문과 같이 판결한다.

대법관 김신(재판장) 민일영 이인복(주심) 박보영

제5절 패킷감청의 증거능력

2018년 8월 30일 헌법재판소는 국가정보원의 '패킷감청'은 사생활의 비밀과 자유를 지나치게 제한하므로 헌법에 어긋난다고 판시했다. 패킷감청은 수사기관이 인터넷 회선에서 오가는 전자신호(패킷)를 중간에서 빼내 수사 대상자 컴퓨터와 똑같은 화면을 실시간으로 시청하는 것을 뜻한다.

이에 와서 대법원 2012.10.11.선고 2012도7455 판결은 패킷감청에 대해 인터넷 통신망을 통한 송·수신은 통신비밀보호법상 '전기통신'에 해당하므로 인터넷 통신망을 통하여 흐르는 전기신호 형태의 패킷(Packet)을 중간에 확보하여 그 내용을 지득하는 이른바 '패킷감청'도 같은 법률에서 정한 요건을 갖추는 경우 다른 특별한 사정이 없는 한 허용된다고 할 것이고, 이는 패킷감청의 특성상 수사목적과 무관한 통신내용이나 제3자의 통신내용도 감청될 우려가 있다는 것만으로 달리 볼 것이 아니라며 허용취지로 판단하였다. 그러나 헌법재판소에 의해 위의 판결은 불합치 결정을 받게 되었다.

항소심 패킷감청 허용 지지

이른바 조국통일범민족연합 간부의 국가보안법위반사건과 관련, 헌법재판소는 2018년 8월에 실제로는 압수와 같은 성질을 띠는 인터넷 회선을 통해 송수신되는 각종 자료들에 대하여 사후적인 방식으로 취득하는 일명 '패킷감청'에 대하여 헌법불합치 결정을 내렸다.

물론 2020년 3월 말까지는 기존 법률에 따라서 패킷감청이 허용되겠지만 이 기한이 지난 이후부터는 새로운 법률에 따라서 강화된 요건에 의한 감청만 가능할 것이다.

사실 위 사건의 배경은 국가정보원이 국가보안법 위반사건에 대한 범죄수사를 위해 피의자로 의심되는 사람이 사용하는 휴대폰, 인터넷회선 등 전기통신에 대해 법원으로부터 35차례 통신제한 조치를 허가받아 집행하였는데 문제는 해당 방식이 인터넷 통신망에서 정보전송을 위해 쪼개어진 단위 전기신호 형태인 '패킷'을 수사기관이 중간에 확보하여 취득하는 사후적 방식의 압수와 같은 것이었다는 점이다.

위의 수사방식에 대해 헌법재판소(2016헌마263)는 '패킷감청' 방식의 수사는 실제 감청집행 단계에서 인터넷회선을 통해 흐르는 불특정 다수의 정보가 패킷 형태로 수집되므로 취득되는 자료가 피의자 외에도 광범위하고 그 범위 역시 방대하여 위헌소지가 있다고 판단하였다.

패킷감청
(조국통일범민족연합 간부의 국가보안법위반사건)
[대법원, 2012도7455, 2012.10.11.]

【판시사항】

[1] 통일부장관으로부터 북한방문증명서를 발급받아 북한을 방문하는 중에 이루어진 반국가단체 구성원 등과의 회합 등 행위에 대하여 국가보안법상 회합죄 등을 적용할 수 있는지 여부(한정 적극) 및 통일부장관의 승인을 얻거나 통일부장관에게 사전신고를 하여 수리된 후 북한주민을 접촉하는 행위에 대하여도 동일한 법리가 적용되는지 여부(적극)

[2] 조국통일범민족연합 남측본부의 간부 또는 조직원인 피고인들이 국가의 존립·안전이나 자유민주적 기본질서를 위태롭게 한다는 정을 알면서 반국가단체의 구성원 또는 그 지령을 받은 자와 회합하였다고 하여 국가보안법 위반(회합·통신 등)으로 기소된 사안에서, 피고인들에게 유죄를 인정한 원심판단을 정당하다고 한 사례

[3] 통신비밀보호법상 전기통신에 관한 통신제한조치로서 이른바 '패킷(Packet)감청'이 허용되는지 여부(원칙적 적극)

[4] 통신비밀보호법 제6조 제7항 단서 중 전기통신에 관한 '통신제한조치기간의 연장' 부분에 대한 헌법재판소 헌법불합치결정의 취지 및 위헌성이 제거된 개선입법이 이루어지지 아니한 채 헌법불합치결정에서 정한 개정시한을 넘겨 위 규정이 효력을 잃은 경우, 그 이전에 위 규정에 따라 이루어진 통신제한조치기간 연장의 적법성이나 효력이 영향을 받는지 여부(소극)

[5] 압수·수색영장을 집행할 때 피의자 등에 대한 사전통지를 생략할 수 있는 예외를 규정한 형사소송법 제122조 단서에서 '급속을 요하는 때'의 의미 및 위 규정이 명확성 원칙 등에 반하여 위헌인지 여부(소극)

[6] 통일부장관이 발급한 북한방문증명서에 의한 북한 방문행위를 국가보안법상 탈출행위로 처벌할 수 없는 경우 남한으로 다시 돌아오는 행위 또한 국가보안법상 잠입행위로 처벌할 수 없는지 여부(적극) 및 통일부장관의 승인을 얻거나 통일부장관에게 사전신고를 하여 수리된 후 북한주민과 접촉하는 행위에 대하여도 동일한 법리가 적용되는지 여부(적극)

[7] 조국통일범민족연합 남측본부의 간부 또는 조직원인 피고인들이 반국가단체나 그 구성원의 지령을 받기 위하여 또는 목적수행을 협의하기 위하여 국외로 탈출하였다가 다시 국내로 잠입하였다고 하여 국가보안법 위반(특수잠입·탈출)으로 기소된 사안에서, 피고인들에게 무죄를 인정한 원심판단을 정당하다고 한 사례

【판결요지】

[1] 구 '남북교류협력에 관한 법률'(2005.5.31. 법률 제7539호로 개정되기 전의 것과 2009.1.30. 법률 제9357호로 개정되기 전의 것) 제3조는 남북교류와 협력을 목적으로 하는 행위에 관하여는 정당하다고 인정되는 범위 안(또는 같은 법의 목적 범위 안)에서 다른 법률에 우선하여 같은 법을 적용한다고 규정하고 있고, 여기의 '다른 법률'에는 국가보안법도 포함된다. 남한과 북한을 왕래하는 행위가 남북교류와 협력을 목적으로 하는 행위로서 정당하다고 인정되거나 같은 법의 목적 범위 안에 있다고 인정되는지 여부는 북한을 왕래하게 된 경위, 같은 법 제9조 제1항에서 정한 바에 따라 방문증명서를 발급받았는지 여부, 북한 왕래의 구체적인 목적이 같은 법에서 정하고 있는 교역 및 협력사업에 해당하는지 여부, 북한 왕래자가 그 교역 및 협력사업을 실제로 행하였는지 여부, 북한 왕래 전후의 행적 등을 종합적으로 고려하여 객관적으로 판단하여야 한다. 한편 통일부장관의 북한방문증명서 발급은 북한 방문 자체를 허용한다는 것일 뿐 북한 방문 중에 이루어지는 구체적이고 개별적인 행위까지 모두 허용한다거나 정당성을 부여한다는 취지는 아니므로, 북한 방문 중에 이루어진 반국가단체 구성원 등과의 회합 등 행위가 국가의 존립·안전이나 자유민주적 기본질서에 실질적 해악을 끼칠 명백한 위험성이 인정되는지 여부는 각 행위마다 별도로 판단되어야 한다. 따라서 북한방문증명서를 발급받아 북한을 방문하였다고 하더라도 그 기회에 이루어진 반국가단체 구성원 등과의 회합행위 등이 남북교류와 협력을 목적으로 하는 행위로서 정당하다고 인정되는 범위 내에 있다고 볼 수 없고, 오히려 국가의 존립·안전이나 자유민주적 기본질서에 실질적 해악을 끼칠 명백한 위험성이 인정되는 경우에는 그로 인한 죄책을 면할 수 없다. 그리고 위와 같은 법리는 같은 법 제9조 제3항(또는 제9조의2 제1항)에 정한 바에 따라 통일부장관의 승인을 얻거나 통일부장관에게 사전신고를 하여 수리된 후 북한주민을 접촉하는 행위에 관하여도 마찬가지로 적용된다.

[2] 조국통일범민족연합(이하 '범민련'이라고 한다) 남측본부의 간부 또는 조직원인 피고인들이 국가의 존립·안전이나 자유민주적 기본질서를 위태롭게 한다는 정을 알면서 반국가단체의 구성원 또는 그 지령을 받은 자와 회합하였다고 하여 국가보안법 위반(회합·통신 등)으로 기소된 사안에서, 피고인들이 각 회합 당시 북한방문증명서 발급이나 북한주민접촉 승인 또는 신고 수리 조건을 위반하여 범민련 북측본부 조직원 등과 회합하면서 범민련 남측본부의 투쟁 방향, 국가보안법 철폐나 주한미군 철수 투쟁 등에 관하여 지령을 수수한 사정 등에 비추어 각 회합행위에 국가의 존립·안전이나 자유민주적 기본질서에 실질적 해악을 끼칠 명백한 위험성이 있다는 이유로 유죄를 인정한 원심판단을 정당하다고 한 사례.

[3] 인터넷 통신망을 통한 송수신은 통신비밀보호법 제2조 제3호에서 정한 '전기통신'에 해당하므로 인터넷 통신망을 통하여 흐르는 전기신호 형태의 패킷(Packet)을 중간에

확보하여 그 내용을 지득하는 이른바 '패킷감청'도 같은 법 제5조 제1항에서 정한 요건을 갖추는 경우 다른 특별한 사정이 없는 한 허용된다고 할 것이고, 이는 패킷감청의 특성상 수사목적과 무관한 통신내용이나 제3자의 통신내용도 감청될 우려가 있다는 것만으로 달리 볼 것이 아니다.

[4] 헌법재판소는 2010.12.28. 통신비밀보호법 제6조 제7항 단서 중 전기통신에 관한 '통신제한조치기간의 연장'에 관한 부분(이하 '이 사건 법률조항'이라고 한다)이 통신제한조치의 총연장기간이나 총연장횟수를 제한하지 아니하고 계속해서 통신제한조치가 연장될 수 있도록 한 것은 과잉금지원칙에 위배하여 통신의 비밀을 침해한다는 이유로 헌법에 합치하지 아니한다고 선언하면서, 이 사건 법률조항은 입법자가 2011.12.31.을 시한으로 개정할 때까지 계속 적용한다고 결정하였다(이하 '이 사건 헌법불합치결정'이라고 한다). 이 사건 헌법불합치결정의 내용 및 그 주된 이유 등에 비추어 보면, 헌법재판소가이 사건 법률조항이 위헌임에도 불구하고 굳이 그 잠정 적용을 명하는 내용의 헌법불합치결정을 한 것은 다음과 같은 취지임이 분명하다. 즉, 단순위헌결정을 하는 경우 그 결정의 효력이 당해 사건 등에 광범위하게 미치는 결과 이미 이 사건 법률조항에 근거하여 받은 통신제한조치의 연장허가나 그에 따른 증거취득의 효력이 전면적으로 재검토되어야 함은 물론 수사목적상 필요한 정당한 통신제한조치의 연장허가도 가능하지 아니하게 되는 등 법적 공백이나 혼란을 초래할 우려가 있으므로 이를 피하기 위하여이 사건 법률조항의 위헌성이 제거된 개선입법이 이루어지기까지는 이 사건 법률조항을 그대로 잠정 적용한다는 것이다. 그렇다면 이 사건 법률조항의 위헌성이 제거된 개선입법이 이루어지지 아니한 채 위 개정시한이 도과함으로써 이 사건 법률조항의 효력이 상실되었다고 하더라도 그 효과는 장래에 향하여만 미칠 뿐이며 그 이전에 이 사건 법률조항에 따라 이루어진 통신제한조치기간 연장의 적법성이나 효력에는 영향을 미치지 아니한다고 볼 것이고, 이른바 당해 사건이라고 하여 달리 취급하여야 할 이유는 없다.

[5] 피의자 또는 변호인은 압수·수색영장의 집행에 참여할 수 있고(형사소송법 제219조, 제121조), 압수·수색영장을 집행함에는 원칙적으로 미리 집행의 일시와 장소를 피의자 등에게 통지하여야 하나(형사소송법 제122조 본문), '급속을 요하는 때'에는 위와 같은 통지를 생략할 수 있다(형사소송법 제122조 단서). 여기서 '급속을 요하는 때'라고 함은 압수·수색영장 집행 사실을 미리 알려주면 증거물을 은닉할 염려 등이 있어 압수·수색의 실효를 거두기 어려울 경우라고 해석함이 옳고, 그와 같이 합리적인 해석이 가능하므로 형사소송법 제122조 단서가 명확성의 원칙 등에 반하여 위헌이라고 볼 수 없다.

[6] 통일부장관이 발급한 북한방문증명서는 남한과 북한을 왕래하는 행위 전체를 허용하는 것이므로 북한 방문행위를 국가보안법상의 탈출행위로 처벌할 수 없는 경우에는 남한으로 다시 돌아오는 행위 또한 국가보안법상의 잠입행위로 처벌할 수 없다고 봄이

상당하다. 그리고 위와 같은 법리는 통일부장관의 승인을 얻거나 통일부장관에게 사전 신고를 하여 수리된 후 북한주민과 접촉하는 행위에 대하여도 마찬가지로 적용된다.

[7] 조국통일범민족연합(이하 '범민련'이라고 한다) 남측본부의 간부 또는 조직원인 피고인들이 반국가단체나 그 구성원의 지령을 받기 위하여 또는 목적수행을 협의하기 위하여 국외로 탈출하였다가 다시 국내로 잠입하였다고 하여 국가보안법 위반(특수잠입·탈출)으로 기소된 사안에서, 피고인들이 비록 북한방문증명서 발급이나 북한주민접촉 승인 또는 사전신고 수리 조건을 위반하여 북측 인사들과 회합하기는 하였으나, 통일부장관이 허용한 북한 방문이나 북한주민접촉 조건에 부합하는 행위도 실제로 하였고 내세운 북한 방문 등의 목적이 단지 북한방문증명서 등을 받아내기 위한 명목상 구실에 불과하다고 볼 수 없어 그 방문이나 접촉행위 자체는 정당하다는 이유로 무죄를 인정한 원심판단을 정당하다고 한 사례.

【전문】

【원심판결】

서울고법 2012.6.8. 선고 2012노82 판결

【주문】

상고를 모두 기각한다.

【판결이유】

상고이유를 판단한다.

1. 피고인들의 상고이유에 대하여

가. 북한의 반국가단체성 관련 주장에 대하여

북한은 조국의 평화적 통일을 위한 대화와 협력의 동반자이기도 하지만 다른 한편 남북한 관계의 변화에도 불구하고 여전히 적화통일노선을 고수하면서 우리의 자유민주주의 체제를 전복하고자 획책하는 반국가단체로서의 성격도 아울러 가지고 있고, 그 때문에 반국가단체 등을 규율하는 국가보안법의 규범력도 계속 유효하다는 것이 대법원의 확립된 견해이다(대법원 2010.7.23. 선고 2010도1189 전원합의체 판결 등 참조).

원심이 같은 취지에서 북한이 여전히 반국가단체에 해당한다고 판단한 것은 정당하고, 거기에 상고이유 주장과 같이 국가보안법상 반국가단체에 관한 법리를 오해하는 등의 위법이 있다고 할 수 없다.

나. 조국통일범민족연합(이하 '범민련'이라고 한다) 남측본부의 이적단체성 관련 주장에 대하여

기록에 비추어 살펴보면, 원심이 범민련 남측본부는 반국가단체인 북한이나 그 구성원 또는 그 지령을 받은 자의 활동을 찬양·고무·선전 또는 이에 동조하는 행위를 자신의 목적으로 삼았고, 실제 활동 또한 국가의 존립·안전과 자유민주적 기본질서에 실질적 해악을 끼칠 위험성을 가지고 있는, 이른바 이적단체에 해당한다고 판단한 것은 정당하다(대법원 2008.4.17. 선고 2003도758 전원합의체 판결 참조). 거기에 상고이유 주장과 같은 국가보안법상 이적단체에 관한 법리오해 등의 위법이 없다.

다. 통신·연락 등의 점(제1심 판시 범죄사실 제2항)에 대하여

원심은 그 채택증거를 종합하여, 범민련 남측본부의 공동의장 또는 사무처장인 피고인 1, 2가 범민련 공동사무국의 사무부총장인 공소외인이 북한공작원인 사실을 알면서도 범민련 남측본부의 활동방향에 대한 지침 하달, 선군정치 등 북한의 선전문건 수수, 각종 이적행사 준비 등을 위하여 공소외인과 이메일, 팩스 등의 방법으로 통신·연락하였다고 인정하였다. 나아가 원심은 위 피고인들의 범민련 남측본부에서의 지위에 비추어 위 피고인들은 그러한 행위가 국가의 존립·안전이나 자유민주적 기본질서를 위태롭게 한다는 정을 충분히 알 수 있었다고 보아 이 부분 공소사실을 유죄로 인정하였다.

기록에 비추어 살펴보면 원심의 위와 같은 판단은 정당한 것으로 수긍이 가고, 거기에 상고이유 주장과 같이 논리와 경험칙에 반하여 사실을 인정하는 등의 위법이 있다고 할 수 없다.

라. 이적동조 등의 점(제1심 판시 범죄사실 제3항, 제7항 및 제8항)에 대하여

국가보안법 제7조 제1항에서 정하고 있는 이른바 '반국가단체 등 활동동조죄'에서 말하는 '동조행위'라 함은 반국가단체 등의 선전·선동 및 그 활동과 동일한 내용의 주장을 하거나 이에 합치되는 행위를 하여 반국가단체 등의 활동에 호응·가세하는 것을 말한다. 그리고 국가의 존립·안전이나 자유민주적 기본질서에 실질적 해악을 끼칠 명백한 위험성이 있는 경우에 한하여 국가보안법이 제한적으로 적용되어야 한다는 해석원리는 반국가단체 등 활동동조죄에 대하여도 그대로 적용된다. 따라서 국가보안법 제7조 제1항에 의하여 금지되는 동조행위는 같은 조항에서 규정하고 있는 '반국가단체 등의 활동을 찬양·고무·선전'하는 것과 같이 평가될 정도로 적극적으로 자신이 반국가단체 등 활동에 호응·가세한다는 의사를 외부에 표시하는 정도에 이르러야 한다(대법원 2008.4.17. 선고 2003도758 전원합의체 판결 등 참조).

원심은, 피고인들이 매년 북한이 신년공동사설 등을 통하여 밝힌 메시지의 주요 내용을 범민련 남측본부의 한 해 사업방향으로 정하여 왔고, 주한미군 철수나 국가보안법 폐지, 북한 핵보유의 정당성 등 북한과 그 주장의 궤를 일관되게 같이하고 있는 점을 비롯한 판시 사정을 종합하여, 피고인들이 판시 각종 결의대회나 기자회견, 임시공동의장단회의, 중앙위원총회 등을 통하여 반국가단체인 북한의 선전·선동 및

그 활동에 동조하였다고 인정하였다. 나아가 원심은 범민련 남측본부의 이적단체성, 피고인들의 지위·이념적 성향·활동경력, 북한이 대외적으로 주장하는 대남혁명론과의 연관성 등을 종합하면 피고인들의 이 부분 각 행위로 인하여 국가의 존립·안전이나 자유민주적 기본질서에 실질적 해악을 끼칠 명백한 위험성도 인정된다고 보아, 이 부분 공소사실을 유죄로 인정하였다.

앞서 본 법리를 기록에 비추어 살펴보면 원심의 위와 같은 판단은 정당한 것으로 수긍이 가고, 거기에 상고이유 주장과 같이 국가보안법상 활동동조죄에 관한 법리를 오해하거나 사실인정 등에서의 자유심증주의의 한계를 벗어나는 등의 위법이 있다고 할 수 없다.

마. 회합의 점 및 피고인 3에 대한 2006년 8월 심양 회합 관련 특수잠입·탈출의 점(제1심 판시 범죄사실 제4항)에 대하여

국가보안법 제8조 제1항에 정한 회합·통신죄는 국가의 존립·안전이나 자유민주적 기본질서를 위태롭게 한다는 정을 알면서 반국가단체의 구성원 또는 그 지령을 받은 자와 회합·통신 기타의 방법으로 연락을 하고, 이 때 그 회합·통신 등의 행위가 국가의 존립·안전이나 자유민주적 기본질서에 실질적 해악을 끼칠 명백한 위험성이 있을 때 성립한다.

구 '남북교류협력에 관한 법률'(2005.5.31. 법률 제7539호로 개정되기 전의 것과 2009.1.30. 법률 제9357호로 개정되기 전의 것) 제3조는 남북교류와 협력을 목적으로 하는 행위에 관하여는 정당하다고 인정되는 범위 안(또는 같은 법의 목적 범위 안)에서 다른 법률에 우선하여 같은 법을 적용한다고 규정하고 있고, 여기의 '다른 법률'에는 국가보안법도 포함된다. 남한과 북한을 왕래하는 행위가 남북교류와 협력을 목적으로 하는 행위로서 정당하다고 인정되거나 같은 법의 목적 범위 안에 있다고 인정되는지 여부는 북한을 왕래하게 된 경위, 같은 법 제9조 제1항에서 정한 바에 따라 방문증명서를 발급받았는지 여부, 북한 왕래의 구체적인 목적이 같은 법에서 정하고 있는 교역 및 협력사업에 해당하는지 여부, 북한 왕래자가 그 교역 및 협력사업을 실제로 행하였는지 여부, 북한 왕래 전후의 행적 등을 종합적으로 고려하여 객관적으로 판단하여야 한다. 한편 통일부장관의 북한방문증명서 발급은 북한 방문 자체를 허용한다는 것일 뿐 북한 방문 중에 이루어지는 구체적이고 개별적인 행위까지 모두 허용한다거나 정당성을 부여한다는 취지는 아니므로, 북한 방문 중에 이루어진 반국가단체 구성원 등과의 회합 등 행위가 국가의 존립·안전이나 자유민주적 기본질서에 실질적 해악을 끼칠 명백한 위험성이 인정되는지 여부는 각 행위마다 별도로 판단되어야 한다. 따라서 북한방문증명서를 발급받아 북한을 방문하였다고 하더라도 그 기회에 이루어진 반국가단체 구성원 등과의 회합행위 등이 남북교류와 협력을 목적으로 하는 행위로서 정당하다고 인정되는 범위 내에 있다고 볼 수 없고, 오히려 국가의 존

립·안전이나 자유민주적 기본질서에 실질적 해악을 끼칠 명백한 위험성이 인정되는 경우에는 그로 인한 죄책을 면할 수 없다(대법원 2008.4.17. 선고 2003도758 전원합의체 판결 참조). 그리고 위와 같은 법리는 같은 법 제9조 제3항(또는 제9조의2 제1항)에 정한 바에 따라 통일부장관의 승인을 얻거나 통일부장관에게 사전 신고를 하여 수리된 후 북한주민을 접촉하는 행위에 관하여도 마찬가지로 적용된다.

원심은 피고인들이 이 사건 각 회합 당시 북한방문증명서 발급이나 북한주민접촉 승인 또는 신고 수리 조건을 위반하여 범민련 북측본부 조직원 등과 회합하면서 범민련 남측본부의 투쟁 방향, 국가보안법 철폐나 주한미군 철수 투쟁 등에 관하여 지령을 수수한 점 등 판시 사정에 비추어 이 사건 각 회합행위에 국가의 존립·안전이나 자유민주적 기본질서에 실질적 해악을 끼칠 명백한 위험성이 있다고 본 제1심판결을 그대로 유지하였다. 나아가 원심은, 피고인 3이 2006년 8월 심양 회합과 관련하여 통일부장관에게 북한주민접촉 신고를 하지 아니한 것이 단순한 실무상 착오에 불과하다고 볼 수 없으며, 여기에 위 피고인이 위 회합 당시 범민련 북측본부 조직원들로부터 반미투쟁 등의 지령을 받았고 입국 후에는 범민련 남측본부 의장단회의 등을 통하여 회합내용을 전파한 사실 등을 인정한 다음 이 부분 특수잠입·탈출죄를 유죄로 인정하였다.

위 법리와 기록에 비추어 살펴보면 원심의 위와 같은 판단은 정당한 것으로 수긍이 가고, 거기에 상고이유 주장과 같이 국가보안법상 회합죄, 특수잠입·탈출죄에 관한 법리를 오해하거나 논리와 경험칙에 반하여 자유심증주의의 한계를 벗어난 위법이 없다.

바. 이적표현물 제작 등의 점(제1심 판시 범죄사실 제6항)에 대하여

국가보안법 제7조 제5항에 정한 이적표현물로 인정되기 위하여는 그 표현물의 내용이 국가보안법의 보호법익인 국가의 존립·안전과 자유민주적 기본질서를 위협하는 적극적이고 공격적인 것이어야 하고, 표현물에 이와 같은 이적성이 있는지 여부는 표현물의 전체적인 내용뿐만 아니라 그 작성의 동기는 물론 표현행위 자체의 태양 및 외부와의 관련사항, 표현행위 당시의 정황 등 제반 사정을 종합하여 결정하여야 한다. 한편 국가보안법 제7조 제5항의 죄는 같은 조 제1항, 제3항, 제4항에 규정된 이적행위를 할 목적을 요하는 이른바 목적범에 해당함이 명백한데, 행위자에게 이적행위 목적이 있음을 증명할 직접증거가 없는 때에는 앞에서 본 표현물의 이적성의 징표가 되는 여러 사정들에 더하여 피고인의 경력과 지위, 피고인이 이적표현물과 관련하여 제5항 소정의 행위를 하게 된 경위, 피고인의 이적단체 가입 여부 및 이적표현물과 피고인이 소속한 이적단체의 실질적인 목표 및 활동과의 연관성 등 간접사실을 종합적으로 고려하여 판단할 수 있다(대법원 2010.7.23. 선고 2010도1189 전원합의체 판결 등 참조).

원심은 그 채택증거를 종합하여 피고인들이 제작·반포·소지한 판시 각 표현물들은 그 내용과 표현이 자유민주적 기본질서를 위협하는 적극적이고 공격적인 것으로서 반국가단체인 북한의 활동에 동조하는 것들인 데다가 이적단체인 범민련 남측본부의 활동과 관련하여 작성된 점 등의 사정을 종합하여 이적표현물에 해당하고, 범민련 남측본부에서의 피고인들의 직책과 경력 등에 비추어 피고인들에게 이적행위의 목적도 인정된다고 판단하였다.

위 법리와 기록에 비추어 살펴보면 원심의 위와 같은 판단은 정당한 것으로 수긍이 가고, 거기에 상고이유 주장과 같이 국가보안법상 이적표현물에 관한 법리를 오해하거나 논리와 경험칙에 반하여 자유심증주의의 한계를 벗어나는 등의 위법이 없다.

사. 금품수수의 점(제1심 판시 범죄사실 제6항)에 대하여

국가보안법 제5조 제2항의 금품수수죄는 국가의 존립·안전이나 자유민주적 기본질서를 위태롭게 한다는 정을 알면서 반국가단체의 구성원 또는 그 지령을 받은 자로부터 금품을 수수하는 경우 성립하고, 금품의 가액이나 가치 또는 금품수수의 목적을 가리지 아니한다(대법원 1995.9.26. 선고 95도1624 판결 등 참조).

원심은 피고인 2와 재일 북한공작원 공소외인의 관계, 금품수수의 경위, 액수 등에 비추어 피고인 2가 공소외인으로부터 받은 범민련 남측본부 기관지 '민족의 진로' 판매대금은 이적표현물 제작·반포의 대가의 성질을 갖는 것이어서 국가의 존립·안전이나 자유민주적 기본질서에 실질적 해악을 끼칠 명백한 위험성이 있고 피고인 2도 이를 알고 있었다고 보아 이 부분 공소사실을 유죄로 판단하였다.

위 법리와 기록에 비추어 살펴보면, 원심의 위와 같은 판단은 정당한 것으로 수긍이 가고, 거기에 상고이유 주장과 같이 국가보안법상 금품수수죄에 관한 법리를 오해하거나 논리와 경험칙에 반하여 사실을 인정하는 등의 위법이 있다고 할 수 없다.

아. '패킷감청'이 위법하다는 주장에 대하여

(1) 통신비밀보호법 제2조 제3호에 의하면 '전기통신'이라 함은 전화·전자우편·회원제정보서비스·모사전송·무선호출 등과 같이 유선·무선·광선 및 기타의 전자적 방식에 의하여 모든 종류의 음향·문언·부호 또는 영상을 송신하거나 수신하는 것을 말한다. 그리고 같은 법 제5조 제1항에 의하면 국가보안법 위반죄 등 일정한 범죄를 계획 또는 실행하고 있거나 실행하였다고 의심할 만한 충분한 이유가 있고 다른 방법으로는 그 범죄의 실행을 저지하거나 범인의 체포 또는 증거의 수집이 어려운 경우 법원으로부터 허가를 받아 전기통신의 감청 등 통신제한조치를 할 수 있다.

인터넷 통신망을 통한 송수신은 같은 법 제2조 제3호에서 정한 '전기통신'에 해당하므로 인터넷 통신망을 통하여 흐르는 전기신호 형태의 패킷(Packet)을 중간

에 확보하여 그 내용을 지득하는 이른바 '패킷감청'도 같은 법 제5조 제1항에서 정한 요건을 갖추는 경우 다른 특별한 사정이 없는 한 허용된다고 할 것이고, 이는 패킷감청의 특성상 수사목적과 무관한 통신내용이나 제3자의 통신내용도 감청될 우려가 있다는 것만으로 달리 볼 것이 아니다.

(2) 원심이 같은 취지에서 이 사건 패킷감청이 법원으로부터 통신제한조치 허가서를 발부받아 적법하게 집행되었으므로 위법한 것으로 볼 수 없다고 판단한 것은 정당하다. 나아가 이 사건 패킷감청을 통하여 수집된 자료가 증거로 제출된 바 없음은 피고인들도 인정하고 있는 바와 같고, 원심판결 이유 및 기록에 의하면 이 사건 패킷감청을 통하여 파생된 자료가 증거로 제출되거나 원심의 유죄 인정의 증거로 채택되었다고 볼 수도 없으므로, 그것이 위법수집증거로서 증거능력이 배제되어야 한다는 이 부분 상고이유는 어느 모로 보나 받아들일 수 없다.

자. 통신제한조치기간 연장에 의하여 취득한 증거의 증거능력 관련 주장에 대하여

통신비밀보호법 제6조 제7항 단서에 의하면, 통신제한조치 허가요건이 존속하는 경우 수사기관은 소명자료를 첨부하여 2월의 범위 안에서 통신제한조치기간의 연장을 청구할 수 있다.

헌법재판소는 2010.12.28. 통신비밀보호법 제6조 제7항 단서 중 전기통신에 관한 '통신제한조치기간의 연장'에 관한 부분(이하 '이 사건 법률조항'이라고 한다)이 통신제한조치의 총연장기간이나 총연장횟수를 제한하지 아니하고 계속해서 통신제한조치가 연장될 수 있도록 한 것은 과잉금지원칙에 위배하여 통신의 비밀을 침해한다는 이유로 헌법에 합치하지 아니한다고 선언하면서, 이 사건 법률조항은 입법자가 2011.12.31.을 시한으로 개정할 때까지 계속 적용한다고 결정하였다(이하 '이 사건 헌법불합치결정'이라고 한다).

이 사건 헌법불합치결정의 내용 및 그 주된 이유 등에 비추어 보면, 헌법재판소가 이 사건 법률조항이 위헌임에도 불구하고 굳이 그 잠정 적용을 명하는 내용의 헌법불합치결정을 한 것은 다음과 같은 취지임이 분명하다. 즉, 단순위헌결정을 하는 경우 그 결정의 효력이 당해 사건 등에 광범위하게 미치는 결과 이미 이 사건 법률조항에 근거하여 받은 통신제한조치의 연장허가나 그에 따른 증거취득의 효력이 전면적으로 재검토되어야 함은 물론 수사목적상 필요한 정당한 통신제한조치의 연장허가도 가능하지 아니하게 되는 등 법적 공백이나 혼란을 초래할 우려가 있으므로 이를 피하기 위하여 이 사건 법률조항의 위헌성이 제거된 개선입법이 이루어지기까지는 이 사건 법률조항을 그대로 잠정 적용한다는 것이다. 그렇다면 이 사건 법률조항의 위헌성이 제거된 개선입법이 이루어지지 아니한 채 위 개정시한이 도과함으로써 이 사건 법률조항의 효력이 상실되었다고 하더라도 그 효과는 장래에 향하여만 미칠 뿐이며 그 이전에 이 사건 법률조항에 따라 이루어진 통신제한조치기간 연장의

적법성이나 효력에는 영향을 미치지 아니한다고 볼 것이고, 이른바 당해 사건이라고 하여 달리 취급하여야 할 이유는 없다(대법원 2009.1.15. 선고 2008두15596 판결 등 참조).

원심이 같은 취지에서 이 사건 헌법불합치결정에 따른 개정시한 안에 개선입법이 이루어지지 않았다고 하더라도 이 사건 법률조항의 효력상실은 당해 사건인 이 사건에 미치지 않는다고 보아 이 사건 법률조항에 따라 통신제한조치기간 연장허가를 받아 취득한 증거들의 증거능력을 인정한 조치는 정당하고, 거기에 상고이유 주장과 같은 헌법불합치결정의 기속력에 관한 법리오해의 위법이 없다. 상고이유로 들고 있는 대법원 1991.6.11. 선고 90다5450 판결은 사안을 달리하여 이 사건에 원용하기에 적절하지 아니하다.

차. 사전통지 없이 집행한 압수·수색에 의하여 취득한 증거들의 증거능력 관련 주장에 대하여

피의자 또는 변호인은 압수·수색영장의 집행에 참여할 수 있고(형사소송법 제219조, 제121조), 압수·수색영장을 집행함에는 원칙적으로 미리 집행의 일시와 장소를 피의자 등에게 통지하여야 하나(형사소송법 제122조 본문), '급속을 요하는 때'에는 위와 같은 통지를 생략할 수 있다(형사소송법 제122조 단서). 여기서 '급속을 요하는 때'라고 함은 압수·수색영장 집행 사실을 미리 알려주면 증거물을 은닉할 염려 등이 있어 압수·수색의 실효를 거두기 어려울 경우라고 해석함이 옳고, 그와 같이 합리적인 해석이 가능하므로 형사소송법 제122조 단서가 명확성의 원칙 등에 반하여 위헌이라고 볼 수 없다.

원심이 같은 취지에서 형사소송법 제122조 단서가 위헌이라거나, 수사기관이 이 사건 이메일 압수·수색영장 집행 시 급속을 요하는 때에 해당한다고 보아 사전통지를 생략한 것이 위법하다는 피고인들의 주장을 배척한 제1심판결을 그대로 유지한 조치는 정당한 것으로 수긍이 가고, 거기에 상고이유 주장과 같이 압수·수색영장 집행이나 위법수집증거배제법칙에 관한 법리를 오해하는 등의 위법이 있다고 할 수 없다.

카. 양형부당 주장에 대하여

형사소송법 제383조 제4호에 의하면 사형, 무기 또는 10년 이상의 징역이나 금고가 선고된 사건에서만 양형부당을 사유로 한 상고가 허용되므로, 피고인들에 대하여 그보다 가벼운 형이 선고된 이 사건에서 형의 양정이 부당하다는 주장은 적법한 상고이유가 되지 못한다.

2. 검사의 상고이유에 대하여

가. 특수잠입·탈출의 점(피고인 3에 대한 2006년 8월 심양 회합 관련 특수잠입·탈출의 점은 제외)에 대하여

통일부장관으로부터 북한방문증명서를 발급받아 북한을 방문하여 그 방문증명서

에 기재된 방문목적을 행한 경우에는 원칙적으로 그 방문은 남북교류와 협력을 목적으로 하는 행위로서 정당하다고 봄이 상당하다. 그리고 북한 방문자가 통일부장관이 허용한 방문목적에 부합하는 행위를 실제로 하는 한편, 그 방문 기회를 이용하여 법률상 허용될 수 없는 다른 행위를 하였다고 하더라도, 하나의 북한 방문행위에 대한 정당성 여부를 방문목적별로 나누어서 따로 평가할 수는 없다. 그러므로 북한 방문자가 오로지 법률상 허용될 수 없는 다른 행위를 하기 위하여 북한을 방문한 것이고 밖으로 내세운 방문목적은 단지 북한방문증명서를 받아내기 위한 명목상의 구실에 불과한 것이었다고 볼 수 있는 경우가 아니라면 그 북한 방문행위 자체는 정당성이 인정된다고 할 것이고, 그 다른 행위에 대하여 해당 처벌 조항에 따른 죄책을 묻는 것은 별론으로 하더라도, 더 나아가 북한 방문행위 자체를 통일부장관이 허용한 방문목적과 전혀 다른 행위를 한 위의 경우와 동일시하여 남북교류와 협력을 위한 행위로서의 정당성을 전면 부정하고 국가보안법상의 탈출행위로 처벌하여서는 아니 될 것이다(대법원 2008.4.17. 선고 2003도758 전원합의체 판결 참조). 또한 통일부장관이 발급한 북한방문증명서는 남한과 북한을 왕래하는 행위 전체를 허용하는 것이므로 북한 방문행위를 국가보안법상의 탈출행위로 처벌할 수 없는 경우에는 남한으로 다시 돌아오는 행위 또한 국가보안법상의 잠입행위로 처벌할 수 없다고 봄이 상당하다. 그리고 위와 같은 법리는 통일부장관의 승인을 얻거나 통일부장관에게 사전 신고를 하여 수리된 후 북한주민과 접촉하는 행위에 대하여도 마찬가지로 적용된다.

원심은 피고인들이 비록 북한방문증명서 발급이나 북한주민접촉 승인 또는 사전 신고 수리 조건을 위반하여 북측 인사들과 회합하기는 하였으나 통일부장관이 허용한 북한 방문이나 북한주민접촉 조건에 부합하는 행위들도 실제로 하였고 그 내세운 북한 방문 등의 목적이 단지 북한방문증명서 등을 받아내기 위한 명목상의 구실에 불과하다고 볼 수 없으므로 그 방문이나 접촉행위 자체는 정당하다는 이유로 이 부분 공소사실을 무죄로 판단하였다.

위 법리와 기록에 비추어 살펴보면 원심의 위와 같은 판단은 정당한 것으로 수긍이 가고, 거기에 상고이유 주장과 같은 국가보안법상 특수잠입·탈출죄에 관한 법리오해 등의 위법이 없다. 상고이유로 들고 있는 대법원 2011.2.10. 선고 2009도11875 판결은 사안을 달리하여 이 사건에 원용하기에 적절하지 아니하다.

나. 피고인 3에 대한 이적표현물 제작 등의 점에 대하여

원심은 피고인 3이 2005.2.1. 제작·소지한 '계획.hwp' 파일의 내용이 반국가단체의 활동에 적극 동조하는 것이라고 하더라도 이는 자신의 개인적인 생각이나 향후 계획을 기재하여 놓은 것으로 얼마든지 수정이 가능한 상황이며 위 파일이 확고하게 문서 등의 형태로 고정되었다거나 이를 제3자에게 열람시킬 생각을 가지고 있었다고

볼 수 없다는 이유로 이를 국가보안법상 이적표현물로 볼 수 없다고 판단하였다. 또한 원심은, 피고인 3이 소지한 '20030815.hwp' 파일은 정부의 승인 아래 개최된 남북공동행사에서 발표된 북측 인사들의 연설문으로서 위 피고인이 민간공동행사 백서발간 작업을 위한 원고 수집의 차원에서 위 파일을 전송받아 자신의 메일함에 보관한 것이므로 이적행위를 할 목적이 있었다고 볼 수 없다고 보았다.

원심판결 이유를 기록과 대조하여 살펴보면 원심의 위와 같은 판단은 정당한 것으로 수긍이 가고, 거기에 상고이유 주장과 같은 이적표현물에 관한 법리오해 등의 위법이 없다.

한편 검사는 원심판결 전부에 대하여 불복한다는 취지의 상고장을 제출하였으나, 상고장이나 상고이유서에 유죄 부분 및 나머지 무죄 부분에 대한 구체적인 불복 이유의 기재가 없다.

3. 결론

그러므로 상고를 모두 기각하기로 하여 관여 대법관의 일치된 의견으로 주문과 같이 판결한다.

대법관 고영한(재판장) 양창수(주심) 박병대 김창석

헌법재판소 패킷감청 판례

(통신제한조치 허가 위헌확인 등 사건)

[2016헌마263, 2018.8.30., 헌법불합치, 전원재판부]

【판시사항】

가. 인터넷회선을 통하여 송·수신하는 전기통신의 감청(이하 '인터넷회선 감청'이라 한다)을 대상으로 하는 법원의 통신제한조치 허가에 대한 헌법소원 심판청구의 적법 여부(소극)

나. 국가정보원장의 인터넷회선 감청 집행행위(이하 '이 사건 감청집행'이라 한다)에 대한 헌법소원 심판청구의 적법 여부(소극)

다. 통신비밀보호법(1993.12.27. 법률 제4650호로 제정된 것, 이하 '법'이라 한다) 제5조 제2항 중 '인터넷회선을 통하여 송·수신하는 전기통신'에 관한 부분(이하 '이 사건 법률조항'이라 한다)이 과잉금지원칙을 위반하여 청구인의 기본권을 침해하는지 여부(적극)

라. 헌법불합치 결정을 하면서 잠정적용을 명한 사례

【결정요지】

가. 통신제한조치에 대한 법원의 허가는 통신비밀보호법에 근거한 소송절차 이외의 파생적 사항에 관한 법원의 공권적 법률판단으로 헌법재판소법 제68조 제1항에서 헌법소원의 대상에서 제외하고 있는 법원의 재판에 해당하므로, 이에 대한 심판청구는 부적법하다.

나. 이 사건 감청집행은 이미 종료하였으므로 주관적 권리보호이익은 소멸하였고, 이 사건 법률조항에 대해 본안판단을 하는 이상 감청집행 행위에 대해 별도로 심판청구의 이익을 인정할 실익도 없으므로, 이 사건 감청집행에 대한 심판청구도 부적법하다.

다. 인터넷회선 감청은, 인터넷회선을 통하여 흐르는 전기신호 형태의 '패킷'을 중간에 확보한 다음 재조합 기술을 거쳐 그 내용을 파악하는 이른바 '패킷감청'의 방식으로 이루어진다. 따라서 이를 통해 개인의 통신뿐만 아니라 사생활의 비밀과 자유가 제한된다.

오늘날 인터넷 사용이 일상화됨에 따라 국가 및 공공의 안전, 국민의 재산이나 생명·신체의 안전을 위협하는 범행의 저지나 이미 저질러진 범죄수사에 필요한 경우 인터넷 통신망을 이용하는 전기통신에 대한 감청을 허용할 필요가 있으므로 이 사건 법률조항은 입법목적의 정당성과 수단의 적합성이 인정된다.

인터넷회선 감청으로 수사기관은 타인 간 통신 및 개인의 내밀한 사생활의 영역에 해당하는 통신자료까지 취득할 수 있게 된다. 따라서 통신제한조치에 대한 법원의 허가 단계에서는 물론이고, 집행이나 집행 이후 단계에서도 수사기관의 권한 남용을 방지하고 관련 기본권 제한이 최소화될 수 있도록 입법적 조치가 제대로 마련되어 있어야 한다.

법은 "범죄를 계획 또는 실행하고 있거나 실행하였다고 의심할 만한 충분한 이유가 있는 경우" 보충적 수사 방법으로 통신제한조치가 활용하도록 요건을 정하고 있고, 법원의 허가 단계에서 특정 피의자 내지 피내사자의 범죄수사를 위해 그 대상자가 사용하는 특정 인터넷회선에 한하여 필요한 범위 내에서만 감청이 이루어지도록 제한이 되어 있다(법 제5조, 제6조).

그러나 '패킷감청'의 방식으로 이루어지는 인터넷회선 감청은 수사기관이 실제 감청 집행을 하는 단계에서는 해당 인터넷회선을 통하여 흐르는 불특정 다수인의 모든 정보가 패킷 형태로 수집되어 일단 수사기관에 그대로 전송되므로, 다른 통신제한조치에 비하여 감청 집행을 통해 수사기관이 취득하는 자료가 비교할 수 없을 정도로 매우 방대하다는 점에 주목할 필요가 있다.

불특정 다수가 하나의 인터넷회선을 공유하여 사용하는 경우가 대부분이므로, 실제 집행 단계에서는 법원이 허가한 범위를 넘어 피의자 내지 피내사자의 통신자료뿐만 아니라 동일한 인터넷회선을 이용하는 불특정 다수인의 통신자료까지 수사기관에 모두 수집·저장된다. 따라서 인터넷회선 감청을 통해 수사기관이 취득하는 개인의 통신자료의 양을 전화감청 등 다른 통신제한조치와 비교할 바는 아니다.

따라서 인터넷회선 감청은 집행 및 그 이후에 제3자의 정보나 범죄수사와 무관한 정보까지 수사기관에 의해 수집·보관되고 있지는 않는지, 수사기관이 원래 허가받은 목적, 범위 내에서 자료를 이용·처리하고 있는지 등을 감독 내지 통제할 법적 장치가 강하게 요구된다.

그런데 현행법은 관련 공무원 등에게 비밀준수의무를 부과하고(법 제11조), 통신제한조치로 취득한 자료의 사용제한(법 제12조)을 규정하고 있는 것 외에 수사기관이 감청 집행으로 취득하는 막대한 양의 자료의 처리 절차에 대해서 아무런 규정을 두고 있지 않다.

현행법상 전기통신 가입자에게 집행 통지는 하게 되어 있으나 집행 사유는 알려주지 않아야 되고, 수사가 장기화되거나 기소중지 처리되는 경우에는 감청이 집행된 사실조차 알 수 있는 길이 없도록 되어 있어(법 제9조의2), 더욱 객관적이고 사후적인 통제가 어렵다. 또한 현행법상 감청 집행으로 인하여 취득된 전기통신의 내용은 법원으로부터 허가를 받은 범죄와 관련되는 범죄를 수사·소추하거나 그 범죄를 예방하기 위하여도 사용이 가능하므로(법 제12조 제1호) 특정인의 동향 파악이나 정보수집을 위한 목적으로 수사기관에 의해 남용될 가능성도 배제하기 어렵다.

인터넷회선 감청과 동일하거나 유사한 감청을 수사상 필요에 의해 허용하면서도, 관련 기본권 침해를 최소화하기 위하여 집행 이후에도 주기적으로 경과보고서를 법원에 제출하도록 하거나, 감청을 허가한 판사에게 감청 자료를 봉인하여 제출하도록 하거나,

감청자료의 보관 내지 파기 여부를 판사가 결정하도록 하는 등 수사기관이 감청 집행으로 취득한 자료에 대한 처리 등을 객관적으로 통제할 수 있는 절차를 마련하고 있는 입법례가 상당수 있다.

이상을 종합하면, 이 사건 법률조항은 인터넷회선 감청의 특성을 고려하여 그 집행 단계나 집행 이후에 수사기관의 권한 남용을 통제하고 관련 기본권의 침해를 최소화하기 위한 제도적 조치가 제대로 마련되어 있지 않은 상태에서, 범죄수사 목적을 이유로 인터넷회선 감청을 통신제한조치 허가 대상 중 하나로 정하고 있으므로 침해의 최소성 요건을 충족한다고 할 수 없다.

이러한 여건하에서 인터넷회선의 감청을 허용하는 것은 개인의 통신 및 사생활의 비밀과 자유에 심각한 위협을 초래하게 되므로 이 사건 법률조항으로 인하여 달성하려는 공익과 제한되는 사익 사이의 법익 균형성도 인정되지 아니한다.

그러므로 이 사건 법률조항은 과잉금지원칙에 위반하는 것으로 청구인의 기본권을 침해한다.

라. 이 사건 법률조항은 청구인의 기본권을 침해하여 헌법에 위반되지만, 단순위헌결정을 하면 수사기관이 인터넷회선 감청을 통한 수사를 행할 수 있는 법률적 근거가 사라져 범행의 실행 저지가 긴급히 요구되거나 국민의 생명·신체·재산의 안전을 위협하는 중대 범죄의 수사에 있어 법적 공백이 발생할 우려가 있다.

한편, 이 사건 법률조항이 가지는 위헌성은 인터넷회선 감청의 특성에도 불구하고 수사기관이 인터넷회선 감청으로 취득하는 자료에 대해 사후적으로 감독 또는 통제할 수 있는 규정이 제대로 마련되어 있지 않다는 점에 있으므로 구체적 개선안을 어떤 기준과 요건에 따라 마련할 것인지는 입법자의 재량에 속한다.

이러한 이유로 이 사건 법률조항에 대해 단순위헌결정을 하는 대신 헌법불합치결정을 선고하되, 입법자가 이 사건 법률조항의 위헌성을 제거하고 합리적인 내용으로 개정할 때까지 일정 기간 이를 잠정적으로 적용할 필요가 있다.

[재판관 안창호, 재판관 조용호의 이 사건 법률조항에 대한 반대의견]

범죄수사를 위한 통신제한조치는 통신 내용에 대한 직접적인 제한이므로, 법은 통신사실 확인자료와 달리, 엄격한 조건하에 이루어지도록 규정하고 수사기관이 사용하는 감청설비 등에 대해서도 엄격한 규율 아래 두고 있다.

또한, 통신제한조치는 내란죄, 외환죄 등 국민의 재산이나 생명·신체의 안전 보호가 중대한 범죄로 대상범죄가 한정되어 있고, 다른 방법으로는 이들 범죄의 실행 저지나 범인 체포 또는 증거 수집이 어려운 경우에 한하여 허가될 수 있다(법 제5조 제1항). 그리고 법원이 이러한 실체적 요건의 충족 여부를 심사하여 통신제한조치의 허가 여부를 결정하도록 함으로써 통신제한조치를 사법적 통제하에 두고 있다(법 제5조 제2항). 더욱이 헌재 2009헌가30 결정으로 통신제한조치의 기간이 2월로 제한되어, 검사가 새로운 사유를 들어 통신제한조치를 청구하지 않는 한 기간연장은 불가능하다.

인터넷회선 감청의 집행 단계에서 수사기관의 권한 남용이나 관련 기본권의 과도한 침해를 객관적으로 통제할 수 있다는 수단이 마련되어 있지 않다고 할 수도 없다.

인터넷회선 감청의 기술적 특성 등으로 인해 취득한 자료가 다른 통신감청에 비해 상대적으로 광범위하더라도, 법상 감청집행기관의 공무원이 인터넷회선 감청을 통해 알게 된 내용을 외부에 공개·누설하는 것은 일체 금지되고, 이를 위반하는 공무원은 10년 이하의 징역에 처해지게 되며, 범죄수사와 관련되지 아니하는 것은 그 성질상 수사·소추하거나 그 범죄를 예방하는 등을 위하여 사용할 수 없게 되어 있다. 나아가 감청집행기관인 수사기관은 다른 법률에 특별한 규정이 있거나 정보주체의 동의가 없는 한 이를 보존하거나 제3자에게 제공해서는 아니 되고 지체 없이 파기해야 한다(개인정보 보호법 제3조, 제15조, 제17조, 제18조, 제21조).

인터넷회선 감청은 다른 송·수신 중인 통신에 대한 감청과 기술적 태양과 대상에 따른 상대적 차이가 있을 뿐 본질적인 차이가 있다고 할 수 없다.

따라서 인터넷회선 감청의 집행 단계에서 절차적으로 법원의 개입이 보장되어 있지 아니하다는 이유로 이 사건 법률조항이 침해의 최소성을 충족하지 못한다고 판단할 일은 아니다.

인터넷회선 감청의 기술적 특성상 다른 통신감청에 비하여 상대적으로 광범위하게 정보가 수집되는 면이 있고, 수사기관이 법에서 마련한 조치를 제대로 준수하지 않을 수 있다는 우려만을 가지고 이 사건 법률조항으로 인해 제한되는 사익의 정도가 그로 인해 달성되는 공익에 비해 크다고 단정할 수는 없다. 따라서 이 사건 법률조항은 법익의 균형성을 충족한다.

이 사건 법률조항은 과잉금지원칙을 위반하여 청구인의 통신 및 사생활의 비밀과 자유를 침해하지 아니한다.

다만 인터넷회선 감청의 기술적 태양과 대상의 특수성과 이로 인한 감청의 집행 과정에서 있을 수 있는 통신 및 사생활의 비밀에 대한 침해가 상대적으로 광범위하게 이루어질 수 있다는 우려를 고려하여, 인터넷회선 감청의 집행 단계에서 법원의 통제를 강화하는 방법 등이 검토될 수 있으며, 이에 따라 이 사건 법률조항이 아니라 법 제9조가 개정될 수 있음을 지적해 둔다.

[재판관 김창종의 이 사건 감청집행 및 이 사건 법률조항에 대한 반대의견]

법률 또는 법률조항 자체가 헌법소원의 대상이 될 수 있으려면 그 법률 또는 법률조항에 의하여 구체적인 집행행위를 기다리지 아니하고 직접, 현재, 자기의 기본권을 침해받아야 하는 것을 요건으로 하고, 여기서 말하는 '기본권 침해의 직접성'이란 집행행위에 의하지 아니하고 법률 그 자체에 의하여 자유의 제한, 의무의 부과, 권리 또는 법적 지위의 박탈이 생긴 경우를 뜻하므로, 구체적인 집행행위를 통하여 비로소 당해 법률 또는 법률조항에 의한 기본권침해의 법률효과가 발생하는 경우에는 직접성의 요건이 결여된다(헌재 1992.11.12. 선고 91헌마192; 헌재 1998.7.16. 96헌마268; 헌재 2004.9.23. 2003헌마19; 헌재 2005.5.26. 2004헌마671 등 참조). 이는 법률 또는 법률조항에 대한 헌법소원에서 직접성 요건과 관련하여 헌법재판소가 취하고 있는 확고한 입장이다.

이 사건 법률조항은 통신제한조치의 허가 요건 중 단지 '허가 대상'이 무엇인지에 관하여 규정하고 있을 뿐이므로, 청구인이 주장하는 기본권 침해는 법원의 통신제한조치 허가와 그에 따른 통신제한조치라는 구체적 집행행위를 통해 비로소 발생할 수 있게 된다. 따라서 이 사건 법률조항에 대한 심판청구는 직접성 요건을 갖추지 못하여 부적법하므로 각하하여야 한다. 다만 이 사건 법률조항에 근거하여 이루어진 구체적 집행행위, 즉 이 사건 감청집행에 대한 심판청구는 심판의 이익이 인정되는 등 적법요건을 갖추었으므로 이를 각하할 것이 아니라 그에 대한 본안판단을 하여야 한다.

이 사건 감청집행은 과잉금지원칙에 반하여 청구인의 통신 및 사생활의 비밀과 자유를 침해하지 않아 헌법에 위반되지 않는다. 그 이유는 재판관 안창호, 재판관 조용호의 이 사건 법률조항에 대한 합헌의견의 판단 내용과 그 견해를 같이하므로 이를 그대로 원용한다.

[재판관 안창호의 이 사건 법률조항에 대한 반대의견에 대한 보충의견]

통신제한조치 허가 대상을 정한 이 사건 법률조항은 과잉금지원칙에 위반하여 청구인의 기본권을 침해하지 아니하지만, '통신제한조치의 집행에 관한 통지'에 대하여 정하고 있는 법 제9조의2(이하 '감청집행통지조항'이라 한다)는 적법절차원칙에 위반하여 청구인의 기본권을 침해한다.

수사의 밀행성 확보는 필요하지만, 적법절차원칙을 통하여 수사기관의 권한남용을 방지하고 정보주체의 기본권을 보호하기 위해서는, 인터넷회선 감청과 관련하여 피의자 등에게 적절한 고지와 실질적인 의견진술의 기회를 부여해야 한다. 그런데 감청집행통지조항은 수사가 장기간 진행되거나 기소중지결정이 있는 경우에는 피의자 등에게 집행 사실을 통지할 의무를 규정하지 아니하고, 통지를 받더라도 그 사유가 통지되지 아니하며, 수사목적을 달성한 이후 해당 자료가 파기되었는지 여부도 확인할 수 없게 되어 있어, 감청대상이 된 피의자 등으로서는 이와 관련된 수기관의 권한남용에 대해 적절한 대응을 할 수 없게 되어 있다.

이러한 점들을 종합할 때, 감청집행통지조항은 적법절차원칙에 위배되어 청구인의 통신 및 사생활의 비밀과 자유를 침해한다.

【심판대상조문】

통신비밀보호법(1993.12.27. 법률 제4650호로 제정된 것) 제5조 제2항

[주문]

1. 통신비밀보호법(1993.12.27. 법률 제4650호로 제정된 것) 제5조 제2항 중 '인터넷회선을 통하여 송·수신하는 전기통신'에 관한 부분은 헌법에 합치되지 아니한다. 위 법률조항은 2020.3.31.을 시한으로 개정될 때까지 계속 적용한다.

2. 나머지 심판청구를 각하한다.

[이유]

1. 사건개요

피청구인 국가정보원장은 청구외 김○윤의 국가보안법위반 범죄수사를 위하여 위 김○윤이 사용하는 휴대폰, 인터넷회선 등 전기통신의 감청 등을 목적으로, 2008년경부터 2015년경까지 법원으로부터 총 35차례의 통신제한조치를 허가받아 집행하였다. 위 통신제한조치 중에는 '○○연구소'에서 청구인 명의로 가입된 주식회사 에스케이브로드밴드 인터넷회선(서비스번호: ○○○, ID: ○○○)에 대한 2013.10.9.부터 2015.4.28.까지 사이에 6차례에 걸쳐 행해진 통신제한조치가 포함되어 있었다. 이는 인터넷 통신망에서 정보 전송을 위해 쪼개어진 단위인 전기신호 형태의 '패킷'(Packet)을 수사기관이 중간에 확보하여 그 내용을 지득하는 이른바 '패킷감청'이었다.

이에 청구인은 청구인 명의로 가입된 위 인터넷회선의 감청을 목적으로 하는 6차례의 통신제한조치에 대한 법원의 허가, 이에 따른 피청구인 국가정보원장의 감청행위, 통신비밀보호법 제2조 제7호, 제5조 제2항, 제6조가 청구인의 통신의 비밀과 자유, 사생활의 비밀과 자유 등 기본권을 침해하고, 헌법상 영장주의, 적법절차원칙 등에 위반된다고 주장하면서, 2016.3.29. 이 사건 헌법소원심판을 청구하였다.

2. 심판대상

가. 이 사건 심판대상은 ① '○○연구소'에서 청구인 명의로 가입된 주식회사 에스케이브로드밴드 인터넷회선(ID: ○○○, 이하 '이 사건 인터넷회선'이라 한다)을 통하여 송·수신하는 전기통신의 감청을 허가한 2013.10.8.자 수원지방법원 안산지원의 통신제한조치 허가(허가번호 2013-8526)를 포함하여 별지 기재와 같은 이 사건 인터넷회선에 대한 총 6회의 법원의 통신제한조치 허가(이하 '이 사건 법원의 허가'라 한다), ② 이 사건 법원의 허가를 얻어, 피청구인 국가정보원장이 2013.10.9.부터 2015.4.28.까지 사이에 별지 기재와 같이 총 6차례에 걸쳐, 이 사건 인터넷회선을 통하여 송·수신하는 전기통신을 감청한 행위(이하 '이 사건 감청집행'이라 한다) 및 ③ 그 법적 근거가 되는 통신비밀보호법 조항으로 인한 기본권 침해 여부이다.

나. 청구인은 법률조항으로 통신비밀보호법 제2조 제7호, 제5조 제2항, 제6조의 위헌 여부를 구하고 있는데, 그 주된 취지는 이른바 '패킷감청' 방식으로 이루어지는 인터넷 회선의 감청은 그 기술적 특성으로 인해 감청 범위가 무제한적으로 확대될 위험이 있음에도 다른 종류의 전기통신 감청과 마찬가지로 통신제한조치 허가 대상에 포함하고 있으므로 헌법에 위반된다는 것이다. 따라서 '감청'에 대한 정의 조항에 불과한 같은 법 제2조 제7호, 통신제한조치에 대한 일반적인 허가 절차를 정한 제6조는 심판대상에서 제외하고, 통신제한조치의 허가 대상을 정하고 있는 통신비밀보호법 제5조 제2항 중 '인터넷회선 감청'에 관한 부분으로 심판대상을 한정한다.

다. 그렇다면 이 사건 심판대상은 ① 이 사건 법원의 허가, ② 이 사건 감청집행 및 ③ 통신비밀보호법(1993.12.27. 법률 제4650호로 제정된 것) 제5조 제2항 중 '인터넷회선을 통하여 송·수신하는 전기통신'에 관한 부분(이하 '이 사건 법률조항'이라 한다)이 청구인의 기본권을 침해하는지 여부이다. 심판대상조항 및 관련조항은 다음과 같다.

[심판대상조항]

통신비밀보호법(1993.12.27. 법률 제4650호로 제정된 것)

제5조(범죄수사를 위한 통신제한조치의 허가요건) ② 통신제한조치는 제1항의 요건에 해당하는 자가 발송·수취하거나 송·수신하는 특정한 우편물이나 전기통신 또는 그 해당자가 일정한 기간에 걸쳐 발송·수취하거나 송·수신하는 우편물이나 전기통신을 대상으로 허가될 수 있다.

[관련조항]

통신비밀보호법(2001.12.29. 법률 제6546호로 개정된 것)

제2조(정의) 이 법에서 사용하는 용어의 정의는 다음과 같다.

1. "통신"이라 함은 우편물 및 전기통신을 말한다.

3. "전기통신"이라 함은 전화·전자우편·회원제정보서비스·모사전송·무선호출 등과 같이 유선·무선·광선 및 기타의 전자적 방식에 의하여 모든 종류의 음향·문언·부호 또는 영상을 송신하거나 수신하는 것을 말한다.

7. "감청"이라 함은 전기통신에 대하여 당사자의 동의 없이 전자장치·기계장치 등을 사용하여 통신의 음향·문언·부호·영상을 청취·공독하여 그 내용을 지득 또는 채록하거나 전기통신의 송·수신을 방해하는 것을 말한다.

제3조(통신 및 대화비밀의 보호) ② 우편물의 검열 또는 전기통신의 감청(이하 "통신제한조치"라 한다)은 범죄수사 또는 국가안전보장을 위하여 보충적인 수단으로 이용되어야 하며, 국민의 통신비밀에 대한 침해가 최소한에 그치도록 노력하여야 한다.

제5조(범죄수사를 위한 통신제한조치의 허가요건) ① 통신제한조치는 다음 각호의 범죄를 계획 또는 실행하고 있거나 실행하였다고 의심할 만한 충분한 이유가 있고 다른 방법으로는 그

범죄의 실행을 저지하거나 범인의 체포 또는 증거의 수집이 어려운 경우에 한하여 허가할 수 있다.

제6조(범죄수사를 위한 통신제한조치의 허가절차) ① 검사(군검사를 포함한다. 이하 같다)는 제5조 제1항의 요건이 구비된 경우에는 법원(軍事法院을 포함한다. 이하 같다)에 대하여 각 피의자별 또는 각 피내사자별로 통신제한조치를 허가하여 줄 것을 청구할 수 있다.

② 사법경찰관(軍司法警察官을 포함한다. 이하 같다)은 제5조 제1항의 요건이 구비된 경우에는 검사에 대하여 각 피의자별 또는 각 피내사자별로 통신제한조치에 대한 허가를 신청하고, 검사는 법원에 대하여 그 허가를 청구할 수 있다.

3. 청구인의 주장

가. 디지털 생활이 일반화된 시대에 범죄수사를 위하여 인터넷회선에 대한 감청이 요청될 수 있다. 그러나 '패킷감청'의 방식으로 이루어지는 인터넷회선 감청은 해당 인터넷회선을 통하여 흐르는 모든 정보가 감청 대상이 되므로, 쌍방 간의 의사소통을 전제로 하는 '통신'으로 그 범위가 제한되지 않을 뿐만 아니라, 감청대상자의 정보뿐만 아니라 해당 인터넷회선의 이용을 공유하는 제3자의 정보까지 수사기관에 수집·보관될 가능성이 크다. 더욱이 오늘날 통신뿐만 아니라 생활의 대부분이 인터넷에 기반하여 이루어지는 점을 고려할 때 인터넷회선 감청으로 수집되는 정보의 양은 다른 종류의 통신제한조치의 경우와는 비교할 수 없을 정도로 많다. 이와 같이 인터넷회선 감청은 통신 및 사생활의 비밀과 자유를 침해할 가능성이 높으므로, 관련 기본권 제한으로 인한 피해를 최소화하기 위해서는 집행과정이나 집행이 종료된 이후에라도 제3자의 정보나 수사목적과 무관한 정보까지 수사기관에 의해 수집, 보관되고 있지는 않은지 등 관련 기본권의 침해 및 수사기관에 의한 권한 남용을 적절히 감독·통제할 법적 장치가 필요하다. 그런데 통신비밀보호법은 인터넷회선 감청의 이러한 특수성에 대한 별도의 고려 없이 이를 통신제한조치 허가 대상에 포함하고 있으므로 헌법에 위반되고, 그에 따라 이루어진 이 사건 법원의 허가 및 이 사건 감청집행은 모두 청구인의 기본권을 침해한 것으로서 헌법에 위반된다.

나. 법원이 통신비밀보호법 제5조 제1항이 정한 요건이 구비된 경우 같은 법 제6조에서 정한 절차에 따라, 목적·대상·범위 등을 특정하여 인터넷회선 감청을 통신제한조치로서 허가한다 하더라도, 패킷감청의 특성으로 인하여 그 집행 단계에서 개별성 및 특정성이 유지될 수 없으므로, 인터넷회선 감청에 대한 법원의 허가는 포괄영장을 허용하는 것과 다름없다. 따라서 인터넷회선 감청을 통신제한조치 허가 대상으로 정하고 있는 법률조항 및 이 사건 법원의 허가는 헌법상 영장주의에도 위반된다.

4. 적법요건에 관한 판단

가. 이 사건 법원의 허가에 대한 판단

헌법재판소법 제68조 제1항 본문은 법원의 재판을 헌법소원심판 청구의 대상에서 제외하고 있다. 여기에서 "법원의 재판"은 법원이 행하는 공권적 법률판단 또는 의사의 표현을 지칭하는 것으로, 사건을 종국적으로 해결하기 위한 종국판결 외에 본안전 소송판결 및 중간판결, 기타 소송절차의 파생적·부수적인 사항에 대한 공권적 판단도 포함된다(헌재 1992.12.24. 90헌마158 등 참조).

이 사건 법원의 허가는 통신비밀보호법(이하 '법'이라 한다)에 근거한 소송절차 이외의 파생적 사항에 관한 법원의 공권적 법률판단으로서, 헌법재판소법 제68조 제1항에서 헌법소원의 대상에서 제외하고 있는 법원의 재판에 해당한다.

청구인은 '2013.10.9.부터 2014.6.16.까지 251일 중 8일을 제외한 243일 동안의 통신제한조치에 대한 별지 기재 순번 1번에서 4번까지의 법원의 허가'에 대하여, 헌법재판소가 법 제6조 제7항 단서 중 '통신제한조치기간의 연장'에 관한 부분에 대해 2011.12.31.을 시한으로 잠정적용 헌법불합치로 결정한 취지(헌재 2010.12.28. 2009헌가30)를 정면으로 위반하는 것이라고 주장한다. 그러나 기록에 의하면, 위 각 법원의 허가는 동일한 청구사유에 대해 법원이 단순히 통신제한조치의 기간만을 연장해 준 것이 아니라 검사가 매 청구 시마다 통신제한조치가 필요한 사유를 보강하고 '다시 통신제한조치를 청구하는 취지 및 이유'를 기재하여 새로이 통신제한조치를 청구하고 이에 대하여 법원이 허가한 것임을 알 수 있다. 따라서 위와 같은 법원의 허가는 법 제6조 제4항에 따른 새로운 통신제한조치 청구에 대한 법원의 허가에 해당하므로 청구인의 주장은 이유 없다.

그러므로 이 사건 법원의 허가에 대한 심판청구는 부적법하다.

나. 이 사건 감청집행에 대한 판단

피청구인 국가정보원장은 이 사건 법원의 허가를 얻어 2013.10.9.부터 2015.4.28.까지 사이에 별지 기재와 같이 총 6회에 걸쳐 이 사건 감청집행을 완료하였으므로, 이 사건 심판청구 당시에 이 사건 감청집행에 관한 주관적 권리보호이익은 소멸하였다.

다만 헌법소원은 주관적 권리구제뿐만 아니라 헌법질서 보장의 기능도 겸하고 있으므로 같은 유형의 침해행위가 앞으로도 반복될 위험이 있고, 헌법질서의 수호·유지를 위하여 그에 대한 헌법적 해명이 긴요한 사항에 대하여는 심판청구의 이익을 인정하여야 하므로(헌재 2008.7.31. 2004헌마1010등; 헌재 2011.12.29. 2009헌마527 참조), 이 사건 감청집행에 대해 예외적으로 심판청구의 이익을 인정할지 문제된다.

기록에 의하면, 이 사건 감청집행은 피청구인이 법 제5조, 제6조에 따라 법원의 허가를 얻어 이루어졌음이 확인되므로 이 사건 감청집행이 법적 근거가 없이 행해졌다는 청구인의 주장은 이유 없음이 명백하다. 그리고 청구인이 종국적으로 다투고자 하는 것은 인터넷회선 감청은 그 특성상 다른 통신제한조치와 비교할 수 없을 정도로 광범위한 정보 수집이 가능하여 필요 이상으로 통신 및 사생활의 비밀과 자유를 침해하게 되고 수사기관에 의한 남용의 우려가 높음에도, 이에 대한 별도의 고려 없이 통신제한조치 허가 대상으로 정함으로써 관련 기본권을 침해하고 영장주의에도 위반된다는 것이다. 그런데 이 사건 감청집행과 유사한 기본권 침해의 반복 가능성은 결국 인터넷회선 감청 또한 통신제한조치 허가 대상으로 정하고 있는 이 사건 법률조항이 현존하기 때문이며, 이에 청구인도 법 제5조 제2항에 대하여 헌법소원심판을 청구하고 있다. 이와 같은 청구인의 주장 취지 및 권리구제의 실효성 등을 종합적으로 고려할 때, 이 사건 법률조항의 적법요건을 인정하여 본안 판단에 나아가는 이상, 이 사건 감청집행에 대하여는 별도로 심판청구의 이익을 인정하지 아니한다.

따라서 이 사건 감청집행에 대한 심판청구는 부적법하다.

다. 이 사건 법률조항에 대한 한정위헌 주장에 대한 판단

청구인은 '패킷감청'은 기술적 특성상 감청이 실시간으로 이루어지지 아니하므로 법에 규정된 '감청'에 해당하지 않음에도 법원 판례와 실무상 패킷감청을 법 제5조 제2항의 허가 대상인 통신제한조치에 해당하는 것으로 보고 있는바, 위 조항의 허가 대상인 통신제한조치에 인터넷회선 감청이 포함된다고 해석하는 한 헌법에 위반된다는 한정위헌 취지의 주장도 한다.

그러나 인터넷상 신속한 정보전달을 위한 최소 단위인 '패킷'의 수집·저장과 수집·저장된 패킷들의 내용 확인 시점에 차이가 발생한다고 하여 인터넷회선 감청이 법에 규정된 '감청'에 해당하지 아니한다고 단정할 수 없다. 법원도 "인터넷통신망을 통한 송·수신은 법 제2조 제3호에서 정한 '전기통신'에 해당하므로 인터넷 통신망을 통하여 흐르는 전기신호 형태의 패킷을 중간에 확보하여 그 내용을 지득하는 이른바 '패킷감청'도 법 제5조 제1항에서 정한 요건을 갖추는 경우 다른 특별한 사정이 없는 한 허용된다"고 한다(대법원 2012.10.11. 선고 2012도7455 판결). 이에 실무에서도 인터넷회선 감청이 통신제한조치의 하나로 허가되어 왔다.

결국, 청구인의 법 제5조 제2항에 대한 한정위헌 취지의 주장은, '법원의 해석에 의하여 구체화된 심판대상 규정의 위헌성 문제가 있는 것으로 볼만큼 일정한 사례군이 상당기간에 걸쳐 형성, 집적된 경우'로서, 헌법재판소가 법률조항 자체에 대한 심판청구로 적법하다고 인정하는 경우에 해당한다고 볼 수 있다. 따라서 위 법률조항에 대하여 본안 판단에 나아가는 이상, 이와 관련된 한정위헌 취지의 주장에 대해서는 더 나아가 살피지 아니한다(헌재 1998.7.16. 97헌바23 등 참조).

5. 이 사건 법률조항에 대한 판단

가. 범죄수사를 위한 통신제한조치 중 인터넷회선 감청 제도

(1) 법에 규정된 통신제한조치는 '우편물의 검열' 또는 '전기통신의 감청'을 의미한다 (법 제3조 제2항).

여기서 '전기통신'은 '전화·전자우편·회원제정보서비스·모사전송·무선호출 등과 같이 유선·무선·광선 및 기타의 전자적 방식에 의하여 모든 종류의 음향·문언·부호 또는 영상을 송신하거나 수신하는 것'을 말한다(법 제2조 제3호). '감청'은 전기통신에 대하여 당사자의 동의 없이 전자장치·기계장치 등을 사용하여 통신의 음향·문언·부호·영상을 청취·공독(共讀)하여 그 내용을 지득 또는 채록(採錄)하거나 전기통신의 송·수신을 방해하는 것을 의미한다(법 제2조 제7호). 이와 같이 통신제한조치는 그 대상이 통신의 '내용'이라는 점에서, 가입자의 전기통신 일시 등과 같이 비내용적 통신 정보를 대상으로 하는 '통신사실확인자료'와 차이가 있고(법 제2조 제11호), 이에 법도 '통신제한조치'와 '통신사실확인자료'에 대한 규율을 달리하고 있다.

(2) 인터넷회선을 통하여 송·수신되는 전기통신에 대한 감청은, 인터넷회선을 통하여 흐르는 전기신호 형태의 '패킷'을 중간에 확보하여 재조합 기술을 거쳐 그 내용을 파악하는 이른바 '패킷감청'의 방식으로 이루어진다. 여기서 '패킷'은 인터넷상 신속하고 효율적인 다량의 정보 전송을 위하여 일정한 단위로 쪼개어져 포장된 최적·최소화한 데이터 단위를 말한다. 법원은 인터넷통신망을 통한 송·수신은 법 제2조 제3호에서 정한 '전기통신'에 해당하므로 이른바 '패킷감청'도 통신제한조치로 허용된다고 보고 있고(대법원 2012.10.11. 선고 2012도7455 판결 참조), 이에 패킷감청도 실무상 통신제한조치의 하나로 행해져 왔음은 앞서 본 바와 같다.

인터넷회선 감청은 검사가 법원의 허가를 받으면, 피의자 및 피내사자에 해당하는 감청대상자나 해당 인터넷회선의 가입자의 동의나 승낙을 얻지 아니하고도, 전기통신사업자의 협조를 통해 해당 인터넷회선을 통해 송·수신되는 전기통신에 대해 감청을 집행함으로써 정보주체의 기본권을 제한할 수 있으므로, 법이 정한 강제처분에 해당한다. 또한 인터넷회선 감청은 서버에 저장된 정보가 아니라, 인터넷상에서 발신되어 수신되기까지의 과정 중에 수집되는 정보, 즉 전송 중인 정보의 수집을 위한 수사이므로, 압수·수색과 구별된다.

(3) 법상 통신제한조치는 ① 범죄수사목적을 위한 통신제한 조치(법 제5조, 제6조), ② 국가안보목적을 위한 통신제한조치(법 제7조), ③ 긴급통신제한조치(법 제8조)로 나뉘어 각각 허가요건과 허가절차가 달리 규율되고 있다. 이 사건에서 문제되는 것은 범죄수사를 위한 통신제한조치 중 '인터넷회선 감청'에 관한 부분이다(법 제5조). 범죄수사를 위한 인터넷회선 감청의 집행은 검사가 법 제5조 제1항의 요건을 구비하여 법원으로부터 특정 인터넷회선에 대한 통신제한조치허가를 받으면, 수사기관이 허가서에 기재된 해당 인터넷회선을 운영·관리하는 전기통신사업자에게 감청 협조를 구하여 이루어진다(법 제9조, 제15조의2).

인터넷회선 감청의 구체적 집행 방식은 이 사건 감청집행을 행한 피청구인 국가정보원의 답변에 의하면 다음과 같다. ① 법원으로부터 특정 피의자 내지 피내사자가 사용하는 인터넷회선에 대해 감청 허가를 얻으면, 수사기관은 전기통신사업자인 인터넷통신업체에 감청 집행을 위한 협조를 구한다. ② 협조 요청을 받은 인터넷통신업체는 허가 대상인 인터넷회선에 고정 인터넷프로토콜(Internet Protocol, 이하 'IP'라 한다)을 부여하고, 해당 인터넷회선을 통하여 흐르는 '패킷'을 중간에 확보하기 위해 패킷의 수집·복제를 위한 장비 내지 국가정보원이 자체 개발한 인터넷회선감청장비를 연결·설치하는 데 협조한다. ③ 이들 장비를 통해 해당 인터넷회선을 통과하는 모든 패킷이 중간에 수집·복제되어 국가정보원 서버로 즉시 전송·저장된다. ④ 이와 같이 수집·저장된 패킷들은 국가정보원이 자체 개발한 처리서버프로그램을 통해 재조합 과정을 거쳐, 열람 가능한 형태로 전환된다. ⑤ 이 과정에서 패킷의 정보의 내용이 담긴 데이터 영역까지 보는 기술(Deep Packet Inspection, 'DPI'라고 한다)이 활용되고, 국가정보원의 수사관이 서버에 접속하여 저장된 파일을 열어 그 내용을 열람·확인하면서 범죄관련성 및 보존 필요성 여부를 판단한다.

나. 제한되는 기본권 및 쟁점

(1) 헌법 제18조는 '모든 국민은 통신의 비밀을 침해받지 아니한다'라고 규정하여 통신의 비밀 보호를 그 핵심내용으로 하는 통신의 자유를 기본권으로 보장하고 있다. 이 사건 법률조항은 현대 사회에 가장 널리 이용되는 의사소통 수단인 인터넷 통신망을 통해 송·수신하는 전기통신에 대한 감청을 범죄수사를 위한 통신제한조치의 하나로 정하고 있으므로, 일차적으로 헌법 제18조가 보장하는 통신의 비밀과 자유를 제한한다.

헌법 제17조에서 보장하는 사생활의 비밀이란 사생활에 관한 사항으로 일반인에게 아직 알려지지 아니하고 일반인의 감수성을 기준으로 할 때 공개를 원하지 않을 사항을 말한다. 감시, 도청, 비밀녹음, 비밀촬영 등에 의해 다른 사람의 사생활의 비밀을 탐지하거나 사생활의 평온을 침입하는 행위, 사적 사항의 무단 공개 등은 타인의 사생활의 비밀과 자유의 불가침을 해하는 것이다. 인터넷회선 감청은 해당 인터넷회선을 통하여 흐르는 모든 정보가 감청 대상이 되므로, 이를 통해 드러나게 되는 개인의 사생활 영역은 전화나 우편물 등을 통하여 교환되는 통신의 범위를 넘는다. 더욱이 오늘날 이메일, 메신저, 전화 등 통신뿐 아니라, 각종 구매, 게시물 등록, 금융서비스 이용 등 생활의 전 영역이 인터넷을 기반으로 이루어지기 때문에, 인터넷회선 감청은 타인과의 관계를 전제로 하는 개인의 사적 영역을 보호하려는 헌법 제18조의 통신의 비밀과 자유 외에 헌법 제17조의 사생활의 비밀과 자유도 제한하게 된다.

따라서 인터넷회선 감청도 범죄수사를 위한 통신제한조치 허가 대상으로 정한

이 사건 법률조항이 과잉금지원칙에 반하여 피의자 또는 피내사자와 같은 대상
자뿐만 아니라 이용자들의 통신 및 사생활의 비밀과 자유를 침해하는지 여부에
대하여 본다.

(2) 범죄수사를 위한 인터넷회선 감청은 수사기관이 범죄수사 목적으로 전송 중인
정보의 수집을 위해 당사자 동의 없이 집행하는 강제처분으로 법은 수사기관이
일정한 요건을 갖추어 법원의 허가를 얻어 집행하도록 정하고 있다(제5조, 제6조).

이와 관련하여, 청구인은 인터넷회선 감청을 위해 법원의 허가를 얻도록 정하고
있으나, 패킷감청의 기술적 특성으로 해당 인터넷회선을 통하여 흐르는 모든 정
보가 감청 대상이 되므로 개별성, 특정성을 전제로 하는 영장주의가 유명무실하
게 되고 나아가 집행 단계나 그 종료 후에 법원이나 기타 객관성을 담보할 수 있
는 기관에 의한 감독과 통제 수단이 전혀 마련되어 있지 않으므로, 이 사건 법률
조항은 헌법상 영장주의 내지 적법절차원칙에 위반된다고 한다. 그러나 헌법 제
12조 제3항이 정한 영장주의가 수사기관이 강제처분을 함에 있어 중립적 기관인
법원의 허가를 얻어야 함을 의미하는 것 외에 법원에 의한 사후 통제까지 마련되
어야 함을 의미한다고 보기 어렵고, 청구인의 주장은 결국 인터넷회선 감청의 특
성상 집행 단계에서 수사기관의 권한 남용을 방지할 만한 별도의 통제 장치를 마
련하지 않는 한 통신 및 사생활의 비밀과 자유를 과도하게 침해하게 된다는 주장
과 같은 맥락이므로, 이 사건 법률조항이 과잉금지원칙에 반하여 청구인의 기본
권을 침해하는지 여부에 대하여 판단하는 이상, 영장주의 위반 여부에 대해서는
별도로 판단하지 아니한다.

(3) 청구인은 법상 인터넷회선 감청의 대상자나 인터넷회선 가입자가 집행 결과를
열람할 수 있는 방법이 마련되어 있지 않고 통신 및 사생활의 비밀과 자유를 전
면적으로 침해받은 다음에야 사후적으로 집행되었다는 사실만을 통보받을 뿐이
므로 헌법상 적법절차원칙에도 위반된다고 주장한다. 청구인은 통신제한조치의
집행에 관한 통지조항에 대해서는 심판청구를 한 바 없으므로 법 제9조의2가 적
법절차원칙에 위배되는지 여부는 이 사건 심판대상이 아니다. 통지 조항과 관련
된 위헌성을 주장하는 것이라면 인터넷회선 감청의 집행 단계나 그 이후에 수사
기관의 권한 남용을 방지할 만한 별도의 통제 장치를 마련하지 않는 한 통신 및
사생활의 비밀과 자유를 과도하게 침해하게 된다는 주장과 같은 취지로 볼 수 있
으므로, 이 사건 법률조항의 과잉금지원칙 위반 여부에 대하여 판단하는 이상,
위 통지조항의 적법절차원칙 위반 여부에 대해서는 별도로 판단하지 아니한다.

다. 과잉금지원칙 위반 여부

(1) 목적의 정당성 및 수단의 적합성

오늘날 인터넷 사용이 일상화됨에 따라 인터넷 통신망을 이용하여 의사 또는 정

보를 송·수신하는 방법은 보편적으로 이용되는 통신수단이 되었고, 인터넷을 활용하는 범행 계획과 실행 또한 증가하고 있다. 이와 같이 인터넷을 기반으로 하는 정보통신환경에서, 범죄수사에 필요한 경우에 통신기술의 발전에 상응할 수 있도록 수사기관으로 하여금 일정한 요건을 갖추는 경우 인터넷 통신망을 이용하는 전기통신에 대한 감청을 허용할 필요가 있다.

이 사건 법률조항은 국가 및 공공의 안전, 국민의 재산이나 생명·신체의 안전을 위협하는 범행의 저지나 이미 저질러진 범죄수사에 필요한 경우 인터넷회선을 통하여 송·수신되는 전기통신도 수사기관이 법원의 허가를 얻어 감청할 수 있도록 규정하고 있는바, 그 입법목적의 정당성과 수단의 적합성이 인정된다.

(2) 침해의 최소성

(가) 통신제한조치는 피의자 및 피내사자뿐만 아니라 해당 전기통신의 가입자의 동의나 승낙 없이 밀행적으로 이루어지는 강제수사 방법으로, 이를 통해 수사기관은 타인 간 통신 및 개인의 내밀한 사생활의 영역에 해당하는 통신자료까지 취득할 수 있게 된다. 따라서 통신제한조치에 대한 법원의 허가 단계에서는 물론이고, 실제 통신제한조치의 집행이나 집행 이후 단계에서도 수사기관의 권한 남용을 방지하고 관련 기본권 제한이 최소화될 수 있도록 입법적 조치가 제대로 마련되어 있어야 한다.

(나) 범죄수사를 위한 통신제한조치 허가와 관련하여, 법은 "범죄를 계획 또는 실행하고 있거나 실행하였다고 의심할 만한 충분한 이유가 있고 다른 방법으로는 그 범죄의 실행을 저지하거나 범인의 체포 또는 증거의 수집이 어려운 경우에 한하여" 허가할 수 있다고 규정하여 이를 보충적 수단으로 활용하도록 정하고 있고, 대상 범죄도 제한적으로 열거하고 있다(법 제5조 제1항). 또한 검사가 법원에 통신제한조치 허가청구를 하고 법원이 이를 허가할 때 통신제한조치 대상자인 피의자 내지 피내사자와 해당 범죄수사에 필요한 통신제한조치의 종류·그 목적·대상·범위·기간·집행장소·방법이 특정되어야 하므로(법 제6조 제1항, 제4항, 제6항), 법원이 인터넷회선 감청을 통신제한조치로 허가하는 단계에서는 특정 피의자 내지 피내사자의 범죄수사를 위해 그 대상자가 사용하는 특정 인터넷회선에 한하여 필요한 범위 내에서만 감청이 이루어지도록 제한이 되어 있다고 볼 수 있다.

(다) 그러나 '패킷감청'의 방식으로 이루어지는 인터넷회선 감청은 수사기관이 실제 감청 집행을 하는 단계에서는 해당 인터넷회선을 통하여 흐르는 불특정 다수인의 모든 정보가 패킷 형태로 수집되어 일단 수사기관에 그대로 전송되므로, 다른 통신제한조치에 비하여 감청 집행을 통해 수사기관이 취득하는 자료가 비교할 수 없을 정도로 매우 방대하다는 점에 주목할 필요가 있다.

1) 인터넷회선 감청은 법원으로부터 감청 허가를 받은 특정 인터넷회선을 통하여 송·수신되는 패킷들이 전기통신사업자의 협조를 통해 송·수신 도중에 수집·복제되어 수사기관에 전송·저장되고, 수사기관이 이들 패킷에 대해 재조합 기술을 거쳐 그 내용을 지득하는 방식으로 이루어진다.

법원으로부터 인터넷회선 감청 허가를 받은 수사기관의 협조 요청에 따라 전기통신사업자가 해당 인터넷회선에 고정 IP를 부여한 다음 수사기관이 감청 집행을 한다 하더라도, 한 사람이 하나의 인터넷회선을 이용하는 경우는 거의 없고 여러 사람이 하나의 인터넷회선을 공유하여 사용하는 경우가 대부분이다. 이는 공유기 또는 분배기 같은 기기를 통해서 특정 인터넷회선의 이용자는 더욱 확대될 수 있다. 또한 하나의 기관 내에서 사설망(LAN)을 운용하기도 하는데 이 경우 인터넷 접속 시마다 사설 IP를 공인 IP로 변환시켜 주는 시스템(Network Address Translation, NAT)을 작동시켜 하나의 IP만을 이용하기도 하므로, 감청대상자인 피의자 내지 피내사자가 미리 특정되어 있다 하더라도 동일한 사설망을 사용하는 사람의 통신 정보가 수사기관에 모두 수집·보관될 수밖에 없다. 이렇게 수사기관에 수집·보관된 막대한 정보를 수사기관이 재조합 기술을 거쳐 직접 열람하기 전까지는 감청대상자의 범죄 관련 정보만을 구별해 내는 것이 기술적으로 가능하지도 않다.

결국 인터넷회선 감청은 법원이 이를 허가하는 단계에서는, 특정 피의자 내지 피내사자를 대상으로 하여 이들이 특정 인터넷회선을 이용하여 송·수신하는 전기통신 중 범죄 관련 정보로 감청 범위가 제한되어 허가가 이루어진다 하더라도, 실제 집행 단계에서는 감청 허가서에 기재된 피의자 내지 피내사자의 통신자료뿐만 아니라 단순히 동일한 인터넷회선을 이용할 뿐인 불특정 다수인의 통신자료까지 수사기관에 모두 수집·저장되므로 수사기관이 인터넷회선 감청을 통해 취득하는 개인의 통신자료의 양은 상상하기 어려울 정도로 방대할 수 있다.

2) 전화감청 등 다른 종류의 전기통신 감청도 범죄수사 관련 내용을 얻기 위해 집행 단계에서 일정 부분 포괄적으로 이루어질 수밖에 없으나, 수사기관이 인터넷회선 감청에 의해 취득하는 자료의 양과 비교할 바는 아니다.

인터넷회선 감청을 제외하고 집행 단계에서 가장 포괄적으로 감청이 이루어질 수 있는 전화 감청의 경우만 보더라도, 감청대상자인 피의자 내지 피내사자와 제3자가 주고받는 통신 내용으로 감청 범위가 제한되고 감청 도중 범죄수사와 전혀 무관한 내용이 있으면 감청을 중단할 수 있지만, 인터넷회선 감청은 감청대상자인 피의자 내지 피내사자와 통신을 주고받는 제3자 외에 해당 인터넷회선을 단순히 이용하는 불특정 다수인의 통신자료까지 수사기관에 취득되고, 오늘날 메신저, 이메일, 전화 등을 통한 의사소통뿐만 아니라 물품구매, 금융거래, 영상물 시청, 게시글 등록, 블로그 활동 등 생활의 대부분이 인터넷을 통해 이루어진다는 점을 고려할 때, 인터넷회선 감청이 감청 범위의 포괄성 면에서 다른 전기통신 감청과 본질적인 차이가 없다고 쉽게 말할 수 없다.

(라) 이와 같이 인터넷회선 감청은 그 특성상 집행 단계에서 법원이 허가한 인적, 물적 범위를 넘어 감청으로 수사기관이 취득하는 자료의 범위가 무한히 확대될 가능성이 농후하기 때문에, 수사기관의 권한 남용을 방지하고 이로 인한 관련 기본권 침해를 최소화하기 위하여, 집행 과정에서나 집행이 종료된 이후에라도 제3자의 정보나 범죄수사 목적과 무관한 정보까지 수사기관에 의해 수집·보관되고 있지는 않는지, 감청 집행을 통해 수사기관에 광범위하게 취득된 자료를 수사기관이 원래 허가 받은 목적, 범위 내에서 제대로 이용·처리하는지 등을 감독 내지 통제할 법적 장치가 강하게 요구된다.

1) 이와 관련하여 법은 통신제한조치의 허가·집행 등에 관여한 공무원 등에게 비밀준수의무를 부과하고(법 제11조), 통신제한조치로 취득한 자료의 사용제한(법 제12조)을 규정하고 있을 뿐, 그 외에 수사기관이 인터넷회선 감청 집행으로 취득하게 되는 막대한 양의 자료의 처리 절차에 대해서는 아무런 규정을 두고 있지 않다.

2) 범죄수사를 위해 불가피하게 인터넷회선 감청이나 그와 유사한 형태의 전기통신감청을 허용하면서도, 이러한 종류의 감청을 통해 수사기관이 취득하게 되는 자료의 양이 무한정 확대될 수 있는 점을 고려하여, 관련 기본권을 덜 침해하고 수사기관의 위법 내지 권한 남용을 방지 내지 통제할 수 있는 제도적 장치를 마련하고 있는 입법례가 상당수 발견된다.

예를 들어, 미국은 전기통신비밀보호법(Electronic Communications Privacy Act, 약칭 'ECPA'라 한다)에서 중대 범죄수사를 위한 전기통신 감청을 규율하고 있는데, 법원의 허가를 얻어야만 감청할 수 있음은 물론이고, 수사기관으로 하여금 법원이 요구하는 경우 주기적으로 감청집행에 관한 경과보고서를 법원에 제출하도록 하고, 감청 종료 직후 감청자료를 감청을 허가한 판사에게 봉인하여 제출하도록 하며, 감청자료의 보관 내지 파기 여부는 판사가 결정하도록 하고 있다. 또한 감청 종료 후에 판사가 당사자에게 감청집행 사실을 통지하며, 감청집행과정에서 수사기관의 위법이나 감청자료의 공개 등으로 피해를 입은 당사자는 민사소송을 제기할 수 있다.

독일의 경우에도 형사소송법에 근거를 두고 전기통신감청이 규율되고 있는데, 법원의 허가를 얻어 감청을 집행할 수 있음은 물론이고, 수사기관으로 하여금 법원에서 허가한 요건이 더 이상 존재하지 않을 경우 감청을 지체 없이 종료하고 법원에 보고하도록 하고, 법원은 요건이 더 이상 존재하지 아니한 경우 처분의 중단을 명할 수도 있다. 감청 종료 후에도 수사기관은 감청결과를 법원에 보고하여야 하고, 감청집행결과 사적인 생활형성의 핵심적 영역으로부터 인지한 사실임이 확인되면 그 사용이 금지되고, 해당 기록을 즉시 삭제하여야 한다. 또한 감청집행사실을 통지받은 당사자는 통지받은 때로부터 2주 내에 법원에 감청의 적법성 심사를 청구할 수 있도록 하고 있다.

일본 역시 '범죄수사를 위한 통신방수에 관한 법률'에서 법원이 발부한 영장에 의하여 전기통신감청을 실시할 수 있음은 물론이고, 감청을 중단하거나 종료한 때에 입회인이 봉인한 기록매체를 영장을 발부한 법원에 제출하도록 하고, 허가 요건에 해당하지 않는 경우 법원이 해당 통신감청처분을 취소하고, 범죄와 무관하거나 감청에 위법이 있는 경우 기록을 삭제하도록 사후통제절차를 마련하고 있다. 또한 당사자는 자신이 어떠한 내용의 감청을 당했는지 확인하기 위하여 법원에 감청 기록 및 원기록 중 통신의 청취·열람·복사를 청구할 수 있고, 해당 통신감청에 관한 법원의 재판이나 수사기관의 처분에 대해 불복할 수 있다.

3) 이에 비해, 우리 법은 법원의 허가 단계에서는 법이 정한 통신제한조치의 요건을 구비하여(법 제5조 제1항) 피의자, 피내사자별로 통신제한조치의 종류, 목적, 대상, 범위, 집행 장소, 기간 등을 특정하여 허가하도록 정하고 있지만(법 제6조), 집행 단계부터는 앞서 본 공무원 등의 비밀준수의무 및 일정 목적 외 취득한 자료의 사용 제한을 정한 것 외에 객관적 통제 장치를 전혀 마련하고 있지 않다.

일례로서 현행법상 감청의 집행 통지는 해당 사건에 관하여 검사가 공소를 제기하거나 공소의 제기 또는 입건을 하지 아니하는 처분(기소중지 결정을 제외한다)을 한 때를 기준으로 하여, 집행 사유를 제외하고 집행 사실과 집행기관 및 그 시간만을 통지하게 되어 있어(법 제9조의2), 집행 통지를 받더라도 무슨 사유로 감청을 당했는지 알 수가 없고, 수사가 장기화되거나 기소중지 처리되는 경우에는 감청이 집행된 사실조차 알 수 있는 길이 없는바, 이러한 통지 제도는 객관적이고 사후적인 통제 수단의 부재와 결합하여 인터넷회선 감청으로 인한 개인의 통신 및 사생활의 비밀과 자유의 침해 정도를 가늠하기조차 어렵게 한다.

4) 이 사건 법률조항에 대한 심판청구에 대하여 기각의견은 법상 공무원 등

의 비밀준수의무, 정해진 목적 외 사용 금지 규정 외에, 정보보호에 관한 일반법인 '개인정보 보호법'에 따르면 수사기관이 감청 집행으로 취득한 자료를 목적 외의 용도로 활용하거나 제3자에게 제공하는 것이 금지되고, 해당 정보가 불필요하게 되었을 때에는 이를 지체 없이 파기하여야 할 의무가 있으므로, 수사기관의 권한 남용을 방지하는 제도적 장치가 어느 정도 마련되어 있다고 한다. 그러나 앞서 본 바와 같이 수사기관의 권한 남용 및 관련 기본권 침해를 방지할 수 있는 구체적인 법적 조치가 가능함에도, 이러한 의무조항과 제재조항을 두고 있는 것만으로 위법한 공권력 행사나 관련 기본권 침해를 충분히 방지할 수 있다는 논리는 쉽게 받아들이기 어렵다.

(마) 더욱이 법상 통신제한조치의 집행으로 인하여 취득된 전기통신의 내용은 통신제한조치의 목적이 된 법 제5조 제1항에 규정된 범죄 외에 이와 관련되는 범죄를 수사·소추하거나 그 범죄를 예방하기 위하여도 사용이 가능하므로(법 제12조 제1호), 인터넷회선 감청이 특정 범죄수사를 위한 최후의 보충적 수단이 아니라, 애당초 법원으로부터 허가받은 범위를 넘어 특정인의 동향 파악이나 정보수집을 위한 목적으로 수사기관에 의해 남용될 가능성도 배제하기 어렵다.

(바) 사정이 이러하다면, 이 사건 법률조항은 인터넷회선 감청의 특성을 고려하여 그 집행 단계나 집행 이후에 수사기관의 권한 남용을 통제하고 관련 기본권의 침해를 최소화하기 위한 제도적 조치가 제대로 마련되어 있지 않은 상태에서, 범죄수사 목적을 이유로 인터넷회선 감청을 통신제한조치 허가 대상 중 하나로 정하고 있으므로 침해의 최소성 요건을 충족한다고 할 수 없다.

(3) 법익의 균형성

오늘날 통신수단의 비중을 감안할 때 인터넷을 수단으로 범죄를 음모하고 실행하는지를 살펴보는 것은 중대한 범죄수사의 경우 불가결한 부분이라고 할 수 있다. 중대한 범죄가 급박하게 이루어질 것에 관한 충분한 소명이 있으며, 혐의자도 구체적으로 확정되어 있으며 다른 수단으로는 범죄를 방지하거나 수사할 수 없음이 명백함에도 불구하고, 인터넷회선에 대한 감청수단을 배제하는 것은 오늘날 정보통신사회의 현실에서 효과적인 수사를 보장하기 어렵다.

그러나 '패킷감청' 방식으로 이루어지는 인터넷회선 감청은 그 특성상, 실제 집행 단계에서 원래 허가받은 통신제한조치의 인적·물적 범위를 넘어 피의자 또는 피내사자의 범죄 수사와 무관한 정보뿐만 아니라 피의자 또는 피내사자와 무관하게 해당 인터넷회선을 이용하는 불특정 다수인의 정보까지 광범위하게 수사기관에 수집·보관되므로, 다른 종류의 통신제한조치에 비하여, 개인의 통신 및 사생활의 비밀과 자유가 침해될 가능성이 높다. 그런데 현행법은 인터넷통신 감청을 통신제한조치의 하나로 인정하면서 앞서 본 바와 같이 집행 단계나 그 이후에 인터넷회선 감청을 통해 수사기관이 취득한 자료에 대한 권한 남용을 방지하거나 개인의 통신 및 사생활의 비밀과 자유의 침해를 최소화하기 위한 조치를 제대로 마련하고 있지 않다.

이러한 여건하에서 인터넷회선의 감청을 허용하는 것은 개인의 통신 및 사생활의 비밀과 자유에 심각한 위험을 초래하게 된다. 따라서 이 사건 법률조항으로 인하여 달성하려는 공익과 제한되는 사익 사이의 법익 균형성도 인정되지 아니한다.

(4) 소결

그렇다면 이 사건 법률조항은 과잉금지원칙에 반하여 청구인의 통신 및 사생활의 비밀과 자유를 침해한다.

라. 헌법불합치결정 및 잠정적용명령

이 사건 법률조항은 청구인의 기본권을 침해하여 헌법에 위반되지만, 위 조항에 대하여 단순위헌결정을 하여 그 효력을 상실시킨다면 수사기관이 인터넷회선 감청을 통한 수사를 행할 수 있는 법률적 근거가 사라져 범행의 실행 저지가 긴급히 요구되거나 국민의 생명·신체·재산의 안전을 위협하는 중대 범죄의 수사에 있어 법적 공백이 발생할 우려가 있다. 한편, 이 사건 법률조항이 가지는 위헌성은, 다른 통신제한조치에 비해 감청의 집행 범위가 매우 광범위하게 이루어질 수밖에 없는 인터넷회선 감청의 특성에도 불구하고, 수사기관이 인터넷회선 감청으로 취득하는 자료에 대해 사후적으로 감독 또는 통제할 수 있는 규정이 제대로 마련되어 있지 않아 감청 대상자의 통신 및 사생활의 비밀과 자유가 침해될 소지가 높다는 점에 있다. 따라서 이러한 위헌 상태를 헌법에 부합하게 조정하기 위한 구체적 개선안을 어떤 기준과 요건에 따라 마련할 것인지는 원칙적으로 입법자의 재량에 속한다.

이러한 이유로 이 사건 법률조항에 대해 단순위헌결정을 하는 대신 헌법불합치결정을 선고하되, 2020.3.31.을 시한으로 입법자가 이 사건 법률조항의 위헌성을 제거하고 합리적인 내용으로 개정할 때까지 일정 기간 이를 잠정적으로 적용할 필요가 있다.

6. 결론

그렇다면 이 사건 법원의 허가 및 이 사건 감청행위에 대한 심판청구는 부적법하여 각하하고, 이 사건 법률조항은 헌법에 합치되지 아니하나 2020.3.31.을 시한으로 입법자의 개선입법이 이루어질 때까지 계속 적용하기로 하여 주문과 같이 결정한다.

이 결정은 재판관 안창호, 재판관 조용호의 아래 7.과 같은 이 사건 법률조항에 대한 반대의견, 재판관 김창종의 아래 8.과 같은 이 사건 법률조항에 대한 각하의견 및 이 사건 감청집행에 대한 기각의견, 재판관 안창호의 아래 9.와 같은 이 사건 법률조항에 대한 반대의견에 대한 보충의견이 있는 외에는 재판관들의 일치된 의견에 의한 것이다.

7. 재판관 안창호, 재판관 조용호의 이 사건 법률조항에 대한 반대의견

우리는 다수의견과 달리 이 사건 법률조항이 과잉금지원칙에 위반하여 청구인의 통신 및 사생활의 비밀과 자유를 침해하지 아니한다고 생각하므로 다음과 같이 견해를 밝힌다.

가. 과잉금지원칙 위반 여부

(1) 목적의 정당성 및 수단의 적합성

이 사건 법률조항의 입법목적의 정당성과 수단의 적정성이 인정된다는 점은 다수 의견과 같다.

(2) 침해의 최소성

(가) 통신제한조치는 통신의 비밀에 대한 직접적이고 강력한 제한을 초래하는 수사방법이다. 통신제한조치 중 인터넷회선의 감청은 수사기관이 피의자 및 피내사자의 통신 내용이 '패킷' 형태로 쪼개어져 전송되는 데이터 단위를 수집한 다음 이를 재조합하여 열람이 가능한 형태로 전환하여 그 내용을 파악하는 방법으로 행하여진다. 그 결과 피의자 내지 피내사자 이외에 해당 인터넷회선을 공유하는 다수의 사람들의 통신정보나 피의자 내지 피내사자의 통신정보 중 범죄와 무관한 것까지 수사기관에 의하여 광범위하게 수집될 가능성이 있고, 이러한 점에서 다른 종류의 통신제한조치보다 개인의 통신 및 사생활의 비밀과 자유가 상대적으로 폭넓게 제한될 수 있다. 그러나 인터넷 사용이 보편화·일상화된 현실에 비추어 볼 때, 중대한 범죄의 실행을 효과적으로 차단하거나 이미 실행된 범죄수사를 위해서 피의자 및 피내사자가 인터넷회선을 통하여 송·수신하는 통신정보에 대한 감청이 부득이 필요하다는 점 또한 부인할 수 없다.

따라서 범죄수사 목적을 위해 인터넷회선 감청이라는 통신제한조치의 필요성을 불가피하게 인정하더라도, 그로 인하여 기본권 침해가 광범위하게 이루어질 수 있는 점을 고려하여, 엄격한 요건하에 인터넷회선 감청이 이루어지고 그 수집된 자료가 범죄수사의 목적으로만 활용될 수 있도록 하는 등 기본권 제한을 최소화할 수 있는 장치가 관련 법규에 미리 마련되어 있어야 한다.

(나) 법은 범죄수사를 위한 통신제한조치가 엄격한 조건하에 이루어지도록 규정하고 수사기관이 사용하는 감청설비 등에 대해서도 엄격한 규율아래 두고 있다.

1) 법은 특정인의 '통신의 내용'을 파악할 수 있는 통신제한조치에 대하여 규

정하면서, 통신이용과 관련하여 발생하는 전자적 정보 중 통신일시, 시간, 가입자번호 등 '비내용적 정보'에 관한 통신사실확인자료의 제공과는 그 요건 및 절차를 달리 규율하고 있다.

범죄수사를 위한 통신제한조치는 통신사실확인자료의 제공과 관련된 규정과는 달리, 내란죄, 외환죄 등 국민의 재산이나 생명·신체의 안전 보호가 중대한 범죄로 대상범죄가 한정되어 있고, 이들 범죄를 계획 또는 실행하고 있거나 실행했다고 의심할 만한 충분한 이유가 있고 다른 방법으로는 그 범죄의 실행을 저지하거나 범인의 체포 또는 증거의 수집이 어려운 경우에 한하여 허가될 수 있다(법 제5조 제1항).

그리고 법원이 이러한 실체적 요건의 충족 여부를 심사하여 통신제한조치의 허가 여부를 결정하도록 함으로써 통신제한조치를 사법적 통제하에 두고 있다(법 제5조 제2항). 통신제한조치의 대상자인 피의자 및 피내사자는 통신제한조치의 허가 청구 시부터 특정되어 있어야 하고, 검사는 다른 방법으로는 범죄 실행 저지 등 동일한 목적을 달성할 수 없다는 점 등 법 제5조 제1항이 정한 요건을 충족하는 이유를 기재한 서면과 함께 소명자료를 첨부하여 법원에 허가를 청구하여야 한다(법 제6조 제1항 및 제4항). 법원은 범죄수사를 위한 통신제한조치 허가를 위한 검사의 청구가 법 제5조 제1항의 요건을 충족하는지를 심사하여 통신제한조치의 종류, 목적, 대상, 범위, 기간, 집행 장소 및 방법 등을 특정하여 피의자 내지 피내사자 별로 허가서를 발부해야 한다(법 제6조 제5항 및 제6항).

이러한 통신제한조치의 허가 여부를 결정하는 법원의 심사 과정에서 대상 범죄의 중요성 및 해당 통신제한조치의 필요성뿐만 아니라 해당 방법이 범죄 실행 저지 등을 위해 불가피하게 요구되는 최후의 보충적 수단에 해당하는지가 판단된다. 그 외에도 특정 전기통신수단과 피의자 및 피내사자의 사용 간의 관련성, 해당 통신제한조치가 야기할 수 있는 통신 및 사생활의 비밀과 자유에 대한 침해 가능성 등이 종합적으로 고려된다. 그리고 법원은 통신제한조치의 대상, 목적, 방법 등을 특정하여 허가할 수 있으므로 피의자 또는 피내사자의 통신사실에 대한 자료가 구체적으로 확보되어 있다면, 특정 헤더부와 관련된 패킷의 송·수신의 경우에만 패킷의 재조합 또는 지득을 할 수 있도록 대상 내지 방법을 제한하거나, 감청 대상을 대상자의 이메일로 특정하는 등으로 인터넷회선 감청 대상과 범위를 가능한 좁게 특정함으로써 관련 기본권 제한을 최소화할 수 있다.

2) 법은 집행기관이 사용하는 감청설비 등에 대해서도 규율하고 있다. 수사기관 등이 감청설비를 도입하면 정기적으로 과학기술정보통신부장관에

게 신고하거나 국회 정보위원회에 통보함으로써 그 성능 등에 대해 통제를 받게 된다(법 제10조의2). 그리고 국회의 상임위원회와 국정감사 및 조사를 위한 위원회는 필요한 경우 특정한 통신제한조치에 대하여 법원행정처장·해당 기관의 장에게 보고를 요구하거나, 감청장비보유현황 등에 대해 현장검증이나 조사를 실시할 수 있으므로(법 제15조), 통신제한조치와 관련되어 국회에 의한 통제도 이루어지고 있다.

더욱이 헌법재판소가 2010.12.28. 2009헌가30 결정에서 통신비밀보호법(2001.12.29. 법률 제6546호로 개정된 것) 제6조 제7항 단서 중 전기통신에 관한 '통신제한조치기간의 연장'에 관한 부분에 대하여 2011.12.31.까지를 잠정 적용기한으로 하여 헌법불합치 결정을 하였다. 그 결과, 법이 규정한 통신제한조치의 기간은 2월로 제한되게 되었고, 만약 수사기관이 동일한 피의자 및 피내사자에 대한 통신제한조치를 계속하려면 새로운 사유를 들어 법원에 통신제한조치 청구를 다시 하여야 하므로(법 제6조 제4항 참조), 통신제한조치가 법원이 허가한 범위 내에서 집행되고 있는지 여부는 사실상 2월의 기간마다 법원의 허가 절차에 의해 통제되고 있다고 할 수 있다.

그리고 법원에 의하여 허가받은 통신제한조치의 기간 중이라고 하더라도 통신제한조치의 목적이 달성된 경우에는 즉시 그 집행을 종료하여야 한다(법 제6조 제7항 전문).

(다) 법에서 범죄수사를 위한 통신제한조치가 특정 범죄에 대해 일정한 요건하에 보충적으로만 활용되도록 하고 그 허가 여부를 사법적 통제하에 두고 있다 하더라도, 통신제한조치의 특성상 집행 과정에서 피의자 및 피내사자의 사생활 중 범죄와 관련 없는 부분까지 수사기관에 노출되고 이들과 접촉한 제3자의 사생활의 비밀도 광범위하게 침해될 우려가 있으므로, 감청 집행의 과정이나 그 이후에도 수사기관에 의한 권한 남용을 방지하고 기본권 제한을 최소화할 수 있는 장치가 요구된다.

1) 법은 통신제한조치가 범죄수사 또는 국가안전보장을 위해 보충적인 수단으로 이용되어야 하고, 국민의 통신비밀에 대한 침해가 최소한에 그치도록 노력해야 하며, 불법감청에 의해 지득 또는 채록(採錄)된 전기통신의 내용 등은 재판 또는 징계절차에서 증거로 사용할 수 없다고 규정하고 있다(법 제3조, 제4조).

그리고 법은 통신제한조치의 허가·집행·통보 등에 관여한 공무원 등으로 하여금 이 조치로 알게 된 내용을 외부에 공개하거나 누설하는 것을 금지하고, 이를 위반하는 경우 공무원은 10년 이하의 징역에 처하도록 규정하고 있다(법 제11조, 제16조). 또한 법은 통신제한조치로 취득한 자료의 사용을 ① 통신제한조치의 목적이 된 범죄나 이와 관련되는 범죄를 수사·소추하거나 그 범죄를 예방하기 위해 사용하는 경우, ② 해당 범죄로 인한 징계절차에 사용하는 경우, ③ 통신의 당사자가 제기하는 손해배상 소송에서 사용하는 경우, ④ 기타 다른 법률이 정한 경우로 제한함으로써(법 제12조) 통신제한조치로 취득한 자료의 남용을 방지하고 있다.

2) 인터넷회선 감청에 의해 취득한 자료는 법이 규율하지 않는 부분에 대해서는 '개인정보'의 보호에 관한 일반법인 '개인정보 보호법'이 적용될 수 있다(개인정보 보호법 제6조).

개인정보 보호법에 따르면, 감청집행기관인 수사기관은 개인정보처리자로서(제2조 제5호 및 제6호) 목적에 필요한 최소한의 정보만 수집하고, 개인정보의 처리 방법 및 종류 등에 따라 정보주체의 권리가 침해받을 가능성과 그 위험 정도를 고려하여 개인정보를 안전하게 관리하여야 하며, 정보주체의 사생활 침해를 최소화하는 방법으로 개인정보를 처리해야 한다(제3조, 제16조).

그리고 개인정보 보호법에 따르면, 감청집행기관인 수사기관은 범죄수사를 목적으로 통신제한조치를 통하여 수집한 자료를 그 목적의 범위에서만 이용할 수 있고, 다른 법률에 특별한 규정이 있거나 정보주체의 동의가 없는 한 그 목적 외의 용도로 활용하여서는 아니 되며 제3자에게 제공할 수 없다(제3조, 제15조, 제17조, 제18조). 또한 감청집행기관인 수사기관은 보유기간의 경과, 개인정보의 처리 목적 달성 등 그 개인정보가 불필요하게 되었을 때에는 지체 없이 이를 파기해야 하며(제21조), 개인정보가 분실·도난·유출·위조·변조 또는 훼손되지 아니하도록 안전조치를 취할 의무를 부담한다(제29조, 제59조). 이를 위반한 수사기관의 종사자 등은 형사처벌되거나 과태료가 부과되고, 정보주체는 손해배상을 청구할 수 있다(제39조, 제70조 내지 제75조).

(라) 다수의견은 법원의 허가를 통하여 통신제한조치의 집행이 필요한 범위 내로 제한될 수 있다는 점을 인정하면서도, 인터넷회선 감청의 집행 단계에서 수사기관의 권한 남용이나 관련 기본권의 과도한 침해를 객관적으로 통제할 수 있는 수단이 마련되어 있지 아니하고, 당사자에게도 통신제한조치를 집행한 사건에 관해 검사가 공소를 제기하거나 공소의 제기 또는 입건을 하지 아니하는 처분을 한 때를 기준으로 하여, 집행한 사실과 집행 기관·시간만을 통지하므로(법 제9조의2), 객관적 통제 수단의 부재와 결합하여 인터넷회선 감청으로 인한 피의자 등의 통신 및 사생활의 비밀과 자유가 심각하게 침해된다고 한다.

그런데 전화 등 다른 송·수신 중인 통신에 대한 감청도 그 특성상 범죄와 무관한 부분까지 광범위하게 이루어질 수 있다는 점에서, 인터넷회선 감청은 다른 송·수신 중인 통신에 대한 감청과 기술적 태양과 대상에 따른 상대적 차이가 있을 뿐 본질적인 차이가 있다고 할 수 없다. 인터넷회선 감청의 기술적 특성 등으로 인해 취득한 자료가 다른 송·수신 중인 통신에 대한 감청에 비해 상대적으로 광범위하여 범죄수사와 관련되지 아니한 내용을 다량으로 포함하고 있다 하더라도, 앞서 살펴본 바와 같이 범죄수사와 관련되지 아니하는 것은 그 성질상 수사·소추하거나 그 범죄를 예방하는 등을 위하여 사용할 수 있는 것이라고 할 수 없으므로, 감청집행기관인 수사기관은 다른 법률에 특별한 규정이 있거나 정보주체의 동의가 없는 한 이를 보존하거나 제3자에게 제공해서는 아니 되고 지체 없이 파기해야 한다. 또한 감청집행기관의 공무원이 위와 같이 인터넷회선 감청을 통해 알게 된 내용을 외부에 공개·누설하는 것은 일체 금지되고, 이를 위반하는 공무원은 10년 이하의 징역에 처해지게 되며, 이를 정보주체의 동의 없이 제3자에게 제공·유출하거나 지체 없이 파기하지 아니하는 경우에는 형사처벌을 받게 되거나 과태료가 부과될 뿐만 아니라, 정보주체인 피의자 등은 손해배상을 청구할 수 있다.

그 결과, 인터넷회선 감청과 관련해서 정보주체인 피의자 등에게 적절한 고지와 실질적인 의견진술의 기회가 주어진다면, 정보주체인 피의자 등은 그 감청이 적법한 절차에 따라 이루어졌는지, 감청에 의하여 취득한 자료가 범죄수사의 목적에 부합하게 사용되었는지, 그 자료가 개인정보 보호법 등을 위반하여 보관·제공·유출된 사실이 없는지 또는 개인정보 보호법 등에 규정된 절차에 따라 파기되었는지 등을 확인할 수 있고, 이를 통해 수사기관의 감청과 관련된 불법 또는 부당한 행위가 확인되는 경우 수사기관이나 법원에 그 시정을 요구하거나 손해배상을 청구하는 등으로 실효성 있게 권리구제를 받을 수 있다.

따라서 인터넷회선 감청의 집행 단계에서 수사기관의 권한 남용이나 관련 기본권의 과도한 침해를 객관적으로 통제할 수 있다는 수단이 마련되어 있지 아니하다고 할 수 없으며, 인터넷회선 감청의 집행 단계에서 절차적으로 법원의 개입이 보장되어 있지 아니한 것을 이유로 통신제한조치의 허가 대상을 정한 이 사건 법률조항이 침해의 최소성을 충족하지 못한다고 판단할 일은 아니다. 다만 '통신제한조치의 집행'에 관한 법 제9조의2가 정하고 있는 집행 통지의 시점이나 통지 내용 및 방법 등이 정보주체인 피의자 등에게 적절한 고지와 실질적인 의견진술의 기회가 보장되었는지 여부가 문제일 수 있으나, 이는 동 조항의 위헌성 여부의 문제일 뿐이고 이 사건 법률조항의 위헌성 문제가 아니다.

(마) 이러한 점들을 종합해보면, 인터넷회선 감청이 '패킷'의 수집으로 이루어지는 기술적 특성상 전화감청 등 다른 통신제한조치에 비해 수사기관에 불특정 다수인의 통신정보가 상대적으로 광범위하게 수집되는 면이 있다 하더라도, 이 사건 법률조항이 침해의 최소성 원칙에 위반된다고 단정할 일은 아니다.

(3) 법익의 균형성

이 사건 법률조항에 의해 제한되는 사익은 인터넷회선 감청에 의해 수집된 자료가 피의자 및 피내사자의 범죄정보와 관련된 경우와 그 범죄정보와 관련되지 아니한 경우로 나누어 살펴볼 필요가 있다.

전자의 경우 이 사건 법률조항을 통해 달성될 수 있는 공익인 중대범죄로부터 국민의 재산, 생명·신체의 보호 및 실체적 진실발견을 통한 국가형벌권의 적절한 행사의 엄중함을 고려할 때, 통신제한조치로 인해 제한되는 피의자 및 피내사자 등의 사익의 정도가 공익보다 크다고 할 수 없다.

그리고 후자의 경우와 관련하여 살펴보면, 앞서 본 바와 같이 법원은 법이 규정한 중대한 범죄에 한해 그 범죄를 계획 또는 실행하고 있거나 실행하였다고 의심할 만한 충분한 이유가 있고 다른 방법으로는 그 범행의 실행을 저지하거나 범인의 체포 또는 증거의 수집이 어려운 경우에만 보충적 수단으로 인터넷회선 감청을 허가하면서 그 대상과 범위를 특정하여 허가하는데, 그 집행과정에서 범죄수사와 관련되지 아니한 다량의 자료가 수집되는 것은 불가피한 측면이 있다. 또한 이와 같이 감청을 통하여 알게 된 일체의 감청 내용은 공개·누설 등이 금지되고, 인터넷회선 감청에 의해 취득한 자료는 수집 목적 이외의 사용이 금지되며, 범죄수사의 목적과 관련이 없거나 그 목적이 달성된 경우에는 이를 지체 없이 파기 하는 등으로 기본권 제한을 최소화하는 방안을 마련하고 있다.

사정이 이러하다면, 인터넷회선 감청의 기술적 특성상 다른 송·수신 중인 통신에 대한 감청에 비하여 정보가 상대적으로 광범위하게 수집되는 면이 있고, 수사기관이 법 등에서 마련된 기본권 제한을 최소화하기 위한 조치를 제대로 준수하지 않을 수도 있다는 우려만을 가지고, 이 사건 법률조항으로 인해 제한되는 사익의 정도가 그로 인해 달성되는 공익에 비해 크다고 단정할 수는 없다.

따라서 이 사건 법률조항은 법익의 균형성을 충족한다.

(4) 소결론

이 사건 법률조항은 과잉금지원칙을 위반하여 청구인의 통신 및 사생활의 비밀과 자유를 침해하지 아니한다. 다만 인터넷회선 감청의 기술적 태양과 대상의 특수성과 이로 인한 감청의 집행 과정에서 있을 수 있는 통신 및 사생활의 비밀에 대한 침해가 상대적으로 광범위하게 이루어질 수 있다는 우려를 고려하여, 수사기관이 감청을 종료 후에 인터넷회선 감청집행에 의해 취득한 자료를 법원에 봉인하여 제출하도록 하거나, 감청집행의 결과를 법원에 보고하도록 하고 그 결과가 사적인 생활형성의 핵심 영역으로부터 인지한 사실이 확인되면 그 사용을 금지하도록 하는 등으로 인터넷회선 감청의 집행 단계에서 법원의 통제를 강화하는 방법 등이 검토될 수 있으며, 이에 따라 이 사건 법률조항이 아니라 법 제9조가 개정될 수 있음을 지적해 둔다.

8. 재판관 김창종의 이 사건 법률조항에 대한 각하의견 및 이 사건 감청집행에 대한 기각의견

나는 이 사건 법률조항에 대한 심판청구는 직접성 요건을 갖추지 못하여 부적법하므로 이를 각하하여야 하고, 적법요건을 갖춘 이 사건 감청집행에 대한 심판청구는 각하할 것이 아니라 본안판단을 하는 것이 옳다고 생각한다. 그리고 이 사건 감청집행은 헌법에 위반되지 않는다고 생각한다. 그 이유는 다음과 같다.

가. 이 사건 법률조항에 대한 심판청구의 적법 여부

(1) 법률 또는 법률조항 자체가 헌법소원의 대상이 될 수 있으려면 그 법률 또는 법률조항에 의하여 구체적인 집행행위를 기다리지 아니하고 직접, 현재, 자기의 기본권을 침해받아야 하는 것을 요건으로 하고, 여기서 말하는 '기본권 침해의 직접성'이란 집행행위에 의하지 아니하고 법률 그 자체에 의하여 자유의 제한, 의무의 부과, 권리 또는 법적 지위의 박탈이 생긴 경우를 뜻하므로, 구체적인 집행행위를 통하여 비로소 당해 법률 또는 법률조항에 의한 기본권침해의 법률효과가 발생하는 경우에는 직접성의 요건이 결여된다(헌재 1992. 11. 12. 91헌마192; 헌재 1998. 7. 16. 96헌마268; 헌재 2004.9.23. 2003헌마19; 헌재 2005.5.26. 2004헌마671 등 참조). 이는 법률 또는 법률조항에 대한 헌법소원에서 직접성 요건과 관련하여 헌법재판소가 취하고 있는 확고한 입장이다.

(2) 이 사건 법률조항은 "통신제한조치는 제1항의 요건에 해당하는 자가 발송·수취하거나 송·수신하는 특정한 우편물이나 전기통신 또는 그 해당자가 일정한 기간에 걸쳐 발송·수취하거나 송·수신하는 특정한 우편물이나 전기통신을 대상으로 허가될 수 있다."라고 규정하고 있으므로, 이는 통신제한조치의 허가 요건 중 단지 '허가 대상'이 무엇인지에 관하여 규정하고 있을 뿐이다. 따라서 비록 그 허가 대상에 '인터넷회선 감청'이 포함된다고 하더라도, 청구인이 주장하는 기본권 침해는 이 사건 법률조항 자체에 의하여 직접 발생하는 것이 아니라 법원의 통신제한조치허가와 그에 따른 통신제한조치라는 구체적 집행행위를 통해 비로소 발생할 수 있게 되므로, 이 사건 법률조항에 대한 심판청구는 직접성 요건을 갖추지 못하여 부적법하다고 보아야 한다. 다만 이 사건 법률조항에 근거하여

이루어진 구체적 집행행위, 즉 이 사건 감청집행에 대한 심판청구는 뒤에서 보는 것처럼 적법요건을 갖추었으므로 이를 각하할 것이 아니라 그에 대한 본안판단을 하여야 한다.

나. 이 사건 감청집행에 대한 판단

(1) 주관적 권리보호이익의 소멸과 심판의 이익 유무

헌법소원은 국민의 기본권침해를 구제하는 제도이므로 헌법소원심판청구가 적법하려면 심판청구 당시는 물론 결정 선고 당시에도 권리보호이익이 있어야 하는데(헌재 2008.7.31. 2004헌마1010등 참조), 이 사건 감청집행은 이미 종료하였으므로 이에 대한 심판청구는 주관적 권리보호이익이 인정되지 않는다. 그러나 앞으로도 범죄수사를 위한 패킷감청행위가 반복될 위험이 있고, 패킷감청행위가 위헌인지 여부는 헌법질서의 수호·유지를 위하여 긴요한 사항이어서 헌법적으로 그 해명이 중대한 의미를 지니고 있는 경우에 해당하므로 심판청구의 이익을 인정할 수 있다(헌재 2015.7.30. 2012헌마610; 헌재 2016.5.26. 2013헌마879 등 참조).

(2) 과잉금지원칙 위반 여부

이 사건 감청집행은 과잉금지원칙에 반하여 청구인의 통신 및 사생활의 비밀과 자유를 침해하지 않아 헌법에 위반되지 않는다. 그 주된 이유는 재판관 안창호, 재판관 조용호의 이 사건 법률조항에 대한 합헌의견의 판단 내용과 그 견해를 같이 하므로 이를 그대로 원용하기로 한다.

다. 결론

이 사건 법률조항에 대한 심판청구는 이를 각하하여야 하고, 이 사건 감청집행은 헌법에 위반되지 아니한다.

9. 재판관 안창호의 이 사건 법률조항에 대한 반대의견에 대한 보충의견

나는 앞서 반대의견에서 밝힌 바와 같이 이 사건 법률조항은 과잉금지원칙에 위반하여 청구인의 기본권을 침해하지 아니한다고 생각하지만, '통신제한조치의 집행에 관한 통지'에 대하여 정하고 있는 법 제9조의2(이하 '감청집행통지조항'이라 한다)는 적법절차원칙에 위반하여 청구인의 기본권을 침해한다고 생각하므로 다음과 같이 보충의견을 밝힌다.

가. 감청집행통지조항의 내용

검사 또는 사법경찰관이 범죄수사를 위하여 법원의 허가를 받아 통신제한조치를 집행한 경우에 원칙적으로, 검사는 해당 사건에 관하여 공소를 제기하거나, 공소의 제기 또는 입건을 하지 아니하는 처분(기소중지 결정을 제외한다)을 한 때에는 그 처분을 한 날부터 30일 이내에, 사법경찰관은 검사로부터 위와 같은 처분의 통보를 받거나 내사사건에 관하여 입건하지 아니하는 처분을 한 때에는 그날부터 30일 이내에, 감청의 경우 그 대상이 된 전기통신의 가입자에게 통신제한조치를 집행한 사실과 집

행기관 및 그 기간 등을 서면으로 통지하여야 한다(법 제9조의2 제1항 및 제2항). 만약 이를 위반하여 통신제한조치의 집행에 관한 통지를 하지 아니하면 3년 이하의 징역 또는 1천만원 이하의 벌금에 처해진다(법 제17조 제2항 제3호).

나. 적법절차원칙 위반 여부

(1) 헌법 제12조에 규정된 적법절차원칙은 형사절차뿐만 아니라 모든 국가작용 전반에 적용된다. 적법절차원칙에서 도출되는 중요한 절차적 요청으로, 당사자에게 적절한 고지를 행할 것, 당사자에게 의견 및 자료 제출의 기회를 부여할 것 등을 들 수 있다. 그러나 이 원칙이 구체적으로 어떠한 절차를 어느 정도로 요구하는지는 규율되는 사항의 성질, 관련 당사자의 권리와 이익, 절차의 이행으로 제고될 가치, 국가작용의 효율성, 절차에 소요되는 비용, 불복의 기회 등 다양한 요소를 비교하여 개별적으로 판단할 수밖에 없다(헌재 2003.7.24. 2001헌가25; 헌재 2015.9.24. 2012헌바302; 헌재 2018.6.28. 2012헌마191등 참조).

(2) 법상 범죄수사를 위한 수사기관의 인터넷회선 감청은 법원의 허가를 얻어 전기통신사업자의 협조를 통해 이루어지므로, 감청대상자인 피의자 및 피내사자, 그 밖에 해당 인터넷회선 가입자 등은 그 사실을 통보받기 전까지는 자신의 통신정보가 어떠한 절차에 따라 어느 정도 범위까지 수사기관에 의해 감청되었는지 알 수 없다.

수사기관이 피의자 등에게 사전에 통지한다든지 또는 검사의 기소중지결정이나 수사가 진행되는 동안 통지하는 것은 범죄의 실행 저지 또는 범인의 체포나 증거의 수집을 불가능하게 하거나 대단히 어려워지게 하여 실체적 진실발견과 국가형벌권의 적정한 행사에 역행할 수 있다. 그러나 수사의 밀행성 확보가 필요하다 하더라도, 수사기관의 권한 남용을 보다 확실히 방지하고 피의자 등의 기본권을 보호하기 위해서는, 감청집행의 대상이 된 정보주체인 피의자 등에게 해당 인터넷회선 감청 집행과 관련하여 적절한 고지와 실질적인 의견진술의 기회가 주어지는 것이 전제되어야 한다. 이를 통해 피의자 등은 해당 감청이 적법한 절차에 따라 이루어졌는지, 감청에 의하여 취득한 자료가 범죄수사의 목적에 부합되게 사용되었는지, 그 자료가 개인정보 보호법 등을 위반하여 보관·제공·유출된 사실이 없는지 또는 개인정보 보호법 등에 규정된 절차에 따라 파기되었는지 등을 확인할 수 있고, 만약 수사기관의 감청과 관련된 불법 또는 부당한 행위가 확인되는 경우 수사기관이나 법원에 그 시정을 요구하거나 손해배상을 청구하는 등으로 실효성 있게 권리구제를 받을 수 있기 때문이다.

(3) 그런데 감청집행통지조항은 수사기관이 인터넷회선 감청을 집행한 사실에 대해, 해당 사건에 대하여 수사가 계속 진행되거나 기소중지결정이 있는 경우에는 피의자 등에게 통지할 의무를 규정하지 않고 있다.

이에, 해당 사건에 관하여 기소중지결정이 있거나 수사·내사가 장기간 계속되는 경우에는, 피의자 등은 그 기간이 아무리 길다 하여도 자신의 통신 내용이 범죄 수사에 활용되었거나 활용되고 있다는 사실을 알 수 있는 방법이 없다. 또한 감청집행통지조항은 수사기관이 피의자 등에게 인터넷회선 감청 집행을 통지하는 경우에도 그 사유에 대해서는 통지하지 아니할 수 있도록 함으로써 피의자 등은 수사기관으로부터 집행에 관해 사후통지를 받더라도 자신의 통신 정보가 어떠한 사유로 수사기관에게 감청되었는지 짐작할 수 없다. 그 결과, 피의자 등은 인터넷회선 감청과 관련된 수사기관의 권한남용에 대해 적절한 대응을 할 수 없게 된다. 따라서 적어도 수사기관이 법원으로부터 허가를 받아 인터넷회선 감청을 집행한 다음에는 수사에 지장이 되지 아니하는 한 그 사실 등을 피의자 등에게 통지해야 한다.

(4) 수사가 장기간 계속되거나 기소중지된 경우라도 수사기관이 법원으로부터 허가를 받아 인터넷회선 감청을 집행한 다음에는 원칙적으로 피의자 등에게 그 제공 사실을 통지하도록 하되 수사에 지장을 초래하는 경우에는 중립적 기관의 허가를 얻어 통지를 유예하는 방법이나, 일정한 조건 하에서 피의자 등이 감청 집행 사유의 통지를 신청할 수 있도록 하는 방법 등 실체적 진실발견과 국가형벌권의 적정한 행사에 지장을 초래하지 아니하면서도 피의자 등의 기본권을 덜 침해하는 방법이 가능하다.

그런데 법상 수사기관의 감청집행 통지의무 위반에 대해서는 제재조항이 있으나(법 제17조 제2항 제3호), 해당 사건에 관하여 기소중지결정이 있거나 수사·내사가 장기간 계속되는 경우에 감청집행 통지 시점이 무한정 장기화될 수 있고, 통지를 하더라도 집행 사유에 대해서는 고지하지 않아도 되도록 규정되어 있으므로, 현재의 감청집행통지조항만으로는 수사기관의 인터넷회선 감청 집행의 남용을 방지하고 피의자 등을 위한 적법절차와 통신 및 사생활의 비밀과 자유를 보장하기에는 여전히 미흡하다.

(5) 따라서 감청집행통지조항이 규정하는 사후통지는 헌법 제12조에 의한 적법절차원칙에서 요청되는 적절한 고지라고 볼 수 없으므로, 이 조항은 헌법상 적법절차원칙에 위배된다.

다. 결론

그렇다면 통신제한조치의 대상을 정하고 있는 이 사건 법률조항 자체는 헌법에 위반되지 아니하나, 감청집행통지조항은 적법절차원칙에 위배되어 청구인의 통신 및 사생활의 비밀과 자유를 침해하므로 헌법에 위반된다.

재판관 이진성 김이수 김창종 안창호 강일원 서기석 조용호 이선애 유남석

제6절 휴대폰의 문자정보

음란물 유포와 관련된 정보통신망법 위반 사건에서 법원은 피해자의 휴대전화기로 전송된 문자메시지는 범행의 직접적인 수단으로 제310조의2에서 정한 전문법칙이 적용되지 않는다고 판시했다.

과거에 휴대폰 등이 범죄 공모나 증거 조작을 위한 범인들 간의 의사소통 수단으로 주로 활용되었다고 한다면 최근에는 휴대폰이 협박을 하거나 공포심을 유발시키는 수단으로 사용되는 경우가 많다. 이런 경우는 직접적인 범행 수단으로 사용되었다고 본다.

실제로 대법원(2006도2556)에서도 "형사소송법 제310조의2는 사실을 직접 경험한 사람의 진술이 법정에 직접 제출되어야 하고 이에 갈음하는 대체물인 진술 또는 서류가 제출되어서는 안 된다는 이른바 전문법칙을 선언한 것이다. 그런데 정보통신망을 통하여 공포심이나 불안감을 유발하는 글을 반복적으로 상대방에게 도달하게 하는 행위를 하였다는 공소사실에 대하여 휴대전화기에 저장된 문자정보가 그 증거가 되는 경우, 문자정보는 범행의 직접적인 수단이고 경험자의 진술에 갈음하는 대체물에 해당하지 않으므로, 형사소송법 제310조의2에서 정한 전문법칙이 적용되지 않는다"라고 판시한 바 있다.

물론, 전문법칙이 적용된다고 해도 형사소송법 개정[13]으로 진술 내용 중 컴퓨터용 디

---

13 형사소송법[시행 2018.01.07] [법률 제13720호, 2016.1.6.,일부개정] 제313조 (진술서 등) ① 전2조의 규정 이외에 피고인 또는 피고인이 아닌 자가 작성한 진술서나 그 진술을 기재한 서류로서 그 작성자 또는 진술자의 자필이거나 그 서명 또는 날인이 있는 것(피고인 또는 피고인 아닌 자가 작성하였거나 진술한 내용이 포함된 문자·사진·영상 등의 정보로서 컴퓨터용 디스크, 그 밖에 이와 비슷한 정보저장매체에 저장된 것을 포함한다. 이하 이 조에서 같다)은 공판준비나 공판기일에서의 그 작성자 또는 진술자의 진술에 의하여 그 성립의 진정함이 증명된 때에는 증거로 할 수 있다. 단, 피고인의 진술을 기재한 서류는 공판준비 또는 공판기일에서의 그 작성자의 진술에 의하여 그 성립의 진정함이 증명되고 그 진술이 특히 신빙할 수 있는 상태하에서 행하여진 때에 한하여 피고인의 공판준비 또는 공판기일에서의 진술에 불구하고 증거로 할 수 있다. <개정 2016.5.29.> ② 제1항 본문에도 불구하고 진술서의 작성자가 공판준비나 공판기일에서 그 성립의 진정을 부인하는 경우에는 과학적 분석결과에 기초한 디지털포렌식 자료, 감정 등 객관적 방법으로 성립의 진정함이 증명되는 때에는 증거로 할 수 있다. 다만, 피고인 아닌 자가 작성한 진술서는 피고인 또는 변호인이 공판준비 또는 공판기일에 그 기재 내용에 관하여 작성자를 신문할 수 있었을 것을 요한다. <개정 2016.5.29.> ③ 감정의 경과와 결과를 기재한 서류도 제1항 및 제2항과 같다. <신설 2016.5.29.>

스크, 그 밖에 이와 비슷한 정보저장매체에 저장된 것이라고 해도 과학적 분석결과에 기초한 디지털 포렌식 자료, 감정 등 객관적 방법으로 성립의 진정함이 증명되는 때에는 증거로 할 수 있도록 하였으므로 증거능력 인정 여부에는 영향이 없다고 할 수 있다.

휴대전화기의 문자 정보의 증거능력

(음란물 유포 사건)

[대법원, 2006도2556, 2008.11.13.]

【판시사항】

[1] 구 정보통신망 이용촉진 및 정보보호 등에 관한 법률 제65조 제1항 제3호 위반죄와 관련하여 휴대전화기에 저장된 문자정보 및 이를 휴대전화기 화면에 띄워 촬영한 사진의 증거능력

[2] 구 정보통신망 이용촉진 및 정보보호 등에 관한 법률 제65조 제1항 제3호 위반죄와 관련하여 휴대전화기에 저장된 문자정보가 증거로 제출된 경우, 형사소송법 제310조의2의 전문법칙이 적용되는지 여부(소극)

[3] 구 정보통신망 이용촉진 및 정보보호 등에 관한 법률 제65조 제1항 제3호 위반죄와 관련하여 문자메시지로 전송된 문자정보를 휴대전화기 화면에 띄워 촬영한 사진에 대하여, 피고인이 성립 및 내용의 진정을 부인한다는 이유로 증거능력을 부정한 것은 위법하다고 한 사례

【판결요지】

[1] 구 정보통신망 이용촉진 및 정보보호 등에 관한 법률(2005.12.30. 법률 제7812호로 개정되기 전의 것) 제65조 제1항 제3호는 정보통신망을 통하여 공포심이나 불안감을 유발하는 글을 반복적으로 상대방에게 도달하게 하는 행위를 처벌하고 있다. 검사가 위 죄에 대한 유죄의 증거로 문자정보가 저장되어 있는 휴대전화기를 법정에 제출하는 경우, 휴대전화기에 저장된 문자정보 그 자체가 범행의 직접적인 수단으로서 증거로 사용될 수 있다. 또한, 검사는 휴대전화기 이용자가 그 문자정보를 읽을 수 있도록 한 휴대전화기의 화면을 촬영한 사진을 증거로 제출할 수도 있는데, 이를 증거로 사용하려면 문자정보가 저장된 휴대전화기를 법정에 제출할 수 없거나 그 제출이 곤란한 사정이 있고, 그 사진의 영상이 휴대전화기의 화면에 표시된 문자정보와 정확하게 같다는 사실이 증명되어야 한다.

[2] 형사소송법 제310조의2는 사실을 직접 경험한 사람의 진술이 법정에 직접 제출되어야 하고 이에 갈음하는 대체물인 진술 또는 서류가 제출되어서는 안 된다는 이른바 전문법칙을 선언한 것이다. 그런데 정보통신망을 통하여 공포심이나 불안감을 유발하는 글을 반복적으로 상대방에게 도달하게 하는 행위를 하였다는 공소사실에 대하여 휴대전화기에 저장된 문자정보가 그 증거가 되는 경우, 그 문자정보는 범행의 직접적인 수단이고 경험자의 진술에 갈음하는 대체물에 해당하지 않으므로, 형사소송법 제310

조의2에서 정한 전문법칙이 적용되지 않는다.

[3] 구 정보통신망 이용촉진 및 정보보호 등에 관한 법률(2005.12.30. 법률 제7812호로 개정되기 전의 것) 제65조 제1항 제3호 위반죄와 관련하여 문자메시지로 전송된 문자정보를 휴대전화기 화면에 띄워 촬영한 사진에 대하여, 피고인이 성립 및 내용의 진정을 부인한다는 이유로 증거능력을 부정한 것은 위법하다고 한 사례.

【전문】

【원심판결】

서울서부지법 2006.4.6. 선고 2005노1051 판결

【주문】

원심판결을 파기하고, 사건을 서울서부지방법원 합의부에 환송한다.

【이유】

상고이유를 판단한다.

구 정보통신망 이용촉진 및 정보보호 등에 관한 법률(2005.12.30. 법률 제7812호로 개정되기 전의 것) 제65조 제1항 제3호는 정보통신망을 통하여 공포심이나 불안감을 유발하는 글을 반복적으로 상대방에게 도달하게 하는 행위를 처벌하고 있는바, 검사가 위 죄에 대한 유죄의 증거로 문자정보가 저장되어 있는 휴대전화기를 법정에 제출하는 경우 휴대전화기에 저장된 문자정보는 그 자체가 범행의 직접적인 수단으로서 이를 증거로 사용할 수 있다고 할 것이다. 또한, 검사는 휴대전화기 이용자가 그 문자정보를 읽을 수 있도록 한 휴대전화기의 화면을 촬영한 사진을 증거로 제출할 수도 있을 것인바, 이를 증거로 사용하기 위해서는 문자정보가 저장된 휴대전화기를 법정에 제출할 수 없거나 그 제출이 곤란한 사정이 있고, 그 사진의 영상이 휴대전화기의 화면에 표시된 문자정보와 정확하게 같다는 사실이 증명되어야 할 것이다(대법원 2002.10.22. 선고 2000도5461 판결 참조).

한편, 형사소송법 제310조의2는 "제311조 내지 제316조에 규정한 것 이외에는 공판준비 또는 공판기일에서의 진술에 대신하여 진술을 기재한 서류나 공판준비 또는 공판기일 외에서의 타인의 진술을 내용으로 하는 진술은 이를 증거로 할 수 없다"고 규정하고 있는바, 이는 사실을 직접 경험한 사람의 진술이 법정에 직접 제출되어야 하고 이에 갈음하는 대체물인 진술 또는 서류가 제출되어서는 안 된다는 이른바 전문법칙을 선언한 것이다. 따라서 정보통신망을 통하여 공포심이나 불안감을 유발하는 글을 반복적으로 상대방에게 도달하게 하는 행위를 하였다는 공소사실에 대하여 휴대전화기에 저장된 문자정보가 그 증거가 되는 경우와 같이, 그 문자정보가 범행의 직접적인 수단이 될 뿐 경험자의 진술에 갈음하는 대체물에 해당하지 않는 경우에는 형사소송법 제310조의2에서 정한 전문법칙이 적용될 여지가 없다.

이와 달리, 문자메시지의 형태로 전송된 문자정보를 휴대전화기의 화면에 표시하여 이를 촬영한 이 사건 사진들에 대하여 피고인이 그 성립 및 내용의 진정을 부인한다는 이유로 이를 증거로 사용할 수 없다고 한 원심판결에는, 위 문자정보의 증거로서의 성격 및 위 사진들의 증거능력에 관한 법리를 오해하여 판결 결과에 영향을 미친 위법이 있다. 이 점을 지적하는 상고이유 주장은 이유 있다.

따라서 원심판결을 파기하여 다시 심리·판단하게 하기 위해 원심법원에 환송하기로 하여, 관여 대법관의 일치된 의견으로 주문과 같이 판결한다.

대법관 김능환(재판장) 양승태 박시환(주심) 박일환

제7절 트위터 등 SNS의 증거능력

최근에는 소셜미디어를 이용한 의사소통 활성화로 각종 범죄의 증거 역시 이를 통해 확인되는 경우가 적지 않다. 이에 따라 범죄흔적을 찾기 위한 수사기관의 노력 역시 SNS 분석에 집중될 수밖에 없다.

그렇다면 법원은 과연 이러한 증거에 대하여 어떻게 판단하고 있을까?

대법원(2015.7.16.선고 2015도2625)은 먼저 수사기관이 사인으로부터 임의제출 받은 트위터 정보 및 이를 기초로 취득한 증거의 증거능력에 관하여 SNS(트위터) 정보에는 개인정보와 이에 해당하지 않는 정보가 혼재되어 있을 수 있는데, 국민의 사생활의 비밀을 보호하고 개인정보에 관한 권리를 보장하고자 하는 개인정보보호법의 입법 취지에 비추어 그 정보의 제공에는 개인정보보호법의 개인정보에 관한 규정이 적용되어야 하므로, 개인정보보호법에 따라 공공기관에 해당하지 아니하는 사인이 수사기관에 제출한 것은 위법하여 그 증거능력이 없으나, 이를 기초로 하여 별도로 취득한 증거는 증거능력이 있다고 판단하였다.

또한 법원 등의 사실조회 절차에 따라 사인이 제출한 트위터 정보의 증거능력에 관하여 법률상 법원 등은 공사단체에 보관서류의 송부를 요구할 수 있다고 규정한 형사소송법 취지, 피고인들의 방어권을 침해할 우려가 있는지 여부, 사실조회의 구체적 경위 등 그 판시와 같은 사정을 종합하여 사인이 사실조회 회신서에 첨부하여 법원에 제출한 트위터 정보의 증거능력이 있다고 판단하였다.

임의제출 받은 트위터 정보 및 이를 기초로 취득한 증거의 증거능력

(공직선거법위반·국가정보원법위반, 원세훈 사건)

[대법원, 2015도2625, 2015.7.16.]

【판시사항】

형사소송법 제315조 제3호에서 정한 '기타 특히 신용할 만한 정황에 의하여 작성된 문서'의 의미 / 문서가 형사소송법 제315조 제2호에서 정한 '업무상 통상문서'에 해당하는지 판단하는 기준

【판결요지】

상업장부나 항해일지, 진료일지 또는 이와 유사한 금전출납부 등과 같이 범죄사실의 인정 여부와는 관계없이 자기에게 맡겨진 사무를 처리한 내역을 그때그때 계속적, 기계적으로 기재한 문서는 사무처리 내역을 증명하기 위하여 존재하는 문서로서 형사소송법 제315조 제2호에 의하여 당연히 증거능력이 인정된다. 그리고 이러한 문서는 업무의 기계적 반복성으로 인하여 허위가 개입될 여지가 적고, 또 문서의 성질에 비추어 고도의 신용성이 인정되어 반대신문의 필요가 없거나 작성자를 소환해도 서면제출 이상의 의미가 없는 것들에 해당하기 때문에 당연히 증거능력이 인정된다는 것이 형사소송법 제315조의 입법 취지인 점과 아울러, 전문법칙과 관련된 형사소송법 규정들의 체계 및 규정 취지에 더하여 '기타'라는 문언에 의하여 형사소송법 제315조 제1호와 제2호의 문서들을 '특히 신용할 만한 정황에 의하여 작성된 문서'의 예시로 삼고 있는 형사소송법 제315조 제3호의 규정형식을 종합하여 보면, 형사소송법 제315조 제3호에서 규정한 '기타 특히 신용할 만한 정황에 의하여 작성된 문서'는 형사소송법 제315조 제1호와 제2호에서 열거된 공권적 증명문서 및 업무상 통상문서에 준하여 '굳이 반대신문의 기회 부여 여부가 문제 되지 않을 정도로 고도의 신용성의 정황적 보장이 있는 문서'를 의미한다. 나아가 어떠한 문서가 형사소송법 제315조 제2호가 정하는 업무상 통상문서에 해당하는지를 구체적으로 판단함에 있어서는, 형사소송법 제315조 제2호 및 제3호의 입법 취지를 참작하여 당해 문서가 정규적·규칙적으로 이루어지는 업무활동으로부터 나온 것인지 여부, 당해 문서를 작성하는 것이 일상적인 업무 관행 또는 직무상 강제되는 것인지 여부, 당해 문서에 기재된 정보가 취득된 즉시 또는 그 직후에 이루어져 정확성이 보장될 수 있는 것인지 여부, 당해 문서의 기록이 비교적 기계적으로 행하여지는 것이어서 기록 과정에 기록자의 주관적 개입의 여지가 거의 없다고 볼 수 있는지 여부, 당해 문서가 공시성이 있는 등으로 사후적으로 내용의 정확성을 확인·검증할 기회가 있어 신용성이 담보되어 있는지 여부 등을 종합적으로 고려하여야 한다.

【전문】

【원심판결】

서울고법 2015.2.9. 선고 2014노2820 판결

【주문】

원심판결을 파기하고, 사건을 서울고등법원에 환송한다.

【판결이유】

상고이유(상고이유서 제출기간이 지난 후에 제출된 상고이유보충서 등 서면의 기재는 상고이유를 보충하는 범위 안에서)를 판단한다.

1. 검사와 피고인들의 상고이유에 관한 논리적 판단 순서는 다음과 같다.

　가. 이 사건 공소사실의 유무죄에 관한 판단 순서는, 원심과 같이 ① 이 사건 공소사실에 기재된 인터넷 게시글, 댓글, 찬반클릭 및 트윗글과 리트윗글(이하 '사이버 활동'이라 한다) 중 적법한 증거에 의하여 심리전단 직원들이 행한 것으로 인정되는 사이버 활동의 범위를 먼저 확정하고, ② 그러한 사이버 활동이 객관적으로 정치에 관여하는 것이거나 선거에 관련된 것인지를 판단한 다음, ③ 그것이 인정된다면 위 활동이 피고인들의 정치관여 의사 또는 선거운동의 의사 아래 이루어진 것인지를 차례로 살피는 것이 논리적이다.

　　따라서 이 사건 공소사실 기재 사이버 활동이 정치관여 행위 또는 선거운동에 해당하는지에 관한 실체 판단을 하려면, 그에 앞서 우선 공소사실 기재 사이버 활동 중 적법한 증거에 의하여 심리전단 직원들이 행한 것으로 인정되는 사이버 활동이 구체적으로 어느 범위인지에 관한 사실인정이 논리적으로 선행되어야 하고, 이 선행문제가 해결되지 아니하면 실체 판단으로 나아갈 수가 없다.

　나. 이에 따라 검사와 피고인들의 상고이유 역시 공소사실 기재 사이버 활동 중 심리전단 직원들이 행한 것으로 인정되는 범위에 관한 주장을 먼저 판단하여야 하는데, 이러한 사이버 활동의 범위에 관한 사실인정의 당부는 이를 뒷받침하기 위하여 검사가 제출한 증거가 적법한 것이냐, 다시 말해 증거능력이 있는 증거이냐의 여부에 의해 좌우되므로, 이 부분에 관한 쌍방의 상고이유를 우선적으로 판단한다. 나아가 이 사건은 뒤에서 보는 바와 같이 증거능력에 관한 판단의 잘못을 이유로 원심판결을 파기하여야 하는바, 환송 후 원심법원의 심리를 위하여 필요한 범위 내에서 증거능력 외의 나머지 상고이유에 관하여도 이어서 판단한다.

2. 검사가 제출한 증거들의 증거능력과 관련된 검사와 피고인들의 상고이유에 관하여 판단한다(각 항목별로 주장하는 측을 괄호 안에 부기한다. 이하 3.항, 4.항도 같다).

　가. 심리전단 직원 공소외 1의 노트북 컴퓨터에서 발견된 전자정보인 '메모장 텍스트 파일' 및 이를 기초로 취득한 증거의 증거능력에 관하여(검사, 피고인 1, 피고인 3)

원심은 그 판시와 같은 사정을 종합하여, 공소외 1이 수사기관에 임의제출한 것은 정보저장매체인 노트북 컴퓨터 자체가 아니라 거기에 기억된 특정 범위의 전자정보인데, 위 '메모장 텍스트 파일'은 공소외 1이 임의제출한 전자정보의 범위에 속하지 아니하므로 그 증거능력이 인정되지 아니하나, 이를 기초로 별도의 수단을 통해 취득한 증거는 그 제반 사정에 비추어 증거능력이 있다고 판단하였다.

원심판결 이유를 적법하게 채택된 증거들에 비추어 살펴보면, 원심의 위와 같은 판단은 정당하고, 거기에 임의제출과 관련된 증거능력 인정요건에 관한 법리를 오해하거나 논리와 경험의 법칙에 반하여 자유심증주의의 한계를 벗어난 잘못이 없다.

나. 공소외 1로부터 압수한 업무용 휴대전화에서 취득한 증거의 증거능력에 관하여(피고인 3)

원심은, 공소외 1로부터 압수한 업무용 휴대전화는 직무상 비밀에 관한 물건에 해당하고, 검사가 위 휴대전화를 압수한 후에 국가정보원이 직무상 비밀에 관한 것임을 신고하고 그 압수의 승낙을 거부한 사실은 인정되나, 그 승낙의 거부 사유가 형사소송법 제111조 제2항에서 정하고 있는 '국가의 중대한 이익을 해하는 경우'에 해당하지 않는다고 보아 위 휴대전화에 저장된 증거의 증거능력이 있다고 판단하였다.

원심판결 이유를 적법하게 채택된 증거들에 비추어 살펴보면, 원심의 위와 같은 판단은 정당하고, 거기에 공무상 비밀과 압수에 관련된 증거능력 인정요건에 관한 법리를 오해한 잘못이 없다.

다. 공소외 2 주식회사로부터 임의제출 받은 트위터 정보 및 이를 기초로 취득한 증거의 증거능력에 관하여(검사, 피고인들)

원심은, 검사가 공소외 2 주식회사로부터 임의제출 받은 28,765,148건에 달하는 대량의 트위터 정보에는 개인정보와 이에 해당하지 않는 정보가 혼재되어 있을 수 있는데, 국민의 사생활의 비밀을 보호하고 개인정보에 관한 권리를 보장하고자 하는 개인정보 보호법의 입법 취지에 비추어 그 정보의 제공에는 개인정보 보호법의 개인정보에 관한 규정이 적용되어야 하므로, 개인정보 보호법 제18조 제2항 제7호, 제2조 제6호에 따라 공공기관에 해당하지 아니하는 공소외 2 주식회사가 수사기관에 그러한 트위터 정보를 임의로 제출한 것은 위법하여 그 증거능력이 없으나, 이를 기초로 취득한 증거는 제반 사정에 비추어 증거능력이 있다고 판단하였다.

원심판결 이유를 적법하게 채택된 증거들에 비추어 살펴보면, 원심의 위와 같은 판단은 정당하고, 거기에 개인정보의 증거능력 인정요건에 관한 법리를 오해하거나 논리와 경험의 법칙에 반하여 자유심증주의의 한계를 벗어난 잘못이 없다.

라. 제1심법원의 사실조회에 따라 공소외 3 주식회사가 제출한 트위터 정보의 증거능력에 관하여(피고인 1, 피고인 3)

원심은, 공사단체에 그 보관서류의 송부를 요구할 수 있다고 규정한 형사소송법 제272조 제1항의 규정 취지, 피고인들의 방어권을 침해할 우려가 있는지 여부, 사실조회의 구체적 경위 등 그 판시와 같은 사정을 종합하여 공소외 3 주식회사가 사실조회 회신서에 첨부하여 법원에 제출한 트위터 정보의 증거능력이 있다고 판단하였다. 원심판결 이유를 기록에 비추어 살펴보면, 원심의 위와 같은 판단은 정당하고, 거기에 위 트위터 정보의 증거능력에 관한 법리를 오해한 잘못이 없다.

마. 심리전단 직원인 공소외 4의 이메일 계정에서 압수한 텍스트 파일 형식의 이 사건 '425지논 파일' 및 '시큐리티 파일'의 증거능력에 관하여(검사, 피고인 1, 피고인 3)

원심은, 425지논 파일 및 시큐리티 파일의 증거능력을 인정하여 시큐리티 파일에 기재된 269개의 계정을 심리전단 직원들이 사용한 계정이라고 인정한 다음, 이를 기초로 다시 422개의 트윗덱(TweetDeck) 연결계정을 심리전단 직원들이 사용한 계정이라고 인정하고, 검사가 주장하는 트위터피드(Twitterfeed) 연결계정 466개에 대하여는 트위터피드 프로그램의 특성 등 그 판시와 같은 사정을 들어 이를 인정할 수 없으나, 위 466개의 계정 중 25개의 계정은 심리전단 직원 공소외 5, 공소외 6의 이메일 기재 등 다른 증거에 의하여 공소외 5와 공소외 6이 사용 또는 관리하였음이 인정된다고 보아, 결국 검사가 심리전단 직원들의 계정이라고 주장한 1,157개의 트위터 계정 중 합계 716개 계정이 심리전단 직원들에 의하여 사용, 관리된 계정이라고 판단하고, 이 716개 계정에서 작성된 합계 274,800회의 트윗글과 리트윗글을 심리전단 직원들이 행한 사이버 활동 범위로 확정하였다.

이러한 트위터 계정에 관한 원심판단은, ① 425지논 파일 및 시큐리티 파일의 증거능력 인정 여부와, ② 검사가 주장하는 트윗덱 및 트위터피드 프로그램에 의한 연결계정을 심리전단의 사용 계정으로 추론하는 논리의 타당성 여부를 그 기초로 하는 것인데, 이에 관한 원심판단의 당부는 곧바로 심리전단이 사용한 것으로 인정되는 트위터 계정의 수 및 그에 따른 트윗글 및 리트윗글의 범위에 관한 사실인정이 정당한지 여부를 좌우한다는 점에서 그 중요성이 크다. 그러므로 이에 관하여는 항을 달리하여 자세히 살펴본다.

3. 425지논 파일 및 시큐리티 파일의 증거능력에 관하여 판단한다.

가. 425지논 파일 및 시큐리티 파일이 형사소송법 제313조 제1항에 의하여 증거능력이 인정되는지에 관하여(검사)

압수된 디지털 저장매체로부터 출력한 문서를 진술증거로 사용하는 경우, 그 기재 내용의 진실성에 관하여는 전문법칙이 적용되므로 형사소송법 제313조 제1항에 따라 그 작성자 또는 진술자의 공판준비나 공판기일에서의 진술에 의하여 그 성립의 진정함이 증명된 때에 한하여 이를 증거로 사용할 수 있다는 것이 대법원의 확립된 판례이다(대법원 2007.12.13. 선고 2007도7257 판결, 대법원 2013.6.13. 선고 2012도16001 판결 등 참조). 이에 관하여는 1954.9.23. 제정되고 1961.9.1. 개정된 형사소송법 제313조 제1항의 규정은 21세기 정보화시대를 맞이하여 그에 걸맞게 해석하여야 하므로, 디지털 저장매체로부터 출력된 문서에 관하여는 저장매체의 사용자 및 소유자, 로그기록 등 저장매체에 남은 흔적, 초안 문서의 존재, 작성자만의 암호 사용 여부, 전자서명의 유무 등 여러 사정에 의하여 동일인이 작성하였다고 볼 수 있고 그 진정성을 탄핵할 다른 증거가 없는 한 그 작성자의 공판준비나 공판기일에서의 진술과 상관없이 성립의 진정을 인정하여야 한다는 견해가 유력하게 주장되고 있는바, 그 나름 경청할 만한 가치가 있는 것은 사실이나, 입법을 통하여 해결하는 것은 몰라도 해석을 통하여 위와 같은 실정법의 명문조항을 달리 확장 적용할 수는 없다. 이는 '의심스러울 때는 피고인의 이익으로'라는 형사법의 대원칙에 비추어 보아도 그러하다.

이 사건에서 원심은, 위 두 파일은 그 작성자로 추정되는 공소외 4의 공판준비 또는 공판기일에서의 진술에 의하여 성립의 진정함이 증명되지 않았다는 이유로 위 두 파일의 증거능력을 인정하지 않았다.

원심판결 이유를 위 법리와 적법하게 채택된 증거들에 비추어 살펴보면, 원심의 위와 같은 판단은 정당하고, 거기에 디지털 저장매체로부터 출력한 문서의 증거능력에 관한 법리를 오해한 잘못이 없다.

나. 425지논 파일 및 시큐리티 파일이 형사소송법 제315조 제2호 및 제3호에 의하여 증거능력이 인정되는지에 관하여(피고인 1, 피고인 3)

1) 형사소송법 제315조는 당연히 증거능력이 있는 서류에 관하여 "다음에 게기한 서류는 증거로 할 수 있다. 1. 가족관계기록사항에 관한 증명서, 공정증서등본 기타 공무원 또는 외국 공무원의 직무상 증명할 수 있는 사항에 관하여 작성한 문서, 2. 상업장부, 항해일지 기타 업무상 필요로 작성한 통상문서, 3. 기타 특히 신용할 만한 정황에 의하여 작성된 문서"라고 규정하고 있다.

상업장부나 항해일지, 진료일지 또는 이와 유사한 금전출납부 등과 같이 범죄사실의 인정 여부와는 관계없이 자기에게 맡겨진 사무를 처리한 내역을 그때그때 계속적, 기계적으로 기재한 문서는 사무처리 내역을 증명하기 위하여 존재하는 문서로서 형사소송법 제315조 제2호에 의하여 당연히 증거능력이 인정된다(대법원 1996.10.17. 선고 94도2865 전원합의체 판결 등 참조). 그리고 이러한 문서는 업무의 기계적 반복성으로 인하여 허위가 개입될 여지가 적고, 또 문서의 성질에 비추어 고도의 신용성이 인정되어 반대신문의 필요가 없거나 작성자를 소환해도 서면제출 이상의 의미가 없는 것들에 해당하기 때문에 당연히 증거능력이 인정된다는 것이 형사소송법 제315조의 입법 취지인 점과 아울러, 전문법칙과 관련된 형사소송법 규정들의 체계 및 규정 취지에 더하여 '기타'라는 문언에 의하여 형사소송법 제

315조 제1호와 제2호의 문서들을 '특히 신용할 만한 정황에 의하여 작성된 문서'의 예시로 삼고 있는 형사소송법 제315조 제3호의 규정형식을 종합하여 보면, 형사소송법 제315조 제3호에서 규정한 '기타 특히 신용할 만한 정황에 의하여 작성된 문서'는 형사소송법 제315조 제1호와 제2호에서 열거된 공권적 증명문서 및 업무상 통상문서에 준하여 '굳이 반대신문의 기회 부여 여부가 문제 되지 않을 정도로 고도의 신용성의 정황적 보장이 있는 문서'를 의미한다고 할 것이다(헌법재판소 2013.10.24. 선고 2011헌바79 결정 참조). 나아가 어떠한 문서가 형사소송법 제315조 제2호가 정하는 업무상 통상문서에 해당하는지를 구체적으로 판단함에 있어서는, 위와 같은 형사소송법 제315조 제2호 및 제3호의 입법 취지를 참작하여 당해 문서가 정규적·규칙적으로 이루어지는 업무활동으로부터 나온 것인지 여부, 당해 문서를 작성하는 것이 일상적인 업무 관행 또는 직무상 강제되는 것인지 여부, 당해 문서에 기재된 정보가 그 취득된 즉시 또는 그 직후에 이루어져 정확성이 보장될 수 있는 것인지 여부, 당해 문서의 기록이 비교적 기계적으로 행하여지는 것이어서 그 기록 과정에 기록자의 주관적 개입의 여지가 거의 없다고 볼 수 있는지 여부, 당해 문서가 공시성이 있는 등으로 사후적으로 내용의 정확성을 확인·검증할 기회가 있어 신용성이 담보되어 있는지 여부 등을 종합적으로 고려하여야 한다.

2) 원심은 아래와 같은 사정을 들어, 위 두 파일은 형사소송법 제315조 제2호의 '기타 업무상 필요로 작성한 통상문서' 및 같은 조 제3호의 '기타 특히 신용할 만한 정황에 의하여 작성된 문서'에 해당하여 증거능력이 있다고 판단하였다.

(가) 위 두 파일은 심리전단 직원인 공소외 4의 이메일 계정에서 압수한 전자 문서인데, 공소외 4는 공판준비 또는 공판기일에서 위 두 파일을 자신이 작성한 것이라고 인정하지는 않았지만, 이메일 계정의 관리 및 활용에 관한 공소외 4의 진술, 공소외 4의 이메일 계정에서 압수한 다른 파일과의 관련성, 위 두 파일에는 공소외 4만이 알 수 있는 정보 등이 기재되어 있는 등 그 제반 사정을 종합하면, 위 두 파일의 작성자가 공소외 4임이 인정된다.

(나) 425지논 파일은, 피고인 1의 업무 지시 사항에 따라 심리전단이 활동해야 할 주제와 그에 관련된 2~3줄의 짧은 설명을 담고 있는 구체적 활동 지침에 해당하는 이른바 '이슈와 논지', 공소외 4가 심리전단 직원으로서 수행함에 있어 필요한 자료, 심리전단 활동의 수행 방법 등 업무와 관련한 내용을 주로 담고 있고, 자신이 한 심리전단 활동으로 인해 수사를 받을 것이라는 점을 전혀 인식하지 못한 상황에서 장기간에 걸쳐 계속적으로 작성하여 업무수행의 기초로 삼은 것으로서, 그 작성 경위와 목적, 공소외 4의 업무와 문서에 담긴 내용의 관련성 및 내용의 신빙성 등을 종합적으로 고려하면, 위 파일은 공소외 4가 2012.4.25.부터 2012.12.5.까지 통상적 업무인 트위터를 통한 심리

전 활동을 전개하기 위하여 매일 시달된 이슈와 논지와 함께 그 활동에 필요한 각종 자료들을 계속 추가·보충한 문서로서 형사소송법 제315조 제2호의 '업무상 필요로 작성한 통상문서'에 해당한다.

　(다) 시큐리티 파일도, 269개 트위터 계정을 포함하고 있는 심리전단 직원별 트위터 계정 정보, 트위터피드 계정에 관한 비밀번호 등 기본 정보, 직원들과 보수논객 등의 트위터 계정의 정보 및 공소외 4의 구체적인 심리전 활동 내역 등 업무와 관련한 내용을 주로 담고 있으며, 공소외 4가 2012.3.부터 2012.12.까지 업무에 필요할 때마다 동일하거나 연관된 내용의 정보를 추가하면서 계속적으로 작성하여 업무에 활용한 것이라는 사정 등을 고려하면, 이 역시 여러 달 동안 통상적 업무인 트위터를 통한 심리전 활동을 전개하기 위해 필요한 트위터 계정 등을 계속 추가·보충하고 활동 내역과 실적을 반복적으로 기재하여 온 문서로 형사소송법 제315조 제2호에 의하여 증거능력을 인정할 수 있다.

　(라) 나아가, 위 두 파일에 기재된 업무 관련 내용은 잘못 기재할 경우 업무수행에 지장을 초래하게 된다는 점에서 사실과 다른 내용을 굳이 기재할 동기나 이유를 쉽게 찾아보기 어렵고, 특히 시큐리티 파일의 경우에는 문장의 형태로 기재된 것이 드물고 대부분 업무수행에 필요한 정보들만이 단편적으로 기재되어 있는 등 관련 정보를 전자적으로 복사하여 문서로 만든 것으로 보여 그 자체로 공소외 4의 주관적 의사가 개입될 여지가 없어 보이므로, 위 두 파일은 형사소송법 제315조 제3호의 '기타 특히 신용할 만한 정황에 의하여 작성된 문서'에도 해당한다.

3) 그러나 이와 같은 원심판결 이유를 앞서 본 법리와 적법하게 채택된 증거들에 비추어 살펴보면, 원심의 위와 같은 판단은 다음과 같은 이유로 수긍할 수 없다.

　(가) 425지논 파일의 내용 중 상당 부분은 그 출처를 명확히 알기도 어려운 매우 단편적이고 조악한 형태의 언론 기사 일부분과 트윗글 등으로 이루어져 있으며, 시큐리티 파일의 내용 중 심리전단 직원들이 사용한 것으로 추정된다는 트위터 계정은 그 정보의 근원, 기재 경위와 정황이 불분명하고 그 내용의 정확성·진실성을 확인할 마땅한 방법이 없을 뿐만 아니라, 위 두 파일에 포함되어 있는 이슈와 논지 및 트위터 계정에 관한 기재가 그 정보 취득 당시 또는 그 직후에 기계적으로 반복하여 작성된 것인지도 알 수 없다.

　(나) 위 두 파일이 그 작성자의 업무수행 과정에서 작성된 문서라고 하더라도, 위 두 파일에 포함되어 있는 업무 관련 내용이 실제로 업무수행 과정에서 어떻게 활용된 것인지를 알기도 어려울 뿐만 아니라 다른 심리전단 직원들의 이메일 계정에서는 위 두 파일과 같은 형태의 문서가 발견되지 않는다는 사정

은 위 두 파일이 심리전단의 업무 활동을 위하여 관행적 또는 통상적으로 작성되는 문서가 아님을 보여 준다.

(다) 나아가 업무수행을 위하여 작성되었다는 위 두 파일에는 업무와 무관하게 작성자의 개인적 필요로 수집하여 기재해 놓은 것으로 보이는 여행·상품·건강·경제·영어 공부·취업 관련 다양한 정보, 격언, 직원들로 보이는 사람들의 경조사 일정 등 신변잡기의 정보도 포함되어 있으며 그 기재가 극히 일부에 불과하다고 볼 수도 없어, 위 두 파일이 업무를 위한 목적으로만 작성된 것이라고 보기도 어렵다.

(라) 425지논 파일에 기재된 업무 관련 내용도 아무런 설명이나 규칙 없이 나열되어 있는 경우가 대부분이어서 그중 어디까지가 이슈와 논지이고 어디부터가 작성자 자신이 심리전단 활동을 위하여 인터넷 등에서 모아 놓은 기사 등인지 애매하고, 시큐리티 파일도 그 기재 내용이 'lillyamerica - hyesuk888, 아리록dkflfhr - ahahfldh', 'okm237 as1234' 등과 같이 영문자 또는 숫자의 조합이 아무런 설명 없이 나열되어 있을 뿐이어서, 그 기재 자체만으로는 그것이 트위터 계정 또는 그 비밀번호라는 사실조차도 알기 어려운 트위터 계정을 모아 놓은 것이 업무상 필요했던 이유 및 그 작성자의 심리전 활동 내용에 관하여 '굳이 반대신문의 기회를 부여하지 않아도 될 정도'로 고도의 신용성의 정황적 보장이 있다고 보기 어렵다.

(마) 결국 위와 같은 여러 사정을 앞서 본 법리에 비추어 볼 때, 원심이 들고 있는 사유만으로는 위 두 파일이 형사소송법 제315조 제2호 또는 제3호에 정한 문서에 해당하여 당연히 증거능력이 인정된다고 할 수 없다.

4) 그런데도 이와 달리 이를 결정적, 핵심적인 증거로 하여 269개의 트위터 계정이 심리전단 직원이 사용한 것이라고 인정하고 이를 바탕으로 다시 422개의 트윗덱 연결계정도 심리전단 직원들이 사용한 것으로 추론할 수 있다고 하여 위 계정을 통해 작성한 트윗글과 리트윗글이 모두 정치관여 행위에 해당하고 그 일부는 선거운동에도 해당한다고 판단한 원심판결에는 형사소송법 제315조가 정한 당연히 증거능력 있는 서류에 관한 법리를 오해하여 판결 결과에 영향을 미친 잘못이 있다. 따라서 상고이유로 이 점을 지적하는 피고인 1, 피고인 3의 주장은 정당하고, 원심판결의 이러한 잘못은 피고인 2에 관한 부분에도 공통된다.

다. 시큐리티 파일을 증거물인 서면으로 보아 시큐리티 파일에 기재된 269개의 트위터 계정을 심리전단 직원들이 사용한 것으로 인정할 수 있는지에 관하여

1) 원심은 부가적 판단으로, 시큐리티 파일을 증거물인 서면으로만 보더라도 시큐리티 파일의 증거물인 서면으로서의 증명력과 그 밖의 정황 사실을 종합하면, 시큐리티 파일에 기재된 269개의 계정이 심리전단 직원들이 사용한 것이라고 인정할

수 있다고 판단하였다. 즉, 심리전단 직원이 작성한 시큐리티 파일에 그 의미를 구체적으로는 파악할 수 없더라도 어느 정도 짐작할 수 있는 트위터 계정 정보 등이 기재되어 있다는 점 자체는 인정할 수 있고, 나아가 심리전단 직원들의 진술을 비롯한 다른 증거들에 의하여 심리전단 차원에서 트위터 등을 활용한 일정한 의도와 방향성을 가진 체계적인 사이버 활동이 이루어졌음이 인정되는 이상 시큐리티 파일의 정보가 사이버 활동과 관련된 것임을 합리적으로 추론할 수 있는데, 이러한 추론이 시큐리티 파일에 기재된 트위터 계정 등을 활용한 심리전단 직원들의 실제 활동내용과 일치하므로, 이로써 시큐리티 파일에 기재된 269개의 계정이 심리전단 직원들이 사용한 것이라는 동일한 사실인정에 이를 수 있다고 판단하였다.

2) 그러나 시큐리티 파일에 269개의 트위터 계정이 기재되어 있다는 것 자체가 아니라 심리전단 직원들이 그러한 트위터 계정을 사용한 것인지의 여부, 즉 그 기재의 진실성을 요증사실로 하는 경우에는 전문법칙이 적용되어야 한다. 그런데 원심의 위와 같은 논리는 시큐리티 파일에 269개의 트위터 계정이 기재된 문서가 작성되어 존재한다는 사실과 269개 트위터 계정에 관한 각각의 구체적이고 개별적 사정이 아닌 그 연관성에 관한 개괄적이고 포괄적인 정황 사실의 존재만으로, 시큐리티 파일에 기재된 269개의 트위터 계정 모두를 심리전단 직원들이 사용한 것이라고 인정한 것에 다름없다. 따라서 이는 작성자의 진술이 아닌 다른 증거들에 의하여 인정되는 정황 사실만으로 손쉽게 그 기재의 진실성을 요증사실로 하는 전문증거인 시큐리티 파일의 진정성립을 인정한 결과가 되어, 그와 같은 전문증거는 그 작성자 또는 진술자의 진술에 의하여 그 성립의 진정함이 증명된 때에 한하여 이를 증거로 사용할 수 있다는 형사소송법 제313조 제1항에 반하는 것이어서 수긍할 수 없다.

4. 그 밖의 상고이유에 관하여 판단한다.

가. 공소사실 기재 사이버 활동 중 심리전단 직원들이 작성한 게시글, 댓글 및 찬반클릭의 범위에 관하여(피고인들)

원심판결 이유를 적법하게 채택된 증거들에 비추어 살펴보면, 이 사건 공소사실 기재와 같은 2,125회에 걸친 인터넷 게시글 및 댓글의 작성과 1,214회에 걸친 찬반클릭 행위가 모두 심리전단 직원들에 의하여 행하여진 것이라고 인정한 것은 정당하고, 거기에 논리와 경험의 법칙에 반하여 자유심증주의의 한계를 벗어난 잘못이 없다.

나. 트윗글 및 리트윗글에 관한 공소사실이 특정되지 않았다는 주장에 관하여(피고인 2)

원심은 그 판시와 같은 사정을 들어, 트윗글 및 리트윗글을 작성한 개별 행위자가 특정되지 않았더라도 공소사실을 특정하도록 한 형사소송법의 취지에 반하거나 피고인 2의 방어권행사에 지장을 초래하지 않는다는 이유로 이 부분 공소사실이 특정되었다고 판단하였다.

원심판결 이유를 적법하게 채택된 증거들에 비추어 살펴보면, 원심의 위와 같은 판단은 정당하고, 거기에 공소사실의 특정에 관한 법리를 오해한 잘못이 없다.

다. 트윗글 및 리트윗글을 공소사실로 추가하는 취지의 공소장변경을 허가한 것이 잘못이라는 주장에 관하여(피고인 2)

원심은 범의의 단일성과 피해법익의 동일성 등 그 판시와 같은 사정을 들어, 인터넷 게시글, 댓글 등의 작성과 트윗글과 리트윗글 작성으로 인한 이 사건 공소사실은 포괄일죄를 구성한다고 보아 공소장변경을 허가한 제1심법원의 조치가 정당하다고 판단하였다.

원심판결 이유를 적법하게 채택된 증거들에 비추어 살펴보면, 원심의 위와 같은 판단은 정당하고, 거기에 공소장변경에 관한 법리를 오해한 잘못이 없다.

라. 트윗덱 연결계정 및 트위터피드 연결계정의 인정 여부에 관하여(검사, 피고인들)

원심판결 이유를 적법하게 채택된 증거들에 비추어 살펴보면, 원심이, 트윗덱 프로그램에 특정한 트위터 계정을 등록하려면 그 등록하고자 하는 계정의 아이디와 비밀번호를 알고 있어야 하는 반면, 트위터피드 프로그램에 피드(Feed)계정을 등록함에 있어서는 아이디와 비밀번호 등을 필요로 하지 않는다는 트윗덱 프로그램과 트위터피드 프로그램의 본질적인 차이 및 두 프로그램에서 이루어지는 '동시 트윗'이 구조적으로 같지 아니한 점 등 각 그 판시와 같은 사정을 들어, 심리전단 직원들이 사용한 것으로 인정되는 계정들로 밝혀진 계정들과 '동시 트윗'을 통해 일정한 연관성을 갖는 계정이 존재하는 경우, 그러한 동시 트윗이 트윗덱 프로그램을 통해 이루어진 경우에는 그 계정 역시 심리전단 직원들이 사용한 것으로 볼 수 있는 반면, 트위터피드 프로그램을 통해 이루어진 경우에는 심리전단 직원들이 사용한 계정으로 추단할 수 없다고 판단한 것은 정당하고, 거기에 논리와 경험의 법칙에 반하여 자유심증주의의 한계를 벗어난 잘못이 없다.

5. 결론적으로, 위 269개의 트위터 계정과 이를 기초로 하는 422개의 트윗덱 연결계정에서 작성된 트윗글 및 리트윗글에 기초한 원심의 유죄 판단 부분은 425지논 파일과 시큐리티 파일의 증거능력이 인정됨을 전제로 한 것인데, 앞서 본 바와 같이 위 두 파일의 증거능력이 없어 위 전제가 부정되는 이상 원심의 판단은 더 이상 유지될 수 없고, 따라서 원심판결을 파기할 것인바, 이를 제외한 나머지 인터넷 게시글, 댓글 및 찬반클릭 행위 등에 관한 부분도 위 부분과 포괄일죄 및 상상적 경합범의 관계에 있어 함께 파기의 대상이 된다.

게다가 원심은 앞서 본 바와 같이 더 이상 유지될 수 없는 트윗글 및 리트윗글을 포함한 사이버 활동 전체를 포괄적인 대상으로 하여 정치관여 행위 및 선거운동 해당 여부를 판단하였는바, 심리전단 직원들이 사용한 것으로 인정될 수 있는 트위터 계정과 그 계정을 사용하여 작성한 트윗글 및 리트윗글의 범위가 적법한 증거에 의하여 새로이 확정되지 않은 상태에서는, 인터넷 게시글 및 댓글 등 나머지 사이버 활동만을 대상으로 정치관여 행위 및 선거운동 해당 여부에 관한 원심판단의 당부를 살필 수도 없다. 그 이유는 다음과 같다.

가. 앞서 본 바와 같이 이 사건 사이버 활동이 정치관여 행위 및 선거운동에 해당하는지에 관한 판단을 하려면 먼저 이 사건 사이버 활동 중 심리전단 직원들이 행한 것으로 인정되는 사이버 활동의 범위가 확정되어야 하는데, 원심은 2,125회에 걸친 인터넷 게시글 및 댓글과 1,214회에 걸친 찬반클릭 행위와 함께 증거능력을 인정할 수 없는 시큐리티 파일에 기재된 269개의 트위터 계정과 이를 기초로 하는 422개의 트윗덱 연결계정을 심리전단 직원들이 사용하였다고 인정하여 이를 포함한 716개 트위터 계정에서 작성된 합계 274,800회의 트윗글과 리트윗글을 심리전단 직원들이 행한 사이버 활동 범위로 확정한 다음 이를 대상으로 정치관여 행위 및 선거운동에 해당하는지를 판단하였다.

원심은 나아가 위와 같이 확정한 사이버 활동이 선거운동에 해당하는지를 판단함에 있어, 인터넷 게시글, 댓글, 찬반클릭과 트윗글 및 리트윗글 전체를 포괄적인 대상으로 하여 그 판시와 같은 통계적 분석을 통해 드러난 사이버 활동의 과정 및 체계, 방법, 사이버 활동이 이루어진 시점과 당시 상황, 사이버 활동 결과물의 내용 및 당시 상황과의 관련성 등에 관한 사정을 기초로 2012.8.20.을 기준으로 그 전과 후의 사이버 활동이 각각 전체적으로 선거운동에 해당한다거나 해당하지 않는다고 판단하였고, 이처럼 사이버 활동 전체를 포괄적인 대상으로 하는 판단 방법은 정치관여 행위에 해당하는지에 관한 원심의 판단에 있어서도 크게 다르지 않다.

나. 그런데 원심의 정치관여 행위 및 선거운동에 관한 판단의 기초가 되는 사이버 활동의 범위에 관한 원심의 사실인정은 앞서 본 바와 같이 425지논 파일과 시큐리티 파일의 증거능력이 부인됨으로써 더 이상 유지될 수 없게 되었다. 그러므로 공소사실 기재 사이버 활동 중 인터넷 게시글, 댓글 및 찬반클릭 작성 행위가 심리전단 직원들에 의한 것으로 인정되고 그에 더하여 심리전단 직원들의 이메일 기재 등 다른 적법한 증거에 의하여 25개의 트위터 계정을 통해 작성된 트윗글과 리트윗글이 심리전단 직원들에 의한 것으로 인정된다고 하더라도, 검사와 피고인들의 주장과 증명 여하에 따라서는 심리전단 직원들이 사용한 것으로 인정될 수 있는 트위터 계정의 범위에 관한 사실인정이 얼마든지 달라질 수 있는바, 이처럼 심리전단 직원들의 사이버 활동 범위에 관한 사실인정이 불확실한 상황에서는 법률심인 상고심으로서는 심리전단 직원들의 사이버 활동의 정치관여 행위 및 선거운동 해당 여부에 관한 원심판단의 당부를 판단할 수 없고, 원심판결을 파기하여 원심으로 하여금 이를 다시 심리ㆍ판단하게 하는 데 그친다.

6. 그러므로 원심판결을 파기하고, 사건을 다시 심리·판단하게 하기 위하여 원심법원에 환송하기로 하여, 관여 법관의 일치된 의견으로 주문과 같이 판결한다.

대법원장 양승태(재판장) 민일영(주심) 이인복 이상훈 김용덕
박보영 고영한 김창석 김신 김소영 조희대 권순일 박상옥

제8절 스테가노그라피로 암호화한 파일의 증거능력

    전자통신망이 활성화된 요즘은 시대 변화에 상응하여 개인정보 유출이나 해킹 등 보안취약 요소 역시 증가하고 있다. 이에 따라 개인, 단체, 국가에서는 전자통신망 송수신 시 암호화 절차를 거쳐 보안을 강화하고 있는데 과연 이러한 증거가 법원에 제출된 경우 암호화와 복호화 과정을 거쳐야 하고 해당 절차의 투명성 등이 보장되는지 여부에 따라 증거능력 여부가 달라질 수 있는 것에 대해 어떤 판단이 내려질까?

    법원(서울고법 2017.6.13. 선고 2017노23)은 이러한 경우에 대하여 다음과 같이 판단한 것으로 보인다.

    "스테가노그라피 복호화 과정은 상당한 수사기밀에 해당할 수 있으며, 신분상의 보안이 필요한 국가정보원 직원이 스테가노그라피를 복호화하는 모습과 그 과정이 외부에 공개될 경우 국가안보를 해할 우려가 있다는 이유로 비공개 결정을 하였고, 피고인과 증인 사이에 차폐막을 설치하지 않아 피고인의 권리를 보호하기 위한 노력을 기울였으므로 위 비공개가 위법하지 않다고 판단하였다. 기록에 의하면, 비공개 결정의 이유의 개시가 명백하고, 예상되는 당해 재판 내용 등을 보면 그 공개금지의 사유를 수긍할 수 있으므로, 원심의 위와 같은 판단은 정당한 것으로 보인다".

    물론 간접적인 판단으로 살펴볼 수 있는 것이지만, 암호화한 파일의 증거능력 자체에 대하여 증거능력을 인정하고 있는 것으로 보인다.

스테가노그라피로 암호화한 파일의 증거능력

(국가보안법위반 사건)

[서울고등법원, 2017노23, 2017.6.13.]

【전문】

【원심판결】

서울중앙지방법원 2016.12.15. 선고 2016고합538, 558(병합) 판결

【주문】

원심판결 중 유죄 부분을 파기한다.

피고인을 징역 3년 및 자격정지 3년에 처한다.

[별지] 몰수 대상 압수물목록 기재 압수물들 중 순번 1 내지 18을 각 몰수한다.

이 사건 공소사실 중 2011.11.~12.경 통신연락 및 편의제공, 2013.7.7.경 통신연락 및 편의제공, 2015.11.12.경 통신연락 및 편의제공으로 인한 각 국가보안법위반(회합·통신 등) 및 국가보안법위반(편의제공)의 점은 각 무죄.

원심판결 중 무죄 부분에 대한 검사의 항소를 기각한다.

이 판결 중 무죄 부분의 요지를 공시한다.

【판결이유】

1. 피고인 변호인의 항소이유에 대한 판단

피고인 변호인은 소추요건, 전제되는 사실 및 적용법률, 재판절차, 수사절차 및 증거들의 증거능력, 개별 범죄사실 등과 관련하여 아래 각 항목과 같이 사실오인 내지 법리오해의 주장을 하고 있다. 아래에서는 항목별로 구체적인 항소이유를 살펴보기로 하되, 관련 있는 항소이유는 함께 살피기로 한다.

가. 공소장일본주의 위반

1) 항소이유의 요지

검사는 이 사건 공소장의 모두사실 부분에 피고인의 전과관계, 학력 및 경력사항, 현재의 직업 등 범죄구성요건에 해당하지 아니하고 범죄사실의 내용을 이루지도 아니하는 사항을 기재하였을 뿐만 아니라 각 통신연락으로 인한 국가보안법위반(회합·통신), 국가보안법위반(편의제공), 각 이적동조 및 이적표현물 소지로 인한 국가보안법위반(찬양·고무 등)의 점에 관하여 각 증거능력이 없는 증거물의 내용을 전부 또는 일부 인용하였는데, 이는 공소사실 특정을 위하여 기재하여야 할 필요성이 있는 경우에 해당하지 아니하므로 공소장일본주의 원칙에 위배된다.

2) 판단

피고인의 변호인은 원심에서도 이 부분 항소이유와 동일한 주장을 하였고, 원심은 그 판결문 108~111쪽에서 '1. 공소장일본주의 위반에 대하여'라는 제목 아래 이에 대한 판단을 자세하게 설시하여 위 주장을 배척하였다. 원심이 설시한 사정들에, 기록에 의하여 인정되는 다음과 같은 사정들, 즉 ① 이 사건 공소사실 중 2011.11.경 통신연락으로 인한 국가보안법위반(회합·통신 등)의 점에 관한 공소사실에서 'info.docx' 파일의 내용을 인용기재한 부분은 검사가 위 공소사실에서 피고인이 북한 대남공작조직 '225국' 소속 공작원과 스테가노그라피로 암호화된 위 파일을 수수함으로써 통신연락을 한 것이라고 행위의 태양을 특정한 데다가 그 파일 내용이 스테가노그라피 프로그램의 구체적인 사용설명, 분기별 교체사용할 이메일주소 등을 포함하고 있어 위 통신연락한 내용과 그 수단, 방법을 특정하기 위한 것으로 보이는 점, ② 2011.11.~12.경 통신연락 및 편의제공, 2013.7.7.경 통신연락 및 편의제공, 2015.11.12.경 통신연락 및 편의제공으로 인한 국가보안법위반(회합·통신 등) 및 국가보안법위반(편의제공)의 점에 관한 각 공소사실에서 'to you.docx' 파일, 'to you7-7.docx' 파일 및 'toyou11-12.docx' 파일의 각 내용을 인용기재한 부분은 검사가 위 각 공소사실에서 피고인이 대북보고문을 작성하여 스테가노그라피로 암호화한 위 각 파일을 북한 225국 소속 공작원과 공동 사용하는 이메일로 발송하는 방법 등으로 통신연락한 것이라고 행위의 태양을 특정하였고, 피고인이 각 통신연락 및 편의제공 행위를 할 당시 '국가의 존립·안전이나 자유민주적 기본질서를 위태롭게 한다는 정을 알 것'이라는 주관적 구성요건을 갖추고 있었는지 여부와도 관련이 있는 점, ③ 각 이적동조로 인한 국가보안법위반(찬양·고무 등)의 점에 관한 각 공소사실에서 각 녹취록을 인용하여 피고인과 공소외 4, 공소외 5의 주요 대화내용이나 피고인과 공소외 4가 함께 읽은 북한 국방위원회 성명서, 북한 조국평화통일위원회 성명서 내용을 각 적시한 부분과 각 이적표현물 소지로 인한 국가보안법위반(찬양·고무 등)의 점에 관한 각 공소사실에서 피고인이 소지한 각 문건파일, 음성파일이나 책자 등의 내용, 피고인이 소지하여 피고인과 공소외 5, 공소외 6과 함께 열람한 각 조선중앙통신 기사, 노동신문 기사, 2014년 김정은 신년사 등의 내용을 각 적시한 부분은 각 대화내용 중 어떤 부분이 '반국가단체나 그 구성원 또는 그 지령을 받은 자의 활동에 동조'하는 부분인지, 각 문건파일, 음성파일이나 책자 등의 내용이 국가보안법의 보호법익인 대한민국의 존립·안전이나 자유민주적 기본질서를 위협하는 적극적이고 공격적인 것으로서 표현의 자유의 한계를 벗어난 국가보안법상의 이적표현물에 해당하는지, 각 문건파일이나 책자 내용에 비추어 그 소지행위에 '반국가단체나 그 구성원 또는 그 지령을 받은 자의 활동을 찬양·고무·선전 또는 이에 동조하거나 국가변란을 선전·선동'하는 행위를 할 목적을 인정할 수 있는지 등에 관한 것으로서 위 각 국가보안법위반(찬양·고무 등) 공소사실의 내용을 이루는 것이므로 그 공소사실을 특정하기 위하여 필요한 것인 점, ④ 공소사실에서 인용한 내용이 기재된 증거서류가 공판절차에서 증거능력이 없는 것으로 판단된다고 하더라도 그러한 사정만으로 바로 공소제기 자체가 소급적으로 무효가 된다거나 공소장일본주의에 위배된다고 볼 수는 없는 점 등을 더하여 보면, 위와 같이 각 인용된 부분으로 인하여 피고인의 방어권 행사에 장애를 가져온다거나 법관에게 예단을 생기게 하여 법관이 범죄사실의 실체를 파악하는 데 장애가 되는 것이 아니어서 공소장일본주의에 위반되는 것으로 볼 수 없다는 원심의 판단은 정당하고, 피고인 변호인의 위 주장은 이유 없다.

나. 북한의 반국가단체 판단 및 위헌법률인 국가보안법 적용의 부당성

1) 항소이유의 요지

북한은 반국가단체가 아니라 유엔에 동시 가입한 국가로서 대한민국과 평화통일의 동반자 관계에 있고, 대한민국과 북한이 2000.6.15. 남북공동선언 및 2007.10.4. 남북관계발전과 평화번영을 위한 선언을 존중하여 남북교류와 협력 확대, 평화공존, 평화통일을 실현하기 위해 계속 대화하고 협력하여야 하는 이상 북한을 적대시하는 국가보안법은 남북화해와 평화통일에 역행하는 위헌법률임이 명백함에도 국가보안법을 적용하여 북한을 반국가단체로 규정하는 것은 시대착오적인 판단이다.

2) 판단

피고인의 변호인은 원심에서도 이 부분 항소이유와 같은 취지의 주장을 하였고, 원심은 그 판결문 112~114쪽에서 '북한의 반국가단체성과 국가보안법에 대하여'라는 제목 아래 이에 대한 판단을 자세하게 설시하여 위 주장을 배척하였는바, 원심이 설시한 사정들에, 북한은 조국의 평화적 통일을 위한 대화와 협력의 동반자이기도 하지만, 다른 한편 남북한 관계의 변화에도 불구하고 여전히 적화통일 노선을 고수하면서 우리의 자유민주주의 체제를 전복하고자 획책하는 반국가단체로서의 성격도 아울러 가지고 있고, 그 때문에 반국가단체 등을 규율하는 국가보안법의 규범력도 계속 유효한 점(대법원 2008.4.17. 선고 2003도758 전원합의체 판결, 대법원 2010.7.23. 선고 2010도1189 전원합의체 판결 등 참조)까지 보태어 보면 원심의 판단은 정당하고, 피고인 변호인의 이 부분 주장은 이유 없다.

다. 공개재판주의 위배

1) 항소이유의 요지

형사피고인은 헌법 제27조 제3항에 의하여 공개재판을 받을 권리가 있고 이를 제

한하기 위하여는 목적의 정당성, 수단의 적정성, 침해의 최소성, 법익의 균형성을 충족하여야 하는데, 스테가노그래피 프로그램 및 그 사용법은 인터넷에서 쉽게 구할 수 있는 데다가 북한이 사용하는 프로그램이 공개될 경우 북한의 국가안보에 문제가 생기는 것은 별론으로 하고 대한민국의 국가안보에는 영향을 미치지 아니하며, 설령 수사관의 인상착의나 스테가노그래피 프로그램의 사용법을 외부에 공개하여서는 아니 될 필요성이 있었다고 하더라도 방청석과 증인석 사이에 차폐막을 설치하는 것으로 충분한데도 심리 전체를 비공개한 것은 최소침해의 원칙에 반하여 피고인의 공개재판을 받을 권리를 침해한 것으로 위법하다.

2) 판단

가) 피고인의 변호인은 원심에서도 이 부분 항소이유와 같은 취지의 주장을 하였고, 원심은 그 판결문 114~116쪽에서 '공개재판주의 위배 주장'이라는 제목 아래 이에 대한 판단을 자세하게 설시하면서, 2016.4.11. 공판기일에 국가정보원 수사관 공소외 3에 대한 증인신문을 진행함에 있어 당해 수사관의 신분을 노출시키지 않을 필요가 있었고, **스테가노그래피 복호화 과정은 상당한 수사기밀에 해당할 수 있으며, 신분상의 보안이 필요한 국가정보원 직원이 스테가노그래피를 복호화하는 모습과 그 과정이 외부에 공개될 경우 국가안보를 해할 우려가 있다는 이유로 비공개 결정을 하였고, 피고인과 증인 사이에 차폐막을 설치하지 않아 피고인의 권리를 보호하기 위한 노력을 기울였으므로 위 비공개가 위법하지 않다고 판단하였다. 기록에 의하면, 비공개 결정의 이유의 개시가 명백하고, 예상되는 당해 재판 내용 등을 보면 그 공개금지의 사유를 수긍할 수 있으므로, 원심의 위와 같은 판단은 정당한 것으로 보인다.**

나) 피고인의 변호인은 당심에서 **스테가노그래피 프로그램 및 그 사용법은 인터넷에서 쉽게 구할 수 있는 데다가 증인신문 내용이 대한민국의 국가안보와 관련성이 없으며, 방청석과 증인석 사이에 차폐막을 설치하는 것으로 충분한데도 심리 전체를 비공개한 것은 최소침해의 원칙에 반한다고 주장한다.**

그러나 기록에 의하면, ① 원심의 재정합의결정 및 병합결정이 있기 전 서울중앙지방법원 2015고단7843 사건의 2016.4.11.자 제6회 공판기일 전에, 검사는 국가정보원 수사관 공소외 3에 대한 증인신문 과정에서 스테가노그래피로 위장된 대북보고문, 지령문 파일의 복호화 과정 설명과 압수물 증 제123, 124, 125, 126, 194호[2016고합558 증거목록(이하 '증거목록'이라고만 한다) 순번 205, 424~425, 431~432, 435~436, 447~448, 553~555]의 검증을 병행하겠다는 내용의 입증계획서를 제출하는 한편, 증인의 신분 보호와 국가안전보장을 위하여 비공개 증인신문 등의 조치가 필요하다는 의견서를 제출한 점, ② **스테가노그래피 프로그램은 해당 프로그램을 사용하는 쌍방의 약속에 따라 통**

신내용을 암호화하는 것으로 여러 형태가 존재할 수 있고, 설령 스테가노그라피 프로그램 및 그 사용법(암호화 및 복호화 방법)을 인터넷에서 쉽게 구할 수 있다거나 상용 프로그램이 존재한다고 하더라도, 증인신문의 내용이 된 스테가노그라피 프로그램은 북한 공작원과의 비밀 통신을 위하여 사용되었고, 일반 상용프로그램과는 차이가 있다고 보아 문제된 것으로, 그 내용의 공개가 '국가안전보장을 해할 우려'가 있다고 볼 수 있는 점, ③ 재판부가 심리 전체를 비공개하지 않고 방청석과 증인석 사이에 차폐막을 설치하는 방법으로 재판을 진행할 경우, 당해 증인신문과정에서 실시될 프로그램의 실연이나 검증에 필요한 법정 내 전자적 설비의 위치나 크기, 차폐막의 크기 및 종류 등에 따라 비공개 목적을 달성하기 어려울 가능성이 있어, 방청석과 증인석 사이에 차폐막을 설치하는 방법으로 재판을 진행하지 않고 심리 전체를 비공개하였다고 하여 그것이 최소침해의 원칙에 반하여 피고인의 공개재판을 받은 권리를 침해한 것이라고 단정하기 어려운 점 등까지 종합하여 보면, 원심의 국가정보원 수사관 공소외 3에 대한 증인신문에 대한 비공개결정은 재판의 공개에 관한 규정들인 헌법 제27조 제3항, 제109조, 법원조직법 제57조 제1항 단서에 따라 이루어진 적법한 조치라고 판단된다. 피고인 변호인의 이 부분 주장은 이유 없다.

라. 국가정보원 직원 등에 대한 증인신문 시 차폐막 설치의 위법성

1) 항소이유의 요지

원심은 국가정보원 직원 등에 대한 증인신문시 증인과 피고인 및 방청석 사이에 차폐막을 설치한 조치에 관하여, 형사소송법 제165조의2 제3호, 형사소송규칙 제84조의9, 국가정보원직원법 제17조 제6항에 따라 차폐시설을 할 수 있고, 특히 국가정보원 직원 등의 신분이 노출될 경우 추후 수사와 기밀성 유지에 어려움을 겪을 수도 있다는 사정 때문에 피고인과 대면하고 여러 방청객들 앞에서 진술하는 것이 상당히 곤란하다고 보이므로 그들의 신변 보호의 필요성이 인정되고, 피고인의 변호인 쪽에는 차폐를 하지 않았고 피고인에게도 충분한 반대신문을 할 수 있는 기회가 부여된 이상 증인과 피고인 및 방청석 사이에 차폐막이 설치되었다고 해서 피고인과 변호인의 반대신문권이나 방어권이 실질적으로 침해되어 위 증언의 증거능력을 부정해야 할 정도의 위법이 있다고 볼 수는 없다고 판단하였다. 그러나 수사과정에서 거의 매일 접촉하던 국가정보원 수사관이 법정에 증인으로 나와서는 대면한 상태에서 증인신문에 참여케 할 수 없는 결과를 초래한 원심의 증인과 피고인 사이의 차폐막 설치 조치는 피고인과 변호인의 방어권을 실질적으로 침해하고 무죄추정의 원칙과 공정한 재판을 받을 권리를 침해하는 것으로서 위법하다.

2) 판단

피고인의 변호인은 원심에서도 이 부분 주장과 같은 취지의 주장을 하였고, 원심은 그 판결문 116~118쪽에서 '국가정보원 직원 등에 대한 증인신문 시 차폐막 설치의 위법성 주장'이라는 제목 아래 이에 대한 판단을 자세하게 설시하여 위 주장을 배척하였는바, 원심판결 이유를 원심이 설시한 법리 및 기록과 대조하여 면밀하게 살펴보면 원심의 판단은 정당한 것으로 판단되고, 피고인의 변호인의 위 주장은 이유 없다.

마. 피고인의 신체, 주거지, 차량, 오토바이에서 압수한 물건들의 위법수집증거 해당성

1) 항소이유의 요지

국가정보원 수사관 등의 피고인의 신체, 주거지, 차량, 오토바이에 대한 압수·수색은, ① 압수·수색영장의 집행이 자정 이후 시작하여 밤을 꼬박 새워 진행되었고, 그 과정에서 참여인인 광명시 ○○동 통장 공소외 7이 밤샘 압수·수색 과정에 피곤한 상태로 장시간 참여함으로써 참여인으로서의 역할을 제대로 하지 못하였을 뿐만 아니라 압수·수색절차가 종료되기 전에 개인적 사정을 이유로 현장에서 이탈하였으므로, 위 압수·수색 집행은 형사소송법 제123조 제3항 소정의 '인거인 또는 지방공공단체 직원'의 참여규정에 위반하여 위법하고, ② 피고인이 명시적으로 압수·수색절차의 참여를 거부하였음에도 체포된 피고인을 즉시 구치소로 인치하지 아니한 채 현장에서 수갑을 채워 불법 구금한 상태로 참여를 강요하였으며, ③ 피고인과 피고인의 처에게 밤새도록 압수·수색절차에의 참여를 강요하면서 잠시의 수면도 허용하지 아니하였는바, 이러한 밤샘 압수·수색은 수면권을 침해하여 이루어진 것으로 강제수사 비례의 원칙 및 과잉금지원칙에 반하고 변호인의 조력을 받을 권리를 침해하여 위법하고, ④ 피고인의 변호인이 현장에 도착하여 체포영장의 등사를 요구하였음에도 수사관 등이 이를 거절함으로써 변호인의 조력을 받을 권리가 원천적으로 침해되었으므로 위법하다.

2) 판단

피고인의 변호인은 원심에서도 이 부분 주장과 같은 취지의 주장을 하였고, 원심은 그 판결문 118~126쪽에서 '피고인의 신체, 주거지, 차량, 오토바이에서 압수한 물건들이 위법수집 증거라는 주장'이라는 제목 아래 이에 대한 판단을 자세하게 설시하여 위 주장을 배척하였는바, 원심이 설시한 사정들에 원심 및 당심이 적법하게 채택하여 조사한 증거들에 의하여 인정되는 다음과 같은 사정들을 보태어 보면, 원심의 위와 같은 판단은 정당하다.

가) 당심에서 피고인 변호인의 신청으로, 2015.11.13. 00:35경부터 17:25경까지 사이에 피고인의 신체, 주거지, ○○대학교 구내에 주차되어 있던 피고인 명의의

차량 및 피고인의 주거지 아파트 내 지하 주차장에 주차되어 있던 피고인 명의의 오토바이에 대한 압수·수색 전 과정이 촬영된 영상녹화물 중 검증이 필요하다고 특정한 영상녹화물 부분에 대한 검증을 실시하였다. 당심의 검증결과에 의하면 다음과 같은 사실 또는 사정들이 추가로 인정된다.

(1) 국가정보원 수사관 등은 피고인의 주거지인 아파트 앞 복도에서 피고인에게 체포영장과 수사관의 신분증을 제시하며 피고인에 대한 체포영장이 발부되었다고 고지하고 체포영장을 집행하였다. 그 과정에서 피고인이 계속하여 소리를 질렀고, 위 수사관 등이 피고인의 팔을 붙잡고 입을 막은 상태에서 재차 절차에 관한 설명을 하였다.

(2) 국가정보원 수사관 등은 체포한 피고인과 함께 피고인의 주거지로 들어갔는데, 피고인은 계속 소리를 지르고 욕을 하면서 피고인의 처 공소외 8에게 공소외 9 변호사에게 전화하고 사진을 찍으라며 소리를 질렀다. 국가정보원 수사관은 피고인의 옆에서 공소외 8에게 압수수색검증영장을 제시, 낭독하면서, 범죄사실의 요지를 고지하고, 압수수색검증영장을 열람하게 한 후 서명할 것을 요구하였으나 공소외 8은 서명을 거부하였다. 국가정보원 수사관은 참여인(입회인)인 광명시 ○○○○동 통장 공소외 7에게도 체포영장과 압수수색검증영장을 제시하며 피고인을 체포하고 피고인의 신체, 주거지 등을 압수·수색한다고 고지하였다.

(3) 국가정보원 수사관 등은 피고인에게 압수·수색절차의 참여의사를 여러 차례에 걸쳐 물었으나 피고인은 이에 대답하지 아니하였다. 국가정보원 수사관 등은 피고인과 피고인의 처에게 주거지에 대한 압수수색검증영장을 집행한다고 재차 고지하고 영장을 제시하면서 절차를 설명하였다.

(4) 공소외 8은 참여인의 신분을 확인하고, 압수·수색절차나 포렌식절차에 관한 설명을 들었으며, 수사관 등을 따라다니며 개별 방의 사용자 등을 알려주기도 하였다. 피고인은 국가정보원 수사관 등이 피고인에게 압수·수색 과정에서 나온 물건 등을 제시하면서 물건의 소유자, 내용이나 용도 등에 대하여 묻자 눈으로 당해 물건 등을 확인하면서도 질문에는 묵비하였다.

(5) 공소외 9 변호사가 2015.11.13. 03:44경 피고인의 주거지에 도착하여 국가정보원 수사관 등에게 체포영장, 압수수색검증영장을 요구하여 이를 제시받아 열람하였고, 그 과정에서 휴대폰으로 영장을 촬영하려다가 수사관 등의 제지를 받았다. 공소외 9 변호사는 수사관 등에게 영장 내용의 메모를 거부하였다면서 강하게 항의하고 수사관 등과 실랑이를 벌이다가 수사관 등이 불법적으로 메모를 하지 못하게 하였으므로 이에 대한 조치를 취하겠다면서, 피고인에게 말을 많이 하지 말라고 하고 퇴거하였다.

(6) 공소외 9 변호사가 퇴거한 후 공소외 8과 피고인의 딸은 수사관 등으로부터 영장을 교부받아 영장을 열람한 후 함께 필사를 하였다.

(7) 국가정보원 수사관 등은 피고인과 공소외 8에게 피고인 명의의 차량에 대한 압수·수색절차에 참여할 것인지를 확인하였는바, 이에 피고인은 묵비하고, 공소외 8은 참여하지 않겠다면서 알아서 하라는 취지로 대답하였다.

(8) 국가정보원 수사관 등은 참여인인 공소외 7의 참여하에 피고인 명의의 차량에 대한 압수·수색을 시작하였다. 당시 공소외 7이 차량의 차대번호를 확인하였고, 국가정보원 수사관 등은 차량 보조석 위에 있던 가방(노트북, 아이패드, 외장하드 등이 여러 물건이 들어 있었음), 재떨이 안 작은 주머니 속에 있던 SD카드와 USB, 오디오에 꽂혀있던 USB, 기어 앞 박스에 있던 파란색 마이크로리더기, 빨간색 샌디스크 등을 수집한 후 이를 상자에 넣고 청색테이프로 봉인하였으며, 공소외 7이 봉인된 곳에 서명하였다. 공소외 7은 수사관 등과 함께 피고인의 주거지로 돌아와 봉인된 상자를 직접 개봉한 후 피고인의 주거지에서 퇴거하였다.

(9) 국가정보원 수사관 등은 피고인과 공소외 8에게 피고인 명의의 오토바이에 대한 압수·수색절차에 참여할 것인지를 확인하였고, 이에 피고인은 자신들에게 말하지 말고 가라고 이야기하였다.

(10) 국가정보원 수사관 등은 2015.11.13. 07:53경 주차된 오토바이의 번호판을 확인하고 피고인이 명시적으로 참여를 거부하였으므로 참여인 없이 압수수색을 진행한다고 선언한 다음, 오토바이의 안장 밑 수납함 안에서 디스크드라이브, 휴대폰, 외장하드, USB 등을 발견하여 지퍼비닐에 넣고 07:59경 오토바이에 대한 압수수색절차를 종료한다고 선언하였다. 국가정보원 수사관 등은 압수·수색을 위하여 주차된 오토바이에 접근할 때부터 오토바이에 대한 수색 후 압수물을 들고 피고인의 주거지에 도착할 때까지의 전 과정을 촬영하였고, 피고인의 주거지에 도착하여 피고인에게 오토바이에 대한 압수·수색 전과정을 촬영하면서 진행하였다고 고지하였다.

(11) 피고인은 포렌식 절차가 진행되는 과정에서 수사관에게 이미징, 해시값이 무엇인지 묻기도 하였고, 압수물 분류, 정리가 마쳐진 뒤에는 국가정보원 수사관으로부터 압수목록을 교부받아 압수물과 대조, 확인하였다.

나) 피고인의 신체, 주거지, 차량, 오토바이에 대한 압수·수색이 형사소송법 제123조 제3항에 위반한 압수·수색 집행인지에 관하여 본다.

(1) 피고인의 신체, 주거지에 대한 압수·수색

앞서 인정한 사실 또는 사정들에 의하면, 피고인의 신체 및 주거지에 대한 압수·수색은 피고인과 공동주거주인 피고인의 처 공소외 8이 국가정보원 수사관 등으로부터 압수수색검증영장을 제시받은 다음, 압수·수색 집행사실을 통지받고 절차 참여를 요청받는 등 압수·수색 전 과정에 참여할 기회를 보장받았으며 실질적으로 피고인과 공동주거주가 참여한 상태에서 실시되었고, 광명시 ○○○○동 통장인 공소외 7, 포렌식 전문가인 (명칭 1 생략)대학교(명칭 2 생략)대학원 교수 공소외 10의 참여하에 이루어졌다.

피고인의 변호인은 참여인인 공소외 7이 밤샘 압수·수색 과정에 피곤한 상태로 장시간 참여함으로써 참여인으로서의 역할을 제대로 하지 못하였다고 주장하나, 공소외 7의 원심에서의 진술이나 당심의 검증결과에 의하면 공소외 7은 국가정보원 수사관으로부터 체포영장과 압수수색검증영장을 제시받고, 영장에 따라 피고인을 체포하고 피고인의 신체, 주거지 등을 압수·수색한다는 점을 고지받았으며, 수사관을 따라다니며 피고인의 신체, 주거지에 대한 압수·수색현장에서 압수·수색이 진행되는 과정을 지켜본 사실을 인정할 수 있고, 공소외 7이 위 압수·수색이 시작된 자정 무렵부터 퇴거 시점인 07:00경까지 약 7시간 동안 밤을 새워 참여하였다는 사정만으로 공소외 7이 참여인으로서의 역할을 제대로 하지 못하였다고 보기도 어렵다.

피고인의 변호인은 또한 참여인이 압수·수색절차가 종료되기 전에 개인적 사정을 이유로 현장에서 이탈한 이상 그 이후의 압수·수색 집행은 형사소송법 제123조 제3항 소정의 '인거인 또는 지방공공단체 직원'의 참여 규정에 위반하여 위법하다는 취지로 주장하나, 앞서 본 바와 같이 피고인과 공동주거주인 피고인의 처 공소외 8이 압수·수색 현장인 피고인의 주거지에 있는 상태에서 피고인의 주거지에 대한 압수·수색이 집행된 이상 공소외 7이 중도에 퇴거하였다는 사정만으로 위 압수·수색 집행이 위법하다고 볼 수는 없다.

(2) 피고인 명의의 차량에 대한 압수·수색

국가정보원 수사관 등은 피고인과 공소외 8에게 이미 제시한 압수수색검증영장의 대상에 포함되어 있던 피고인 명의의 차량에 대한 압수·수색절차에 참여할 것인지 여부를 확인함으로써 참여의 기회를 보장하였으나, 이에 대하여 피고인은 묵비하고, 공소외 8은 참여하지 않겠다면서 알아서 하라는 취지로 대답하여 명시적으로 참여를 거부함에 따라 형사소송법 제123조 제3항에 기하여 공소외 7의 참여하에 차량에 대한 압수·수색을 실시하였다. 당시 공소외 7은 차대번호를 확인하고, 국가정보원 수사관이 차량 안에서 수색하여 찾은 물건들을 상자에 넣은 후 청색테이프로 봉인하자 봉인된 두 곳에 직접 서명을 하고, 수사관 등과 함께 피고인의 주거지로 돌아와 봉인된 상자를 직접 개봉함으로써 압수·수색절차에 실질적으로 참여하였으므로, 공소외 7이 참여인으로서의 역할을 제대로 하지 아니하였다는 피고인 변호인의 주장은 이유 없다.

(3) 피고인 명의의 오토바이에 대한 압수·수색

(가) 앞서 본 바와 같이 피고인 명의의 오토바이에 대한 압수·수색절차에 관하여 국가정보원 수사관 등이 피고인과 공소외 8에게 압수·수색절차에의 참여 여부를 확인하였으나 피고인은 자신들에게 말하지 말고 가라고 이야기함으로써 참여하지 아니한다는 의사를 명시한 것으로 보이고, 당시 공소외 7도 이미 피고인의 주거지에서 퇴거함으로써 인거인 또는 지방공공단체 직원의 참여도 없이 국가정보원 수사관 등만에 의하여 위 압수·수색절차가 집행되었으므로, 위 압수·수색은 형사소송법 제219조, 제123조 제2항, 제3항에 위배된다.

(나) 나아가 피고인 명의의 오토바이에 대한 압수·수색절차에서 수집된 증거를 사용할 수 있는지에 관하여 본다.

① 헌법과 형사소송법이 정한 절차에 따르지 아니하고 수집된 증거는 기본적 인권 보장을 위해 마련된 적법한 절차에 따르지 않은 것으로서 원칙적으로 유죄 인정의 증거로 삼을 수 없다 할 것이다. 다만, 법이 정한 절차에 따르지 아니하고 수집된 압수물의 증거능력 인정 여부를 최종적으로 판단함에 있어서는, 실체적 진실 규명을 통한 정당한 형벌권의 실현도 헌법과 형사소송법이 형사소송 절차를 통하여 달성하려는 중요한 목표이자 이념이므로, 형식적으로 보아 정해진 절차에 따르지 아니하고 수집된 증거라는 이유만을 내세워 획일적으로 그 증거의 증거능력을 부정하는 것 역시 헌법과 형사소송법이 형사소송에 관한 절차 조항을 마련한 취지에 맞는다고 볼 수 없다는 것을 고려해야 한다. 따라서 수사기관의 증거 수집 과정에서 이루어진 절차 위반행위와 관련된 모든 사정, 즉 절차 조항의 취지와 그 위반의 내용 및 정도, 구체적인 위반 경위와 회피가능성, 절차 조항이 보호하고자 하는 권리 또는 법익의 성질과 침해 정도 및 피고인과의 관련성, 절차 위반행위와 증거수집 사이의 인과관계 등 관련성의 정도, 수사기관의 인식과 의도 등을 전체적·종합적으로 살펴볼 때, 수사기관의 절차 위반행위가 적법절차의 실질적인 내용

을 침해하는 경우에 해당하지 아니하고, 오히려 그 증거의 증거능력을 배제하는 것이 헌법과 형사소송법이 형사소송에 관한 절차 조항을 마련하여 적법절차의 원칙과 실체적 진실 규명의 조화를 도모하고 이를 통하여 형사 사법 정의를 실현하려 한 취지에 반하는 결과를 초래하는 것으로 평가되는 예외적인 경우라면, 법원은 그 증거를 유죄 인정의 증거로 사용할 수 있다고 보아야 할 것이다. 이는 적법한 절차에 따르지 아니하고 수집된 증거를 기초로 하여 획득된 2차적 증거의 경우에도 마찬가지여서, 절차에 따르지 아니한 증거 수집과 2차적 증거 수집 사이의 인과관계 희석 또는 단절 여부를 중심으로 2차적 증거 수집과 관련된 모든 사정을 전체적·종합적으로 고려하여 예외적인 경우에는 유죄 인정의 증거로 사용할 수 있는 것이다(대법원 2007.11.15. 선고 2007도3061 전원합의체 판결).

② 앞서 본 바와 같이 피고인 명의의 오토바이에 대한 압수·수색은 피고인의 체포, 피고인의 신체, 주거지 및 피고인 명의의 차량에 대한 압수·수색에 연이어 이루어진 점, 당시 국가정보원 수사관은 피고인과 공소외 8에게 참여의 기회를 보장하였음에도 피고인과 공소외 8이 이를 명시적으로 거부한 점, 위 오토바이는 피고인의 소유로 간수자가 따로 있는 것이 아닌 점, 참여인인 공소외 7이 불가피한 사정으로 퇴거하였고, 다른 참여인인 공소외 10은 포렌식 분석절차를 진행하고 있었으며, 이른 새벽에 다른 인거인이나 지방공공단체 직원을 급히 섭외하기도 어려웠을 것으로 보이는 점, 위 오토바이는 피고인의 주거지 아파트 지하 주차장에 주차되어 있던 것으로, 그 수색의 대상이 오토바이의 외부와 안장 밑의 수납함 정도에 불과한 점, 오토바이에 대한 압수·수색은 약 6분간 진행되었는데, 압수·수색에 참여한 국가정보원 수사관 등이 압수·수색을 위하여 주차된 위 오토바이에 접근할 때부터 압수·수색 후 압수물을 들고 피고인의 주거지에 도착할 때까지의 전 과정을 촬영하였으며, 피고인의 주거지에 도착한 후 피고인에게 오토바이에 대한 압수·수색 전 과정을 촬영하면서 진행하였다고 고지하면서 위 오토바이에서 압수하여 온 물건들을 확인시킨 점, 이후 국가정보원 수사관 등은 피고인과 피고인의 처가 보는 앞에서 포렌식 작업을 실시한 점 등에 비추어 보면, 국가정보원 수사관 등이 위 오토바이에 대한 압수수색검증영장 집행 절차의 적정성을 담보하기 위하여 상당한 조치를 하였고, 피고인에게 충분한 참여권을 보장하였다고 보인다. 따라서

형사소송법 제123조 제2항, 제3항의 규정 취지를 감안하면 위 수사관 등의 절차 위반행위가 적법절차의 실질적인 내용을 침해하는 경우에 해당한다고 보이지는 아니하므로, 위 압수·수색과정에서 수집된 증거들은 유죄 인정의 증거로 사용할 수 있는 예외적인 경우에 해당한다고 봄이 상당하다.

다) 피고인의 변호인은 국가정보원 수사관 등이 피고인이 명시적으로 압수·수색절차의 참여를 거부하였음에도 체포된 피고인을 즉시 구치소로 인치하지 아니한 채 현장에서 수갑을 채워 불법 구금한 상태로 참여를 강요하였다고 주장하나, ① 형사소송법 제219조, 제121조에서 피의자의 압수·수색영장의 집행에 대한 참여권을 보장하고 있는 것은 영장집행 절차의 적정성을 도모하기 위한 것이므로, 피의자가 압수·수색 집행에 대한 참여권을 포기하겠다는 명시적인 의사가 없는 이상, 기본적으로 압수·수색영장의 집행에 대한 피의자의 참여권은 보장되어야 하는 것인데, 피고인은 국가정보원 수사관 등의 질문에 묵비권을 행사하였을 뿐 명시적으로 참여권을 포기하겠다는 의사를 밝힌 것으로는 보이지 아니하는 점, ② 당시 피고인은 공소외 8을 통하여 공소외 9 변호사에게 연락하였고, 이에 압수·수색절차 중에 공소외 9 변호사가 피고인의 주거지로 와서 체포영장 및 압수수색검증영장을 제시받아 열람하는 등 압수·수색절차를 확인한 점, ③ 피고인이 체포 당시 격렬한 저항을 함에 따라 체포 직후에는 손을 뒤로 한 채 수갑이 채워졌으나, 이후 피고인이 성경책을 달라며 진정이 된 이후에는 손을 앞으로 하여 수갑을 찬 상태로 주거지 내에 있었던 점 등에 비추어 보면, 피고인이 체포 후 곧바로 구치소로 인치되지 않고 압수·수색현장에서 수갑을 찬 채로 머물렀다는 사정만으로 피고인이 불법 구금 상태에 있었다거나 참여를 강요받았다고 보기는 어렵다.

라) 피고인의 변호인은 국가정보원 수사관 등은 피고인과 피고인의 처 공소외 8에게 밤새도록 압수·수색절차에의 참여를 강요하면서 잠시의 수면도 허용하지 아니하였는바, 이러한 밤샘 압수·수색은 수면권을 침해하여 이루어진 것으로 강제수사 비례의 원칙 및 과잉금지원칙에 반하고 변호인의 조력을 받을 권리를 침해하여 위법하다고 주장한다.

앞서 본 바와 같이 피고인의 주거지 등에 대한 압수수색검증영장의 집행이 2015.11.13. 00:35경부터 17:25경까지 밤을 새워 장시간에 걸쳐 진행된 것은 사실이다. 그러나 형사소송법 제125조는 압수·수색영장의 야간집행이 가능한 것을 전제로 규정하고 있고, 피고인의 주거지 등에 대한 압수수색검증영장에 야간집행이 가능하다는 기재가 있는 점, 피고인이 압수·수색 대상물을 은닉·훼손하는 것을 방지하기 위하여 압수·수색이 전격적으로 이루어져야 할 필요성이 있었던 것으로 보이는 점, 압수·수색영장의 집행이 밤을 새워 장시간에 걸쳐 진행됨으로써 피고인과 그 가족이 그에 따른 불편함을 입게 된 것은 사실이나 압수·수색이 진행된 기간이 하루 이내(포렌식 과정을 포함하여 약 17시간)였던 점을 고려할 때, 연속적으로 압수·수색을 하고 그 집행을 종료하는 것이 피고인과 그 가족들의 주거의 평온을 상대적으로 덜 침해하는 것으로 보이는 점, 압수·수색절차 중에 공소외 9 변호사가 피고인의 주거지로 와서 체포영장 및 압수수색검증영장을 제시받아 열람하는 등 압수·수색 절차를 확인한 점 등을 종합하여 보면, 위 압수·수색이 밤을 새워 장시간 계속되었다는 점만으로 비례의 원칙 및 과잉금지원칙에 반하거나 변호인의 조력을 받을 권리를 침해하여 위법한 것으로 보이지는 않는다.

마) 피고인의 변호인은 당시 압수·수색현장에 도착하여 체포영장의 등사를 요구하였음에도 국가정보원 수사관 등이 이를 거절함으로써 변호인의 조력을 받을 권리가 원천적으로 침해되었다고 주장한다.

형사소송규칙 제101조는 '체포·구속적부심청구권자의 체포·구속영장등본 교부청구등'이라는 제목하에 '구속영장이 청구되거나 체포 또는 구속된 피의자, 그 변호인, 법정대리인, 배우자, 직계친족, 형제자매나 동거인 또는 고용주는 긴급체포서, 현행범인체포서, 체포영장, 구속영장 또는 그 청구서를 보관하고 있는 검사, 사법경찰관 또는 법원사무관 등에게 그 등본의 교부를 청구할 수 있다'고 규정하여, 체포·구속적부심청구권자들의 청구권을 보장하기 위한 등본교부청구권을 부여하고 있으나 그 시기를 명백히 정하고 있지는 아니하다. 따라서 야간에 피고인에 대한 체포영장을 집행한 후 위 체포영장을 보관하면서 피고인의 주거지에 대한 압수·수색을 계속 중이던 사법경찰관인 국가정보원 수사관으로서는 체포·구속적부심청구권자인 변호인이 그 체포·구속적부심사를 청구하는 데 지장이 없도록 가능한 한 조속히 체포영장의 등본을 교부해주면 될 것이지, 체포 및 압수·수색현장에서 즉시 해당 체포영장을 등사하여 주어야만 하는 것은 아니고, 따라서 그 현장에서 체포영장의 등사를 거절하였다고 하여 그것이 피고인의 조력을 받을 권리를 원천적으로 침해한 조처라고는 보기 어렵다(기록에 의하면 피고인은 2015.11.13. 18:40경 서울구치소에 구금되었다가, 같은 달 14. 09:45경 국가정보원 조사실에 인치된 후 정식으로 체포영장등사신청서를 작성, 제출하였고, 즉시 체포영장 등본을 교부받아 공소외 9 변호사에게 전달한 것으로 보인다).

바) 따라서 피고인 변호인의 위 주장은 모두 이유 없다.

바. 위법한 해외촬영 및 그로부터 파생된 증거들의 증거능력 부존재

1) 항소이유의 요지

원심은 초상권 중 촬영거절권은 상대적으로 보호의 이익이 크지 않고 공개된 장소에서의 사진 촬영은 영장을 필요로 하는 강제수사로 단정하기 어려우며, 이 사건 동영상 또는 사진 촬영의 긴급성 및 방법의 상당성이 인정되므로 영장주의에 위배되지 않고, 형사사법공조절차를 거치지 않은 것은 대한민국과 외국 국가 사이의 영토주권의 문제에 불과하고 그 촬영물이 위법수집증거라 할 수는 없다는 취지로 판단하였다. 그러나 초상권 중 촬영거절권이 공표거절권이나 초상영리권에 비하여 상대적으로 보호이익이 작다고 볼 논리적 근거가 없고, 이 사건과 같이 대상자를 특정하여 의도를 가지고 장시간 따라다니며 비밀 촬영한 것은 그 장소가 공개장소이든 비공개장소이든 대상자의 사생활의 비밀의 자유 및 초상권을 침해하는 것이므로 강제수사로 보아야 하며, 더욱이 수사기관은 영토주권의 문제상 해외촬영에 대하여 대한민국 법원의 영장을 발부받을 수 없었으므로, 외국 국가와의 형사사법공조절차를 거쳐 피고인의 절차적 기본권을 보장하였어야 함에도 이를 위반한 이상, 위법한 해외촬영을 통하여 수집된 동영상이나 그로부터 파생된 증거들은 모두 증거능력이 없다. 그럼에도 영장주의나 형사사법공조절차에 대한 법리오해로 인하여 위법수집증거에 증거능력을 부여한 원심판결에는 법리오해의 위법이 있다.

2) 판단

가) 누구든지 자기의 얼굴이나 모습을 함부로 촬영당하지 않을 자유를 가지나, 이러한 자유도 무제한으로 보장되는 것은 아니고 국가의 안전보장·질서유지·공공복리를 위하여 필요한 경우에는 그 범위 내에서 상당한 제한이 있을 수 있으며, 수사기관이 범죄를 수사함에 있어 현재 범행이 행하여지고 있거나 행하여진 직후이고, 증거보전의 필요성 및 긴급성이 있으며, 일반적으로 허용되는 상당한 방법으로 촬영한 경우라면 위 촬영이 영장 없이 이루어졌다 하여 이를 위법하다고 단정할 수 없다(대법원 2013.7.26. 선고 2013도2511 판결).

기록에 의하면, 국가정보원 수사관 등이 동영상이나 사진으로 촬영한 것은 피고인 또는 공범인 공소외 6이 중국, 베트남, 말레이시아에서 북한 공작원들과 회합 중인 모습이나 회합하기 직전·직후의 모습으로, 각 국가보안법위반(회합·통신 등) 범행의 증거를 보전하기 위한 필요에 따라 이루어진 것이고, 그 촬영 장소도 길거리, 광장, 차량이 통행하는 도로, 호텔, 커피점 앞 도로, 공항 등 공개적인 장소였던 점, 촬영장비도 일반 캠코더인 것으로 보이는 점 등을 알 수 있으므로, 해당 동영상이나 사진의 촬영은 일반적으로 허용되는 상당한 방법으로 이루어졌다고 할 것이고, 따라서 영장 없이 해당 촬영이 이루어졌다고 하여 그것이 영장 없는 강제처분에 해당하여 위법하다고 볼 수 없다. 따라서 그와 같은 취지에서 각 해외촬영 자체가 영장주의에 위배되는 위법한 증거수집이라고 할 수 없다고 판단한 원심의 조치는 정당한 것으로 보인다.

나) 피고인의 변호인은 초상권 중 촬영거절권이 공표거절권이나 초상영리권에 비하여 상대적으로 보호이익이 작다고 볼 논리적 근거가 없다고 주장하나, 일반적으로 촬영거절권은 공표거절권, 초상영리권을 전제로 하지 않는 이상 상대적으로 그 보호의 이익이 적다고 해석되고 있고, 특히 공개된 장소에서의 촬영의 경우에는 초상권이나 사생활의 비밀 등 그 권리보호의 이익이 상대적으로 감소한다고 봄이 상당하다.

한편, 피고인은 국가정보원 수사관 등이 대상자를 특정하여 의도를 가지고 장시간 따라다니며 촬영한 것은 그 장소가 공개장소이든 비공개장소이든 대상자의 사생활의 비밀의 자유 및 초상권을 침해하는 것이므로 강제수사로 보아야 한다고 주장하나, 국가정보원 수사관 등이 각 국가보안법위반(회합·통신 등) 범행의 증거를 보전하기 위하여 피고인 또는 공범인 공소외 6이 북한 공작원들과 회합하기 전후에 피고인을 따라다니다가 촬영을 하였다고 하더라도 그러한 행위들이 모두 공개된 장소에서 이루어진 이상 이를 강제수사로 단정하기는 어렵다.

다) 나아가 비록 이 사건 각 동영상 또는 사진의 촬영행위가 증거수집을 위한 수사행위에 해당하고 그 촬영 장소가 대한민국이 아닌 중국, 베트남이나 말레이시아의 영역에 속한다는 사정이 있기는 하나, 촬영의 상대방이 대한민국 국민이고 앞서 본 바와 같이 공개된 장소에서 일반적으로 허용되는 상당한 방법으로 이루어진 촬영으로서 이를 강제수사라고 단정할 수 없는 점 등을 고려하면, 중국, 베트남, 말레이시아의 영토주권을 침해하고 형사사법공조절차를 거치지 아니한 문제가 있다는 사정이 그 촬영행위에 의하여 취득된 증거의 증거능력을 부정할 사유는 되지 못한다(대법원 2013.7.26. 선고 2013도2511 판결 등 참조, 설령 그와 같은 해외촬영이 중국, 베트남, 말레이시아의 영토주권을 침해한다고 하더라도 영토관할권 침해를 통한 사법관할권의 행사가 국내형사법 절차에서 어떤 효력을 갖는지는 법원이 국내법적으로 판단할 문제이고, 영토주권을 침해당한 위 각국과 사이에 아무런 관할권의 연결고리가 없는 피고인이 자신의 형사소추절차에서 그러한 국제법위반의 점을 내세워 해당 촬영물을 위법수집증거라고 주장할 수는 없는 것으로 보인다). 그와 같은 취지의 원심의 판단은 정당한 것으로 보이고, 거기에 위법수집증거배제법칙의 적용 범위에 관한 법리를 오해한 위법이 있다고 할 수 없다.

사. 압수된 디지털 저장매체와 전자정보 파일의 동일성, 무결성 흠결

1) 항소이유의 요지

원심은 증거물의 동일성을 반드시 압수현장에서 촬영한 영상만으로 입증해야 하는 것은 아니므로 압수·수색 현장을 촬영한 영상에 대한 열람·등사가 없더라도

증거물과 압수물의 동일성을 인정할 수 없다거나 검증절차에 위법이 있다고 할수는 없고, 각 압수물이 현장에서 제대로 봉인되어 그 봉인 상태가 원심에서 검증할 때까지 유지되었으며, 압수 당시 산출하였던 해시값과 기타 파일정보 등이 봉인을 해제한 뒤 산출한 해시값 등과 동일하므로 위 증거물들에 대한 무결성·동일성을 인정할 수 있고, 특히 ○○○ 하드디스크가 복구된 증 제131호에 관하여, 복구자인 공소외 11의 증언에 의하면 복구하는 하드디스크의 하드웨어적인 문제를해결한 것이지 그 안에 저장되어 있는 데이터에 영향을 주는 것은 아니고, 봉인을해제한 사람의 진술, 해제된 봉인지와 봉투의 상태, 재봉인에 사용된 봉인지, 재봉인된 봉투의 상태 등을 통하여 사후적으로 봉인의 연속성을 판단할 수 있으며, 파일의 해시값을 산출하여 파일의 동일성을 확인하는 방법도 함께 사용되므로, 봉인해제와 재봉인의 방법과 과정에 어떠한 잘못도 없다고 판단하였다.

그러나 원심은 수사기관이 압수물을 최초 수색하여 사본을 이미징하고 원본과사본을 봉인할 때까지 발생할 수 있는 위·변작 가능성을 간과하였던바, 원본의동일성이 인정되기 위하여는 수사기관이 최초 원본 디지털 저장매체를 확보한 시점부터 봉인 시까지 객관적으로 그 위·변작 여부를 확인할 수 있는 연속적인 동영상 촬영이 필요하고 그 영상을 바탕으로 원본 동일성이 인정되어야 하며, 이는압수 당시의 상황을 촬영한 동영상의 검증 등을 통하여 엄격하게 입증하여야 한다. 또한 보관의 연속성은 원본을 봉인하고 이를 해제하는 절차에 동일인이 참석하여 자신이 봉인한 것이 맞는지를 확인하여야 하는 것인데, 특히 ○○○ 하드디스크(증 제131호)에 관하여 2015.11.13. 봉인 시에는 공소외 12가 참여하였으나 같은 달 17. 공소외 13 회사에서 봉인을 해제하고 다시 재봉인할 때에는 공소외 11이 참여하였으며, 원심에서 원본의 봉인을 해제할 당시에는 공소외 10이 출석하지 아니하여 공소외 11이 재봉인할 당시 함께 봉인한 최초 봉인지의 진정성 여부를 공소외 10이 확인하지 아니하였으므로 그 보관의 연속성을 인정할 수 없다. 따라서 디지털 저장매체의 원본 동일성이나 무결성 담보 조치의 흠결로 그 증거물의 증거능력을 부인하여야 할 것임에도 그 증거능력을 인정한 원심의 판단은위법하다.

2) 판단

가) 압수물인 컴퓨터용 디스크 그 밖에 이와 비슷한 정보저장매체(이하 '정보저장매체'라고만 한다)에 입력하여 기억된 문자정보 또는 그 출력물(이하 '출력 문건'이라 한다)을 증거로 사용하기 위해서는 정보저장매체 원본에 저장된 내용과출력 문건의 동일성이 인정되어야 하고, 이를 위해서는 정보저장매체 원본이압수 시부터 문건 출력 시까지 변경되지 않았다는 사정, 즉 무결성이 담보되어야 한다. 특히 정보저장매체 원본을 대신하여 저장매체에 저장된 자료를

'하드카피' 또는 '이미징'한 매체로부터 출력한 문건의 경우에는 정보저장매체 원본과 '하드카피' 또는 '이미징'한 매체 사이에 자료의 동일성도 인정되어야 할 뿐만 아니라, 이를 확인하는 과정에서 이용한 컴퓨터의 기계적 정확성, 프로그램의 신뢰성, 입력·처리·출력의 각 단계에서 조작자의 전문적인 기술능력과 정확성이 담보되어야 한다(대법원 2007.12.13. 선고 2007도7257 판결 등 참조). 출력 문건과 정보저장매체에 저장된 자료가 동일하고 정보저장매체 원본이 문건 출력 시까지 변경되지 않았다는 점은, 피압수·수색 당사자가 정보저장매체 원본과 '하드카피' 또는 '이미징'한 매체의 해시(Hash)값이 동일하다는 취지로 서명한 확인서면을 교부받아 법원에 제출하는 방법에 의하여 증명하는 것이 원칙이나, 그와 같은 방법에 의한 증명이 불가능하거나 현저히 곤란한 경우에는, 정보저장매체 원본에 대한 압수, 봉인, 봉인해제, '하드카피' 또는 '이미징' 등 일련의 절차에 참여한 수사관이나 전문가 등의 증언에 의해 정보저장매체 원본과 '하드카피' 또는 '이미징'한 매체 사이의 해시값이 동일하다거나 정보저장매체 원본이 최초 압수 시부터 밀봉되어 증거 제출 시까지 전혀 변경되지 않았다는 등의 사정을 증명하는 방법 또는 법원이 그 원본에 저장된 자료와 증거로 제출된 출력 문건을 대조하는 방법 등으로도 그와 같은 무결성·동일성을 인정할 수 있다고 할 것이며, 반드시 압수·수색 과정을 촬영한 영상녹화물 재생 등의 방법으로만 증명하여야 한다고 볼 것은 아니다(대법원 2013.7.26. 선고 2013도2511 등 참조).

나) 피고인의 변호인은 원심에서도 이 부분 주장과 같은 취지의 주장을 하였고, 원심은 그 판결문 128~139쪽에서 '압수된 디지털 저장매체와 전자정보 파일의 동일성, 무결성 관련 주장'이라는 제목 아래 위와 법리를 기초로 이에 대한 판단을 자세하게 설시하여 위 주장을 배척하였는바, 원심이 설시한 사정들에 원심 및 당심이 적법하게 채택하여 조사한 증거들에 의하여 인정되는 다음과 같은 사정을 보태어 보면, 원심의 위와 같은 판단은 정당하다.

(1) 앞서 본 바와 같이, 당심에서 피고인 변호인의 신청으로, 2015.11.13. 00:35경부터 17:25경까지 사이에 피고인의 신체, 주거지, ○○대학교 구내에 주차되어 있던 피고인 명의의 차량 및 피고인의 주거지 아파트 내 지하주차장에 주차되어 있던 피고인 명의의 오토바이에 대한 압수·수색 전 과정이 촬영된 영상녹화물 중 검증이 필요하다고 특정한 영상녹화물 부분에 대한 검증을 실시하였다.

(2) 당심의 검증결과, 국가정보원 수사관 등은 포렌식 전문가로서 참여인인 (명칭 1 생략)대학교(명칭 2 생략)대학원 교수 공소외 10의 참여하에 피고인의 신체, 주거지, 피고인 명의의 차량 및 오토바이에 대한 수색 결과 발견

된 Micro SD 카드, USB, SD 카드, 노트북, 외장하드, CD, 아이패드, 갤럭시탭 등 정보저장매체들을 압수한 다음, 피고인과 피고인의 처 공소외 8에게 피고인이 협조하지 아니하여 현장에서 범죄혐의와 관련성 있는 정보만의 압수가 불가능한 상황이므로 정보저장매체에 대하여 이미징을 하거나 이미징이 물리적으로 불가능한 정보저장매체에 대하여는 저장매체 원본을 봉인하여 반출할 것이며, 추후 선별압수 과정에 참여할 수 있음을 고지하였다.

(3) 국가정보원 수사관 등은 피고인의 주거지 내 거실 바닥이나 식탁의자에 앉은 채로 위 각 정보저장매체를 이미징하고 해시값을 산출하는 작업을 순차로 진행하였고, 이미징 과정에서 저장매체 자체의 고장으로 매체 인식이 불가능하여 오류가 발생한 ○○○ 하드디스크(40G, 증 제131호)와 스마트폰 2개는 원본을 반출하겠다고 고지하였다.

(4) 국가정보원 수사관 등은 공소외 8에게 포렌식 절차에 대한 설명을 해주었고, 이후 피고인이 포렌식 절차가 진행되는 과정에서 직접 수사관에게 이미징, 해시값이 무엇인지 묻자 설명을 해주기도 하였다.

다) ○○○ 하드디스크가 복구된 압수물 증 제131호에 관하여 본다.

(1) 기록에 의하면 다음과 같은 사실이 인정된다.

(가) 국가정보원 수사관은 2015.11.13. 01:11~03:59경 피고인의 주거지 내 거실을 수색하던 중에 ○○○ 하드디스크(증 제131호)를 발견하였는데, 13:35경 압수현장의 포렌식 장비로 위 하드디스크를 이미징하려고 하였으나 고장으로 매체 인식이 불가능하여 오류가 발생하므로 피고인에게 이를 고지한 후 외부 포렌식 전문업체를 통한 복구를 하기 위해 원본을 반출하기로 하였다.

(나) 국가정보원 수사관은 피고인과 공소외 8에게 피고인이 협조하지 아니하고 현장에서 범죄혐의와 관련성 있는 정보만의 압수가 불가능한 상황이므로 ○○○ 하드디스크 원본을 봉인하여 반출할 것이며, 추후 선별압수절차에 참여할 수 있다고 고지하였다.

(다) 국가정보원 수사관은 피고인에게 ○○○ 하드디스크 원본에 대한 봉인 및 서명을 요청하였으나 피고인이 이를 거절하자, 포렌식 전문가로서 피고인의 신체, 주거지 등에 대한 압수·수색절차의 참여인으로 참여한 공소외 10을 봉인절차에 참여시켜 공소외 10으로 하여금 봉인한 후 서명하도록 하였다.

(라) 공소외 13 주식회사(이하 '공소외 13 회사'라 한다)는 2015.11.17. 국가정보

원으로부터 ○○○ 하드디스크의 복구를 의뢰받아 데이터복구팀 공소외 11이 봉인상태를 확인하여 이상 없음을 확인한 후 직접 봉인을 해제하고, 2015.11.24. 위 하드디스크의 복구를 완료한 다음 해시값을 생성하여 원본과 복구 사본파일의 해시값 동일성을 확인한 후 직접 재봉인하여 국가정보원에 제출하였다.

㈐ 국가정보원 수사관은 2015.11.25. 14:18경~14:29경 포렌식 전문가 공소외 12를 입회시키고 봉인을 해제하고 해시값을 확인한 다음, 같은 날 14:30경~2015.11.29. 13:30경 파일 선별작업을 한 뒤 2015.11.29. 14:40경~15:03경 선별압수하였다.

㈑ 원심은 2016.10.17. 검증을 실시하여, 압수물 증 제131호의 봉인상태(2015.11.24. 14:32 봉인, 봉인·참관자: 공소외 11)를 확인하고 봉인을 해제하여, 증 제131호가 담긴 봉투와 이에 대하여 복구 작업을 한 하드디스크가 담긴 봉투의 각 봉인상태(각 2015.11.24. 14:26 봉인, 봉인·참관자: 공소외 11, 이를 '복구사본'이라 한다)를 확인하고, 공소외 11이 작성한 해시값확인서를 확인하였다. 원본은 일부 손상되어 읽을 수 없고 복구사본의 파일확장자(bin)를 읽을 수 있는 프로그램이 없어, 복구사본에 대한 검증을 차회 기일에 실시하기로 하고 복구사본은 재봉인하였다. 이후 원심은 2016.10.24. 검증기일에 복구사본의 봉인을 해제하고 저장되어 있는 파일들의 해시값, 파일생성시간, 마지막수정시간, 파일용량 등이 검증용 사본과 동일함을 확인하였다.

㈒ 공소외 11은 원심에 증인으로 출석하여, 2015.11.17. ○○○ 하드디스크(증 제131호)를 받아서 직접 봉인을 해제하여 복구작업을 실시하였고, 하드디스크를 정상적으로 동작할 수 있도록 복구하여 이미징하였으며, 데이터복구 과정상 데이터의 변경이 없고, 자신의 작업실의 데이터복구 장비는 쓰기방지장치가 되어 있으므로 다른 데이터가 들어갈 염려는 전혀 없으며, 복구 작업과 이미징이 끝난 후 해시값을 직접 생성하여 원본(복구사본)과 사본의 동일성을 확인하고, 모두 재봉인하여 수사관에게 주었다고 진술하였다.

⑵ 위 사실관계를 앞서 본 법리에 비추어 보면, 공소외 13 회사의 공소외 11이 ○○○ 하드디스크의 복구를 위하여 위 하드디스크의 봉인을 해제할 때 당초의 압수·수색절차에서 위 하드디스크를 봉인한 공소외 10이 참여하지 않은 문제가 있기는 하나, 공소외 11이 원심에서 봉인상태를 확인한 후 이상 없음을 확인한 후 직접 봉인을 해제하였고, 자신이 실행한 하드디스크 복구작업은 하드디스크의 하드웨어적인 문제를 해결한 것이지

그 안에 저장되어 있는 데이터에 영향을 주는 것이 아니라고 진술하고 있는 점, 원심의 검증결과 그 봉인의 연속성이 인정된다고 판단한 점, 봉인의 연속성은 봉인을 해제한 사람의 진술, 해제된 봉인지와 봉투의 상태, 재봉인에 사용된 봉인지, 재봉인된 봉투의 상태 등을 통하여 사후적으로도 판단할 수 있는 점까지 고려하면, ○○○ 하드디스크(증 제131호)의 무결성이나 동일성을 넉넉히 인정할 수 있다.

(3) 따라서 피고인 변호인의 위 주장은 이유 없다.

아. 중국 대련 촬영 동영상 및 사진의 원본 동일성, 무결성 흠결과 2011.4.21.경 회합으로 인한 국가보안법위반(회합·통신)의 점에 관한 판단

1) 항소이유의 요지

원심은 해외 촬영 동영상들(증거목록 순번 764 내지 778 각 동영상)에 관하여 각 촬영 직후 봉인 및 해시값 산출 절차를 거치지 않았음을 인정하면서도, 촬영자들의 진술, 감정서 및 원심 검증결과에 의하여 특별히 끊어짐이나 조작의 흔적을 발견할 수 없고, 파일의 최종 수정시간이 촬영된 시간대와 일치하는 점 등을 종합하여 증거능력을 모두 인정하였으나, 중국 대련에서 촬영한 동영상(증거목록 순번 764)은 원본이 삭제되어 존재하지 아니하므로 원본 동일성, 무결성을 인정할 수 없어, 위 동영상과 동영상에서 출력한 동영상 캡처사진, 현장사진 등은 그 증거능력이 없다.

2) 판단

가) 먼저 중국 대련 채증 관련 동영상(증거목록 순번 764 동영상)의 증거능력에 관하여 본다.

(1) 대화 내용을 녹음한 파일 등의 전자매체는 그 성질상 작성자나 진술자의 서명 혹은 날인이 없을 뿐만 아니라, 녹음자의 의도나 특정한 기술에 의하여 그 내용이 편집·조작될 위험성이 있음을 고려하여 그 대화 내용을 녹음한 원본이거나 혹은 원본으로부터 복사한 사본일 경우에는 복사 과정에서 편집되는 등 인위적 개작 없이 원본의 내용 그대로 복사된 사본임이 입증되어야만 하고, 그러한 입증이 없는 경우에는 쉽게 그 증거능력을 인정할 수 없다(대법원 2007.3.15. 선고 2006도8869 판결, 대법원 2012.9.13. 선고 2012도7461 판결 등 참조). 그리고 증거로 제출된 녹음파일이 대화 내용을 녹음한 원본이거나 혹은 복사 과정에서 편집되는 등 인위적 개작 없이 원본 내용을 그대로 복사한 사본이라는 점은 녹음파일의 생성과 전달 및 보관 등의 절차에 관여한 사람의 증언이나 진술, 원본이나 사본 파일 생성 직후의 해시(Hash)값과의 비교, 녹음파일에 대한 검증·감정 결과 등 제반 사정을 종

합하여 판단할 수 있다(대법원 2015.1.22. 선고 2014도10978 전원합의체 판결 참조)

(2) 기록에 의하면, 다음과 같은 사실이 인정된다.

(가) 경찰청 보안수사대 소속이었던 경찰관 공소외 14 등은 2011.4.21.경 피고인이 중국 대련을 방문하였을 때 중국 대련 현지에서 피고인의 동향을 파악하고 피고인이 북한 공작원과 회합하는 장면을 촬영하였다. 당시 공소외 14는 산요 캠코더를 휴대하고, 위 캠코더를 이용하여 피고인에 대한 동영상을 촬영하였고, 다른 수사관 등도 각자 동영상 또는 사진을 촬영하였으며, 나중에 공소외 14가 각 동영상 및 사진을 취합하였다.

(나) 당시 공소외 14는 피고인의 모습을 촬영하는 데 메모리칩 한 개를 사용하였고, 현장에서 촬영하면서 캠코더를 계속 켜둔 것은 아니고, 수사관 등이 필요하다고 판단되는 상황에 캠코더를 켜서 촬영하였다. 필요 없는 영상은 현장에서 삭제하기도 하였다.

(다) 공소외 14는 국내에 들어온 뒤 위 촬영 영상을 자신이 가지고 있던 외장형 하드디스크에 그대로 저장을 하여 보관하였다. 다만, 공소외 14는 원심에 증인으로 출석하여 2011년 당시에는 정보저장매체 원본을 보관하는 절차나 방법이 확립되어 있지 않아 봉인, 해시값 산출절차를 밟는 등으로 완벽을 기하지는 못했다고 진술하였다.

(라) 국가정보원은 2015.10.14. 중국 대련 채증 관련 동영상(증거목록 순번 764)에 관하여 국립과학수사연구원에 그 조작 여부에 관한 감정을 의뢰하였고, 국립과학수사연구원 소속 공소외 15는 2015.10.23. '디지털 데이터의 특성상 정교한 위변조의 경우 그 흔적을 발견하지 못할 가능성을 완전히 배제할 수는 없으나, 감정동영상 파일은 형식 및 데이터 구조에서 감정물 캠코더로 시험 촬영한 영상과 동일한 형식으로 구성되어 있으며, 위변조되었다고 판단할 만한 특이점이 발견되지 않음'이라고 감정회신하였다.

(3) 중국 대련에서 촬영된 동영상의 증거능력을 인정하려면, 동영상 원본이거나 혹은 원본으로부터 복사한 사본일 경우에는 복사 과정에서 편집되는 등 인위적 개작 없이 원본의 내용 그대로 복사된 사본임이 입증되어야 하는데, 앞서 본 바와 같이 그 촬영자인 공소외 14가 국내에 들어온 뒤 위 촬영 영상을 외장형 하드디스크에 저장한 후 삭제하여 원본이 존재하지 아니하므로, 원본으로부터 복사된 사본의 증거능력을 인정할 수 있는지 여부만이 문제된다.

그런데 원심의 검증결과에 의하면 2015.12.14. 봉인된 중국 대련 채증 관련 동영상(증거목록 순번 764)과 검증용 사본의 해시값이 동일하므로 원심이 검증한 파일이 당초 봉인되어 있던 영상과 동일한 영상임이 인정되고, 공소외 14, 공소외 15의 각 원심 법정진술, 2015.10.23. 국립과학수사연구원 발송 '감정의뢰 회보(2015-M-30015)' 제하 공문 1부(디지털분석감정서)의 기재 및 원심의 감정결과상 영상에 특별히 끊어짐이나 조작의 흔적을 발견할 수 없는 점, 파일의 마지막 수정시간이 2011.4.22. 금요일 오전 12:50경인데, 이는 피고인이 촬영된 시간대와 일치하는 점 등까지 종합하면 봉인된 영상은 위조 또는 변조되지 않은 원본임을 인정할 수 있고, 검증용 파일도 위 원본을 인위적 개작 없이 그대로 복사한 사본임이 인정되므로, 위 동영상의 증거능력을 인정할 수 있다.

나) 설령 중국 대련 채증 관련 동영상의 원본이 존재하지 아니하고, 위 (3)항에서 본 증거들만으로 위 동영상이나 동영상에서 출력한 동영상 캡쳐사진, 현장사진에 대하여 원본과 사본 파일과의 동일성이 입증되었다고 단정하기 어려우며, 수사보고(피고인이 2011.4.19~23간 중국 방문, 상부선인 오지도원 등 北「225국」공작조와 회합한 사실 확인) 중 중국 대련 채증관련 동영상에서 출력한 동영상 캡쳐사진이나 현장사진 부분이 위 동영상을 기초로 하여 작성된 것이어서 증거능력이 없다고 보더라도, 당시 피고인이 중국 대련에서 북한 225국 소속 공작원과 회합하는 장면 등을 목격한 공소외 14의 원심 법정진술과 대상자 피고인 출입국기록 1부 등 그 밖에 검사가 제출한 증거들에 의하면 2011.4.21.경회합의 점에 대한 공소사실을 충분히 인정할 수 있으므로, 결국 피고인 변호인의 이 부분 주장은 이유 없다.

자. 베트남, 말레이시아 촬영 동영상 및 사진의 원본 동일성, 무결성 흠결

1) 항소이유의 요지

원심은 해외 촬영 동영상들(증거목록 순번 765 내지 778 각 동영상)에 관하여 각 촬영 직후 봉인 및 해시값 산출 절차를 거치지 않았음을 인정하면서도, 촬영자들의 진술, 감정서 및 원심 검증결과에 의하여 특별히 끊어짐이나 조작의 흔적을 발견할 수 없고, 파일의 최종 수정시간이 촬영된 시간대와 일치하는 점 등을 종합하여 증거능력을 모두 인정하였으나, 베트남 호치민에서 촬영한 동영상(증거목록 순번 765 내지 770)과 말레이시아 쿠알라룸푸르에서 촬영한 동영상과 사진(증거목록 순번 771 내지 778)은 각 원본이 존재하기는 하나 각 채증 직후 봉인 및 해시값 산출 등 원본 동일성, 무결성을 담보하기 위한 절차를 거치지 아니하여, 수사관의 법정진술이나 국립과학수사연구원의 감정으로 원본 동일성, 무결성을 담보할 수 없으며, 나아가 베트남 호치민에서 촬영한 동영상 중 증거목록 순번 767 내지 770과 말레이시아 쿠알라룸푸르에서 촬영한 동영상 중 증거목록 순번 775, 776, 778은

국립과학수사연구원의 감정조차 받지 아니하였으므로, 위 각 동영상 및 사진은 그 증거능력이 없다.

2) 판단

피고인의 변호인은 원심에서도 이 부분 항소이유와 같은 취지의 주장을 하였고, **원심은 그 판결문 139~147쪽**(다만, 중국 대련에서 촬영한 동영상 부분 제외)에서 '**해외 촬영 동영상·사진의 동일성, 무결성을 인정할 수 없다는 주장**'이라는 제목 아래 **이에 대한 판단을 자세하게 설시하여 위 주장을 배척하였는바, 원심판결 이유를 앞서 설시한 법리에 비추어 기록과 대조하여 면밀하게 살펴보면 원심의 판단은 정당한 것으로 판단되고, 피고인 변호인의 위 주장은 이유 없다.**

차. 피고인 또는 공소외 6의 해외 행적에 관한 캡쳐 사진의 증거능력 부존재

1) 항소이유의 요지

원심은 검사가 증거신청을 철회하지 아니한 4,159쪽, 4,160쪽 사진들에 관하여 앞서 증거능력이 인정되어 적법하게 증거조사한 관련 해외 촬영 동영상 중에서 그대로 캡처한 것임이 인정되므로 그 증거능력이 인정된다고 판단하였으나, 각 해외 촬영 동영상의 원본 동일성, 무결성이 인정되지 아니하여 증거능력이 없는 이상 그 캡처사진들 또한 증거능력이 없다.

2) 판단

앞서 본 바와 같이 말레이시아 쿠알라룸푸르 채증 관련 동영상의 증거능력이 인정되는 이상 위 동영상으로부터 캡처한 사진들인 4,159쪽, 4,160쪽 사진들 또한 그 증거능력이 인정된다고 할 것이다. 따라서 피고인 변호인의 위 주장은 이유 없다.

카. 외국계 이메일 압수·수색절차의 위법성 및 2013.7.7.경 통신·연락으로 인한 국가보안법위반(회합·통신) 및 국가보안법위반(편의제공)의 점

1) 이 부분 공소사실의 요지

피고인은 2013.7.경 불상의 장소에서 "225국과 이메일 통신방법 제안, 국정원 대선 비리사건과 관련하여 대응사업 추진 상황, 조직 모임의 진행상황, 민심동향 보고와 관련된 각오" 등이 기재된 대북보고문을 작성하여 이를 '고난주간설교'로 시작되는 한글파일로 위장하여 스테가노그래피로 암호화한 파일 'to you7-7.docx'을 생성하였다.

이후, 피고인은 2013.7.7.경 불상의 장소에서 중국 인터넷 포탈업체 '○○○○.COM'에 접속하여 북한 '225국' 소속 공작원과 공동으로 사용하는 ID인 '(영문 ID 1 생략)'으로 로그인한 다음, 미리 스테가노그래피로 암호화해 놓은 위 'to you7-7.docx' 파일을 (영문 ID 1 생략)@○○○○.COM과 (영문 ID 1 생략)@○○○○.com을 수신인으로 지정하여 발송하였는데, 그 구체적인 내용은 다음과 같다.

혁명적인사를 드립니다. - 이메일을 확인했습니다. - 정상선과 예비선이 정확하게 접속 가동되었습니다. - 따라서 오늘 7월 7일 이후로 새로운 이메일을 정상선과 예비선으로 쓸 것을 제안합니다. - 지금까지 사용했던 (한글 ID 1 생략)@○○○○○.CN 메일은 비상선으로 사용할 것을 제안합니다. - 비상선이란 연락책에게만 알려주는 메일로 조직 파괴 등 비상의 상황에서 사용하는 메일입니다. - 조직은 국정원 대선비리사건에 기독교계 전체의 대책기구에 참여하는 등 대응사업을 하고 있으며 7.27 국제 평화대회를 위해 전 구간 걷기 대원 중 목사 성원을 파견해 주동적으로 참여하고 있습니다. - 월례 모임도 정상적으로 진행하고 있습니다. - 민심동향 보고와 관련하여 좀 더 경각심을 갖고 보고하도록 하겠습니다. 이상 끝.

이로써 피고인은 국가의 존립·안전이나 자유민주적 기본질서를 위태롭게 한다는 정을 알면서 반국가단체 구성원 또는 그 지령을 받은 자와 통신연락하고, ‘225국’ 소속 공작원에게 편의를 제공하였다.

2) 원심의 판단

원심은, 국가정보원 수사관은 수사의 필요상 법원의 영장에 의하여 영장에 기재된 상당한 방법에 따라서 채증활동을 한 것으로 정당한 접근권한을 가지고 피고인의 이메일에 접속한 것이므로 정보통신망 이용촉진 및 정보보호 등에 관한 법률 제48조의 ‘정당한 접근권한 없이 또는 허용된 접근권한을 넘어 정보통신망에 침입하는 행위’에 해당하지 아니하고, 수사관이 적법하게 알아낸 피고인의 이메일 아이디와 비밀번호를 입력하는 것은 형사소송법 제120조 제1항[‘압수·수색영장의 집행에 있어서는 건정(鍵錠, 자물쇠)을 열거나 개봉 기타 필요한 처분을 할 수 있다’]에서 정한 ‘기타 필요한 처분’에 해당하고, 개인정보보호법을 위반한 것으로도 볼 수 없으며, 수사관이 법원의 영장에 기한 접근권한을 가지고 대한민국에서 중국 인터넷 포탈업체 ‘○○○○.COM’의 이메일에 접근했다고 하더라도 어떠한 위법이 있다고 할 수 없고 국제적인 관할권의 문제가 생긴다고 볼 수도 없으며, 외국계 서버에 접속하여 범죄혐의와 관련된 파일을 추출하여 저장하는 방법으로 압수한 것일 뿐, 외국에 위치한 서버 그 자체에 대해서 압수·수색을 한 것이 아니므로, 이러한 수사를 함에 있어서 반드시 사법공조를 거쳐야 한다고 볼 수도 없다는 점을 들어, ‘○○○○.COM’의 이메일에 대한 압수·수색이 적법함을 전제로, 국가정보원과는 전혀 무관한 한국인터넷진흥원 직원인 공소외 16이 공소외 17의 참여하에 이메일 서버에 직접 접속하여 거기에 저장되어 있는 파일을 USB에 저장하였고, 위 USB에 저장된 파일과 선별압수하고 난 후의 파일, 원심에서 봉인을 해제하고 검증한 파일의 해시값이 동일하고, 관련자들의 증언도 원심에 이르기까지 어떠한 위·변조도 없었다는 것이므로 원심에서 검증한 증거 파일과 이메일 서버에 저장된 원본 파일의 동일성과 무결성을 인정할 수 있다고 판단하였다.

3) 항소이유의 요지

원심은 수사기관이 국내에 서버가 존재하지 않는 'ㅇㅇㅇㅇ.COM'의 서버에 대한 압수수색검증영장을 발부받았다는 점을 근거로 국가정보원 수사관의 이메일 접속에 관한 정당한 접근권한을 가진 것이라고 보았으나, 이는 대한민국의 형사재판관할권이 대한민국영역 외에 존재하는 외국계 회사의 서버에는 미치지 않는다는 점을 간과한 것으로, 국가정보원 수사관의 이메일 접속 행위는 정보통신망 이용촉진 및 정보보호 등에 관한 법률에 위반한 정당한 권한 없는 접근에 해당하고, 국가정보원 수사관이 국제형사사법공조절차를 거치지 않고 대한민국의 형사재판관할권이 미치지 않는 영역에 대하여 효력 없는 압수수색검증영장을 근거로 피고인의 개인정보를 수집한 이상 개인정보보호법을 위반한 행위에 해당하며, 국가정보원 수사관이 영장의 효력이 미치지 않는 대한민국영역 외에 존재하는 외국계 이메일서버에 저장된 정보를 대한민국에 위치한 정보저장매체로 가져오기 위해 외국계 이메일서버 관리자의 의사에 반하여 피고인이 등록한 아이디와 비밀번호를 입력한 것은 법질서 전체의 체계에 비추어 위법한 것이다. 따라서 이 사건 외국계 이메일에 대한 압수·수색은 위법하고, 이를 통하여 취득된 이메일 내용은 위법하게 수집된 증거로서 그 위법성이 중대하여 증거능력이 없다.

4) 당심의 판단

가) 기록에 의하면 다음과 같은 사실이 인정된다.

(1) 국가정보원 수사관은 피고인 명의의 차량 안에서 발견한 USB(증 제126호)에 대한 압수·수색 결과 위 USB에 들어 있던 스테가노그래피 파일(info. docx)을 복호화한 문서에서 '분기마다 사용할 이메일 주소와 암호'를 알게 되었다.

(2) 수사기관은 서울중앙지방법원에 압수·수색·검증할 물건을 '피고인이 북한 대남공작조직 「225국」과 간첩 통신수단으로 사용한 외국계 이메일 총 10개 계정 중 국가보안법 위반 혐의와 관련해 개설시점~2015.11.24.간 이메일 계정, 받은 편지함 등 각종 편지함, 임시 보관함 등 각종 보관함(스팸·휴지통, 주소록 등 기타 내용 포함), 이메일과 연결된 드라이브 내 각종 문서함(휴지통·캘린더 등 기타 내용 포함)에 송수신이 완료되어 저장되어 있는 내용과 동 내용을 출력한 출력물, 동 내용을 저장한 저장매체(메일 헤더가 기록된 원본내용 포함)'로, 압수·수색·검증할 장소를 '서울시 송파구 (주소 생략) 소재 「한국인터넷진흥원」(KISA) 사무실에 설치된 인터넷용 PC(온라인상 압수·수색·검증)'로, 압수·수색·검증방법으로 '국가 정보통신 인증 공공기관인 「한국인터넷진흥원」(KISA) 사무실에 설치된 인터넷용 PC에서 영상녹

화 및 동 기관의 전문가, 일반인 포렌식 전문가가 입회한 가운데 중국 공소외 1 회사 및 공소외 2 회사 이메일 홈페이지 로그인 입력창에 국가정보원이 압수수색 과정에서 입수한 위 이메일 계정·비밀번호를 입력, 로그인한 후 국가보안법위반 범증 자료 출력물 및 동 자료를 선별하여 저장한 저장매체 봉인·압수'로 각 특정하여 압수수색검증영장을 청구하였다. 수사기관이 특정한 위 외국계 이메일 총 10개 계정에는 (영문 ID 1 생략)@○○○○○.cn 등 5개 중국 공소외 1 회사(http://cn.○○○○○.com) 이메일 계정과 (영문 ID 1 생략)@○○○○.COM 등 5개 중국 공소외 2 회사(○○○○.COM) 이메일 계정이 포함되어 있다.

(3) 서울중앙지방법원은 2015.11.23. 위 압수수색검증영장을 발부하면서 이메일에 대한 압수방법을 제한하여, '피고인에게 압수·수색에 참여할 기회를 부여한 뒤 본문 기재와 같은 방식으로 압수·수색할 수 있음. 피고인에게 참여 기회를 부여하면 충분하고, 피고인이 압수·수색에 참여하기를 포기 또는 거부하는 등의 경우에는 피고인 참여 없이 압수수색할 수 있음'이라는 조건을 부가하였다.

(4) 국가정보원 수사관 등은 2015.11.24. 11:40경 피고인 및 변호인에게 압수수색검증영장이 발부된 사실을 설명하고 위 영장을 제시하며 참여의사를 물었으나, 피고인은 대답하지 않았고 피고인의 변호인도 영장을 열람했을 뿐 참여의사를 밝히지 않았다.

(5) 국가정보원 수사관 등은 2015.11.26. 10:41경 한국인터넷진흥원에서 한국인터넷진흥원 주임연구원 공소외 16을 참여하게 하고 디지털포렌식 전문가 공소외 17을 입회하게 한 후 압수수색검증영장을 집행하였는데, 공소외 16으로 하여금 노트북을 사용하여 Internet Explore 및 Chrome 브라우저를 통하여 영장에 기재된 각 이메일 주소 및 비밀번호를 입력하여 로그인을 시도하였으나 추가 인증항목이 발생하지 아니한 (영문 ID 1 생략)@○○○○.COM 이메일 계정에 대해서만 로그인이 성공하여 수색이 가능하였다.

(6) 공소외 16은 2015.11.26. 11:17경 (영문 ID 1 생략)@○○○○.COM 이메일 계정에 비밀번호를 입력하여 로그인한 다음, 이메일 본문은 ○○○ 캡처 프로그램을 사용하여 이미지 파일로 저장하고, 첨부문서가 있는 경우는 원본 파일명에 '발신자명'을 추가하는 방법으로 저장하였으며, 첨부문서에 링크파일이 포함되어 있는 경우에는 링크파일에 접속, 해당 사이트로 이동하여 현출된 화면을 이메일 본문과 동일한 방법으로 캡처, 저장하였다. 국가정보원 수사관은 위 이메일 계정의 전체보관함에 저장되어 있는 이메일

(총 17건)을 선별 압수·수색하여 받은편지함의 이메일 14건 및 각각의 첨부 파일과 보낸편지함의 이메일 1개 및 첨부파일 등 총 15건의 이메일(헤더정보 포함) 및 그 첨부파일을 추출하여 출력·저장하는 방법으로 압수하였다.

(7) 국가정보원 수사관은 노트북 바탕화면에 '20151126_피고인 이메일' 폴더를 임의로 생성하고, 그 폴더 안에 각각의 이메일 주소명을 이름으로 하는 하위 폴더를 생성한 후 그 안에 각각의 이메일 계정에서 선별한 자료를 저장하였다. 이후 위 폴더 내의 자료들에 대해 디지털포렌식 프로그램인 Encase7을 이용하여 각각의 파일에 대한 해시값을 생성한 후 전체 파일을 복사하여 USB 2개에 각각 저장하고 각각의 파일에 대한 해시값이 기록된 '전자상세정보목록'을 출력하여 원본파일과 사본파일 각각에 대한 해시값을 일일이 비교하여 해시값이 동일함을 확인하였다.

(8) 국가정보원 수사관은 2015.11.26. 16:00경 '20151126_피고인 이메일' 폴더 내 파일들을 저장한 USB 2개 중 1개는 봉인하여 참여인 공소외 16 및 입회인 공소외 17에게 각각 서명하게 하였다.

나) 이 사건에서 압수·수색의 목적물로서 문제가 된 이메일은 중국 인터넷 포털 서비스업체 '○○○○.COM'에서 제공하는 이메일서비스를 통한 (영문 ID 1 생략)@○○○○.COM 이메일 계정을 이용하여 송수신이 완료된 이메일이고, 기록에 의하면 중국 인터넷 포털서비스업체 '○○○○.COM'는 이용자가 ○○○○ 무료이메일서비스 약관, ○○○○ 인터넷서비스 사용 합의서에 동의하여 등록을 마치면 모든 가입자에게 가입자 계정 및 비밀번호를 부여하고, 가입자로 하여금 해당 계정 아이디와 비밀번호를 관리하면서 등록한 ○○○○ 이메일 계정에 로그인함으로써 즉시 ○○○○의 무료 이메일 서비스를 사용할 수 있도록 하며, ○○○○.COM은 그 메일서버 등에 이용자의 이메일을 보관하는 것으로 보이는데, 해당 업체는 대한민국 영토 내에 서버를 두고 있지는 아니한다. 따라서 해외 인터넷서비스제공자에 의하여 해외 서버에서 보관되고 있는 디지털 정보로서의 송·수신이 완료된 이메일에 대하여 적법한 압수·수색이 이루어졌는지가 이 사건의 쟁점이 된다.

(1) 이메일 계정 내의 정보를 작성·수정·열람·관리하는 등으로 처분권한을 보유하고, 이메일 계정 내의 정보 내용에 관하여 사생활의 비밀과 자유, 정보에 대한 자기결정권, 재산권 등 권리보호의 이익을 가지며 당해 디지털 정보에 대한 통제권을 갖는 주체는 이메일서비스이용자이므로, 수사기관이 적법한 방법으로 당해 이메일 계정에 대한 접근 수단인 ID, 비밀번호 등을 확보하였을 경우에는 이메일서비스이용자의 이메일 계정에 대한 접근권한에 갈음하여 법원으로부터 압수·수색영장을 발급받아 국내에서 해

외 인터넷서비스제공자의 해외 서버에 접속한 후 송수신이 완료된 이메일 등 디지털 정보를 추출, 저장하는 방법으로 압수·수색할 수 있다고 해석할 여지가 있다(압수수색검증영장을 발부한 법원과 원심은 이러한 입장에 선 것으로 보인다). 또한 사이버범죄나 국경을 초월한 범죄 등이 빈발하고 있는 데다가 정보통신 환경과 기술, 디지털 정보의 저장방식 등이 급변하고 있어 해외 서버에 저장되어 있는 디지털 정보를 증거로 확보하지 못할 경우 범죄의 수사와 공소제기가 어려워질 가능성이 있어, 해외 서버에 저장된 디지털 정보를 취득하기 위하여 수사기관이 피의자의 이메일 계정과 ID, 비밀번호 등 계정정보를 확보한 경우 네트워크 접속을 통하여 송수신이 완료된 이메일 등 혐의사실과 관련된 정보를 확인하여 이를 대한민국의 사법관할권이 미치는 영역에서 추출, 저장하는 이른바 '역외 압수수색'의 필요성이 강력히 대두되고 있는 것은 사실이다.

(2) 그러나 형사소송법에서 규정하고 있는 압수·수색은 대인적 강제처분이 아닌 대물적 강제처분으로, 특정 이메일 계정에 담긴 디지털 정보에 대한 통제권을 가지고 있는 이메일서비스이용자의 이메일 계정에 대하여 접근할 수 있는 수단(ID, 비밀번호가 이에 해당한다)을 확보하였음을 기화로 위와 같은 방법으로 그 디지털 정보가 저장되어 있는 제3자의 장소인 해외 이메일서비스제공자의 해외 서버에 대하여까지 위 압수·수색의 범위를 확장하는 것은 대물적 강제처분인 압수·수색의 효력을 아무런 근거 없이 확장하는 것이라 할 것이다. 그 이유는 다음과 같다.

형사소송법에 의하면, 법원은 필요한 때에는 피고사건과 관계가 있다고 인정할 수 있는 것에 한정하여 증거물 또는 몰수할 것으로 사료하는 물건을 압수할 수 있는데(제106조 제1항), 이 경우 법원은 압수할 물건을 지정하여 소유자, 소지자 또는 보관자에게 제출을 명할 수 있고(제106조 제2항), 필요한 때에는 피고사건과 관계가 있다고 인정할 수 있는 것에 한정하여 우체물 또는 통신비밀보호법 제2조 제3호에 따른 전기통신에 관한 것으로서 체신관서, 그 밖의 관련 기관 등이 소지 또는 보관하는 물건의 제출을 명하거나 압수를 명할 수 있으며(제107조 제1항), 피고인 아닌 자의 신체, 물건, 주거 기타 장소에 관하여는 압수할 물건이 있음을 인정할 수 있는 경우에 한하여 수색할 수 있다(제109조 제2항). 또한 압수·수색 영장에는 피고인의 성명, 죄명, 압수할 물건, 수색할 장소, 신체, 물건, 발부연월일, 유효기간과 그 기간을 경과하면 집행에 착수하지 못하며 영장을 반환하여야 한다는 취지, 기타 대법원규칙으로 정한 사항을 기재하고 재판장 또는 수명법관이 서명날인하여야 하며(제114조 제1항), 다만 압수·수색할 물건이 전기통신에 관한 것인 경우에는 작성기간을 기재하여야 하고, 압수·수색영장은 처분을 받는 자에게 반드시 제시하여야 하며(제118조), 검사, 피고인 또는 변호인은 압수·수색영장의 집행에 참여할 수 있고(제121조), 압수·수색영장의 집행이 공무소, 군사용의 항공기 또는 선차 내에서 이루어진 때에는 그 책임자에게 참여할 것을 통지하여야 하며, 그 밖의 타인의 주거, 간수자 있는 가옥, 건조물, 항공기 또는 선차 내에서 압수·수색영장을 집행함에는 주거주, 간수자 또는 이에 준하는 자를 참여하게 하여야 하며, 그러한 사람을 참여하게 하지 못할 때에는 인거인 또는 지방공공단체의 직원을 참여하게 하여야 한다(제123조). 나아가 위와 같은 규정들은 검사 또는 사법경찰관에 의한 압수, 수색 또는 검증에 준용된다(제219조).

살피건대, ① 압수·수색에 관한 형사소송법의 제 규정들을 보면 형사소송법에서 정하고 있는 압수·수색은 피고인 또는 피의자 등을 상대로 이루어지는 대인적 강제처분이 아니라 압수할 물건을 상대로 이루어지는 대물적 강제처분이라고 할 것이고, 전자우편 등 통신비밀보호법 제2조 제3에서 정하는 전기통신에 대한 압수·수색 역시 비록 그 대상이 유형물이 아니어서 실제 압수·수색을 하기 위해서는 해당 자료를 보관하고 있는 기관 등의 협조가 필수적이라는 특징이 있기는 하나, 이를 달리 볼 것은 아니라고 할 것이다. 그런데 만약 수사기관이 특정 이메일서비스 이용자로부터 이메일 계정에 관한 접근권한에 관한 자료(ID, 비밀번호)를 확보하였음을 기화로, 외국에 위치한 서버에서 해당 디지털 정보 자체를 보관하고 있는 이메일 서비스제공자에 대한 강제처분이 아닌 그 밖의 방법에 의하여 해당 이메일 계정에 접근하여 관련 전기통신 등에 관한 자료를 확보하는 것은 형사소송법이 상정하고 있는 압수·수색의 방법은 아닌 것으로 보인다. ② 더욱이 이러한 압수·수색의 경우, 형사소송법이 정하고 있는 압수·수색의 집행방식에도 부합하지 아니한다. 즉, 실제로는 해외 이메일서비스제공자가 외국 소재 서버에서 보관중인 전기통신 등을 압수·수색의 대상으로 하면서도 압수·수색 영장상의 압수·수색 장소는 국내의 임의의 장소로 기재하고, 실제로 그 장소에서 압수·수색을 집행하게 되는바, 이는 압수·수색은 해당 대상물을 소지하고 있는 소유자, 소지자 또는 보관자를 상대로, 전기통신의 경우에는 해당 전기통신을 소지 또는 보관하고 있는 기관 등을 상대로 해당 물건이나 전기통신에 대하여 이루어질 것을 정하고 있는 형사소송법 제106조와 제107조의 규정과 저촉된다. ③ 또한, 그와 같은 방식의 압수·수색을 허용한다면, 처분을 받는 자에게 해당 압수·수색영장을 반드시 제시하도록 정하고 있는 형사소송법 제118조와 압수·수색이 피고인 또는 피의자의 주거지 외에서 이루어질 경우 해당 주거주 또는 간수자 등을 참여하도록 정하고 있는 형사소송법 제123조의 규정을 실질적으로 회피하게 되는 것으로 볼 수 있다. ④ 나아가 압수·수색 대상인 전기통신 자체를 직접 보관하고 있는 자를 상대로 하지 않고, 이메일서비스 이용자의 접근수단을 이용하여 임의의 장소에서 해당 이메일 계정에 접근하여 관련 전기통신 등을 수집하는 방식의 압수·수색을 허용할 경우, 이는 압수·수색 처분을 받게 되는 이메일서비스제공자의 참여를 배제한 채 이루어지게 됨으로써, 수집된 증거의 원본성과 무결성을 실질적으로 담보할 수 없게 되는 문제 또한 발생한다. ⑤ 그리고 형사소송법 제120조 제1항에서 '압수·수색 영장의 집행에 있어서는 건정(鍵錠, 자물쇠)을 열거나 개봉 기타 필요한 처분을 할 수 있다'고 규정하고 있고, 위 규정이 검증영장을 집행하는 경우에도 준용되기는 하나, 건정을 열거나 개봉하여 압수·수색하는 장소 내지 대상물이 해외에 존재하여 대한민국의 사법관할권이 미치지 아니하는 해외 이메일서비스제공자의 해외 서버 및 그 해외 서버에 소재하는 저장매체 속 디지털 정보에 대하여까지 압수·수색·검증영장의 효력이 미친다고 보기는 어렵다(이메일서비스제공자가 외국 기업으로 서버가 해외에 존재하는 경우 대한민국의 사법관할권이 적용되지 아니하므로 수사기관이 정보저장매체에 물리적으로 접근할 수 있는 방법이 없고, 따라서 현재로서는 형사사법공조절차를 거치거나 개별 이메일서비스제공자의 협조를 얻어 디지털 정보를 제공받아야 할 것으로 보이고, 궁극적으로는 관련 법령의 개정이나 관련 외국과의 조약 체결의 방법으로 해결할 문제라 할 것이다). 따라서 현행 형사소송법상의 압수·수색·검증제도로는 위와 같은 방식의 압수·수색·검증은 적법하다고 보기 어렵다.

다) 앞서 본 바와 같이, 국가정보원 수사관은 피고인 명의의 차량 안에서 발견한 USB에 대한 압수·수색 결과 위 USB에 들어 있던 스테가노그라피 파일(info.docx)을 복호화한 문서에서 '분기마다 사용할 이메일 주소와 암호'를 알게 되자, 이에 기초하여 국내에서 제3자의 컴퓨터를 이용하여 중국 인터넷 포털서비스업체 'ㅇㅇㅇㅇ.COM'이 제공하는 (영문 ID 1 생략)@ㅇㅇㅇㅇ.COM 이메일 계정에 접속하여 송수신이 완료된 이메일을 압수·수색할 수 있다는 취지의 압수수색검증영장을 발부받은 다음, 국가정보원과 전혀 무관한 한국 인터넷진흥원에서 다른 제3자인 공소외 17의 입회 하에 한국인터넷진흥원 직원인 공소외 16이 컴퓨터를 조작하여 위 이메일에 접속한 다음 위 이메일 계정에 저장되어 있는 이메일을 선별 압수·수색하여 총 15건의 이메일 및 그 첨부파일을 추출하여 출력·저장하는 방법으로 압수·수색하였는바, 설령 수사기관이 법원으로부터 발부받은 압수수색검증영장에 기하여 위 압수·수색

을 집행하였다고 하더라도 이는 대한민국의 사법관할권이 미치지 않는 영역에 대하여 형사소송법에서 규정한 방식과 효력의 범위를 넘어서는 국내 압수·수색영장을 집행한 것이므로, 다른 사정이 없는 한 (영문 ID 1 생략)@○○○○.COM 이메일 계정에 대한 압수·수색은 위법하다고 보아야 하고, 이를 통하여 취득된 이메일 내용은 위법하게 수집된 증거로서 그 위법성이 중대하여 증거능력이 없다고 봄이 타당하다.

라) 나아가 설령 (영문 ID 1 생략)@○○○○.COM 이메일 계정에 대한 위와 같은 방식에 의한 압수·수색이 적법하다고 하더라도, 피고인에 대하여 2013.7.7.경 통신연락으로 인한 국가보안법위반(회합·통신) 및 국가보안법위반(편의제공)의 점을 유죄로 인정하기 위해서는 피고인이 스테가노그래피로 암호화해 놓은 'to you7-7.docx' 파일을 발송한 (영문 ID 1 생략)@○○○○.COM과 (영문 ID 1 생략)@○○○○○.com 이메일이 북한 225국 소속 공작원과 공동으로 사용한다는 점이 입증되어야 할 것인데, USB(증 제126호)에 들어 있던 스테가노그래피 파일(info.docx)을 복호화한 문서의 존재만으로는 공소사실 기재와 같이 2013.7.7.경 피고인과 북한 225국 소속 공작원이 위 이메일 계정을 공동으로 사용하고 있었다는 점을 인정하기에 부족하고(위 info.docx 파일의 기재내용으로는 2012.10.부터 12.까지 사용할 이메일주소로 정상선 (영문 ID 1 생략)@○○○○○.com, 예비선 (영문 ID 1 생략)@○○○○.COM이 특정되어 있을 뿐이다) 달리 이를 인정할 증거가 없다[ID '(영문 ID 1 생략)'로 ○○○○ 인터넷서비스를 이용하는 가입자 정보, 위 이메일 계정 사용에 따른 로그파일 등, 위 이메일 계정의 사용내역을 확인할 수 있는 자료도 현출되지 아니하였다].

4) 결론

따라서 2013.7.7.경 통신연락으로 인한 국가보안법위반(회합·통신) 및 국가보안법위반(편의제공)의 점은 범죄사실의 증명이 없는 경우에 해당하므로, 이 점을 지적하는 피고인 변호인의 위 주장은 이유 있다.

타. 피고인의 대화를 녹음한 파일과 그 녹취록이 위법수집증거에 해당하여 증거능력이 없다는 주장

1) 항소이유의 요지

원심은 이 사건 범죄의 성격상 강제수사의 필요성이 인정되고, 법원도 그 필요성을 인정하여 영장(녹음·청취허가서)을 발부하였으며, 위 강제수사는 영장에 기재된 범위 내에서 행하여진 것이므로 그 기간이 장기간이라는 사실 등의 사유만으로는 피고인의 인격권과 사생활을 과도하게 침해하여 위법한 수사라고 볼 수는 없다고 판시하였으나, 국가정보원 수사관 등은 2011.4.29. 피고인이 중국 대련으로 출국하기 전부터 약 5년여의 기간 동안 피고인의 과거 행적 및 정치 성향을 의

심하여 표적수사를 개시한 후 피고인을 지속적으로 미행, 감시하면서 몰래 영상을 촬영하고 대화를 감청하여 왔는바, 이는 수사기관의 민간인에 대한 과도한 직권남용적 수사에 해당하고, 피고인의 인격권과 사생활의 비밀, 통신의 자유 등을 침해하는 행위로서 영장주의 원칙을 위반한 위법한 강제처분에 해당하며, 헌법재판소가 2010.12.28. 선고한 2009헌가30 결정에서 통신제한조치기간의 연장을 허가함에 있어 총연장기간 또는 총연장횟수의 제한을 두지 아니한 통신비밀보호법 (2001.12.29. 법률 제6546호로 개정된 것) 제6조 제7항 단서 중 전기통신에 관한 '통신제한조치기간의 연장'에 관한 부분에 대하여 헌법불합치결정을 하였음에도, 법원이 피고인에 대한 통신제한조치청구를 단 한 차례도 기각한 적이 없고, 3년이 넘게 계속된 감청에도 불구하고 피고인에게 감청집행의 통지는 이루어지지 않은 채 피고인의 사생활 및 통신비밀의 침해가 계속된 점에 비추어 법원이 발부한 통신제한조치허가서는 위헌적인 공권력의 행사로서 무효이고 그에 근거한 수사들도 모두 위헌·위법하므로, 그로 인하여 취득한 녹음파일 및 녹취록은 위법하게 수집된 증거로서 그 증거능력이 부정되어야 한다.

2) 판단

피고인의 변호인은 원심에서도 이 부분 항소이유 같은 취지의 주장을 하였고, 원심은 그 판결문 154~162쪽에서 '피고인의 대화를 녹음한 파일과 그 녹취록이 위법수집증거라는 주장'이라는 제목 아래 이에 대한 판단을 자세하게 설시하여 위 주장을 배척하였다. 원심이 설시한 사정들에 원심 및 당심이 적법하게 채택하여 조사한 증거들에 의하여 인정되는 다음과 같은 사정을 보태어 보면, 원심의 위와 같은 판단은 정당하다. 따라서 피고인 변호인의 위 주장은 이유 없다.

가) 기록에 현출된 자료들만으로는 피고인 변호인의 주장과 같이 수사기관이 2011.4.29. 피고인이 중국 대련으로 출국하기 전부터 약 5년여의 기간 동안 내내 피고인을 지속적으로 미행, 감시하면서 몰래 영상을 촬영하고 대화를 녹음하는 등 감청하여 왔다고 보기 어렵다.

나) 기록에 의하면 수사기관은 피고인의 국가보안법위반 혐의가 상당히 포착된 상태에서 그와 관련된 전기통신(유·무선전화, 인터넷, PC통신 등), 우편물 검열, 대화녹음 및 청취에 대한 통신제한조치허가서를 미리 발부받고, 그 집행을 위하여 피고인의 동향을 확인한 것으로 보인다.

다) 수사기관이 피고인의 국가보안법위반 혐의와 관련된 증거를 확보하기 위해서는 이 사건 범행의 특성상 피고인에 대한 동향 확인이 불가피하고, 이러한 동향 확인 행위는 통신제한조치허가서의 집행을 위하여 일반적으로 허용되는 방법으로 이루어질 경우 별도의 영장이 필요한 강제처분이라고 보이지는 않는다(이 사건에서 수사기관이 피고인의 동향을 확인함에 있어 일반적으로 허용되는 범위

를 벗어나는 방법을 사용하였다고 볼 만한 자료는 없다).

라) 또한 기록에 의하면, 이 사건에서 수사기관은 피고인에 대한 통신제한조치 기간을 계속 연장받은 것이 아니라 상당한 기간을 사이에 두고 피고인의 국가보안법위반 혐의가 포착될 때마다 법원에 새로운 통신제한조치허가서를 청구하여 발부받은 것으로 보인다. 동일한 범죄사실에 대하여 새롭게 통신제한조치를 청구하기 위해서는 '다시 통신제한조치를 청구하는 취지 및 이유'를 기재하여야 하므로(통신비밀보호법 제6조 제4항 2문) 새로운 통신제한조치허가와 통신제한조치 기간연장을 동일하게 볼 수는 없고, 헌법재판소 역시 위 헌법불합치 결정의 근거 중 하나로서 '통신제한조치의 총연장기간 또는 총연장횟수의 제한을 두더라도 여전히 통신제한조치를 해야 할 필요가 있으면 법원에 새로운 통신제한조치의 허가를 청구할 수 있다'는 점을 들고 있어, 새로운 통신제한조치허가를 청구하는 경우까지 위 헌법불합치 결정의 취지에 반한다거나 통신 및 사생활의 비밀을 과도하게 침해하는 것으로 볼 수는 없다.

파. 영장에 근거하여 (명칭 3 생략) 커피숍에서 촬영한 영상들이 위법수집증거를 기초로 취득한 위법수집증거에 해당한다는 주장

1) 항소이유의 요지

원심은 국가정보원 수사관이 2013.11.2. (명칭 3 생략) 커피숍에서 피고인과 피고인의 태블릿 PC를 촬영한 것이 피고인의 개인정보나 사생활의 비밀 등을 침해한 위법한 것이라도, 2013.12.14. 및 2014.1.4. (명칭 3 생략) 커피숍에서의 촬영은 앞선 촬영행위의 위법행위와 인과관계가 단절 또는 희석되었다는 이유로 위법수집증거에 해당하지 않는다고 판단하였다. 그러나 2013.12.14. 및 2014.1.4. (명칭 3 생략) 커피숍에서 각 촬영한 영상은 2013.11.2.자 CCTV 녹화 영상물을 핵심적, 결정적 소명자료로 하여 발부받은 압수수색검증영장에 의하여 촬영된 것으로서, 위법수집증거에 기인한 2차 증거에 해당하므로 증거능력이 없다고 보아야 한다.

2) 판단

피고인의 변호인은 원심에서도 이 부분 항소이유와 같은 취지의 주장을 하였고, 원심은 그 판결문 162~166쪽에서 '(명칭 3 생략) 커피숍에서 촬영한 영상들이 위법수집 증거이므로 증거능력이 없다는 주장'이라는 제목 아래 이에 대한 판단을 자세하게 설시하여 위 주장을 배척하였다. 원심이 설시한 사정들에 원심 및 당심이 적법하게 채택하여 조사한 증거들에 의하여 인정되는 다음과 같은 사정들 즉, ① 2013.11.2.자 (명칭 3 생략) 커피숍에서의 채증활동의 총괄책임자였던 공소외 18은 원심에서, 당시 피고인과 공소외 5가 2013.11.2. 회합이 끝날 즈음에 2013.12.7. 같은 장소에서 만나자는 취지로 말하는 육성을 청취하였고, 이에 그 내용을 기반으로 해서 2013.12.7.자 회합을 채증하기 위한 영장을 발부받았으나 2013.12.7.자 회

합은 이루어지지 않았던 점, ② 이에 수사기관 측에서는 2013.12.14.자 회합에 관한 채증을 위하여 압수수색검증영장을 발부받음에 있어, '압수·수색·검증을 필요로 하는 사유'로 2013.11.2. 동영상촬영장치를 설치하여 회합 장면을 촬영한 적이 있다는 점을 기재하면서도, 2013.12.4. 압수수색검증영장을 발부받아 접선장소에 고성능 CCTV 등 장비를 설치하고 피고인, 공소외 5의 국가보안법위반 범행현장 채증을 시도하였으나 2013.12.7. 공소외 5가 회합현장에 나타나지 않았는데, 피고인, 공소외 5가 2013.8. 회합 시에도 정기 비밀회합일인 첫째 주 토요일 회합이 실패한지 정확히 일주일 후에 재차 비밀회합을 한 사실이 있는 등 1차 회합이 성사되지 않으면 1주일 후 같은 시각, 같은 장소에서 다시 회합한다는 묵시적인 규칙을 사전에 약정하고 행동했을 가능성이 농후하다는 점을 지적하여, 압수수색검증영장을 발부받은 점, ③ 공소외 18은 2013.11.2.자 회합 채증 시 설치·사용한 네트워크 카메라는 철수하였고, 2013.12.14.자 채증을 위한 네트워크 카메라는 2013.12.7. 다시 설치하였다고 진술한 점 등을 보태어 보면, 2013.12.14. 및 2014.1.4. (명칭 3 생략) 커피숍에서의 각 촬영은 2013.11.2.자 촬영의 위법행위와는 그 인과관계가 단절 또는 희석되었다고 할 것이므로, 그와 같은 취지의 원심의 판단은 정당하다. 따라서 피고인 변호인의 위 주장은 이유 없다.

하. PC방에서 임의제출 받은 CCTV 영상과 PC 사용정보가 위법수집증거라는 점에 대하여

1) 항소이유의 요지

원심은 수사기관이 (명칭 4 생략)PC방 주인인 공소외 19로부터 피고인에 관한 CCTV 영상녹화물과 PC 사용정보를 임의제출 받음으로 인하여 피고인의 사생활의 비밀 내지 개인정보에 대한 자기결정권이 침해된 것이 맞는다고 하더라도, 위 임의제출로써 수사기관이 취득한 것은 피고인이 PC방 업소에 출입하였다는 사실과 그곳에서 PC를 사용하였다는 사실을 간접적으로 채증하는 것에 불과하여 그 자체로는 피고인에 대한 권익의 침해가 아주 중대하지 않은 점 등에 반하여 피고인이 행한 범죄는 그 내용이 중대하면서도 매우 은밀하게 이루어지는 성격의 범죄인 점 등을 비교교량할 때 임의제출 받은 CCTV 녹화영상물과 PC 사용정보가 위법하게 수집한 증거로서 증거능력이 없다고 할 수 없다고 판단하였으나, 공소외 19는 국가정보원 수사관의 요구에 응하여 1년 8개월의 장기간에 걸쳐 PC방 영업의 제약을 받았음에도 간첩수사라는 말에 심리적 압박을 받고 어쩔 수 없이 동의한 경우에 해당하므로 자발적 동의에 따른 것으로 볼 수 없고, CCTV 녹화영상물과 PC 사용정보는 PC방 사장이 임의로 처분할 수 없는 고객의 개인정보에 해당함에도 압수수색검증영장 없이 처분권한 없는 공소외 19로부터 임의제출받은 원본하드디스크의 분석결과 및 CCTV 녹화영상물은 영장 없이 개인정보를

수집한 것으로 위법수집증거에 해당한다.

2) 판단

피고인의 변호인은 원심에서도 이 부분 항소이유와 같은 취지의 주장을 하였고, 원심은 그 판결문 166~172쪽에서 'PC방에서 임의제출 받은 CCTV 영상과 PC 사용정보가 위법수집증거라는 주장'이라는 제목 아래 이에 대한 판단을 자세하게 설시하여 위 주장을 배척하였는바, 원심판결 이유를 원심이 설시한 법리 및 기록과 대조하여 면밀하게 살펴보면 원심의 판단은 정당한 것으로 판단되고, 피고인 변호인의 위 주장은 이유 없다.

거. ○○대학교에서 임의제출받은 CCTV 영상 등이 위법하게 수집된 증거라는 주장

1) 항소이유의 요지

원심은 ○○대학교는 공공기관으로서 개인의 이익을 부당하게 침해할 우려가 있을 때에 해당하지 아니하는 이상 수사상 필요한 경우 개인정보를 제공할 수 있고, 피고인의 혐의의 중대성에 비추어 수사를 위하여 피고인의 ○○대학교의 PC 사용 여부의 확인 필요성이 있었으며, CCTV 영상도 피고인이 PC를 사용하는 모습일 뿐이어서 피고인의 사생활 침해 등이 거의 문제가 되지 않는 점 등을 종합하면 이를 제공함에 따라 피고인의 이익을 부당하게 침해할 우려가 있는 경우라고는 볼 수 없으므로, 국가정보원 수사관이 ○○대학교로부터 피고인의 PC 접속기록 및 CCTV 영상을 임의제출 받은 것이 위법하다고 할 수 없다고 판단하였다. 그러나 ○○대 제1종합관 로비 CCTV 녹화영상물과 PC 로그기록은 처분권한 없는 ○○대학교로부터 영장 없이 개인정보를 수집한 것으로 위법수집증거에 해당한다.

2) 판단

피고인의 변호인은 원심에서도 이 부분 항소이유와 같은 취지의 주장을 하였고, 원심은 그 판결문 172~173쪽에서 '○○대학교에서 임의제출받은 CCTV 영상 등이 위법하게 수집한 증거라는 주장'이라는 제목 아래 이에 대한 판단을 자세하게 설시하여 위 주장을 배척하였는바, 원심판결 이유를 원심이 설시한 법리 및 기록과 대조하여 면밀하게 살펴보면 원심의 판단은 정당한 것으로 판단되고, 피고인 변호인의 위 주장은 이유 없다.

너. ○○○를 압수·수색하는 과정이 위법하므로 그 결과물도 위법하다는 주장

1) 항소이유의 요지

증거목록 순번 467번 '조선민주주의인민공화국은 불패의 위력을 지닌 주체의 사회주의국가이다' 제하 문건 출력물 1부는 피고인이 피고인 명의로 개설한 ○○○ '○○○○○'에 이적표현물을 소지하였다는 부분과 관련하여 ○○○○○ 압수 결

과 취득하였다는 증거인데, 원심의 공소외 20에 대한 증인신문결과 ○○○○○ 압수·수색과정에서 국가정보원 수사관은 그 집행을 공소외 21 주식회사(이하 '공소외 21 회사'라 한다) 직원에게 전부 집행위탁을 한 나머지 압수수색검증영장의 범죄 혐의와 관련성이 없는 저장물까지도 전부 추출하여 이미징하는 방식으로 선별압수하지 아니함으로써 압수수색검증영장의 범위를 넘어서 영장을 집행하였을 뿐만 아니라, 원본 동일성과 무결성을 보장하기 위한 해시값 산출절차를 거치지 않았고, 압수조서에 참여인으로 기재된 공소외 21 회사 직원과 봉인에 날인한 공소외 21 회사 직원이 상이한 등 압수수색검증영장 집행이 위법하므로 ○○○○○ 압수결과 취득한 증거는 위법수집증거로서 유죄의 증거로 사용할 수 없다.

2) 판단

피고인의 변호인은 원심에서도 이 부분 주장과 같은 취지의 주장을 하였고, 원심은 그 판결문 173~177쪽에서 '○○○를 압수·수색하는 과정이 위법하여 그 결과물이 위법하다는 주장'이라는 제목 아래 이에 대한 판단을 자세하게 설시하여 위 주장을 배척하였다. 원심이 설시한 사정들에 원심이 적법하게 채택하여 조사한 증거들에 의하여 인정되는 다음과 같은 사정들 즉, ① 수사기관은 2010.7.21. 서울중앙지방법원으로부터 '피고인이 사용하는 이메일(이메일 주소 생략)에 대하여 2008.1.1.~2010.7.20.까지 받은 편지함, 보낸 편지함, 임시보관함, 휴지통, 스팸편지함 및 메일 보관을 위하여 임의로 만들어 사용 중인 보관함, 메일, 주소록, 카페, 블로그, ○○○○○ 등에 저장되어 있는 국가보안법위반 등과 관련한 저장물(문건, 동영상, 사진 등 모두 포함) 일체'를 압수·수색할 물건으로 특정하여 압수수색검증영장을 발부받아 2010.7.22. 공소외 21 회사에 위탁집행을 한 점, ② 공소외 21 회사는 피고인의 이메일 계정과 ○○○○○ 등에 보관되어 있는 자료들을 DVD에 저장한 뒤 봉인하여 수사관에게 송부함과 동시에 동일한 파일을 수사관의 이메일로 전송한 점, ③ 수사기관은 공소외 21 회사에서 보낸 DVD 원본은 개봉하지 아니한 채 이메일로 전송받은 파일을 기초로 피고인의 피의사실 혐의와 관련성이 있는 파일을 선별압수하고 무관정보는 삭제·폐기한 점, ④ 공소외 21 회사가 2010.7.22. 최초 집행하여 봉인해둔 DVD 원본은 원심에 증거물 증 제28호로 제출되었고, 원심은 검증절차에서 그 봉인상태를 확인한 후 봉인을 해제하여 저장되어 있는 파일을 확인한 점, ⑤ 통신비밀보호법 제9조 제1항 후문 등에서 통신기관 등에 대한 집행위탁이나 협조요청 및 대장 비치의무 등을 규정하고 있고, 이는 통신제한조치의 경우 해당 우편이나 전기통신의 역무를 담당하는 통신기관 등의 협조가 없이는 사실상 그 집행이 불가능하다는 점 등을 고려하여 검사·사법경찰관 또는 정보수사기관의 장이 통신기관 등에 집행을 위탁하거나 집행에 관한 협조를 요청할 수 있음을 명확히 하는 한편 통신기관 등으로 하여금 대장을 작성하여 비치하도록 함으로써 사후 통제를 할 수 있도록 한 취지라고 해석되는 점(대법원 2015.1.22. 선고 2014도10978 전원합의체 판결 참조)에 비추어 보면, 인터넷서비스제공자에 대하여 송수신이 완료된 이메일에 대한 압수수색검증영장을 집행하는 경우에도 마찬가지로 인터넷서비스제공자의 협조가 없이는 사실상 그 집행이 불가능하거나 현저히 곤란하여 인터넷서비스제공자 측에 그 집행을 위탁하거나 집행에 관한 협조를 요청할 필요가 있는 것으로 보이는 점 등을 보태어 보면, 인터넷서비스제공자 소속 담당 직원에 대한 집행위탁을 통하여 이루어진 압수수색이 적법하며, 공소외 21 회사 측에서 봉인하여 제출한 DVD의 원본성과 무결성을 인정할 수 있다는 취지의 원심의 판단은 정당하다. 따라서 피고인 변호인의 위 주장은 이유 없다.

더. 전문법칙 위배

1) 항소이유의 요지

전문법칙의 적용 여부는 입증취지에 따라 달라질 수 있으나, 회합, 통신연락, 금품수수, 편의제공의 경우에는 진술증거로 사용되는 것이므로 압수 후의 보관 및 출력과정에 조작의 가능성이 있으며, 기본적으로 반대신문의 기회가 보장되지 않는 점에 비추어 그 기재내용의 진실성에 관하여 전문법칙이 적용된다고 할 것이고, 압수된 정보저장매체로부터 출력되었다는 소위 지령문(증거목록 순번 425번), 대북보고문(증거목록 순번 432, 436, 448번) 등 문건들은 그 입증하는 사실에 있어서 거의 전부가 정보저장매체 등에 담긴 기재내용의 진실성 여부가 문제되는 경우로서 전문법칙이 적용되는 전문증거인데 그 성립의 진정이 증명된 바 없으므로 그 문건의 내용을 유죄의 증거로 사용할 수 없다.

2) 판단

가) 피고인 또는 피고인 아닌 사람이 정보저장매체에 입력하여 기억된 문자정보 또는 그 출력물을 증거로 사용하는 경우, 이는 실질에 있어서 피고인 또는 피고인 아닌 사람이 작성한 진술서나 그 진술을 기재한 서류와 크게 다를 바 없고, 압수 후의 보관 및 출력과정에 조작의 가능성이 있으며, 기본적으로 반대신문의 기회가 보장되지 않는 점 등에 비추어 그 내용의 진실성에 관하여는 전문법칙이 적용되고, 따라서 원칙적으로 형사소송법 제313조 제1항에 의하여 그 작성자 또는 진술자의 진술에 의하여 성립의 진정함이 증명된 때에 한하여 이를 증거로 사용할 수 있다. 다만 정보저장매체에 기억된 문자정보의 내용의 진실성이 아닌 그와 같은 내용의 문자정보가 존재하는 것 자체가 증거로 되는 경우에는 전문법칙이 적용되지 아니한다(대법원 1999.9.3. 선고 99도2317 판결, 대법원 2013.2.15. 선고 2010도3504 판결, 대법원 2013.7.26. 선고 2013도2511 판결 등 참조). 나아가 어떤 진술을 범죄사실에 대한 직접증거로 사용할 때에는 그 진

술이 전문증거가 된다고 하더라도 그와 같은 진술을 하였다는 것 자체 또는 그 진술의 진실성과 관계없는 간접사실에 대한 정황증거로 사용할 때에는 반드시 전문증거가 되는 것은 아니다(대법원 2000.2.25. 선고 99도1252 판결 등 참조).

나) 원심이 적법하게 채택하여 조사한 증거들에 의하면, 문제된 지령문 및 각 대북보고문은 각 스테가노그라피 파일('info.docx', 'to you.docx', 'to you7-7.docx', 'to you11-12.docx')을 복호화한 지령문 및 각 대북보고문의 출력물로서, 기본적으로 통신연락으로 인한 국가보안법위반(회합·통신 등) 및 국가보안법위반(편의제공)의 공소사실에 관한 증거로 제출된 것으로 보이고, 이는 피고인이 반국가단체의 구성원과 위 문건을 주고받는 방법으로 통신연락을 하였다거나 반국가단체의 구성원에 대한 편의제공의 목적물이 위 문건인 경우에 해당하는바, 각 문건이 진술증거로 사용되어 문건 내용의 진실성이 문제되는 것이 아니라 그러한 내용의 문건이 존재하는 것 자체가 증거가 되는 경우 내지 각 문건의 존재나 기재내용 자체가 증거로 되는 경우에 해당하므로 전문법칙이 적용되지 않는다고 보아야 할 것이고, 따라서 해당 부분의 공소사실에 관한 증거로 제출된 출력 문건들의 증거능력을 인정할 수 있다고 할 것이다. 같은 취지의 원심의 판단은 정당하다.

다) 한편 회합으로 인한 국가보안법위반(회합·통신 등) 및 금품수수로 인한 국가보안법위반(자진지원·금품수수)의 점에 관하여 위 지령문 및 각 대북보고문의 내용의 진실성을 증거로 삼고자 하는 경우에는 전문법칙이 적용되어야 할 것인데, 그 경우에 있어서는 그 작성자의 진술에 의하여 성립의 진정함이 증명되지 아니하였으므로 위 지령문 및 각 대북보고문은 그 증거능력이 없다. 다만, 위 지령문 및 각 대북보고문이 작성되어 존재한다는 것 자체 또는 그 기재내용의 진실성과 관계없는 간접사실에 대한 정황증거로 사용할 때에는 전문증거가 되는 것은 아니므로, 그와 같은 의미에서 비진술 내지 비전문증거로서의 증거능력만을 인정한다는 원심의 판단은 정당한 것으로 보인다.

라) 따라서 피고인 변호인의 위 주장은 이유 없다.

러. 이적표현물 소지로 인한 국가보안법위반(찬양·고무 등)의 점에 관하여

1) 항소이유의 요지

원심은 피고인이 소위 이적표현물을 소지하고 있었던 사실을 인정한 다음 각 표현물은 피고인의 경력 등에 비추어 이적목적이 있었다고 인정하였으나, 피고인은 각 표현물을 소지한 적도 없고, 그 문건의 이적성 등도 인정할 수 없다.

2) 판단

피고인 변호인은 원심에서도 이 부분 주장과 같은 취지의 주장을 하였고, 원심은

그 판결문 179~183쪽에서 '이적표현물 소지로 인한 국가보안법위반(찬양·고무 등)의 점에 관하여 - 판시 Ⅰ. 제3항, Ⅱ. 제3의 나. 다. 바. 사.항'이라는 제목 아래 이에 대한 판단을 자세하게 설시하여 위 주장을 배척하였다. 원심이 설시한 사정들에 원심이 적법하게 채택하여 조사한 증거들에 의하여 인정되는 다음과 같은 사정들 즉, ① 피고인이 소지한 각 음성파일, 문건파일(소설, 논문, 기사 포함), 음원파일(음악자료, mp3 포함)이나 동영상파일(영화 포함), 책자는 대부분 북한에서 직접 발행한 원전 또는 북한에서 제작된 기사, 음원, 영상물 자료 등이거나, 북한원전으로 의심되거나 북한원전의 주장과 표현을 그대로 베끼거나 인용한 것 또는 일부 국내 출판물로서, 그 내용이 김일성, 김정일, 김정은을 찬양, 미화하고 그 업적을 기리거나, 주체사상, 선군정치, 유일영도체제를 미화, 옹호하거나, 대한민국의 정통성을 부정하면서 남한사회를 미국에 예속된 식민지 반자본주의 사회로 규정하고, 반미자주화, 남북한 연방제 통일 등 북한의 대남혁명전략·전술을 적극적으로 선전·선동하는 내용으로서 대한민국의 안전과 자유민주주의체제를 위태롭게 하는 것으로 평가할 수 있는 적극적인 내용을 포함하고 있는 점, ② 피고인이 소지한 '21세기 사회변혁운동과 진보적 정권교체: 반성과 전망'의 파일은 '(명칭 5 생략) 연구소'의 소장인 재미 친북학자 공소외 22가 작성한 것으로, 그 내용이 대한민국을 미국의 신식민주의 예속정권으로 파악하면서 한미동맹관계의 단절, 신식민주의체제의 해체, 주한미국군사령부 해체와 전면철군, 신식민주의예속정권을 퇴출시키는 진보적 정권교체를 주장하는 등 북한의 대남 선전·선동 활동에 동조하고 나아가 대한민국의 안전과 자유민주주의체제를 위태롭게 하는 것으로 평가할 수 있는 적극적인 내용을 포함하고 있는 점을 보태어 보면, 원심의 판단은 정당하므로, 피고인 변호인의 위 주장은 이를 받아들이지 아니한다.

머. 2012.5.31.경 회합으로 인한 국가보안법위반(회합·통신)의 점에 관하여

1) 항소이유의 요지

㈎ 해외채증 영상 및 사진은 영장주의 및 형사사법공조절차를 지키지 않은 것으로서 위법수집증거에 해당하여 증거능력이 없음에도 이를 증거로 채택한 원심판결에는 위법수집증거배제법칙의 법리를 오해한 위법이 있고, ㈏ 피고인이 2012.5.31. 만난 사람이 북한공작원이라는 점에 대한 직접증거는 남파간첩 공소외 23의 증언뿐인데, 공소외 23은 2008년부터 지금까지 국가정보원 산하기관인 국가안보전략연구소 연구위원으로 재직하고 있는 자로서 국가정보원이 원하는 증언을 할 수밖에 없는 처지에 있어 객관성 있는 제3자라고 보기 어렵고, 공소외 23이 "○○○"을 마지막으로 만난 것은 증언시점으로부터 약 34년 전의 일이고, "오지도원"을 만난 것은 증언시점으로부터 약 21년 전의 일인데 사진만으로 위 사람들을 알아본다는 것은 경험칙상 극히 이례적이며, 공소외

23의 증언이 사실에 부합하는지 검증할 객관적 방법이 없고, 공소외 23의 증언의 핵심 내용은 추측에 불과함에도 공소외 23의 증언의 신빙성을 인정하고 피고인과 변호인이 위 각 일시에 누구를 어떠한 경위로 만났는지에 대해 일말의 설명을 하지 않고 있다는 이유로 피고인이 북한공작원을 만났다고 인정한 원심판결에는 입증책임의 법리를 오해하고 자유심증주의의 한계를 일탈한 위법이 있다.

2) 판단

가) 2012.5.31.경 베트남 호치민 채증 동영상 및 사진의 증거능력이 인정된다는 점은 앞서 자.항 및 차.항에서 살펴본 바와 같다.

나) 다음으로 공소외 23의 원심진술의 신빙성에 관하여 본다.

(1) 우리 형사소송법이 공판중심주의의 한 요소로서 채택하고 있는 실질적 직접심리주의의 정신에 따라 제1심과 항소심의 신빙성 평가 방법의 차이를 고려할 때, 제1심 판결 내용과 제1심에서 적법하게 증거조사를 거친 증거들에 비추어 제1심 증인이 한 진술의 신빙성 유무에 관한 제1심의 판단이 명백하게 잘못되었다고 볼 만한 특별한 사정이 있거나, 제1심의 증거조사 결과와 항소심 변론종결 시까지 추가로 이루어진 증거조사 결과를 종합하면 제1심 증인이 한 진술의 신빙성 유무에 관한 제1심의 판단을 그대로 유지하는 것이 현저히 부당하다고 인정되는 예외적인 경우가 아니라면, 항소심으로서는 제1심 증인이 한 진술의 신빙성 유무에 관한 제1심의 판단을 존중하여야 한다(대법원 2012.6.14. 선고 2011도5313 판결 등 참조).

(2) 살피건대, 공소외 23의 원심진술은 자신이 ○지도원, ○○○(또는 ○○○)을 알게 된 경위, ○지도원, ○○○(또는 ○○○)의 경력 등에 관한 진술로서 그 내용이 매우 구체적이고, 주요부분에 있어서 일관성이 있는 점, 공소외 23이 국가안보전략연구소 연구위원으로 근무하고 있고, 국가안보전략연구소가 국가정보원의 산하기관이라고 하더라도 그러한 사정만으로 공소외 23이 허위의 진술을 하였다고 보기 어렵고, 달리 공소외 23이 피고인과 관련하여 허위진술을 할 특별한 동기를 찾기 어려운 점 등의 사정을 앞서 본 법리와 기록에 비추어 면밀히 살펴보면 공소외 23의 원심 진술은 충분히 신빙성이 있다고 판단되므로, 같은 취지의 원심판단은 정당한 것으로 보이고, 거기에 피고인이 지적하는 바와 같이 판결 결과에 영향을 미치는 사실오인이나 입증책임의 법리, 논리와 경험칙에 위배하여 자유심증주의의 한계를 벗어난 위법은 없다.

다) 나아가 원심이 피고인과 변호인이 2012.5.31.경 베트남 호치민에서 누구를 어떠한 경위로 만났는지에 대해 일말의 설명을 하지 않고 있다는 점을 판시 이

유의 맨 마지막 부분에 설시하기는 하였으나, 해당 부분 이유의 전체 내용을 보면, 원심이 위 공소사실에 대한 입증책임을 피고인 측에 전가하고 있다거나, 해당 부분의 원심 판단이 무죄 추정의 원칙에 반한 조처라고 보기는 어렵다.

　　라) 따라서 피고인 변호인의 위 주장은 이유 없다.

버. 2015.4.5.경 국가보안법위반(회합·통신) 및 국가보안법위반(자진지원·금품수수)의 점에 관하여

　1) 항소이유의 요지

　　원심은 2015.3.30.자 피고인과 공소외 6의 대화 녹음, 국가정보원 수사관의 증언, 호텔 조식 명단 촬영 사진 및 해외 채증 사진, 피고인의 인터넷 검색 기록, 대북보고문 등의 증거를 종합하면 피고인이 공소외 6의 회합 및 금품수수 행위에 대하여 공모하고 이에 본질적 기여를 한 사실이 인정된다고 판단하였다. 그러나 피고인이 공소외 6과 범행을 공모하였다는 점에 대한 직접 증거는 대화 녹음뿐인데, 그 대화 내용에 의하면 피고인은 공소외 6이 언제 말레이시아로 출국하고 언제 한국으로 들어오는지도 모르고 있으며 공소외 6의 구체적인 여행 일정에 대해서도 모르고 있는 데다가, 피고인이 해외에서 한도 이상의 금원을 반입하다 세관에 걸린 경험담이 있으나 이것이 북한공작원에게서 받은 공작금이라는 증거는 없으며, 공소외 6이 2015.4.7. 국내에 미화를 반입하려다가 들키자 카지노에서 돈을 딴 것이라고 수사기관에 진술하였으나 공소외 6이 피고인의 지시에 따라서 거짓말을 하였다는 증거는 없는 점, 2015.11.12.경 보고문에 공소외 6의 회합 및 금품수수 관련 기재가 있으나, 위 보고문이 반국가단체 구성원에게 전달되었는지 여부에 대한 증거가 없고, 통신의 상대방도 특정되지 않고 있는 점 등에 비추어 보면, 원심은 사실을 오인하여 피고인이 공소외 6의 범행에 본질적 기여를 하였다고 인정한 위법이 있다.

　2) 판단

　　피고인의 변호인은 원심에서도 이 부분 항소이유와 같은 취지의 주장을 하였고, 원심은 그 판결문 188~192쪽에서 '2015.4.5.경 국가보안법위반(회합·통신 등), 국가보안법위반(자진지원·금품수수)의 점에 관하여'라는 제목 아래 이에 대한 판단을 자세하게 설시하여 위 주장을 배척하였는바, 원심판결 이유를 원심이 설시한 법리 및 기록과 대조하여 면밀하게 살펴보면 원심의 판단은 정당한 것으로 판단되고, 피고인 변호인의 위 주장은 이유 없다.

서. 2011.11.경 통신연락으로 인한 국가보안법위반(회합·통신)의 점에 관하여

　1) 항소이유의 요지

　　원심은 'info.docx' 파일이 피고인의 차량 내 재떨이에서 압수된 USB(증 제126호)

에서 발견되었고, 피고인으로부터 압수된 찬송가 책자에 메모된 파일이름과 복호화하는 방법이 기재되어 있으며, 해당 문건에 문서를 암호화하는 내용, 통신을 위한 이메일주소와 암호가 들어있다는 이유로 피고인이 북한 225국 소속 공작원으로부터 위 파일을 받았다고 인정하였으나, 검사는 피고인이 언제, 어디에서, 누구를 만났는지 특정하지 아니한 채 USB에 저장된 파일의 접근일자를 근거로 범행일시를 2011.11.경이라고 추정하고 있을 뿐이어서 공소사실이 특정되지 아니하고 입증이 부족하다. 또한 'info.docx' 파일이 저장된 정보저장매체가 피고인의 차량에 있었다는 것만으로 위 파일을 피고인이 보유, 관리하는 것이라고 할 수 없고, 위 파일이 저장된 정보저장매체가 원본 보존되어 봉인이 되기 전에 제3자가 임의로 위 정보저장매체에 파일을 저장하는 것을 막을 수 없는데, 검사가 보관의 연속성을 담보하기 위한 영상을 제출한 바가 없어 실제 보관의 연속성이 확보되었는지 확인할 길이 없다. 더욱이 위 USB 원본은 2015.11.13. 08:18에 원본이 봉인된 것으로 봉인봉투에 기재되어 있으나 압수조서에 압수 관련 내용이 누락되어 있어 그 봉인시점을 정확히 파악하기 어려워 해시값 산출 이전의 변작 여부를 확인하기 어렵다. 따라서 위 'info.docx' 파일은 증거능력이 없다고 보아야 할 것임에도 그 증거능력을 인정하고 이를 근거로 피고인에게 유죄를 선고한 원심판결에는 사실오인의 위법이 있다.

2) 판단

가) 공소사실의 특정방법을 규정한 형사소송법 제254조 제4항에서 말하는 범죄의 '시일'은 이중기소나 시효에 저촉되지 않는 정도의 기재를 요하고, '장소'는 토지관할을 가늠할 수 있는 정도의 기재를 요하는데, 이와 같은 요소들에 의하여 공소사실의 특정을 요구하는 법의 취지는 피고인의 방어권 행사를 쉽게 해주기 위한 것이다. 그러므로 공소사실은 이러한 요소를 종합하여 구성요건 해당 사실을 다른 사실과 식별할 수 있는 정도로 기재하면 족하고, 공소장에 범죄의 시일, 장소 등이 구체적으로 적시되지 않았더라도 위에서 본 '시일', '장소' 등의 기재를 필요로 한 정도에 반하지 아니하고 더구나 공소범죄의 성격에 비추어 그 개괄적 표시가 부득이하며 또한 그에 대한 피고인의 방어권 행사에 지장이 없다고 보이는 경우에는 그 공소내용이 특정되지 않아 공소제기가 위법하다고 할 수는 없다(대법원 1991.10.25. 선고 91도2085 판결 참조).

이 부분 공소사실은 반국가단체 구성원과 통신연락을 하였다는 것으로, 그 통신의 수단이 된 스테가노그라피로 암호화된 파일은 은밀하게 전달되는 것일 수밖에 없고, 그 파일을 주고받는 방법으로 통신연락하였다면 그 장소를 특정하기 어려운 사정이 있는 점, 특히 그 문건을 전달하거나 주고받은 상대방이 대한민국의 사법관할권이 미치지 않는 곳에 소재할 가능성이 큰 점 등에 비추어, 범죄의 일시, 장소, 방법 등에 관하여 어느 정도 개괄적 표시가 부득이하다.

위 법리에 따라 이 부분 공소사실을 살펴보면, 구성요건 해당 사실을 다른 사실과 식별할 수 있을 정도로 그 범행의 일시, 방법 등이 특정되어 있고, 피고인에게 스테가노그라피로 암호화된 파일('info.docx' 파일)을 전달한 자의 성명을 명시하지 않았다고 하더라도 그 상대방을 북한 225국 소속 공작원이라고 기재하고 있는 점 등에 비추어 보면, 위 부분 공소사실은 특정되었다고 보아야 할 것이다.

나) 당심에서 압수·수색과정 전 과정이 촬영된 영상녹화물 중 검증이 필요하다고 특정한 영상녹화물 부분에 대하여 실시한 검증결과 'info.docx' 파일이 저장된 USB(HP 4G, S/N: AA0000 0000 000102, 증 제126호)가 피고인 명의의 차량 내 재떨이 안에서 적법하게 압수된 점은 앞서 본 바와 같고, 원심이 적법하게 채택하여 조사한 증거들에 의하면, ① 국가정보원 수사관 등은 2015.11.13. 07:59경 피고인의 주거지에서 위 USB에 대한 원본 압수와 함께 이미징을 현장 실시하고(압수조서: 2016고합538 사건의 증거기록 2493쪽 기재), 08:03경 해시값을 산출한 후(해시값확인서: 같은 증거기록 2525쪽), 원본과 함께 분석용 사본 1개를 별도로 압수한 점, ② 이후 국가정보원 포렌식 담당 수사관은 2015.11.14. 15:51경~2015.11.17. 15:07경 위 USB를 이미징한 사본에 대하여 포렌식 소프트웨어(EnCase 프로그램 등)를 통해 탐색한 결과 위 USB 안에 'ReadMe.txt' 파일 등이 스테가노그라피 관련 파일로 의심이 된다는 이유로 2015.11.17. 15:43경 원본을 압수한 점, ③ 원심은 2016.9.27. 위 USB에 대한 검증을 실시하여 2015.11.13. 봉인되어 있는 상태를 확인하였고, 검증 대상 파일들에 대한 해시값이 현장에서 산출한 해시값과 동일함을 확인한 점 등에 비추어 보면, 위 USB는 압수·수색현장에서 봉인이 되었고, 그 봉인 상태가 원심에서 검증할 때까지 유지되었으며, 압수 당시 산출하였던 해시값과 기타 파일정보 등이 봉인을 해제한 뒤 산출한 해시값 등이 동일하므로 그 무결성·동일성을 인정할 수 있고, 위 USB에 저장되어 있던 'info.docx' 파일의 증거능력 또한 넉넉히 인정할 수 있다.

다) 나아가 'info.docx' 파일을 복호화한 파일에는 스테가노그라피 프로그램 사용설명서, 통신을 위한 이메일주소와 그 암호 등 이메일주소 교체이용과 관련된 약속사항 등이 포함되어 있고, 이후 피고인이 "암호프로그램 사용 방법을 숙지했습니다. 이 보고를 받는 것이 증거로 됩니다"라는 내용이 포함된 'to you.docx' 파일을 소지하였던 점 등에 비추어 보면, 피고인이 2011.11.경 북한 225국 소속 공작원과 통신연락하였다는 점을 넉넉히 인정할 수 있고, 이러한

행위는 대한민국의 존립·안전이나 자유민주적 기본질서에 실질적 해악을 미칠 위험한 행위로 평가할 수 있고, 피고인 역시 이러한 사정을 알았다고 봄이 상당하다. 따라서 피고인 변호인의 주장은 이유 없다.

어. 공소사실의 불특정 및 2011.11.~12.경 통신연락으로 인한 국가보안법위반(회합·통신) 및 국가보안법위반(편의제공)의 점에 관하여

1) 이 부분 공소사실의 요지

피고인은 2011.11.29.경 불상의 장소에서 "연락동지 무사귀환 사실, 암호프로그램 사용방법 숙지 사실, (명칭 6 생략) 연구소조원에 대한 국정원 압수수색 상황, 시민단체 침투현황 및 조직사업 방향" 등이 기재된 대북보고문을 작성하여 이를 '고난의 주간 설교'로 시작되는 한글파일로 위장하여 스테가노그래피로 암호화한 파일 'to you.docx'을 생성한 다음, 그 무렵 불상의 방법으로 성명을 알 수 없는 '225국' 소속 공작원에게 전달하였는데, 그 구체적인 내용은 다음과 같다.

보고1. 연락동지 무사귀환했습니다. 2. 암호프로그램 사용 방법을 숙지했습니다. 이 보고를 받는 것이 증거로 됩니다. 3. 12일 신년보고 드리겠습니다. 4. 객체는 없다는 원리 따라 보안체계를 계속 강화하고 발전시키고 있습니다. 5. 최근 전략지역의 교양조직대상[(명칭 6 생략) 연구소조원]에 대해 국정원이 압수수색을 했습니다. 연행은 하지 않고 압수수색만 한 것입니다. 직접적으로 조직을 겨냥하고 있다고 판단되지는 않지만 보위강화차원에서 전략동지와 회합을 일단 중지하고 예의주시하고 있습니다. ○○○○ (명칭 7 생략)연대를 향하는 것이 아닌가 생각되지만 전략지역의 중요성에 비추어 주의 또 주의하고 있습니다. 향후 상황보고 드리겠습니다. 6. 시민단체에 포치된 ○동지와의 회합을 했습니다. (명칭 8 생략)연대에 깊숙이 침투해 주요 시민단체를 대상으로 꾸준히 사업하고 있으며 박사학위를 받아 전문가로 자리 잡으려 하고 있습니다. 최근 (명칭 9 생략)에도 가입했고 (명칭 8 생략)연대 내부에서 젊은 활동가들을 대상으로 조직사업을 하기로 방향을 잡았습니다. 정기적 회합 일자와 방법을 정했습니다. 이상 보충보고 드립니다. 7. 정세는 엄혹하고 탄압은 계속되지만 조직은 위대한 장군님과 존경하는 대장님을 굳게 믿고 절대적 충성을 다하기 위해 최선 또 최선을 다하고 있습니다. 2012.12.1.이상 보고 끝.

이로써 피고인은 국가의 존립·안전이나 자유민주적 기본질서를 위태롭게 한다는 정을 알면서 반국가단체 구성원 또는 그 지령을 받은 자와 통신 기타의 방법으로 연락하고, '225국' 소속 공작원에게 편의를 제공하였다.

2) 원심의 판단

원심은, ① 'to you.docx' 파일은 증 제126호 USB에서 발견된 것이고, 앞서 본 바와 같이 수사기관이 몰래 파일을 넣는다는 것은 불가능해 보이는 점, ② 위 파일

의 생성시간이 최종수정시간보다 늦은 시점인 것은 인정되나, 국정원 수사관 공소외 3의 원심 진술에 의하면 저장매체의 생성시간과 수정시간은 저장기기의 특성을 타는데, 'to you.docx' 파일이 생성된 후 마지막으로 수정이 되면 그 수정작업을 한 시간이 적히게 되는 한편, 그 파일이 다른 매체(증 제126호 USB)로 그대로 복사가 되면 그 시간이 생성시간이 되고 수정시간은 과거에 있었던 그 수정시간을 유지하게 되어 수정시간과 생성시간의 역전이 생길 수 있다는 것이므로 크게 이상하게 보이지는 않고, 위 파일의 생성시간과 수정시간은 모두 이 사건 압수·수색보다는 훨씬 이전이므로 수사기관이 압수·수색 무렵에 그 파일을 복사해서 넣었다고 할 수는 없는 점, ③ 'to you.docx' 파일의 내용 중 '암호프로그램 사용 방법을 숙지했습니다. 이 보고를 받는 것이 증거로 됩니다'라는 기재가 있으므로 위 파일을 암호화한 과정은 'info.docx' 파일에 기재된 방법대로인 것으로 보이고, 이 파일을 복호화하는 것은 'info.docx' 파일을 복호화한 방법과 동일하며, 이 파일에는 'info.docx' 파일에서 요구하였던 바(신년메시지를 12월 12일에 보내달라)대로 '12일 신년보고 드리겠습니다'라는 기재가 있는바, 이 파일을 해독한 문서는 앞서 본 'info.docx' 파일을 해독한 문서와 그 기재 내용이 연관되어 있는 점, ④ 'to you.docx' 파일에는 그 외에도 대한민국 내 비밀조직의 운영 및 활동현황, 조직에 대한 국정원의 압수·수색 현황 등 북한이 궁금해하고 필요로 하는 내용이 기재되어 있는 점에 비추어 보면, 피고인이 북한의 225국 소속 공작원에게 'to you.docx' 파일을 불상의 방법으로 전송하여 통신연락하였고, 북한 내지 그 지령을 받은 자에게 정보·자료를 제공하여 그 활동에 도움이 되도록 편의를 제공하였다고 인정된다고 판단하였다.

3) 항소이유의 요지

가) 이 부분 공소사실의 기재만으로는 피고인이 대북보고문을 언제 작성하여, 어디서, 누구에게, 어떻게 전달하였는지 등 통신연락 범행의 시일, 장소와 방법의 기재가 피고인의 방어권 행사에 지장이 없도록 구체적으로 기재되었다고 볼 수 없다.

나) 'to you.docx' 파일이 저장되어 있던 USB(증 제126호)는 검사가 그 압수·수색 과정이 촬영된 동영상을 제출하지 아니하여 보관의 연속성을 확인할 수 없으므로 위 USB 원본이 봉인되기 전에 제3자가 임의로 위 파일을 저장하였을 가능성을 배제할 수 없다. 더욱이 위 USB는 2015.11.13. 08:18 그 원본이 봉인된 것으로 봉인 봉투에 기재되어 있으나 압수조서에 압수 관련 내용이 누락되어 있어 봉인시점을 파악하기 어려우므로 해시값 산출 이전의 변작 여부를 확인하기도 어렵다. 나아가 'to you.docx' 파일은 위 USB가 피고인 명의의 차량에서 발견되었다는 사정만으로 그 작성자가 피고인이라고 단정할 수 없

고, 제3자가 작성한 것을 피고인이 복사하여 보관하고 있었을 가능성도 있으며, 설령 피고인이 위 파일을 작성했더라도 전자우편으로 위 파일을 발송하거나 인편을 통해 위 파일이 저장된 정보저장매체의 전달을 부탁하여야 실행의 착수가 있다고 볼 수 있는데 그에 관한 아무런 증거가 제출되지 아니하였으므로, 결국 통신연락 또는 편의제공의 죄가 성립하지 아니한다.

4) 당심의 판단

가) 먼저 이 부분 공소사실은 앞서 본 바와 같이 반국가단체 구성원과 통신연락을 하였다는 것으로, 그 통신의 수단이 된 스테가노그라피로 암호화된 파일은 은밀하게 전달되는 것일 수밖에 없고, 그 파일을 주고받는 방법으로 통신연락하였다면 그 장소를 특정하기 어려운 사정이 있는 점, 특히 그 문건을 전달하거나 주고받는 상대방이 대한민국의 사법관할권이 미치지 않는 곳에 소재할 가능성이 큰 점 등에 비추어, 범죄의 일시, 장소, 방법 등에 관하여 어느 정도 개괄적 표시가 부득이한바, 이 부분 공소사실은 구성요건 해당 사실을 다른 사실과 식별할 수 있을 정도로 그 범행의 일시, 방법 등이 특정되어 있고, 피고인에게 스테가노그라피로 암호화된 파일('to you.docx' 파일)을 전달한 자의 성명을 명시하지 않았다고 하더라도 그 상대방을 북한 225국 소속 공작원이라고 기재하고 있는 점 등에 비추어 보면, 위 부분 공소사실은 특정되었다고 할 것이다.

나) 원심이 적법하게 채택하여 조사한 증거들에 의하면, 피고인은 피고인 명의의 차량 내 재떨이 안에서 적법하게 압수된 USB(증 제126호)에 'to you.docx' 파일을 보관하고 있었던 점, 'to you.docx' 파일은 앞서 본 'info.docx' 파일을 해독한 문서와 그 기재 내용이 연관되어 있어 피고인이 북한 225국 소속 공작원과 위 'info.docx' 파일을 주고받음으로써 통신연락한 범행과 밀접하게 관련되어 있는 점, 또한 위 'to you.docx' 파일은 스테가노그라피로 암호화한 파일로, 대한민국 내 비밀조직의 운영 및 활동현황, 조직에 대한 국정원의 압수·수색 현황 등 북한이 궁금해하고 필요로 하는 내용이 기재되어 있는 점이 인정되기는 한다.

그러나 통신연락으로 인한 국가보안법위반(회합·통신) 및 국가보안법위반(편의제공)의 죄가 성립하려면 피고인이 북한 225국 소속 공작원과 통신 기타의 방법으로 연락하여 위 공작원에게 위 'to you.docx' 파일을 전달함으로써 편의를 제공하였다는 점이 입증되어야 할 것인데, 앞서 든 사정들이나 그 밖에 검사가 제출한 증거들만으로는 피고인이 피고인 또는 제3자가 작성한 위 'to you.docx' 파일을 북한 225국 소속 공작원에게 전달하였다는 점이 합리적 의심을 배제할 정도로 증명되었다고 인정하기에 부족하고, 달리 이를 인정할 만한 증거가 없다.

다) 따라서 2011.11.~12.경 통신연락으로 인한 국가보안법위반(회합·통신) 및 국가
보안법위반(편의제공)의 점은 범죄사실의 증명이 없는 경우에 해당하므로, 이
점을 지적하는 피고인 변호인의 위 주장은 이유 있다.

저. 2015.11.12.경 통신연락으로 인한 국가보안법위반(회합·통신) 및 국가보안법위반(편의
제공)의 점에 관하여

1) 이 부분 공소사실의 요지

피고인은 2015.11.12.경 피고인의 주거지에서 노트북을 이용하여 "2015 총화보고
서"가 기재된 대북보고문을 작성하여 이를 '이스라엘 백성들에게서 하나님의 언
약궤를 빼앗을'로 시작되는 한글파일을 위장하여 스테가노그라피로 암호화한 파
일 'toyou11-12.docx'을 생성한 다음 이를 Micro SD카드에 저장하였다.

이후, 피고인은 2015.11.12. 17:23경 서울 동작구 (주소 2 생략)에 있는 ○○대학교
제1종합관 1층 로비에서, 그곳에 설치된 인터넷 PC를 이용하여 중국 포털사이
트(www.○○○○.net)에 접속하여 북한 '225국' 소속 공작원과 공동으로 사용하는
ID인 '(영문 ID 2 생략)'으로 로그인한 다음, 미리 스테가노그라피로 암호화하여
Micro SD카드에 저장해 놓은 위 'toyou11-12.docx' 파일을 수신자를 '(영문 ID 2
생략)'으로 지정하여 발송하였는데, 그 구체적인 내용은 다음과 같다.

1. 혁명적 인사를 드립니다. 2. 2015년 총화 보고를 드립니다. 1) 총적 총화 - 2015
년은 총적으로 당창건 70돌을 맞으며 조직을 재정비하고 자기 임무를 수행하기
위한 역량 강화의 한 해였습니다. - 종교부문에서 대중적 선전역량 강화와 선진
적 투쟁역량 강화를 이루어낸 성과를 거두었습니다. - 경기북부지역과 경기남부
지역에서 지도부 역량을 강화해 향후 조직적 대중적 주체 강화를 이룰 수 있는 성
과를 거두었습니다. - 서울지역과 전북지역에서 조직을 재정비하고 향후 활동의
방향성을 확립한 한 해였습니다. - (명칭 10 생략)연대의 농성과 투쟁을 지원 협조
하며 종교부문에서 역할을 다한 성과를 거둔 한 해였습니다. - 공소외 24 관련 쟁
점을 대중적으로 제기하고 이 문제를 주도해 간 활동성과를 이루었습니다. - 반
전평화 투쟁에서 종교부문 조직으로서 자기 역할을 다한 한 해였습니다. - 민심
동향을 주기적으로 보고하여 본부의 정책 판단에 복무한 한 해였습니다. 종교인,
시민대중, 운동권, 정치권, 언론 동향 등을 분석, 보고했습니다. - 민생, 민주 민
권, 세월호 등 현안과 대중 투쟁에서 자기 역할을 한 한 해였습니다. - 진보진영
단결과 혁신, 연대와 통합을 위한 길에서 최선을 다해 자기 역할을 한 한 해였습
니다. - 반면 핵심 조직성원 확대와 지역지도부 완성의 과제를 이루는 데는 한계
를 보였습니다. - 좀 더 폭넓은 대중을 교양하고 투쟁 주체로 내세우는 데는 역량
의 한계를 보였습니다. - 총적으로 정세변화의 심화와 역량의 한계 속에서도 최

선을 다해 원수님의 의도와 당의 임무를 수행하기 위해 절치부심의 노력을 다한 한해였습니다. 2) 각 지역 부문 등 총화 - 종교부문 1) 종교부문은 선진적 대중들이 실천을 위해 조직한 (명칭 11 생략) 조직이 가장 큰 성과임. 약 20명의 실천적 기독교목사들이 선도적으로 투쟁에 나서는 것이 조직의 목적임. 향후 반미, 반전, 민생 투쟁에 앞장서 싸우게 될 것임. 기존 단체와 원만한 관계와 단결투쟁을 위해 지도의 초점을 맞추고 있음. 2) 공소외 24씨를 조직에서 관리하며 송환 투쟁을 벌이고 있음. 본사와의 유기적 협조를 요망함. 현재 ○○대사관으로 뛰어들어 추방당하는 식으로 추방돼 나갈 것을 공소외 24씨는 생각하는데, 이는 (명칭 12 생략) 신문 ○ 모 기자의 발상임. 조직은 이를 반대하며 대중적으로 중장기적으로 문제를 풀 것을 설득하고 있음. 3) 종교부문에서는 상반기에 (명칭 10 생략)연대에 대한 지원사업을 중심으로 사업했으며 이는 성과적이었다고 평가함. 4) 1년여 동안 총책은 자기 교단인 ○○○○○ 측에 (명칭 13 생략)라는 인터넷신문을 시작해 현재 상당한 성과를 거두고 자리 잡고 있음. 극히 보수적인 종교지도자들을 대상으로 교양과 선전의 통로가 만들어졌으며, 그들의 민심동향과 언론을 통한 정보 수집에 유리한 국면을 창출했음. 5) 선전책은 관악지역에서 혁신적인 진보세력을 모아 (명칭 14 생략)이라는 반합법 군중핵심 모임을 형성했으며, 이 속에서 ○ 모 씨를 인입해 교양 중임. 향후 지역대중사업을 진행코자 함. - 시민부문 현재 주체가 마련되지 않고 있음. 다시 한번 구조직의 공소외 25를 대상으로 시민부문에 대한 사업 요구를 해보겠음. 또한 대상으로 공소외 26을 추가하겠음. - 서울지역 1) 서울지역은 지난해의 혼란과 부진을 극복하고 올해부터 사상운동을 기치로 하는 노동운동의 혁신과 지역운동의 단합을 위해 노력했음. 2) 노동운동에서 사상적으로 흔들리고 혼란스러운 현실을 극복하기 위한 교양과 영향력 확대를 꾀하고 그 일을 지역에서 모범을 세우고 전국지역을 연결하는 방향에서 지향해가고 있음. 3) 서울책임자가 (명칭 7 생략)연대라는 활동가 조직의 간부가 되었으며 이를 통해 노동운동 혁신을 추구하고 있음. 4) 지역에서는 (명칭 15 생략)모임이라는 지역핵심의 학습모임을 3년째 유지하고 있으며, 이를 통해 실천성과 현장성, 연대성을 높여가고 있음. 5) 서울 책임자가 그동안 조직선 밖에 있던 공소외 27 연락원 동지에 대한 조직관리를 하고 교양과 조직화 사업을 하고 있음. 6) 서울책임자의 과도한 대중조직 업무로 인해 동지들과의 연결이 원만히 보장되지 않는 점이 문제점이지만, 충실성을 바탕으로 한 서울 책임자의 활동은 매우 좋음. - 경기북부지역 1) 경북지역은 올해 본사와의 접촉을 통해 사업과 사상에 더욱 큰 발전을 가져오고 있음. 2) 초기 자금 전달로 인한 어려움은 완전히 극복되었으며, 모든 활동을 정상화했음. 자금대책으로 내년부터는 일정이 정해지면 2인 이상이 각기 다른 날 출국 입국해 본사 면담 후 만나 상호 1만씩 나누는 방법으로 안전을 보장하려 함. 최근 자유여행 활성화로 적은 비용으로 해외여행이 가능해짐. 비용보다 안전 우선 원칙으로 하겠음. 3) 경북지역책임자는 ○○○○ 현 지도부와 긴밀한 관계가 구축되어 ○○○○ 상층에 대한 정책지도 사업과 설득을 하고 있음. 좌파적 지도부이지만, 투쟁과 인식에서 좌우편향이 심해 이를 옳은 방향으로 이끄는 정치사업을 병행함. 4) 경북지역이 주 동지에 대한 입당 사업이 성과적으로 결속됨. 정치적 조직적, 사상적 정서적으로 매우 높은 결의를 표명함. 5) 경북지역의 대중적 조직적 발전을 위해 노력하고 있음. 6) 사업 중인 (명칭 16 생략)노조는 통합을 통해 2만 조합원으로 발전된 노조를 전망하고 있음. - 경기남부지역 1) 지역책임자는 노숙성을 더하고 있으며 지하당 사업의 묘리를 알아가며 사업에 진전이 일어나고 있음. 2) 지역의 군중핵심과 활동가를 대상으로 학습소조 형성키로 했음. 3) 오산 평택지역 대중사업과 연계를 갖고 지속적으로 활동함. [○차, 오산지역활동, 구 (명칭 17 생략)당 사람들] 4) 상반기 (명칭 10 생략)연대에 대한 지원 사업을 전개함. 최근 들어 (명칭 10 생략)연대에 대한 탄압이 예견되면서 보위를 위해 거리를 두고 있음. 5) 내년 경남지역책동지에 대한 본사 면담을 계획하고 있음. 비록 보안관찰 중이지만, 가족여행(부인과 딸)을 빌미로 비자를 만들고, 베트남으로 여행해 하루 정도 가족과 떨어져 본사와 면담하는 것임. 이제는 면담해도 좋은 조건이 마련됐다고 판단됨. 무리하지 않게 구체 상황 보면서 본사의 의견을 듣고 최종 판단하겠음. 필요하다면 총책이 보이지 않게 역할하겠음. - 전북지역 1) 하반기 들어 전북지역책임자와 회합이 원만히 이루어지지 못함. 2) 지역을 통해 들은 바로는 정상적인 대중활동을 전개하고 있음. (명칭 18 생략)사업, (명칭 19 생략) 사업 등 정상적으로 진행 중임. 3) 상반기 회합 시 전북지역책임자는 평화통일과 연방제에 대한 이해에서 일면적 이해를 드러냄. 즉, 마치 조국통일대전을 무력 흡수로 생각하는 편향 있음. 대부분 활동가들이 이점을 이해하지 못해 정세가 극적으로 흐를 때 남쪽 활동가들 속에서는 주춤하는 현상이 나타남. 이에 대한 교양물이 필요함. 즉, 전쟁은 반통일세력과의 투쟁이 본질이요, 이남을 사회주의화하는 것이 아닌 연방제로 통일하기 위한 것이므로 그것은 반통일세력을 배제한, 남북정치협상에 의한 평화적인 통일이라는 점을 강조하는 교양 자료가 필요함. 4) 지역책 동지의 충실성과 원칙적 자세는 신뢰할 수 있음. 연말에 회합을 회복해 정상적으로 사업하겠음. - 기타 1) 전북 ○선생은 정기적으로 회합을 하며 고민과 의견을 많이 나눔. 조직관리와 정세, 사상 흐름에 큰 도움을 주고 있음. 2) 전북 ○목사도 비록 인간관계 차원에서 만나지만 솔직한 이야기를 나누며 협조해 주고 있음. 3) 신문사업과 연구소사업, 우리조직사업 등 종합적 목적을 위해 9인승 차량을 구입했음. 5년(60개월) 할부로 차량가격은 3만 불 정도함. 5년 할부이므로 큰 부담 없음. 신문사의 수입일부가 들어가나 본사의 지원을 염두에 둔 것임. 올해 수준에서 자금 지원을 요청함. 향후 신문 통해 신분안전과 정보수집, 해외여행, 대중교양 등 다양한 이익을 볼 수 있음. 4) 지난번 암호프로그램 숫자가 46번이라고 했으나 다시 확인해 보니 5개의 여유가 더 있었음. 현재 4245번, 4750번까지 사용가능한 것으로 파악됨. 본사의 확인을 요망함. 이번에는 47번을 사용하겠음. 5) 신년축하문과 원수님 탄생 축하문을 12월 초에 올리겠음. 6) 당 창건 70돌의 원수님 연설과 열병식은 조직과 성원을 한없이 고무하고 있으며, 내년 7차 당대회 발표는 다가오는 통일조국의 날을 확신하고 있습니다. 조직은 다가오는 통일조국의 정세에 더욱 복무하겠으며, 이남 변혁운동의 앙양을 위해 더욱 깊이 헌신 복무하겠습니다. 이상 끝. 2015년 11월 12일 서울. ○○○○○회

이로써 피고인은 국가의 존립·안전이나 자유민주적 기본질서를 위태롭게 한다는 정을 알면서 반국가단체 구성원 또는 그 지령을 받은 자와 통신연락하고, '225국' 소속 공작원에게 편의를 제공하였다.

2) 원심의 판단

원심은, ① 'toyou11-12.docx' 파일은 피고인의 신체(셔츠 주머니)에서 발견하여 압수한 Micro SD 카드(증 제123호)에 저장되어 있었는데, 위 Micro SD 카드의 압수 당시 피고인과 피고인의 처 공소외 8이 압수·수색 과정에 참여하고 있었고 압수·수색 당일 봉인한 뒤 2015.11.17. 선별압수하기 전까지 봉인이 해제된 적이 없으므로 수사관 등이 압수·수색을 하면서 피고인의 신체에서 발견한 Micro SD 카드에 몰래 위 파일을 넣었다는 것은 불가능한 점, ② 피고인은 이전에도 (명칭 4 생략)PC방에서 '(영문 ID 2 생략)'이라는 아이디로 중국 포털사이트(www.○○○○.net)에 접속하여 이메일을 사용하고 파일을 다운로드 받기도 한 사실이 있는데, 2015.11.12. 17:22:10 ○○대학교 제1종합관 로비에 있는 공용 PC에 위 Micro SD 카드를 연결하고, 17:22:53경 '(영문 ID 2 생략)@○○○○.net'에 로그인하여 17:23:30경 '(영문 ID 2 생략)@○○○○.net'로 'toyou11-12.docx' 파일을 전송하였으며, 위 메일을 보낸 당일 밤 집으로 들어오는 길에 체포되었고 피고인의 셔츠에서 위 Micro SD 카드가 압수되었으므로 제3자가 'toyou11-12.docx' 파일을 몰래 저장해두었을 가능성은 없는 점, ③ 메일을 전송한 계정과 수신한 계정이 동일하다는 것은 그 파일을 이메일 서버에 남겨놓아 그 곳에 접속하는 자가 이를 열어볼 수 있게 한다는 의미로서, 피고인은 북한 공작원과 이메일을 통하여 통신하고 편의를 제공하였으며, ○○○○.net 사이트는 중국에 서버를 둔 것으로 피고인이 이전에 ○○○○.COM을 통하여 북한 공작원과 연락을 한 경우와 그 형태가 유사한 점, ④ 위 파일을 복호화한 문서에는 '2015년 총화 보고를 드립니다'라는 제목하에 조직(○○○○○)의 운영현황과 그에 대한 분석, 앞으로의 계획 등이 각 지역별로 구분하여 상세히 기재되어 있고 이는 북한 측에서 궁금해하거나 필요로 하는 정보인 점에 비추어 보면, 피고인이 북한의 225국 소속 공작원에게 위 파일을 메일로 보내 통신연락하였고, 북한 내지 그 지령을 받은 자에게 정보·자료를 제공하여

그 활동에 도움이 되도록 편의를 제공한 점이 인정된다고 판단하였다.

3) 항소이유의 요지

피고인이 'toyou11-12.docx' 파일을 작성하여 전달하였는지 불분명하며, 설령 피고인이 (영문 ID 2 생략)@○○○○.net 이메일 계정의 ID와 비밀번호를 알고 있다고 하더라도 제3자가 이를 공동사용하고 있다는 점에 대한 아무런 증거가 없다.

4) 당심의 판단

가) 원심이 적법하게 채택하여 조사한 증거들에 의하면, 피고인은 자신이 소지하는 Micro SD 카드(증 제123호)에 'toyou11-12.docx' 파일을 저장하여 보관하다가, 2015.11.12. 17:22:10 ○○대학교 제1종합관 로비에 있는 공용 PC에 위 Micro SD 카드를 연결하고, (영문 ID 2 생략)@○○○○.net에 로그인하여 (영문 ID 2 생략)@○○○○.net로 'toyou11-12.docx' 파일을 전송한 사실, 피고인은 위 파일을 전송한 날 밤 주거지 앞에서 체포되었고, 당시 피고인의 셔츠 주머니에 위 Micro SD 카드를 보관하고 있다가 압수된 사실, 위 파일은 스테가노그래피로 암호화된 파일로, '2015년 총화 보고를 드립니다'라는 제목하에 조직(○○○○○)의 운영현황과 그에 대한 분석, 앞으로의 계획 등이 각 지역별로 구분하여 상세히 기재되어 있고, 이는 북한 측에서 궁금해하거나 필요로 하는 정보인 것으로 보이는 점이 인정된다.

나) 그런데 통신연락으로 인한 국가보안법위반(회합·통신) 및 국가보안법위반(편의제공)의 죄가 성립하려면 피고인이 'toyou11-12.docx' 파일을 전송하는 데 사용한 중국 포털사이트(www.○○○○.net)의 ID인 '(영문 ID 2 생략)'이 피고인과 북한 225국 소속 공작원이 공동으로 사용하는 것이라거나 이메일 계정 '(영문 ID 2 생략)@○○○○.net'에 로그인하여 위 파일을 (영문 ID 2 생략)@○○○○.net로 전송하면 위 공작원이 위 파일을 전달받을 수 있다는 점이 입증되어야 할 것인데, 메일을 전송한 계정과 수신한 계정이 동일한 점을 보면 공소사실 기재와 같이 피고인이 다른 사람과 해당 이메일 계정을 공동으로 사용하는 것이 아닌가 하는 강한 의심이 들기는 하나, 그러한 사정이나 검사가 제출한 다른 증거들만으로는 www.○○○○.net의 ID '(영문 ID 2 생략)'이 피고인과 북한 225국 소속 공작원이 공동으로 사용하는 ID라거나 위 이메일 계정 '(영문 ID 2 생략)@○○○○.net'에 로그인하여 위 파일을 (영문 ID 2 생략)@○○○○.net로 전송하면 위 공작원이 위 파일을 전달받을 수 있다는 점이 합리적 의심을 배제할 정도로 증명되었다고 인정하기에 부족하고, 달리 이를 인정할 만한 증거가 없다.

다) 따라서 2011.11.12.경 통신연락으로 인한 국가보안법위반(회합·통신) 및 국가보안법위반(편의제공)의 점은 범죄사실의 증명이 없는 경우에 해당하므로, 이 점

을 지적하는 피고인 변호인의 위 주장은 이유 있다.

처. 2013.11.4., 2013.12.14., 2014.1.4., 2014.2.3., 2014.4.28. 각 이적동조로 인한 국가보안법위반(찬양·고무 등)의 점에 관하여

1) 항소이유의 요지

원심은 피고인의 대화를 녹음한 녹취파일과 녹취록의 증거능력을 인정하여 피고인이 원심 판시 II. 3.의 가. 내지 마.항 기재 각 범죄사실과 같은 일시·장소에서 각 범죄사실 기재와 같은 발언을 한 사실을 인정한 다음 피고인이 공소외 4 또는 공소외 5와 사이에 나눈 대화의 내용이 이적동조에 해당한다고 판단하였으나, 피고인의 대화를 녹음한 녹취파일과 녹취록의 증거능력을 인정할 수 없고, 피고인은 이적동조행위를 한 사실이 없으므로, 원심의 위 판단에는 사실을 오인한 위법이 있다.

2) 판단

가) 피고인이 공소외 4 또는 공소외 5와 나눈 대화의 내용이 녹음된 각 녹취파일 및 녹취록의 증거능력을 인정할 수 있음은 위 타.항에서 본 바와 같고, 원심의 검증결과에 의하면 피고인이 원심 판시 II. 3.의 가. 내지 마.항 기재와 같은 일시, 장소에서 각 범죄사실 기재와 같은 발언을 한 사실을 인정할 수 있다.

나) 피고인 변호인은 원심에서도 이적동조행위를 한 적이 없다는 주장을 하였고, 원심은 그 판결문 199~201쪽에서 '2013.11.4., 2013.12.14., 2014.1.4., 2014.2.3., 2014.4.28. 각 이적동조로 인한 국가보안법위반(찬양·고무 등)의 점에 관하여'이라는 제목 아래 이에 대한 판단을 자세하게 설시하여 위 주장을 배척하였는바, 원심판결 이유를 기록과 대조하여 면밀하게 살펴보면 원심의 판단은 정당한 것으로 판단된다.

다) 따라서 피고인 변호인의 위 주장은 이유 없다.

2. 검사의 항소이유에 대한 판단

가. 검사의 항소이유 요지

1) 사실오인 및 법리오해(원심판결 무죄 부분)

2013.11.2.자 국가보안법위반(찬양·고무 등)의 점에 관하여, 국가정보원 수사관인 공소외 18은 원심에서 피고인이 공소외 5와 회합한다는 정황을 회합 당일 긴급하게 확인하고, 영장을 발부받을 여유가 없어 급박하게 (명칭 3 생략)커피숍 사장인 공소외 28의 동의를 얻어 피고인과 공소외 5가 앉을 것 같은 고객용 테이블 근처 천장 쪽에 네트워크 카메라를 설치하고, 위 카메라로 피고인과 공소외 5가 테이블에 마주 앉아서 대화하며 태블릿 PC를 보여주는 장면, 태블릿 PC의 화면내용 등을 촬영하였다고 증언하였는바, 위 영상물 촬영에 긴급성 및 증거 보전 필요

성이 인정되는 점은 원심도 인정한 바와 같고, 위 촬영에 사용된 네트워크 카메라는 시판 중인 상용 촬영장비로 특수설비가 아니어서 커피숍 업주의 사전 동의와 협조로 업장 실내 탁자 천장에 상용 카메라를 설치하여 촬영한 것은 일반적으로 허용되는 상당한 방법에 의하여 촬영을 한 경우로 보아야 하며, 북한 원전을 소지하면서 이를 활용하여 공소외 5와 북한의 주체사상 등을 학습하는 모습은 개인의 사생활 비밀보호 영역에 포함된다고 보기 어렵고, 피고인의 사생활의 비밀을 침해하는 결과를 초래한다 하더라도 이는 국가의 안전보장, 자유민주적 기본질서라는 공익의 실현을 위하여 피고인이 수인하여야 할 기본권의 제한에 해당하므로, 위 촬영은 일반적으로 영장이 없더라도 허용되는 상당한 방법 및 대상이라 할 것이고 사후에 지체 없이 영장을 발부받아야 할 사안도 아니다. 따라서 적법하게 수집된 2013.11.2.자 피고인의 사상학습 영상물 원본과 피고인의 사상학습 장면을 목격, 촬영한 공소외 18의 증언 등을 종합하면 위 공소사실이 충분히 인정됨에도, 원심이 위 촬영이 위법하다고 판단하여 그로 인해 취득한 영상물 등의 증거능력을 배척하고 위 공소사실에 대하여 무죄를 선고한 것에는 증거판단에 관한 사실오인 및 법리오해의 위법이 있다.

2) 양형부당

피고인이 저지른 범행은 북한 대남공작기관 225국(현 문화교류국)과 직접 연계하여, 225국과 지속적으로 통신·연락하면서 해외에서 공작원과 회합하고 그 지령에 따라 국내 정세·민심동향과 조직 활동사항을 지속적으로 수집·보고한 것으로, 국가의 존립·안전과 자유민주적 기본질서를 심각하게 위협한 중대한 사안이고, 피고인이 'ㅇㅇㅇㅇㅇㅇ'라는 북한의 대남혁명론을 추종하는 지하조직의 총책으로 활동하면서, 종교·언론인의 신분을 범행수단으로 악용한 만큼 그 죄질이 불량한 점, 피고인에게 개전의 정이 전혀 없고, 재범의 위험성이 높은 점 등에 비추어 보면, 원심이 피고인에 대하여 선고한 형(징역 4년 및 자격정지 4년)은 너무 가벼워서 부당하다.

나. 사실오인 및 법리오해 주장에 관한 판단

1) 이 부분 공소사실의 요지

피고인은 2013.11.2. 16:20경부터 같은 날 17:50경까지 수원시에 있는 세류역 인근(명칭 3 생략)커피숍에서, 공소외 5를 만나 피고인의 태블릿 PC에 저장되어 있던 '노작-선군사상'이라는 제목의 2013.8.25.자 조선중앙통신 기사와 '전당과 온 사회를 김일성-김정일주의화 하자'라는 제목의 2013.9.12.자 노동신문 기사를 공소외 5에게 열람시켰는데, 그 주요내용은 다음과 같다.

『《'노작-선군사상' 제하의 기사 주요내용》

- 장군님께서 선군혁명령도를 시작하신 선군절은 건군절과 함께 우리 혁명 무력 건설사와 조국청사에 중요한 리정표를 새긴 력사의 날입니다.

- 선군은 위대한 김일성동지께서 개척하시고 김일성동지와 김정일동지께서 령도 하여 오신 조선혁명의 자랑스러운 전통이며 승리와 영광의 기치입니다.

- 김정일동지께서 1960년 8월 25일 조선인민군 근위 서울 공소외 29 제105땅크 사 단에 령도의 자욱을 새기신 것은 선군혁명위업의 계승과 선군령도의 새출발을 선언한 력사적 사변이였습니다.

《'전당과 온 사회를 김일성-김정일주의화하자' 제하의 기사 주요내용》

- 온사회의 김일성-김정일주의화는 위대한 수령님과 장군님의 혁명사상, 김일 성-김정일주의를 유일한 지도적 지침으로 하여 우리 혁명을 전진시키며 김일 성-김정일주의에 기초하여 주체위업을 완성해 나가는 성스러운 위업이다.

- 위대한 주체사상, 선군사상으로 무장하기 위한 사업을 결정적으로 강화함으로 써 자신을 우리 당의 혁명사상밖에 모르는 사상과 신념의 강자로 그 어떤 경우 에도 오직 당과 수령만을 따르는 쇠소리나는 혁명가로 튼튼히 준비해 나가야 한다.』

이와 같이 위 기사들은 김일성의 주체사상과 김정일의 선군사상을 찬양하면서 김 일성과 김정일의 업적을 미화하여 찬양하고 선전하는 내용이다.

이로써 피고인은 국가의 존립·안전이나 자유민주적 기본질서를 위태롭게 한다는 정을 알면서 반국가단체나 그 구성원 또는 그 지령을 받은 자의 활동을 찬양·고 무·선전 또는 이에 동조할 목적으로 이적표현물을 소지하였다.

2) 원심의 판단

(1) 피고인이 받고 있었던 범죄혐의는 반국가단체 구성원과 비밀리에 회합하거나, 사상학습을 하면서 그 활동을 찬양·고무한다는 것 등으로 그 내용이 국가의 존립·안전이나 자유민주적 기본질서를 위태롭게 할 정도로 중대하고, 그에 관 한 증거물을 취득하기 위하여 피고인이 공소외 5와 만나서 대화하며 제시하는 태블릿 PC의 화면 등을 현장에서 몰래 촬영할 필요성이 있었던 것으로는 인 정된다.

(2) 그런데 이 사건 촬영은 피고인과 공소외 5가 알아채지 못하도록 미리 커피숍 내부 테이블 근처 천장에 별도의 특수한 네트워크 카메라 장비를 설치하여 촬 영한 것으로, 이러한 촬영 방식은 업소의 내·외부에서 일반적인 카메라 촬영 방법으로 타인의 모습을 촬영하는 것과 다르므로 그 자체로 침해의 방법과 정 도가 중하다고 보여, 특별한 네트워크 카메라 장비를 미리 설치하여 피고인을

몰래 촬영한 것은 일반적으로 허용되는 상당한 방법이라고 보기 어렵다.

(3) 위 카메라를 이용하여 촬영한 것은 단순히 피고인의 외양과 행태가 아니고 피고인이 소지하여 공소외 5에게 열람시킨 태블릿 PC의 화면 내용인바, 이는 개인의 내밀한 영역에 해당하는 것이다. 따라서 영장을 받지 않은 채 피고인의 태블릿 PC의 내용까지 촬영한 것은 피고인의 사생활의 비밀 등을 지나치게 침범한 것으로써 그 촬영의 대상과 내용상으로도 상당성이 인정된다고 보기 어렵다.

(4) 2013.11.2. 녹화 영상은 국정원 수사관 공소외 18이 촬영한 것인데, 공소외 18은 원심에서 '피고인과 공소외 5에 대하여 동향 내사를 하는 도중에 회합한다는 정황을 긴급하게 확인하여 영장을 받지 않은 채 공소외 28의 동의를 얻어 네트워크 카메라를 설치하였다'라고 진술하였으나, 이후의 촬영 때는 법원으로부터 영장을 받아서 촬영하였던 점에 비추어 보면, 이 당시에도 그 필요성을 소명하고 영장을 받아서 촬영할 수 있었을 것으로 보인다. 설사 당시 긴급을 요하여 영장을 받을 수 없었더라도 일단 위와 같이 촬영을 한 후 이를 유죄의 증거로 사용하려면 사후에 지체 없이 영장을 받았어야 함에도(형사소송법 제216조 제3항 적용 또는 유추적용), 그러한 조치를 취하지 않았다.

따라서 2013.11.2. 국가정보원 수사관 등이 (명칭 3 생략) 커피숍에 몰래 네트워크 카메라를 설치하여 피고인의 행동과 태블릿 PC의 화면을 촬영한 것은 수사에 있어서의 비례성·상당성 원칙과 영장주의 등을 위반한 것이므로 그로 인해 취득한 영상물 등 증거는 그 증거능력이 없다고 할 것이고, 공소외 18의 증언은 위 영상물에 촬영된 내용을 기초로 진술하는 것이어서 마찬가지로 증거능력이 없으며, 달리 피고인이 위 일시·장소에서 위 표현물을 소지하였다는 점을 인정할 만한 증거가 없다.

3) 당심의 판단

가) 누구든지 자기의 얼굴 기타 모습을 함부로 촬영당하지 않을 자유를 가지나 이러한 자유도 국가권력의 행사로부터 무제한으로 보호되는 것은 아니고 국가의 안전보장·질서유지·공공복리를 위하여 필요한 경우에는 상당한 제한이 따르는 것이고, 수사기관이 범죄를 수사함에 있어 현재 범행이 행하여지고 있거나 행하여진 직후이고, 증거보전의 필요성 및 긴급성이 있으며, 일반적으로 허용되는 상당한 방법에 의하여 촬영을 한 경우라면 위 촬영이 영장 없이 이루어졌다 하여 이를 위법하다고 단정할 수 없다(대법원 1999.9.3. 선고 99도2317 판결 등 참조).

나) 그러나 원심 설시와 같은 사정들에 원심이 적법하게 채택하여 조사한 증거들에 의하여 인정되는 다음과 같은 사정들, 즉 (1) 2013.11.2.자 (명칭 3 생략) 커피

숍에서의 채증활동의 총괄책임자였던 공소외 18은 원심에서, ① 당시 사용한 동영상 촬영장비는 네트워크 카메라, 무선 AP, 위 카메라와 무선 AP를 운용할 수 있는 프로그램이 설치된 슬레이트 PC 등 세 가지로 구성되고, 네트워크 카메라와 무선 AP를 연결하여 통신환경을 조성하되, 무선 AP에 암호를 설정하여 수사관 이외의 다른 사람들이 접근하지 못하도록 폐쇄망으로 구성하고, 운용 프로그램이 설치된 슬레이트 PC로 무선 AP를 통해 카메라를 조작하여 촬영하는 것이며, ② 당시 위 설비는 공소외 18이 현장을 지원하는 직원들의 도움을 받아 설치하였고, ③ 네트워크 카메라 자체에는 저장기능이 없고, 슬레이트 PC에 메모리나 처리장치가 있어 촬영영상이 저장되는 것이며, ④ 공소외 18은 현장의 슬레이트 PC가 설치된 곳에서 피고인과 공소외 5가 회합하는 모습 등을 확인하였다고 진술하였는바, 위 진술내용에 비추어 보면, 설령 위 네트워크 카메라가 시중에서 쉽게 구할 수 있는 상용 촬영장비라고 하더라도, 일반적인 동영상 촬영에 사용되는 캠코더나 비디오카메라 등에 비하면 특수한 촬영장비로 보이는 점, (2) 당시 공소외 18 등 국가정보원 수사관 등은 (명칭 3 생략) 커피숍 내 피고인과 공소외 5가 앉을 것 같은 고객용 테이블 근처 천장 쪽에 네트워크 카메라를 설치하여 두었고, 공소외 18은 현장의 슬레이트 PC가 설치된 곳에서 피고인과 공소외 5가 회합하는 모습 등을 확인하였으며, 피고인이 공소외 5와 대화하면서 태블릿 PC를 보여줄 때 위 카메라의 줌 기능을 이용하여 태블릿 PC의 화면내용까지 촬영하였는데, 이러한 촬영방식은 공개된 장소에서 캠코더 등을 손에 들고 타인의 모습을 촬영하는 일반적인 카메라 촬영방법과는 매우 상이하여, 그 자체로 사생활의 비밀이나 초상권 등을 침해하는 방법과 정도가 중하다고 보이고, 따라서 일반적으로 허용되는 상당성을 벗어난 방법으로 이루어져 영장 없는 강제처분에 해당하므로 위법하다고 보이는 점 등을 보태어 보면, 위와 같은 네트워크 카메라 등을 설치한 후 피고인의 행동과 태블릿 PC의 화면을 촬영한 것은 영장주의에 위반되며, 그로 인해 취득한 영상물 등의 증거능력이 없다고 판단한 원심의 조치는 정당하고, 원심판결에 검사가 지적한 바와 같은 사실오인이나 법리오해의 잘못이 없다. 따라서 검사의 위 주장은 이유 없다.

3. 결론

그렇다면 원심판결의 유죄 부분 중 2011.11.~12.경 통신연락 및 편의제공, 2013.7.7.경 통신연락 및 편의제공, 2015.11.12.경 통신연락 및 편의제공으로 인한 각 국가보안법위반(회합·통신 등) 및 국가보안법위반(편의제공)의 점에 대한 피고인의 항소가 이유 있으므로 검사의 양형부당 주장에 대한 판단을 생략한 채 형사소송법 제364조 제6항에 의하여 원심판결 중 유죄 부분을 파기하고 변론을 거쳐 다시 다음과 같이 판결하고, 원심판결 중 무죄 부분에 대한 검사의 항소는 이유 없으므로 형사소송법 제364조 제4항에 의하여 이를 기각한다.

【다시 쓰는 판결 이유: 원심판결 중 유죄 부분】

【범죄사실】

원심판결의 '범죄사실' 중 Ⅱ. 2016고합558의 [모두사실] "피고인은 2014.9.26. 서울중앙지방법원에서 일반교통방해, 집회 및 시위에 관한 법률 위반죄 등으로 벌금 500,000원을 선고받은 전력이 있다"와 [범죄사실] 중 2.의 다.(2011.11.~12.경 통신연락 및 편의제공), 마.(2013.7.7.경 통신연락 및 편의제공), 사.(2015.11.12.경 통신연락 및 편의제공)항을 각 삭제하는 외에는 원심판결의 해당란 기재와 같으므로 형사소송법 제369조에 의하여 이를 그대로 인용한다.

【증거의 요지】

원심판결의 '증거의 요지' 중 아래 증거를 삭제하는 외에는 원심판결의 해당란 기재와 같으므로 형사소송법 제369조에 의하여 이를 그대로 인용한다.

[삭제하는 증거]

1. 원심의 2016고합558 증거목록 순번 788, 789, 793, 799 내지 809에 대한 각 검증결과

1. 압수조서(○○대 제1종합관 로비 인터넷 컴퓨터 및 CCTV영상) 사본 1부(*첨부자료 포함), 압수조서2(전자정보매체에 대한 선별 압수, ○○대) 사본 1부(*첨부자료 포함), 압수조서(2015.10.8.자 ○○대 제1종합관 로비 PC 로그기록 및 관련 CCTV영상 임의제출) 사본 1부(*첨부자료 포함), 압수조서(외국계이메일) 사본 1부(*첨부자료 포함), 압수조서2(외국계이메일) 사본 1부(*첨부자료 포함), 압수조서(○○대 제1종합관 로비 인터넷 컴퓨터 하드디스크 복제본, *첨부자료 포함), 각 압수수색검증영장(2016고합558 증거목록 순번 696, 703, 720, 721)

1. 각 디지털증거분석보고서(2016고합558 증거목록 순번 694, 695)

1. 2013.8.18. (명칭 4 생략) PC방 사장 공소외 19로부터 임의제출 받은 16번PC 하드디스크 등에 대한 압수조서 및 목록 사본 1부, 확인서(2013.8.18. 공소외 19) 사본 1부, 각 디지털매체 원본·사본 임의제출 동의서 사본 1부, 각 해시값확인서 사본 1부, 2013.8.21. (명칭 4 생략)PC방 사장 공소외 19로부터 임의제출 받은 CCTV 녹화물에 대한 압수조서 및 목록 사본 1부, 확인서(2013.8.21. 공소외 19) 사본 1부, 각 '디지털압수물[(명칭 4 생략)PC방 16번 HDD] 분석' 보고서 1부, 2013.10.27. (명칭 4 생략)PC방 사장 공소외 19로부터 임의제출 받은 16번 PC하드디스크 등에 대한 압수조서 및 목록 사본 1부, 확인서(2013.10.31. 공소외 19) 사본 1부, 각 디지털매체 원본·사본 임의제출 동의서 사본 1부, 2013.10.31. (명칭 4 생략)PC방 사장 공소외 19로부터 임의제출 받은 CCTV 녹화물에 대한 압수조서 및 목록 사본 1부, 2013.12.5. (명칭 4 생략)PC방 종업원 공소외 30으로부터 임의제출 받은 3번 PC 하드디스크 등에 대한 압수조서 및 목록 사본 1부, 각 확인서(공소외 30) 사

본 1부, 2013.12.6. (명칭 4 생략)PC방 사장 공소외 19로부터 임의제출 받은 CCTV 녹화물에 대한압수조서 및 목록 사본 1부, 각 확인서(공소외 19) 사본 1부, '디지털압수물[(명칭 4 생략)PC방 3번 HDD] 분석' 보고서 1부, 2014.1.18. (명칭 4 생략)PC방 종업원 공소외 30으로부터 임의제출 받은 46번 PC 하드디스크 등에 대한 압수조서 및 목록 사본 1부, 2014.1.21. (명칭 4 생략)PC방 사장 공소외 19로부터 임의제출 받은 CCTV 녹화물에 대한 압수조서 및 목록 사본 1부, '디지털압수물[(명칭 4 생략)PC방 46번 HDD] 분석' 보고서 1부, 2014.3.21 압수조서·압수목록·압수물소유권포기여부확인서·확인서(CCTV녹화영상물·PC방 사용내역서 임의제출) 등 사본 1부, 2014.3.21 압수조서·압수목록·압수물·압수물소유권포기여부확인서·해시값확인서(하드디스크+E75 임의제출) 등 사본 1부, 2014.3.18. (명칭 4 생략)PC방에서 사용한 PC 하드디스크(#31) 분석서 1부, 2014.4.29. 압수조서·압수목록·압수물소유권포기여부확인서·확인서 등(CCTV녹화영상물·PC방 사용내역서 임의제출) 사본 1부, 2014.6.5. 압수조서·압수목록·압수물소유권포기여부확인서, 확인서 등(CCTV녹화영상물·PC방 사용내역서 임의제출) 사본 1부, 2014.6.12. 압수조서·압수목록·압수물소유권포기여부확인서·해시값확인서, 확인서 등(하드디스크 임의제출) 등 사본 1부, 2014.6.12. 압수조서·압수목록·압수물소유권포기여부확인서·해시값확인서(CCTV녹화영상물·PC방 사용내역서 임의제출) 등 사본 1부, 2014.6.11. (명칭 4 생략)PC방에서 사용한 PC 하드디스크(#17) 분석서 1부, 2014.6.20. 압수조서·압수목록·압수물소유권포기여부확인서·확인서·해시값확인서(하드디스크 임의제출) 등 사본 1부, 2014.6.20. 압수조서·압수목록·압수물소유권포기여부확인서·해시값확인서(CCTV녹화영상물·PC방 사용내역서 임의제출) 등 사본 1부, 2014.6.20. (명칭 4 생략)PC방에서 사용한 PC 하드디스크(#18) 분석서 1부, 2014.7.14. 압수조서·압수목록·압수물소유권포기여부확인서·확인서·해시값확인서(하드디스크 임의제출) 등 사본 1부, 2014.7.14. 압수조서·압수목록·압수물소유권포기여부확인서·해시값확인서(CCTV녹화영상물·PC방 사용내역서 임의제출) 등 사본 1부, 2014.7.12. (명칭 4 생략)PC방에서 사용한 PC 하드디스크(#31) 분석서 1부, 2014.9.2. 압수조서·압수목록·압수물소유권포기여부확인서·해시값확인서(CCTV녹화영상물·PC방 사용내역서 임의제출) 등 사본 1부, 2015.3.17. 압수조서·압수목록·압수물소유권포기여부확인서·확인서·해시값확인서(하드디스크 임의제출) 등 사본 1부, 2015.3.16. (명칭 4 생략)PC방에서 사용한 PC 하드디스크(#16) 분석서 1부, 2015.3.25. 압수조서·압수목록·압수물소유권포기여부확인서·확인서·해시값확인서(하드디스크 임의제출) 등 사본 1부, 2015.3.24. (명칭 4 생략)PC방에서 사용한 PC 하드디스크(#45) 분석서 1부, 2015.4.10. 압수조서·압수목록·압수물소유권포기여부확인서·확인서·해시값확인서(하드디스크 임의제출) 등 사본 1부, 2015.4.10. (명칭 4 생략)PC방에서 사용한 PC 하드디스크(#19) 분석서 1부

1. 수사보고(증거목록 순번 397, 피고인이 2014.4.~2015.8.간 PC방에 출입하며 중국계 이메일 '○○○

o.net'에 접속한 사실 확인)

1. ○○대학교 제1종합관 전산정보팀 공소외 31이 임의제출한 ○○대학교 제1종합관 로비 PC 로그기록 출력물 1부, (명칭 20 생략) 가입내역 출력물 1부, (명칭 21 생략) 가입내역 출력물 1부, ○○ 인적사항 출력물 1부, 피의자 가입 (명칭 22 생략)_○○카페회원인적사항 출력물 1부, ○○○○○ 인적사항 출력물 1부

1. 'to you7-7.docx' 파일 내용 출력물 1부, 'to you7-7.docx' 파일을 복호화한 결과 출력물 (2013.7.7.자 대북보고문) 1부, 증제123호 Micro SD카드 內 "본문은 이스라엘 백성들에게… (후략) …"로 시작하는 스테가노그래피 문서파일(toyou11-12.docx) 출력물 1부, 증제123호 Micro SD카드 內 스테가노그래피 문서파일(toyou11-12.docx)을 복호화한 對北보고문 출력물 1부

1. 2014.3.~2015.8.간 피고인 '(명칭 4 생략)PC방' 출입 채증사진 1부, '(영문 ID 1 생략)@○○○○.COM' 이메일 계정의 보낸편지함 화면 캡처 사진 1부, '(영문 ID 1 생략)@○○○○.COM' 계정 압수시 보낸편지함 화면 캡처 사진 1부(2016고합558 증거기록 4996쪽)

1. 20151008-2.avi(2015.10.8.자 ○○대 제1종합관 PC CCTV, 증 제186호)의 현존

【법령의 적용】

1. 범죄사실에 대한 해당법조

각 국가보안법 제7조 제5항, 제1항(이적표현물 소지의 점), 각 국가보안법 제8조 제1항(2015.4.5.경 회합의 점을 제외한 나머지 각 회합 및 통신의 점), 국가보안법 제8조 제1항, 형법 제30조(2015.4.5.경 회합의 점), 국가보안법 제5조 제2항, 형법 제30조(금품수수의 점), 각 국가보안법 제7조 제1항, 형법 제30조(이적동조의 점)

1. 경합범가중

형법 제37조 전단, 제38조 제1항 제2호, 제50조[형, 죄질 및 범정이 가장 무거운 2015.4.5.경 국가보안법위반(회합·통신등)죄에 정한 형에 경합범 가중]

1. 자격정지형의 병과

국가보안법 제14조

1. 몰수

형법 제48조 제1항 제1호

1. 추징에 대한 판단

국가보안법위반의 죄를 범하고 받은 보수를 몰수할 수 없을 때에는 추징을 하여야 하나(국가보안법 제15조 제1항), 피고인이 직접 금품을 수수한 것은 아니고, 실제 피고인에게 '보수'로서 귀속된 이익이 얼마인지 특정할 수 없으므로, 추징을 선고하지 아니하기로 한다.

【양형의 이유】

북한은 평화적 통일을 위하여 끊임없이 교류와 협력을 모색하여야 할 대화와 협력의 동반자임에 틀림없다. 그러나 북한이 대한민국의 헌법질서와 양립할 수 없는 주체사상, 선군사상 등 유일영도체제를 내세우면서, 김일성, 김정일에 이어 김정은에 이르기까지 권력을 세습하고 독재 정권을 유지하며 북한 주민들의 인권을 유린하고 있고, 잇따른 무력 도발과 선전·선동, 고도의 대남공작을 통하여 대한민국의 존립과 자유민주주의 체제를 위협하면서 적화통일의 노선을 포기하지 않고 있는바, 이와 같이 반국가단체인 북한의 위협이 엄연히 상존하는 이상, 국가의 안전을 위태롭게 하는 반국가활동을 규제함으로써 국가의 안전과 국민의 생존 및 자유를 확보할 수밖에 없다.

피고인은 장기간에 걸쳐 북한 대남공작조직 225국 구성원과 통신연락하고, 해외에서 직접 회합하거나 공범인 공소외 6과 공모하여 회합하고, 공작금 성격의 금품을 수수하는 한편, 다수의 이적표현물을 소지하고 이를 이용하여 공소외 4, 공소외 5, 공소외 6과 사상학습을 하는 등 북한의 정책과 사상에 동조하였다. 피고인의 각 범행은 상당한 기간 동안 계획적, 조직적, 지능적으로 이루어진 데다가 반국가단체인 북한을 이롭게 함과 동시에 대한민국의 존립·안전과 자유민주주의 질서에 심각한 위험을 초래할 수 있다는 점에서 사안이 중대하고, 그 죄질이 매우 무겁다. 이러한 사정들은 피고인에게 불리한 정상들이다.

다만, 피고인이 폭력적인 방법을 동원하여 대한민국이나 자유민주적 기본질서를 전복·폐지할 것을 직접적으로 기도하거나 선전·선동한 것으로 보이지는 않는 점, 피고인이 과거 이종 범행으로 다섯 차례 벌금형의 처벌을 받은 외에 다른 범행전력이 없는 점은 피고인에게 유리한 정상들이다.

위와 같은 사정들에 피고인의 연령, 성행, 환경, 범행수단과 결과, 범행 후의 정황 등 이 사건 변론에 나타난 제반 양형조건을 종합하여 주문과 같이 형을 정한다.

【무죄부분】

이 사건 공소사실 중 2011.11.~12.경 통신연락 및 편의제공, 2013.7.7.경 통신연락 및 편의제공, 2015.11.12.경 통신연락 및 편의제공으로 인한 각 국가보안법위반(회합·통신 등) 및 국가보안법위반(편의제공)의 점의 요지는 위 1.의 카., 어., 저.항의 각 1)항 기재와 같은바, 위 각 공소사실은 위 1.의 카., 어., 저.항의 각 4)항에서 각 살펴본 바와 같이 각 범죄사실의 증명이 없는 경우에 해당하므로 형사소송법 제325조 후단에 의하여 무죄를 선고하고, 형법 제58조 제2항에 따라 무죄 부분의 요지를 공시하기로 하여 주문과 같이 판결한다.

[별지 생략]

판사 홍동기(재판장) 이수영 성언주

미국 디지털 포렌식 관련 판례

Confidential

제1절 Lorraine v. Markel American Ins. Co., 241 F.R.D. 534(D.Md. 2007)_

본 사건에서 법원은 디지털 증거의 인용 여부에 관해 주요한 요건을 제안하였다. ① 디지털 증거와 연방증거규칙 제401조, 제402조의 관련성 인정 여부, ② 이러한 관련성 인정 시 다음에 제901조의 무결성 인정 여부, ③ 디지털 증거가 진실성 증명 위해 제출될 시 제801조의 전문증거 해당 여부 및 전문법칙의 적용예외 해당 여부(제803조, 제804조, 제807조), ④ 디지털 증거 형태가 원본인지 사본인지 여부, 아니라면 내용 증명을 위한 다른 증거의 존재 여부(제1001조 내지 제1008조), ⑤ 본 증거가치가 제403조에 의한 편견 위험을 넘어서는지 여부이다.

이와 같이 로렌(Lorraine) 사건에서 법원은 디지털 증거가 감정적 반응을 야기하는 경멸적 언어를 포함하는 경우, 컴퓨터 시뮬레이션, 애니메이션이 배심원단으로 하여금 실제 사건이라고 오도하게 하는 경우, 방대한 전자문서, 기록, 사진의 요약인 경우, 잠재적으로 신뢰성이 없거나 부정확한 경우 등에는 위 제403조에 의한 증거배제가 가능하다고 판단하였다.

제2절 In re Vee Vinhnee, 336 B.R. 437, 447(9th Cir. 2005).

 본 사건에서 법원은 디지털 증거제출 관련 ① 해당 업무에 컴퓨터가 사용된다는 점, ② 컴퓨터의 신뢰성, ③ 그 업무에 데이터를 컴퓨터에 입력시키는 절차가 있는 점, ④ 절차상의 정확성을 보장하고 오류를 확인할 수 있는 장치가 있다는 점, ⑤ 컴퓨터 유지보수 상태가 양호한 점, ⑥ 증인이 컴퓨터로 하여금 데이터를 판독하게 할 수 있는 점, ⑦ 증인이 해독된 정보를 얻기 위해 적정한 절차를 사용한 점, ⑧ 증인이 해독된 정보를 얻을 때 컴퓨터가 가동되는 상태였던 점, ⑨ 증인이 해당 증거가 해독된 정보임을 인식할 수 있는 점, ⑩ 증인이 어떻게 위와 같이 인식하였는지 충분히 설명할 수 있다는 점, ⑪ 해독된 정보가 난해한 상징, 용어를 포함하는 경우 증인이 그 의미를 설명할 수 있다는 점 등을 제시하면 디지털 증거 무결성이 인정될 수 있다고 보았다.

제3절 U.S. v. Hamilton, 413 F.3d 1138, 1142-1143 (10th Cir. 2005).

본 사건에서 당시 피고인이 업로드한 음란물 이미지가 법원에 증거로 제출되었는데, 제 10연방항소법원은 증거로 제출된 각 이미지 정보에 포함된 헤더 정보는 피고인이 해당 이미지를 업로드할 때마다 호스팅 컴퓨터에 의하여 즉시 생성되므로 이는 전문증거가 아니라고 판시하였다.

이와 별도로 전화회사 컴퓨터에 의하여 생성된 특정 번호에 대한 통화내역 기록에 대하여 앞서 언급한 논리와 같은 차원에서 전문증거가 아니라고 판결한 경우도 있다.

제4절 Gikonyo v. State, 28v3 S.W.3d 631
(Ark.App. 2008)

디지털 포렌식에 의하여 획득한 증거의 허용성 등을 전문가 증언에 의해 판단한 사례로는 본 사건을 들 수 있다.

이 사건에서 법원은 아동 인터넷 스토킹 혐의로 검찰에 의해 기소된 피고인에 대한 유죄판결을 유지하면서 전문가 증인이 일정한 수준의 전문성을 갖추지 못했고 컴퓨터 포렌식 분야에서 통상 사용하는 방법과 절차를 따르지 않았다는 피고인 주장을 배척하였다.

즉, 증인이 해당 분야에 관하여 일반적인 수준을 넘는 지식이 있다는 근거가 있고 해당 전문지식이 사실을 판단하는 인원으로 하여금 증거를 이해하는 데에 도움이 된다면 그 증언은 허용된다는 것이다.

다시 말해서, 해당 디지털 포렌식 전문가의 의견 등이 근거가 있는지 여부는 증거의 허용성에 관한 문제가 아니라 신빙성 판단 문제로 보았다.

제5절 Krause v. State, 243 S.W.3d 95
(Tex.App. Houston 1st Dist. 2007).

본 사건에서 피고인은 아동 음란물 소지 혐의로 재판을 받았는데, 법원은 피고인의 컴퓨터에서 사진파일을 복구한 컴퓨터 포렌식 전문가가 FBI에 근무할 뿐 아니라, 그가 소프트웨어 포함 200시간의 컴퓨터 포렌식 특별훈련을 이수하였고 해당 소프트웨어 잠재 오류 비율에 관해서도 증언했다면 신용성에 관하여 증언할 자격이 있다고 판단하였다.

제6절 Rivera-Cruz v. Latimer, 2008WL2446331
(D.P.R. 2008)

반면, 앞선 사건과 달리 본 사건에서 법원은 피고인 컴퓨터에 있는 음란물 이미지의 존재에 관한 전문가의 증언에 대하여 그 증인이 시연 과정에서 관련 멀티미디어 파일 위치를 파악하고 이를 여는 데 실패한 점 등을 들어 전문가가 취한 방법 신뢰성이 입증되지 않았다고 보아 증거에서 배제하였다.

제7절 U.S. v. Wong, 9th Cir. 2003

   본 사건에서 수사기관은 살인죄로 수사 중인 피의자의 PC를 법원에서 발부받은 영장으로 수색하던 중 해당 저장매체 내에서 아동에 관한 성적 음란물을 발견하여 압수하여 증거로 제출한 건에 대하여 한국의 판례(새로운 혐의 발견 시 별도의 영장을 발부받아야 증거능력 인정)와 달리 비록 기존에 발부받은 영장에 아동에 관한 성적 음란물 소지죄에 관한 내용이 적시되어 있지 않아도 증거능력을 인정하였다. 미국 판례는 이를 '명백한 시야의 원리(Plain View Doctrine)'라고 부르며 수색과정에서 발견하게 된 범죄증거에 대한 가치를 인정하는 것으로 알려져 있다.

제8절 U.S. v. Bailey, D. Neb. 2003

　본 사건은 조직사회에서 업무를 하는 개인이 회사용 PC에 대하여 회사 측 승인만으로 내부 증거를 임의로 제출받아 확보할 수 있는가 여부에 관한 사안으로 실제 판례는 이렇다.

　회사에서 일하는 피의자가 입사 후 "회사 측이 개인의 인터넷 사용을 모니터링한다는 사실에 동의했다"라는 점과 이러한 사실을 알면서도 회사 컴퓨터에 인터넷에서 다운로드 받은 아동성 포르노물을 보관하고 있었다. 이것을 이유로 회사 측에서는 임의로 영장 없이 피의자 컴퓨터를 수색하여 아동에 관한 성적 음란물을 확보하여 수사기관에 고발했다. 이것에 대해 법원은 정당하다며 증거능력을 인정한 것이다.

제9절 Califonia(2016.2.) vs. New York(2016.2.)

특이한 사례로 캘리포니아 연방법원과 뉴욕 연방법원에서 유사 사안에 대하여 다른 판결을 내리기도 하였다.

사건 배경은, FBI에서 테러범(캘리포니아), 마약범(뉴욕)에 대한 수사를 위해 해당 사건 용의자들의 아이폰 5C 신형 모델에 대하여 수사기관 자체적으로 해제조치가 불가하게 되었다.

이에 FBI는 직접 애플사에서 잠금 장치를 해제해 달라고 요청을 하였으나 이에 대해 애플 측이 거부하자 이를 강제하도록 하는 소송을 각각 소재지 연방법원에 제기하였는데 이에 관하여 캘리포니아에서는 애플 측에 해제하라는 명령을 내린 반면, 뉴욕에서는 애플 측에서 강제로 수사를 보조할 의무는 없다고 판결한 바 있다.

부록

출처: 국가법령정보센터(www.law.go.kr)

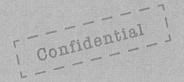

1. 디지털 증거의 수집·분석 및 관리 규정

[시행 2019.5.20.] [대검찰청예규 제991호, 2019. 5. 20., 전부개정.]

대검찰청(디지털수사과)

제1장 총칙

제1조(목적) 이 규정은 컴퓨터용 디스크, 그 밖에 이와 비슷한 정보저장매체(이하 '정보저장매체 등' 이라고 한다)로부터 디지털증거를 수집·보존·분석·현출 및 관리하는 과정에서 준수하여야 할 기본적 사항을 정함으로써 실체적 진실 발견에 기여하고 국민의 인권을 보호하는 것을 그 목적으로 한다.

제2조(적용범위) 디지털증거의 수집·보존·분석·현출 및 관리와 관련된 사항에 관하여 따로 정하는 경우를 제외하고는 이 지침에 의한다.

제3조(정의) 이 규정에서 사용하는 용어의 뜻은 다음과 같다.

1. "디지털증거"란 범죄와 관련하여 디지털 형태로 저장되거나 전송되는 증거로서의 가치가 있는 정보를 말한다.

2. "디지털포렌식"이란 디지털증거를 수집·보존·분석·현출하는데 적용되는 과학기술 및 절차를 말한다.

3. "디지털수사통합업무관리시스템"(이하 '업무관리시스템'이라고 한다)이란 디지털증거의 수집 및 분석에 관한 사항과 디지털증거의 보관·폐기에 관한 이력 등을 관리하는 전산시스템을 말한다.

4. "정보저장매체 등의 복제"란 법률적으로 유효한 증거로 사용될 수 있도록 수집 대상 정보저장매체 등에 저장된 전자정보를 동일하게 파일로 생성하거나, 다른 정보저장매체에 동일하게 저장하는 것을 말한다.

5. "디지털포렌식 수사관"이란 디지털증거의 수집·보존·분석 및 현출 업무나 디지털포렌식 관련 연구를 전문적으로 수행할 수 있는 수사관 중에 과학수사부장의 제청으로 검찰총장이 임명한 자를 말한다.

6. "포렌식 이미지"(이하 '이미지 파일'이라고 한다)란 법률적으로 유효한 증거로 사용될 수 있도록 정보저장매체 등에 저장된 전자정보를 포렌식 도구를 사용하여 비트열 방식으로 동일하게 복사하여 생성한 파일을 말한다.

7. "증거파일"이란 법률적으로 유효한 증거로 사용될 수 있도록 정보저장매체 등에 저장된 전자정보를 파일 또는 디렉터리 단위로 복사하여 생성한 파일을 말한다.

8. "디지털증거의 폐기"란 디지털증거를 재생할 수 없도록 영구히 삭제, 디가우징, 파쇄, 소각 등으로 처리하는 디지털증거관리 행위를 말한다.

제4조(디지털증거의 무결성 유지) 디지털증거는 압수·수색·검증한 때로부터 법정에 제출하는 때까지 훼손 또는 변경되지 아니하여야 한다.

제5조(디지털증거의 신뢰성 유지) 디지털증거는 그 수집 및 분석 과정에서 이용된 도구와 방법의 신뢰성이 유지되어야 한다.

제6조(디지털증거의 보관의 연속성 유지) 디지털증거는 최초 수집된 상태 그대로 어떠한 변경도 없이 보관되어야 하고, 이를 위해 보관한 주체들 간의 연속적인 승계 절차를 관리하는 등의 조치를 취해야 한다.

제7조(디지털포렌식 수사관의 임명) ① 디지털포렌식 수사관은 다음 각 제1호 또는 제2호에 해당하고 제3호의 자격을 갖춘 수사관 중에 대검찰청 과학수사부장의 제청으로 검찰총장이 임명한다.

1. 대검찰청 디지털수사과에서 실시하는 "디지털포렌식 전문가 양성과정"의 교육을 이수한 자

2. 국내외 컴퓨터 관련 교육과정을 이수한 자로서 디지털포렌식 관련지식이 충분하다고 인정되는 자

3. 3개월 이상 디지털포렌식 수사실무를 수행한 경력이 있는 자

② 디지털포렌식 수사 업무에 종사하는 자는 전문성 향상을 위하여 매년 대검찰청 디지털수사과나 국·내외 국가기관, 전문교육기관 또는 학회에서 실시하는 디지털포렌식 관련 교육을 이수하여야 한다.

③ 대검찰청 디지털수사과장은 전 항의 디지털포렌식 수사관의 인적사항, 전문 교육 이수사항 등을 관리한다.

제8조(거점청 디지털포렌식팀 설치 및 운영) ① 디지털포렌식 지원업무의 효율성을 제고하기 위해 각 고등검찰청 또는 지방검찰청에 별도의 기구로 디지털포렌식팀을 설치·운영할 수 있다.

② 거점청 디지털포렌식팀은 디지털포렌식 수사관과 담당검사로 구성하되, 담당검사는 대검찰청 과학수사부장이 지명한다.

③ 거점청 디지털포렌식팀은 해당 고등검찰청 또는 지방검찰청 관할구역 내에서 디지털포렌식 지원업무를 담당한다.

④ 제3항의 규정에도 불구하고 대검찰청 디지털수사과장은 각 거점청 간 업무량과 전국 각 검찰청의 디지털포렌식 지원수요를 고려하여 관할구역 이외의 검찰청에 대한 디지털포렌식 지원업무를 명할 수 있다.

제9조(디지털포렌식 수사관의 배치) ① 디지털포렌식 수사관은 대검찰청 디지털수사과, 각 거점청 디지털포렌식팀, 지방검찰청, 차치지청의 수사과 또는 사이버 범죄 수사 전담반에 배치하며, 전문성 유지를 위하여 순환보직 등 일반적인 인사원칙에서 예외를 인정할 수 있다.

② 각 청 인사담당직원은 디지털포렌식 수사관의 인사 변동이 있는 경우에는 디지털포렌식 수사관의 배치현황을 디지털수사과로 통보하여야 한다.

제2장 디지털포렌식 지원요청

제10조(디지털증거의 압수·수색·검증 지원요청) ① 주임검사 또는 검찰수사관(이하 '주임검사 등'이라고 한다)은 디지털증거의 압수·수색·검증이 필요한 경우에는 별지 제1호 서식의 "압수·수색·검증 지원요청 협의서"를 작성하여 디지털수사과장 또는 그의 위임을 받은 검찰공무원(이하 '디지털수사과장 등'이라고

한다)에게 메신저, 검찰메일 등의 방법으로 송부하고 그 지원을 협의한다.

② 주임검사 등은 업무관리시스템에 접속하여 제1항의 협의한 내용에 따라 디지털증거의 압수·수색·검증 지원을 요청한다. 이 때 업무관리시스템에 입력하는 사건번호는 동 시스템에서 제공하는 사건정보검색기능을 통해 입력하도록 한다.

제11조(디지털증거 분석 등 지원요청) ① 주임검사 등은 수사 또는 공소유지 등을 위하여 필요한 경우 디지털수사과 또는 관할 디지털포렌식팀 담당검사에게 다음 각 호의 지원을 요청할 수 있다.

1. 디지털증거의 현출 및 분석 등

2. 제1호 내지 디지털증거의 압수·수색·검증과 관련된 기술적 자문

3. 제1호 내지 디지털증거의 압수·수색·검증과 관련된 법정 증언

② 주임검사 등이 제1항의 지원요청을 할 경우에는 업무관리시스템을 통해 하되 사건번호는 동 시스템에서 제공하는 사건정보검색기능을 통해 입력하도록 유의한다.

③ 정보저장매체 등에 대한 지원요청의 경우에는 별지 제3호 서식의 "정보저장매체 제출 및 이미징 등 참관여부 확인서"를 작성하고, 정보저장매체 등을 다음 각 호의 절차에 따라 봉인한 후 이를 지원담당부서에 송부한다. 다만, 긴급을 요하는 등 부득이한 경우에는 정보저장매체를 기타 신뢰할 수 있는 형식으로 봉인하여 송부하되 별지 제6-1호 서식의 "압수(임의제출)물 송부지"를 작성하여 부착하는 등 요청번호, 요청기관, 내용물, 수량 등의 기재가 누락되지 않도록 유의한다.

1. 정보저장매체 등을 훼손 또는 변경의 우려가 없는 봉투에 넣는다.

2. 별지 제5-1호 서식의 "압수물 봉인지"를 작성하여 피압수자, 「형사소송법」 제121조 및 제123조에서 정하는 참여인(이하 '피압수자 등'이라고 한다) 또는 임의제출자의 확인·서명을 받은 다음 위 봉투에 부착한다.

3. 별지 제6-2호 서식의 "충격방지봉투"에 요청번호, 요청기관, 내용물, 수량 등의 정보를 기재한다.

4. 봉인한 정보저장매체와 작성한 "정보저장매체 제출 및 이미징 등 참관여부 확인서" 사본을 충격방지봉투에 함께 넣은 후 직접 또는 우송 기타 적절한 방법으로 디지털포렌식팀에 송부한다.

④ 디지털포렌식팀은 정보저장매체 등을 수령하고 별지 제7호 서식의 "분석요청 등 의뢰물 접수부"를 작성하여 인계자의 확인·서명을 받는다.

제12조(협조의무) 주임검사 등은 디지털증거의 수집·보존·분석·현출이 원활하게 이루어질 수 있도록 디지털포렌식 수사관에게 다음 각 호의 정보를 제공하여야 한다.

1. 사건과 관련된 디지털증거의 구별에 필요한 검색어(인물, 대상 등), 검색기간, 파일명, 확장자 등 정보

2. 사건과 관련된 디지털증거의 구별이 곤란한 경우 정보저장매체 등을 압수할 필요가 있음을 소명할 수 있는 자료 및 정보

3. 그 밖에 수집할 대상 및 범위를 정하는데 필요하다고 인정되는 자료 및 정보

제13조(정보보고) ① 주임검사 등이 지원을 받은 사건에 관하여 대검찰청에 정보보고를 할 경우에는 대검찰청 디지털수사과장을 수신처에 기재하고, 본문에는 디지털포렌식 수사관으로부터 지원 받은

내용의 개요를 기재하여야 한다.

② 주임검사 등은 압수·수색·검증 등 수사 과정이나 공판 및 판결에서 디지털증거와 관련된 특이사항이 있는 경우에는 그 내용을 대검찰청 디지털수사과장에게 보고하여야 한다.

제3장 현장 디지털증거 압수·수색·검증

제14조(압수·수색·검증 시 유의사항) 디지털증거의 압수·수색·검증은 수사에 필요한 범위에서 실시하고, 모든 과정에서 적법절차를 엄격히 준수하여야 한다.

제15조(압수·수색·검증의 실시자) 디지털증거의 압수·수색·검증은 디지털포렌식 수사관이 하여야 한다. 다만, 부득이한 사유가 있는 경우 포렌식 도구 교육 등 제7조 제2항에 의한 디지털포렌식 관련 교육을 받은 수사관이 할 수 있다.

제16조(사전준비) ① 디지털수사과장 등은 디지털포렌식 지원을 할 경우 정보저장매체 등의 유형과 규모 등을 고려하여 적정한 인원의 디지털포렌식 수사관을 지정하여야 한다.

② 제1항의 지정을 받은 디지털포렌식 수사관은 사전에 사건의 개요, 압수·수색·검증 장소 및 대상, 정보저장매체 등의 유형과 규모 등 필요한 사항을 고려하여 디지털포렌식 지원을 준비하여야 한다.

제17조(압수·수색·검증의 참여) ① 주임검사 등은 디지털증거를 압수·수색·검증하는 과정에서 피압수자 등에게 참여의 기회를 보장하여야 한다.

② 피압수자 등의 참여가 곤란한 사정 등이 있는 경우에는 다음 각 호에 따라 필요한 조치를 할 수 있다.

1. 피압수자의 소재불명, 참여지연, 참여불응 등의 사유로 피압수자 또는 변호인의 참여 없이 압수·수색·검증을 해야 하는 경우에는 「형사소송법」 제123조에서 정하는 참여인을 참여하게 한다.

2. 피압수자 또는 변호인 등이 압수·수색·검증에 참여 중 정당한 사유 없이 참여를 중단하여 그 집행을 계속하기 어려운 경우에는 「형사소송법」 제123조의 참여인을 참여하게 한 후 집행을 재개한다. 집행을 중지한 경우 필요한 때에는 압수·수색·검증 장소의 출구를 별지 제5-3호 서식의 "압수장소 봉인지" 등으로 봉인하여 집행재개 시까지 그 장소를 폐쇄할 수 있다.

3. 피압수자 또는 변호인 등이 압수·수색·검증에 참여한 후 별지 제2호 서식의 "현장조사확인서"에 서명을 거부하는 때에는 피압수자 또는 변호인 등이 서명을 거부하였음과 그 사유를 위 확인서에 기재한다.

제18조(디지털증거의 압수·수색·검증) ① 압수의 목적물이 정보저장매체 등인 경우에는 기억된 정보의 범위를 정하여 출력하거나 복제하여 압수하여야 한다. 다만, 범위를 정하여 출력 또는 복제하는 방법이 불가능하거나 압수의 목적을 달성하기에 현저히 곤란하다고 인정되는 경우 또는 피압수자 등의 동의가 있는 경우에는 정보저장매체 등을 압수하거나 정보저장매체 등에 기억된 전자정보 전부를 복제할 수 있다.

② 사건과 관련성이 있는 정보를 수색하여 디지털증거를 압수하는 경우에는 해시값(Hash Value)을 생성하고 별지 제2호 서식의 "현장조사확인서"를 작성하여 확인·서명을 받거나 다음 각 호의 내용이

포함된 확인서를 작성하여 피압수자 등의 확인·서명을 받아야 한다. 이 경우, 확인서는 디지털포렌식 도구에 의해 자동 생성된 자료로 갈음할 수 있다.

1. 확인서 작성일시 및 장소

2. 정보저장매체 등의 종류 및 사용자

3. 해시값, 해시함수

4. 확인자의 인적사항 및 연락처, 확인자와 피압수자와의 관계

5. 기타 진정성·무결성·신뢰성을 확인하는데 필요한 사항

③ 정보저장매체 등을 압수하는 경우에는 제11조 제3항을 준용하여 별지 제5-1호 서식의 "압수물 봉인지" 및 별지 제3호 서식의 "정보저장매체 제출 및 이미징 등 참관여부 확인서"를 작성하여야 한다.

④ 정보저장매체 등에 기억된 전자정보 전부를 다른 정보저장매체에 복제하는 경우에는 별지 제5-1호 서식의 "압수물 봉인지" 및 별지 제4호 서식의 "정보저장매체 복제 및 이미징 등 참관여부 확인서"를 작성하여야 한다.

⑤ 제3항 내지 제4항의 경우에 대한 참관여부 확인은 피압수자 등의 참관 의사를 확인한 수사보고서로 갈음할 수 있다.

⑥ 압수·수색·검증의 대상인 정보저장매체와 정보통신망으로 연결되어 있고 압수·수색·검증의 대상이 되는 디지털증거를 저장하고 있다고 인정되는 다른 정보저장매체에 대하여 압수·수색·검증 대상인 정보저장매체의 시스템을 통하여 접속한 후 수색을 할 수 있다. 이 경우 압수·수색·검증 대상 정보저장매체가 정보통신망에 연결되어 있고, 압수·수색·검증 대상자가 정보통신망으로 접속하여 기억된 정보를 임의로 삭제할 우려가 있을 경우에는 정보통신망 연결 케이블을 차단할 수 있다.

⑦ 정보저장매체의 피압수자 등에게 디지털증거의 출력, 복제, 정보저장매체의 작동, 정보통신망으로 연결되어 있는 다른 정보저장매체의 접속, 기타 필요한 협력을 요구할 수 있다.

제19조(확인서 인계 및 전자정보상세목록 교부) ① 디지털포렌식 수사관은 피압수자 등이 작성한 각종 확인서를 주임검사 등에게 인계하여 압수목록 작성, 참여기회 보장 등 후속 절차진행에 참고할 수 있도록 한다.

② 디지털포렌식 수사관은 디지털포렌식 압수·수색·검증이 종료되면 압수한 파일의 상세목록을 작성하여 피압수자 등에게 교부하여야 한다. 다만, 다음 각 호와 같이 상세목록 작성이 곤란한 경우는 예외로 한다.

1. 범위를 정하여 출력 또는 복제하는 방법이 불가능하여 정보저장매체 등을 압수한 경우

2. 정보저장매체에 저장된 전자정보를 파일 단위로 온전하게 압수할 수 없는 경우

③ 제2항에 따른 상세목록의 교부는 서면의 형태로 교부하는 방법 이외에 파일의 형태로 복사해주거나 전자메일로 전송하는 등의 방법으로 갈음할 수 있다.

제20조(정보저장매체 등의 운반) 정보저장매체 등을 운반할 경우에는 정전기 차단, 충격방지 등의 조치를 취하여 그 매체가 파손되거나 기억된 정보가 손상되지 않도록 주의하여야 한다.

제21조(복귀 및 보고) 디지털포렌식 수사관은 그 지원이 종료되면 소속 디지털포렌식팀장에게 보고하고, 지체 없이 복귀하여야 한다.

제4장 현장 외 디지털증거 압수·수색·검증

제22조(참여기회의 보장) ① 제18조 제1항 단서에 따라 현장 이외의 장소에서 디지털증거를 이미징 하는 등으로 압수하거나 제11조에 따라 분석요청을 하는 경우에도 주임검사 등은 피압수자 등에게 참여의 기회를 보장하여야 한다.

② 제1항에 따라 참여의 기회를 부여하였으나 피압수자 등의 참여가 어려운 경우에는 제17조 제2항 각 호의 규정을 준용하여 압수·수색·검증을 진행할 수 있다.

③ 피압수자 등이 수사를 지연시킬 목적으로 예정된 기일에 출석하지 않거나 정당한 이유 없이 2회 이상 예정된 기일에 출석하지 않은 경우에는 동영상 촬영과 같이 참여의 기회를 보장하는 것에 준하는 상당한 방법으로 압수·수색·검증을 할 수 있다.

제23조(정보저장매체 등의 이미징 및 전자정보상세목록 교부) ① 피압수자 등의 참여하에 정보저장매체 등을 이미징하는 경우에는 다음 각 호의 절차에 따른다.

1. 디지털포렌식 수사관이 압수한 정보저장매체 등의 봉인을 해제하는 경우에는 부착되어 있던 별지 제5-1호 서식의 "압수물 봉인지"에 봉인해제일시와 그 사유를 기재하고 피압수자 등의 확인·서명을 받아 주임검사 등에게 인계한다. 이 경우, 주임검사 등은 "압수물 봉인지"를 기록에 편철하여 디지털증거에 대한 보관의 연속성을 확보한다.

2. 봉인을 해제한 정보저장매체 등에 대하여는 먼저 기억된 전자정보 전부에 대한 이미지 파일을 작성하고 그에 대한 해시값을 생성한다.

3. 제2호에서 생성한 이미지 파일에서 사건 관련 전자정보를 파일 형태로 압수할 수 있는 경우에는 관련성이 인정되는 전자정보를 선별하고 선별한 전자정보에 대한 이미지 파일과 그 해시값을 생성한다.

4. 위 각 호의 과정이 종료되면 별지 제8호 서식의 "참관 및 전자정보상세목록 교부 확인서"를 작성하여 피압수자 등의 확인·서명을 받는다. 다만 피압수자 등이 중간에 참여를 포기하고 퇴실하는 경우에는 "참관 및 전자정보상세목록 교부 확인서"에 그 취지를 기재하고 참여인의 확인·서명을 받는다. 피압수자 등의 확인·서명을 받기 곤란한 때에는 그 사유를 위 확인서에 기재한다.

5. 디지털포렌식 수사관은 이미징이 완료된 정보저장매체 등을 별지 제5-2호 서식의 "압수물 재봉인지" 등으로 재봉인하여 "참관 및 전자정보상세목록 교부 확인서"와 함께 주임검사 등에게 인계한다. 이 때, 별지 제9호 서식의 "정보저장매체 등 인계인수서"에 주임검사 등의 확인·서명을 받는다. 이 경우, 인계인수서는 디지털포렌식 도구에 의해 자동 생성된 자료로 갈음할 수 있다.

6. 주임검사 등은 "참관 및 전자정보상세목록 교부 확인서" 사본을 피압수자 등에게 교부하고 정보저장매체 등을 반환한다. 이 경우, 별지 제10호 서식의 "정보저장매체 등 반환확인서"를 작성하고 피압수자 등의 확인·서명을 받은 후 이를 기록에 편철한다.

② 피압수자 등의 참여 없이 정보저장매체 등을 이미징 하는 경우에는 제1항 각 호의 규정을 준용하되 "참관 및 전자정보상세목록 교부 확인서"를 작성하지 않고, 다만, 전자정보상세목록을 피압수자 등에게 전자메일로 전송하는 등의 방법으로 교부한다.

제5장 디지털증거의 등록

제24조(이미지 파일 등의 등록) ① 제18조 제1항에 따라 생성된 이미지 파일과 증거파일(이하 '이미지 파일 등'이라고 한다) 및 제23조에 따라 생성된 이미지 파일은 다음 각 호의 구분에 따라 업무관리시스템에 등록한다. 다만, 정보저장매체 등으로부터 기억된 전자정보 전부에 대하여 생성한 이미지 파일의 등록은 다음 각 호의 절차에 따른다.

1. 정보저장매체 등으로부터 기억된 전자정보 전부에 대하여 생성한 이미지 파일을 업무관리시스템에 등록한다.

2. 제1호와 같이 생성한 이미지 파일에서 사건과 관련성이 인정되는 전자정보만을 선별하여 이미지 파일을 생성한 경우에는 제1호에 따라 등록된 이미지 파일을 삭제하고 선별하여 생성한 이미지 파일을 등록한다.

3. 제2호에도 불구하고 사건관련 전자정보를 선별하여 압수하는 과정에서 발생하는 전자정보의 변경·손실이 증거가치를 훼손할 우려가 있는 경우에는 제1호에 따라 등록된 이미지 파일을 삭제하지 않도록 한다.

② 제19조 및 제23조에 따라 피압수자 등에게 교부한 전자정보 상세목록파일의 사본을 업무관리시스템에 등록한다.

③ 대용량 기타 기술적 사유 등으로 업무관리시스템에 이미지 파일 등을 등록하는 것이 현저히 곤란한 경우에는 업무관리시스템에 등록하지 않고 압수물에 준하여 별도로 관리할 수 있다.

제25조(선별 파일 등의 등록) ① 디지털포렌식 수사관은 제18조 제1항 본문에 따라 압수한 증거파일과 현장에서 선별한 이미지 파일에서 추출한 파일을 그 목록과 함께 업무관리시스템에 등록한다.

② 제18조 제1항 단서 또는 제11조에 따라 생성된 이미지 파일에서 전자정보를 열람 가능한 파일 형태로 추출한 경우에는 추출한 파일을 그 목록과 함께 업무관리시스템에 등록한다.

제6장 디지털증거의 분석

제26조(디지털증거의 분석 시 유의사항) 디지털증거의 분석은 분석결과의 신뢰성을 확보할 수 있도록 디지털포렌식 수사관이 행하여야 하고 분석에 적합한 장비와 프로그램을 사용하여야 한다.

제27조(이미지 파일 등에 의한 분석) 디지털증거의 분석은 업무관리시스템에 등록한 이미지 파일과 해시값이 동일한 이미지 파일로 한다. 다만, 이미지 파일로 복제하는 것이 곤란한 경우에는 압수 또는 복제한 정보저장매체 등을 직접 분석할 수 있다. 이 경우 정보저장매체 등의 형상이나 내용이 변경·훼손되지 않도록 적절한 조치를 취하여야 한다.

제28조(분석보고서의 작성) ① 디지털포렌식 수사관은 디지털증거에 대한 분석을 종료한 때에는 별지 제11호 서식에 따라 분석보고서를 작성한다. 다만, 사안의 경중과 분석의 난이도 등을 고려하여 약

식보고서를 활용할 수 있다.

② 디지털포렌식 수사관은 디지털증거를 분석하는 과정에서 생성된 자료가 있는 경우에는 이를 업무관리시스템에 등록하여야 한다.

③ 디지털포렌식 수사관은 수사상 필요하다고 판단되거나 주임검사 등의 요청이 있는 경우에는 디지털증거를 분석하는 과정에서 생성된 자료를 CD, DVD 등 별도의 정보저장매체에 저장하여 주임검사 등에게 인계할 수 있다.

제29조(분석결과의 통보) ① 디지털포렌식 수사관은 디지털증거의 분석을 종료한 때에는 분석보고서를 업무관리시스템에 등록하는 방법으로 주임검사 등에게 회신한다. 다만, 긴급을 요하는 경우에는 구두 또는 전화 등 기타 방법으로 분석결과를 통보하고 사후에 분석보고서를 업무관리시스템에 등록할 수 있다.

② 디지털포렌식 수사관은 정보저장매체 등 분석 대상물을 압수 또는 수령한 때로부터 15일 이내에 분석결과를 주임검사 등에게 회신하여야 한다. 다만 부득이한 경우 중간 분석결과를 통지하고 상당한 기간 그 회신을 연장할 수 있다.

③ 디지털포렌식 수사관이 분석 결과를 회신한 때에는 업무관리시스템 이외의 정보저장매체에 보관된 디지털증거 및 분석과정에서 생성된 자료를 삭제하여야 한다.

제7장 디지털증거의 관리

제30조(디지털증거의 관리 시 유의사항)

디지털수사과장은 업무관리시스템에 등록된 디지털증거의 진정성·무결성이 훼손되지 않도록 디지털증거를 체계적으로 보관·관리하여야 한다.

제31조(디지털증거 관리담당자의 지정) ① 디지털수사과장은 디지털증거의 보존·관리·폐기 등 디지털증거의 생애주기 관리를 위하여 그 업무를 전담할 디지털증거 관리담당자를 지정할 수 있다.

② 디지털증거 관리담당자는 디지털증거의 보존·관리·폐기에 관한 절차를 위해 필요한 사항과 디지털수사과장으로부터 위임을 받은 사항에 관하여 업무를 수행한다.

제32조(디지털증거의 관리) ① 디지털증거 관리담당자는 형사사법정보시스템(이하 'KICS'라고 한다)의 사건번호와 연동하여 사건별로 디지털증거를 관리하여야 한다. 사건번호와 연동되지 아니한 경우에는 다음 각 호의 절차에 따라 사건번호와 연동되도록 한다.

1. 반기별로 업무관리시스템을 확인하여 KICS의 사건번호와 연동되지 않은 디지털증거를 파악하고 지원요청 부서별로 그 목록을 작성한다.

2. 제1호에 따라 작성한 KICS 사건번호 연동 누락 목록을 해당 부서에 송부하여 1개월 내에 업무관리시스템에 다시 접속하여 KICS의 사건번호와 연동시켜야 함을 통보한다.

② 디지털증거 관리담당자는 매년 1회 이상 다음 각 호의 내용이 포함된 디지털증거의 보관현황을 작성하여 디지털수사과장에게 보고하여야 한다.

1. 디지털증거의 번호

2. 디지털증거의 용량

3. KICS와 연동되는 사건 번호

제33조(디지털증거 보관 기록 등의 관리) 디지털증거 관리담당자는 디지털증거의 보관의 연속성이 유지될 수 있도록 디지털증거의 승계과정에서 등록된 기록, 사진, 영상 등을 보관하여야 하고, 등록된 디지털증거에 대한 접근 로그를 생성·관리하여야 한다.

제8장 디지털증거의 폐기

제34조(디지털증거의 폐기 시 유의사항) 범죄사실과 무관한 디지털증거는 폐기를 원칙으로 하되 디지털증거를 폐기하는 과정에서 향후 재판 절차에 증거로 제출되어야 하는 디지털증거가 폐기되는 일이 없도록 유의하여야 한다.

제35조(폐기대상) ① 다음 각 호에 해당하는 디지털증거는 본 장에서 규정한 절차에 따라 폐기하는 것을 원칙으로 한다.

1. 해당사건에 대한 기소·불기소 등 종국처분에 따라 계속 보관할 필요성이 없다고 인정되는 경우

2. 유죄판결이 확정된 사건의 경우

② 제1항에도 불구하고 압수대상사건과 형사소송법 제11조에 따라 관련성이 인정되는 사건에서 증거로 사용될 것으로 예상되는 디지털증거에 대하여는 폐기하지 않을 수 있다.

제36조(폐기요청) 수사 또는 재판 중인 사건에서 디지털증거의 폐기는 주임검사 또는 승계검사가 요청할 수 있고, 재판이 확정된 사건에서 디지털증거의 폐기는 압수전담검사가 요청할 수 있다.

제37조(폐기절차) ① 수사 또는 재판 중인 사건에서 디지털증거의 폐기를 요청하는 경우에는 다음 각 호의 절차에 따라 폐기를 진행한다.

1. 주임검사는 기소 또는 불기소 처분 시 계속 보관할 필요성이 없는 디지털증거에 대하여 폐기촉탁 지휘를 한다.

2. 사건 처분 결과가 기소중지 및 참고인 중지에 해당하는 디지털증거는 「검찰압수물사무규칙」 제62조(기소중지처분·참고인중지처분 사건의 압수물처분)를 준용하여 공소시효가 완성된 이후에 폐기하여야 한다.

3. 불기소처분을 한 사건 또는 무죄판결이 확정된 사건 중 수사를 계속할 필요가 있는 사건의 디지털증거로서 법원의 결정이나 「형사소송법」의 규정에 의하여 폐기되지 아니한 디지털증거는 「검찰압수물사무규칙」 제62조(기소중지처분·참고인중지처분 사건의 압수물처분)를 준용하여 공소시효가 완성된 이후에 폐기하여야 한다.

4. 폐기촉탁지휘를 받은 압수물담당직원은 KICS의 압수물관리시스템을 통하여 디지털수사과장에게 해당 디지털증거에 대한 폐기를 요청한다.

5. 디지털수사과장은 폐기를 요청 받은 디지털증거를 지체 없이 폐기하고 별지 제12호 서식의 "디지털증거 폐기(촉탁) 회보서"를 업무관리시스템을 통하여 입력하는 방법으로 작성하여 압수물담당직원에게 회보한다.

제38조(유죄확정 판결에 대한 특례) ① 유죄판결이 확정된 사건에서 수집된 디지털증거는 유죄의 확정판결을 받은 피고인의 재심청구의 기회를 보장하기 위하여 형이 확정된 때로부터 10년간 보존할 수 있다.

② 판결 확정 이후 당사자의 폐기요청이 있는 경우에는 디지털증거를 폐기한다. 다만, 유죄의 확정판결을 받은 자가 수인인 경우에는 당사자 전원의 폐기요청이 있을 경우에 폐기한다.

③ 내란죄, 외환죄 등 「검찰보존사무규칙」 제8조 제3항에 해당하는 죄의 디지털증거는 「검찰보존사무규칙」 제8조 제3항을 준용하여 영구 또는 준영구로 보존한다.

제39조(폐기점검) ① 디지털수사과장은 매년 반기별로 디지털증거에 대한 폐기절차가 원활하게 진행되고 있는지 점검하여야 한다.

② 디지털수사과장은 주임검사 처분 후 6개월이 경과될 때까지 압수물로 수리되지 아니한 디지털증거가 있는 경우에는 지원요청 부서별로 그 목록을 작성하여 해당부서에 송부하고 1개월 내에 압수물로 수리한 후 그 결과를 회보할 것을 요청할 수 있다.

③ 압수물로 수리할 것을 촉구한 때로부터 1개월이 경과하도록 압수물로 수리되지 아니한 경우에는 해당부서의 부서장과 협의하여 디지털증거를 삭제할 수 있다.

부칙 <제991호, 2019.5.20.>

제1조(시행일) 이 규정은 2019.5.20.부터 시행한다.

제2조(존속기한) 이 예규는 「훈령·예규 등의 발령 및 관리에 관한 규정」에 따라 이 예규를 발령한 후의 법령이나 현실 여건의 변화 등을 검토하여야 하는 2022.5.20.까지 효력을 가진다.

2. 디지털 증거 수집 및 처리 등에 관한 규칙

[시행 2017.9.1.] [경찰청훈령 제845호, 2017.8.28., 일부개정.]

경찰청(디지털포렌식센터), 02-3150-1095

제1장 총칙

제1조(목적) 이 규칙은 디지털증거의 수집, 운반, 분석 및 보관 등 전 과정에서 디지털증거분석관 및 수사관이 준수하여야 할 기본원칙 및 업무처리절차를 규정함으로써 인권을 보호하고 실체적 진실의 발견에 기여함을 목적으로 한다.

제2조(정의) 이 규칙에서 사용하는 용어의 뜻은 다음과 같다.

1. "디지털 데이터"란 전자적 방법으로 저장되어 있거나 네트워크 및 유·무선 통신 등을 통해 전송 중인 정보를 말한다.

2. "디지털 저장매체"란 컴퓨터용 디스크, 그 밖에 이와 비슷한 정보저장매체를 말한다.

3. "디지털증거"란 「형사소송법」 제106조 및 제215조부터 제218조까지의 규정에 따라 압수한 디지털 데이터를 말한다.

4. "디지털증거분석 의뢰물(이하 "분석의뢰물"이라 한다)"이란 범죄사실을 규명하기 위해 디지털증거분석관에게 분석의뢰된 디지털 데이터, 복제본 또는 디지털 저장매체를 말한다.

5. "복제본"이란 디지털 저장매체 내에 들어 있는 디지털 데이터 전부를 하드카피 또는 이미징 등의 기술적 방법으로 다른 디지털 저장매체에 저장한 것을 말한다.

6. "디지털증거분석관(이하 "증거분석관"이라 한다)"이란 제5조의 규정에 따라 선발된 자로서 분석의뢰물에 대한 증거분석 업무 및 디지털 데이터 또는 디지털 저장매체 자체에 대한 압수·수색·검증 지원 업무를 수행하는 자를 말한다.

제3조(인권보호 원칙) 디지털증거의 수집, 운반, 분석 및 보관 업무를 수행하는 자는 개인의 인권을 존중하고 사건 관계인의 명예를 훼손하지 않도록 주의하여야 하며, 직무상 알게 된 비밀을 지켜야 한다.

제4조(증거수집 및 처리의 원칙) ① 출력·복제된 디지털증거는 원본과 동일성이 유지되어야 한다.

② 디지털증거는 수집 시부터 송치 시까지 변경 또는 훼손되지 않도록 주의하여야 한다.

제5조(증거분석관의 자격 및 선발) 증거분석관은 다음 각 호의 어느 하나에 해당하는 자 중에서 선발한다.

1. 경찰 교육기관의 디지털포렌식 관련 전문교육을 수료한 자

2. 국가 또는 공공기관의 디지털포렌식 관련 분야에서 3년 이상 근무한 자

3. 디지털포렌식, 컴퓨터공학, 전자공학, 정보보호공학 등 관련 분야 대학원 과정을 이수하여 석사 이상의 학위를 소지한 자

4. 디지털포렌식, 컴퓨터공학, 전자공학, 정보보호공학 등 관련 분야 학사학위를 소지하고, 해당 분

야 전문교육 과정을 수료하거나 자격증을 소지한 자

제6조(디지털증거분석의 처리체계) ① 경찰청 사이버안전국 디지털포렌식센터는 다음 각 호의 경우 디지털증거분석업무를 수행한다.

1. 경찰청 각 부서에서 증거분석을 요청한 경우

2. 고도의 기술이나 특정 분석장비 등이 필요하여 지방경찰청에서 증거분석이 곤란한 경우

3. 법원, 수사기관, 중앙행정기관, 국외 기관 등에서 증거분석을 요청하고 그 정당성과 필요성이 인정되는 경우

4. 그 밖에 상당한 이유로 경찰청에서 증거분석을 하여야 할 필요성이 인정되는 경우

② 지방경찰청 사이버안전과(사이버안전과가 설치되지 않은 지방경찰청은 수사과)는 다음 각 호의 경우 디지털증거분석업무를 수행한다.

1. 지방경찰청 각 부서 및 경찰서에서 증거분석을 요청한 경우

2. 관할 내 법원, 수사기관, 행정기관 등에서 증거분석을 요청하고 그 정당성과 필요성이 인정되는 경우

3. 그 밖에 상당한 이유로 지방경찰청에서 증거분석을 하여야 할 필요성이 인정되는 경우

제7조(다른 법령과의 관계) 경찰의 디지털증거의 수집, 운반, 분석 및 보관 등의 업무에 대하여 다른 법령 및 규칙에 특별한 규정이 있는 경우를 제외하고는 이 규칙에 따른다.

제2장 디지털증거의 수집

제8조(과잉금지의 원칙) 디지털 데이터의 수집은 수사목적을 달성하는 데 필요한 최소한의 범위에서 이루어져야 한다.

제9조(지원요청 및 처리) ① 수사과정에서 디지털 데이터의 압수·수색·검증이 필요한 경우 경찰청 각 부서는 경찰청 디지털포렌식센터장에게, 지방경찰청 각 부서 및 경찰서의 수사부서는 지방경찰청 사이버안전과장(사이버안전과가 설치되지 않은 지방경찰청은 수사과장)에게 압수·수색·검증에 관한 지원을 요청할 수 있다.

② 경찰청 디지털포렌식센터장 또는 지방경찰청 사이버안전과장(사이버안전과가 설치되지 않은 지방경찰청은 수사과장)은 압수·수색·검증에 관한 지원을 요청받은 경우에는 지원의 타당성과 필요성을 검토한 후, 지원여부를 결정하여 통보하여야 한다.

③ 압수·수색·검증과정을 지원하는 증거분석관은 성실한 자세로 기술적 지원을 하고, 수사관은 압수·수색·검증영장 및 제10조 각 호의 내용을 증거분석관에게 사전에 충실히 제공하는 등 수사의 목적이 달성될 수 있도록 상호 협력하여야 한다.

제10조(영장 집행의 준비) 디지털 데이터를 압수·수색·검증하고자 할 때에는 사전에 다음 각 호의 사항을 고려하여야 한다.

1. 사건의 개요, 압수·수색·검증 장소 및 대상

2. 압수·수색·검증할 컴퓨터 시스템의 네트워크 구성 형태, 시스템 운영체제, 서버 및 대용량 저장

장치, 전용 소프트웨어

3. 압수대상자가 사용 중인 디지털 저장매체

4. 압수·수색·검증에 소요되는 인원 및 시간

5. 디지털증거분석 전용 노트북, 쓰기방지 장치 및 하드디스크 복제장치, 복제용 하드디스크, 하드디스크 운반용 박스, 정전기 방지장치 등 압수·수색·검증에 필요한 장비

제11조(디지털 데이터의 압수·수색·검증) ① 수사관은 압수·수색·검증 현장에서 디지털 데이터를 압수하는 경우에는 범죄사실과 관계가 있다고 인정할 수 있는 범위를 정하여 출력하거나 복제하는 방법으로 압수하여야 한다.

② 수사관은 압수·수색·검증현장에서 제1항의 방법이 불가능하거나 현저히 곤란한 경우에는 복제본을 획득하여 외부로 반출한 후, 제1항의 방법으로 디지털 데이터를 압수할 수 있다.

③ 수사관은 압수·수색·검증현장에서 제1항 및 제2항의 방법이 불가능하거나 현저히 곤란한 경우에는 디지털 저장매체 원본을 외부로 반출한 후, 제1항 또는 제2항의 방법으로 디지털 데이터를 압수할 수 있다.

④ 수사관은 제1항부터 제3항까지의 규정에 따라 디지털 데이터를 압수하는 경우에는 피의자나 변호인, 소유자, 소지자 또는 「형사소송법」 제123조에 정한 참여인(이하 "피압수자등"이라고 한다)의 참여권을 보장하여야 한다.

⑤ 수사관과 증거분석관은 제1항부터 제3항까지의 규정에 따라 디지털 데이터를 압수하는 경우에는 데이터 고유 식별값(이하 "해시값"이라고 한다) 확인 등 디지털증거의 동일성, 무결성을 담보할 수 있는 적절한 방법과 조치를 취하여야 한다.

제11조의2(디지털 저장매체 자체의 압수·수색·검증) ① 수사관은 다음 각 호의 사유가 존재하고 디지털 저장매체 자체를 압수·수색·검증할 수 있도록 영장에 기재되어 있는 경우에는 디지털 저장매체를 압수할 수 있다.

1. 도박·음란·기타 불법사이트 운영 사건 등 디지털 저장매체에 저장된 원본 디지털 데이터가 다시 범죄에 이용될 우려가 있는 경우

2. 디지털 저장매체에 음란물 또는 사생활 보호의 대상이 되는 내용 등이 담겨져 있어 유포 시 개인의 인격에 상당한 피해가 우려되는 경우

3. 불법 또는 정당하지 않은 방법으로 취득한 디지털 데이터가 디지털 저장매체에 저장되어 있는 경우

4. 디지털 저장매체 또는 디지털 저장매체가 포함된 존재 자체가 범죄의 증명에 필요한 경우

5. 그 밖에 제11조의 방법에 따른 압수가 불가능하거나 압수의 목적을 달성하기에 현저히 곤란한 경우

② 제1항의 경우 디지털 저장매체의 압수에 관하여는 범죄수사규칙(경찰청 훈령 제774호)을, 디지털 저장매체에 저장된 디지털 데이터에 관하여는 제11조 제5항을 각 준용한다.

제12조(확인서 등) ① 수사관은 제11조 제1항에 따라 디지털 데이터를 압수하는 경우에는 해시값을 확인한 후 별지 제1호서식의 전자정보 확인서를 작성하여야 한다.

② 수사관은 제11조 제2항에 따라 획득한 복제본을 반출하는 경우에는 해시값 확인 및 참여권 고지 후 별지 제3호서식의 복제본 반출(획득) 확인서를 작성하여야 한다. 이 경우 복제본 반출 이후 디지털 데이터를 압수할 때에는 제1항을 따른다.

③ 수사관은 제11조 제3항에 따라 디지털 저장매체 원본을 반출하는 경우에는 원본 봉인 및 참여권 고지 후 별지 제4호서식의 원본 반출 확인서 또는 별지 제5호서식의 원본 반출 확인서(모바일기기)를 작성하여야 한다. 이 경우 원본 반출 이후 디지털 데이터를 압수하는 때에는 제1항을, 복제본을 획득할 때에는 제2항을 각 따른다.

④ 제3항 후단 중 원본 반출 이후 복제본을 획득하는 경우 피압수자 등이 복제본 획득과정에 참여하지 않거나 참여를 철회할 때에는 별지 제3호서식의 복제본 반출(획득) 확인서 작성을 생략할 수 있다.

⑤ 수사관 또는 증거분석관은 제11조 제2항 또는 제11조 제3항에 따른 압수·수색·검증 과정에서 피압수자 등이 참여를 철회하는 경우에는 별지 제6호서식의 참여철회 확인서를 작성하도록 하여야 한다.

⑥ 수사관은 제11조 제3항에 따라 반출한 디지털 저장매체 원본을 반환하는 경우에는 별지 제7호서식의 반출 원본 저장매체 인수증을 작성하도록 하여야 한다.

⑦ 수사관은 제11조에 따라 디지털 데이터를 압수한 경우에 압수증명서 및 상세목록의 교부를 제12조 제1항에 따라 작성한 별지 제1호서식의 전자정보 확인서 교부로 갈음할 수 있다.

⑧ 그 외 압수·수색·검증과 관련된 서류의 작성은 범죄수사규칙(경찰청훈령 제774호)의 규정을 준용한다.

제13조(임의제출) ① 피압수자가 임의로 제출한 디지털 데이터의 압수에 관하여는 제11조를 준용한다. 이 경우 수사관은 제11조 제2항 또는 제11조 제3항의 사유가 없더라도 피압수자의 동의가 있으면 각 해당 규정에서 정하는 방법으로 압수할 수 있다.

② 제1항의 경우 해시값 확인, 참여권 고지, 확인서 작성 등에 관하여는 제12조의 규정을 준용한다. 다만, 별지 제1호서식의 전자정보 확인서는 별지 제2호서식의 전자정보 확인서(간이)로 대체할 수 있다.

③ 피압수자가 임의로 제출한 디지털 저장매체 자체의 압수에 관하여는 제11조의2의 규정을 준용한다.

제3장 디지털증거분석 의뢰 및 수행

제14조(증거분석 의뢰) ① 수사관은 디지털증거분석을 의뢰하는 경우 분석의뢰물을 봉인하여야 한다. 이 경우 충격, 자기장, 습기 및 먼지 등에 의해 손상되지 않도록 안전하게 보관할 수 있는 용기에 담아 직접 운반하거나 등기우편 등 신뢰할 수 있는 방법으로 송부하여야 한다.

② 제1항의 경우 수사관은 제12조에 따라 작성한 서류 사본 등 분석의뢰물과 관련된 서류 및 정보를 증거분석관에게 제공하여야 한다.

제15조(증거분석 의뢰접수) 경찰청 디지털포렌식센터장 및 지방경찰청 사이버안전과장(사이버안전과가 설치되지 않은 지방청은 수사과장)은 의뢰사항, 분석의뢰물, 관련 서류 등을 확인한 후 증거분석 의뢰를 접

수하여야 한다.

제16조(신뢰성 확보 조치) ① 의뢰 받은 분석의뢰물의 증거분석은 제5조에 의해 선발된 증거분석관이 하여야 한다.

② 디지털증거의 수집 및 분석 시에는 정확성과 신뢰성이 있는 과학적 기법, 장비 및 프로그램을 사용하여야 한다.

제17조(분석의뢰물의 분석) ① 증거분석관은 분석의뢰물이 변경되지 않도록 쓰기방지 장치 등을 사용하여 분석의뢰물과 동일한 복제본을 획득한 후 분석의뢰물과 복제본의 해시값을 기록하여야 한다.

② 증거분석관은 제1항의 방법으로 획득한 복제본을 이용하여 증거분석을 수행하여야 한다. 다만, 수사상 긴박한 사정이 있거나 복제본을 획득할 수 없는 불가피한 사정이 있는 경우에는 의뢰받은 분석의뢰물을 직접 분석할 수 있다.

제18조(증거분석실 등의 출입제한) 디지털증거분석실 또는 증거물 보관실은 증거분석관 등 관계자 외 출입을 제한한다.

제19조(결과보고서 작성) 증거분석관은 분석을 종료한 때에는 지체없이 디지털증거분석 결과보고서를 작성하여야 한다.

제20조(필요적 기재사항) 증거분석관은 다음 각 호의 사항을 결과보고서에 기재하여야 한다.

1. 사건번호 등 분석의뢰정보 및 분석의뢰자정보
2. 증거분석관의 소속 부서 및 성명
3. 분석의뢰물의 정보 및 의뢰 요청사항
4. 분석의뢰물의 접수일시 및 접수자 등 이력정보
5. 분석에 사용된 장비·도구 및 준비과정
6. 증거분석으로 획득한 자료 등 분석과정 및 결과

제21조(임의적 기재사항) 증거분석관은 필요한 경우 다음 각 호의 사항을 결과보고서에 기재할 수 있다.

1. 상세분석 결과
2. 분석과정을 기록한 사진 및 영상자료의 첨부
3. 그 밖에 분석과정에서 행한 조치 등 특이사항

제22조(분석결과 통보) 증거분석관은 분석결과를 분석의뢰자에게 신속하게 통보하고, 증거분석이 완료된 분석의뢰물 등을 제14조 제1항 후단에 따라 반환하여야 한다.

제22조의2(추가분석의뢰) 수사관은 제22조의 분석결과와 관련하여 필요한 때에는 추가분석을 요청할 수 있다. 이 경우 추가분석의 의뢰 및 수행에 관하여는 제14조부터 제22조까지의 규정을 준용한다.

제23조(보관 및 삭제·폐기) ① 분석의뢰물, 제17조 제1항의 복제본, 증거분석을 통해 획득한 디지털 데이터(디지털증거를 포함한다)는 항온·항습·무정전·정전기차단시스템이 설치된 장소에 보관함을 원칙으로 한다. 이 경우 열람제한을 설정하는 등 보안유지에 필요한 조치를 병행하여야 한다.

② 증거분석관과 수사관은 디지털증거에 대한 압수절차를 완료한 경우 지체 없이 보관하고 있는 디

지털 데이터 중 제12조 제1항 또는 제13조 제2항의 전자정보 확인서에서 제외된 디지털 데이터를 삭제·폐기하여야 한다.

제24조(재검토기한) 「훈령·예규 등의 발령 및 관리에 관한 규정」(대통령훈령 제334호)에 따라 이 규칙 발령 후의 법령이나 현실여건의 변화 등을 검토하여 이 규칙의 폐지, 개정 등의 조치를 해야 하는 기한은 2020년 8월 31일까지로 한다.

부칙 <제845호, 2017.8.28.>
이 규칙은 2017년 9월 1일부터 시행한다.